Victor Michaels

Quellen und Forschungen zur Sprach und Kulturgeschichte der germanischen Völker

Victor Michaels

Quellen und Forschungen zur Sprach und Kulturgeschichte der germanischen Völker

ISBN/EAN: 9783742871381

Hergestellt in Europa, USA, Kanada, Australien, Japan

Cover: Foto ©ninafisch / pixelio.de

Manufactured and distributed by brebook publishing software (www.brebook.com)

Victor Michaels

Quellen und Forschungen zur Sprach und Kulturgeschichte der germanischen Völker

QUELLEN UND FORSCHUNGEN
ZUR
SPRACH- UND CULTURGESCHICHTE
DER GERMANISCHEN VÖLKER.

HERAUSGEGEBEN VON

A. BRANDL, E. MARTIN, E. SCHMIDT.

77. HEFT.

STUDIEN

ÜBER DIE

ÄLTESTEN DEUTSCHEN FASTNACHTSPIELE.

VON

VICTOR MICHELS.

STRASSBURG.
KARL J. TRÜBNER.
1896.

Verlag von KARL J. TRÜBNER in Strassburg.

QUELLEN UND FORSCHUNGEN
zur
SPRACH- UND CULTURGESCHICHTE
DER GERMANISCHEN VÖLKER.
HERAUSGEGEBEN
VON
A. BRANDL, ERNST MARTIN, E. SCHMIDT.

1.–78. Heft. 1874–1896. Mk. 292.90.

I. Geistliche Poeten der deutschen Kaiserzeit. Studien von Wilhelm Scherer. I. Zu Genesis und Exodus. M 2. —
II. Ungedruckte Briefe von und an Johann Georg Jacobi, mit einem Abrisse seines Lebens und seiner Dichtung hrsg. v. Ernst Martin. M 2. 40
III. Ueber die Sanctgallischen Sprachdenkmäler bis zum Tode Karls des Grossen. Von R. Henning. M 4. —
IV. Reinmar von Hagenau und Heinrich von Rugge. Eine literarhistorische Untersuchung von Erich Schmidt. M 3. 60
V. Die Vorreden Friedrichs des Grossen zur Histoire de mon temps. Von Wilhelm Wiegand. M 2. —
VI. Strassburgs Blüte und die volkswirthschaftliche Revolution im XIII. Jahrhundert von Gustav Schmoller. M 1. —
VII. Geistliche Poeten der deutschen Kaiserzeit. Studien von W. Scherer. II. Heft. Drei Sammlungen geistlicher Gedichte. M 2. 40
VIII. Ecbasis captivi, das älteste Thierepos des Mittelalters. Herausgegeben von Ernst Voigt. M 4. —
IX. Ueber Ulrich von Lichtenstein. Historische und litterarische Untersuchungen von Karl Knorr. M 2. 40
X. Ueber den Stil der altgerman. Poesie von Rich. Heinzel. M 1. 60
XI. Strassburg zur Zeit der Zunftkämpfe und die Reform seiner Verfassung und Verwaltung im XV. Jahrhundert von Gustav Schmoller. Mit einem Anhang: enthaltend die Reformation der Stadtordnung von 1405 und die Ordnung der Fünfzehner von 1433. d M 3. —
XII. Geschichte der deutschen Dichtung im XI. und XII. Jahrhunert. Von Wilhelm Scherer. M 3. 50
XIII. Die Nominalsuffixe a und î in den germanischen Sprachen Von Heinrich Zimmer. M 7. —
XIV. Der Marnor. Herausg. von Philipp Strauch. M 4. —
XV. Ueber den Mönch von Heilsbronn. Von Albrecht Wagner. M 2. —
XVI. King Horn. Untersuchungen zur mittelenglischen Sprach- u. Litteraturgeschichte von Theod. Wissmann. M 3. —
XVII. Karl Ruckstuhl. Ein Beitrag zur Goethe-Litteratur v. L. Hirzel. M 1. —
XVIII. Flandrijs. Fragmente eines mittelniederländischen Rittergedichtes. Zum ersten Male herausgegeben von Johannes Franck. M 4. —
XIX. Eilhart von Oberge. Zum ersten Male hrsg. v. F. Lichtenstein. M 14. —
XX. Englische Alexius-Legenden aus dem XIV. und XV. Jahrh. Herausg. von J. Schipper. 1: Version I. M 2. 60
XXI. Die Anfänge des Prosaromans in Deutschland und Jörg Wickram von Colmar. Eine Kritik von Wilh. Scherer. M 2. 50
XXII. Ludwig Philipp Hahn. Ein Beitrag zur Charakteristik der Sturm- und Drangzeit von Rich. Maria Werner. M 3. —
XXIII. Leibniz und Schottelius. Die Unvorgreiflichen Gedanken. Untersucht und hrsg. von August Schmarsow. M 2. —
XXIV. Die Handschriften u. Quellen Williams. v. Josef Seemüller. M 2. 60
XXV. Kleinere lateinische Denkmäler der Thiersage aus dem XII. bis XIV. Jahrhundert. Herausgegeben von E. Voigt. M 4. 50
XXVI. Die Offenbarungen der Adelheid Langmann hrsg. v. Ph. Strauch. M 4. —
XXVII. Ueber einige Fälle des Conjunctivs im Mittelhochdeutschen. Ein Beitrag zur Syntax des zusammengesetzten Satzes. V. Ludw. Bock. M 1. 50
XXVIII. Williams deutsche Paraphrase des hohen Liedes. Mit Einleitung und Glossar herausgegeben von Joseph Seemüller. M 3. —
XXIX. Die Quellen von Notkers Psalmen. Zusammengest. v. E. Henrici. M 8. —
XXX. Joachim Wilhelm von Brawe. Der Schüler Lessings. Von A. Sauer. M 3. —
XXXI. Nibelungenstudien von R. Henning. M 6. —
XXXII. Beiträge zur Geschichte d. German. Conjugation. Von Fr. Kluge. M 4. —
XXXIII. Wolframs von Eschenbach Bilder und Wörter für Freude und Leid. Von Ludwig Bock. M 1. —
XXXIV. Aus Goethes Frühzeit. Bruchstücke eines Commentars zum jungen

QUELLEN UND FORSCHUNGEN

ZUR

SPRACH- UND CULTURGESCHICHTE

DER

GERMANISCHEN VÖLKER.

HERAUSGEGEBEN

VON

ALOIS BRANDL, ERNST MARTIN, ERICH SCHMIDT.

LXXVII

STUDIEN ÜBER DIE ÄLTESTEN DEUTSCHEN FASTNACHTSPIELE.

STRASSBURG.
KARL J. TRÜBNER.
1896.

STUDIEN

ÜBER DIE

ÄLTESTEN DEUTSCHEN FASTNACHTSPIELE.

VON

VICTOR MICHELS.

STRASSBURG.
KARL J. TRÜBNER.
1896

G. Otto's Hof-Buchdruckerei in Darmstadt.

VORWORT.

Diese Studien sind im Jahre 1892 niedergeschrieben und haben der Göttinger philosophischen Fakultät als Habilitationsschrift vorgelegen. Entstanden sind sie als Vorarbeiten zu einer wissenschaftlichen Biographie Hans Sachsens. Ich glaubte, eine kritische Sichtung der von Keller herausgegebenen Fastnachtspiele rasch vornehmen zu können. Allein eine Fülle von Fragen tauchten auf und hemmten ungeduldiges Vorwärtsdrängen, entfernten mich zuletzt weit von dem Ausgangspunkt, zu dem ich zurückzukehren hoffte. Wollte ich mich nicht ganz von meinem ursprünglichen Plane ablenken lassen, so musste ich mir die Freiheit nehmen, schwierige Probleme nur obenhin zu berühren. Das hatte dann freilich etwas Unbefriedigendes, nicht nur für mich selbst, sondern wie ich bald sah, auch für die sachkundigen Leser, denen ich für ihr Urteil dankbar bin: so dass ich mich zunächst (auch wohl durch andre Aufgaben gefesselt) zur Drucklegung meiner Arbeit nicht entschliessen konnte. Immerhin glaubte ich doch, den Fachgenossen manches bieten zu können, was der Forschung zu Gute käme. Die inzwischen betriebene Ausarbeitung einer kritischen Ausgabe sämtlicher Spruchgedichte von Rosenplüt ermöglichte mir wenigstens die Rosenplüt betreffenden Abschnitte etwas besser abzurunden, und so entschloss ich mich in diesem Sommer zu einer hier leichten, dort energischeren Umarbeitung, die mehrfach unterbrochen wurde und sich unter recht erschwerenden Umständen vollzog. Den zwanglosen Charakter des Ganzen musste ich bestehen lassen. Dem aufmerksamen Leser wird die Ungleichheit der Behandlung nicht entgehen, die ich nicht ganz vermieden habe. Auch ist die seit 1892 erschienene Litteratur nicht ganz gleichmässig eingearbeitet. So ist Creizenachs 'Geschichte des neueren Dramas' nicht nach Gebühr zitiert. Für S. 81 ff. hätte ich die Ausführungen über Karl IV. in Burdachs Schrift 'Vom Mittelalter zur Reformation' anziehen sollen; auch auf die jüngere Gestalt von 'Sibyllen Weissagung' mit den Versen auf Karl IV. wäre wohl einzugehen gewesen. S. 49 ist Du Mérils bekanntes Buch 'Histoire de la Comédie ancienne' versehentlich als 'Le Théatre classique' zitiert. Wirklich übersehen habe ich bedauernswerter und wunderlicher Weise für S. 94 ff. Vogts 'Beiträge zur deutschen Volkskunde aus älteren Quellen' (Zeitschrift d. Vereins f. Volkskunde 3, 350 ff.), mit denen mich auseinanderzusetzen ich sonst nicht versäumt haben würde. Mir ist erst durch Vogts Ausführungen recht zum Bewusstsein gekommen, wie viel besser ich meine aphoristischen Bemerkungen über die Fastnacht hätte stützen sollen und stützen können. Statt Seb. Franck ist jetzt Joh. Bohemus als Quelle für unsere Kenntnis der Fastnachtbräuche zu nennen. Die aus dem Streben nach Kürze entstandene Unrichtigkeit auf S. 94 unten bitte ich zu korrigieren. Dass von einem Wagen der Isis bei Tacitus Germania c. 9 nicht direkt die Rede ist, ist mir natürlich nicht unbekannt.

Ich möchte noch hinzufügen, dass ich den Text der von Keller edierten Fastnachtspiele nicht nach Keller, sondern direkt nach den von Keller benutzten Handschriften zitiere: dadurch wollte ich die Beurteilung der Kellerschen Abdrücke erleichtern; für die Spruchgedichte Rosenplüts benutze ich meine eigene kritische Herstellung, was niemanden irreführen möge.

Jena, Weihnachten 1895.

Victor Michels.

INHALT.

	Seite.
I. DRAMEN AUS ÖSTERREICHISCHEN LANDEN	3—74

   1. ÜBERLIEFERUNG 3

      1. Zusammensetzung von G S. 4. — 2. Zusammensetzung von A S. 9. — 3. Die Bestandteile von AG S. 11.

   II. DIE SPIELE IN ℞ 15

      Stück 53 (Das grosse Neidhartspiel) S. 16. — Stück 54 (Vom Tanawäschel) S. 29. — Stück 56 (Das Spiel von den bösen Weibern) S. 31. — Stück 57 (Die alten Weiber) S. 53. — Stück 125 (Das Heiligkreuzspiel) S. 36. — Stück 128 (Aristoteles). — Zusammenfassung S. 47.

   III. ÄLTERE RESTE IN DER STERZINGER SAMMLUNG   51

      1. Das Arztspiel S. 52. — 2. Das Heilungsmotiv S. 54. — 3. Das Salbenmotiv S. 59. — 4. Reckenspiel S. 65. — 5. Rumpolt und Mareth S. 67.

II. DIE DRAMATISCHE PRODUKTION IN SCHWABEN UND DER SCHWEIZ . . . . 75—83

   1. Stück 127 (König Artus' Hof) S. 77. — 2. Stück 68 (Des Antichrist Fastnacht) S. 79.

III. DIE REVUEFORM . . . . 84—107

   1. Tanz und Drama S. 84: Stück 66 S. 86; Stück 67 S. 88; Stück 70 S. 89; Stück 103 S. 89. — 2. Fastnachtfeier und Fastnachtspiel S. 93.

	Seite
IV. NÜRNBERGER FASTNACHTSPIELE	108–213
I. ÜBERLIEFERUNG	108
II. LOKALE BEZIEHUNGEN	110
III. DIALEKT	113
IV. ROSENPLÜT	119

1. Rosenplüts gesichertes Eigentum S. 120. — 2. Zweifelhaftes S. 127. — 3. Hans Rosenplüt und Hans Rosner S. 131. — 4. Hans Rosenplüt und Hans Zapf S. 146. — 5. Hans Schnepperer und der Schmieher S. 153. — 6. Anonyme Spruchdichtungen S. 161. — 7. Rosenplüts Fastnachtspiele S. 182: a) Stück 100 S. 182. — b) Die Stücke der Dresdener Handschrift und Verwandte S 183: Politische Stücke S. 185: Stück 39 S. 185; Stück 78 S. 188. Kleine Handlungen S. 192: Stück 19 S 192; Stück 146 S. 193. Gerichtsszenen S. 144: 1) Stück 40 S. 194; Stück 88 S. 195; Stück 87 S. 195. 2) Stück 42 S. 196; Stück 102 S. 197; Stück 108 S. 198: Stück 27 S. 198, 3) Stück 41 S. 199; Stück 97 S. 200; Stück 84 S. 200; Stück 72 und 73 S. 202; Stück 76 und 77 S. 202. Revuen S. 202: Stück 45 S. 202; Stück 94 S. 204: Stück 86 S. 205; Stück 59 und 95 S. 206; Stück 93 S. 207: Stück 92 S. 207; Stück 99 S. 208; Stück 116 S. 208; Stück 50 — 105 S. 208: Stück 16 S. 208; Stück 74 S. 209; Stück 96 S. 210 – c) Weitere Stücke Rosenplüts in M D 25 S. 211: Stück 75, 47 S. 211; Stück 79, 49 S. 212, Stück 17, 80 81 S. 212.

V. FOLZ	214

Revuen S. 215: Stück 32. 44 S. 215. — Gerichtsszenen S. 219: Stück 112 S. 220; Stück 102, 10, 18, 29, 51 S. 221. — Benutzung von Quellen S. 223: Stück 60, 63. 22, 37 S. 223; Stück 8 S. 224. — Genreszenen aus dem Leben S. 229: Stück 2 S. 229; Stück 3. 4. (31) S. 230: Stück 5 S. 231, Stück 112, 7, 35 S. 231; Stück 55 S. 232. — Politische Stücke S. 233: Stück 106 S 237. — Die Folzische Schule S. 240: Stück 26 S. 240; Stück 30 S. 241.

VI. HANDSCHRIFT E	242

BEZEICHNUNG DER HANDSCHRIFTEN.

A.* Kreis- und Stadtbibliothek Augsburg. Cod. ms. 27. 4°
vgl. Keller Nachlese 324, enthält Stück 125—128 und Anfang von 39.

D.* Dresden I. M. 50 fol. Stück 100. 42. 96. 41. 88. 49. 39. 46. 108. 109. 19.

E.* Dresden II. M. 183. 4°. Vgl. Archiv f. Litteratur. III 125. Fastnachtspiel von Troja. Von König Salomo mit 2 Frauen. Die Bezeichnung E rührt von mir her.

F.* Nürnberg, Germanisches Museum Nr. 5339a. 4°. Stück 100. 39. 116. 102. 14. 87. 96. 92. 41. 84. Vgl. Keller Anzeiger f. d. Kunde der Vorzeit 6.

G.* Wolfenbüttel I. Aug. 18, 12. 4°. Stück 1—42. 7. 42. 7. 43 44. 15. 45—50. 45. 51—54. 39. 65. 56—59. 46. 61—64. 63.

K.* Wolfenbüttel II. Aug. 76, 3 fol. Stück 40—42. 102. 86. 87. 92. 16. 89. 73. 72. 48. | 39. 78.

L. Luzern, Bürgerbibliothek. Schmalfolio. Enthält ausser zwei Spielen, die sicher dem 16. Jh. angehören (vgl. jetzt Vierteljahrschrift f. Litteraturgesch. III, 208 ff.), Stück 107.

M.* München I Cg. 714. 4°. Stück 116. | 65. 66. 47. 67—83. | 48. 84—88. 49. 89. 42. 90. 41. 91. 92. 16. 93—97. 40. 89—102. 39. 45. 103. 104.

N.* München II. Cg. 439. 4°. Stück 106.

P.* Hamburg 4°. Stück 100. 46.

Q.* Sterzingen Hss. Ich bezeichne mit Q auch die in den Wiener Neudrucken 9 u. 11 publizierten Spiele. Stück 115. I—XXVI.

R.* Wolfenbüttel III. Aug. 29, 6. 4°. Stück 96.

W.* Weimar I., Q. 564 nach der jetzigen Bezeichnung (= F nach der Benennung Lachmanns, Walther v. d. Vogelweide VIII. Des Minnesangs Frühling VI): Stück 40 Schluss. 19. 40. 19 Schluss. 19 Schluss.

X.* Weimar II., Q. 566: Stück 105. 89.

Y.* Weimar III., Q. 565: Stück 78 (79 bei Keller S. 1457 ist fehlerhaft).

Z. Wien No. 3027. Stück 192. 130. [132].

Die mit * bezeichneten Hss. habe ich selbst benutzt.

Das deutsche weltliche Drama, wie es uns am Ende des Mittelalters als Fastnachtspiel plötzlich in einer überraschenden Fülle von Stücken entgegentritt, hat die wissenschaftliche Forschung in geringerem Grade angezogen als das ältere geistliche. Gottsched gab die erste Kunde, lange bevor man von einer ausgebildeten geistlichen Dramatik des Mittelalters etwas wusste. Vulpius führte es auf das Nürnberger Schembartlaufen zurück; Jacob Grimm erinnerte an andere Fastnachtgebräuche, Rückbleibsel aus heidnischer Zeit. Die Kellersche Ausgabe von Fastnachtspielen des 15. Jhs. vermehrte das Wissen um diese Dramen, aber erschwerte zunächst die Übersicht: ein Füllhorn war ausgeschüttet, Fremdes und Nahverwandtes durcheinandergemischt ohne Unterschied von Zeit und Ort. In Bausch und Bogen gab Goedeke, der vortrefflichste Kenner auch auf diesem Gebiet, sein ästhetisches Urteil ab, das freilich verdammend genug ausfiel.

Was die Entstehung anbelangt, so teilte sich die Meinung, seit die geistlichen Dramen besser und besser bekannt wurden, und seit Jahrzehnten ist man nicht viel über die (gelegentlich auch präzisierte) Fragestellung vorgedrungen: sind die Fastnachtspiele des 15. Jhs. aus altheidnischen Wurzeln erwachsen oder im Anschluss an das geistliche Drama gezeitigte Nebentriebe? Diese Fragestellung steht im Hintergrunde auch unserer Ausführungen. Doch ist unschwer zu sehen, dass die Stellung einer solchen Alternative Gefahr läuft, an den Thatsachen überhaupt vorbeizustreifen. Jedes Entstehende setzt in Wahrheit eine solche Vielheit von Bedingungen voraus, dass man, bevor es nicht, losgelöst von seiner Umgebung, gründlich erkannt ist, nur Gefahr läuft, sich mit schnellen Hypothesen den Ausblick auf die thatsächlichen Zusammenhänge zu verbauen. Gar zu leicht verfällt die entwicklungsgeschichtliche Betrachtungsweise in den Fehler, die einzelnen Fäden, aus denen sich das geistige Leben einer Zeit oder Nation zusammenwebt, säuberlich einzeln herauszuziehen, aber statt die Webart zu Tage zu legen, das Gespinst zu vernichten.

I.

DRAMEN AUS ÖSTERREICHISCHEN LANDEN.

I. ÜBERLIEFERUNG.

Die ältesten weltlichen Spiele, die wir besitzen, stammen aus bairisch-österreichischem Sprachgebiet. Besonders in Tyrol herrscht schon früh ein reges dramatisches Leben, und noch bis tief hinein in die Neuzeit lebt die Theaterlust in Städten und Märkten längs der alten Strasse, die von München und von Augsburg über Mittenwald nach Zirl-Innsbruck und von dort über den Brenner nach Italien führt durch grüne Thäler und starre Schluchten, an Bergen und Hügeln, an Flecken und Städten, Kirchen und Kapellen vorbei, durch lauter gut katholisches, der Aufklärung fremdes Land. Innsbruck selbst, Hall im Innthal, etwas seitab, und Sterzing an der Brennerstrasse pflegen, wie direkte und indirekte Zeugnisse lehren, gegen Ende des Mittelalters das Oster- und Passionsspiel wie später Ammergau und Brixlegg[1].

Wir können aus den Hauptsammlungen weltlicher Spiele noch sehen, dass im 15. Jh. eine Sammlung in Österreich,

---

[1] Vgl. A. Pichler, Über das Drama des Mittelalters in Tyrol. Innsbruck 1850. — J. E. Wackernell, Die ältesten Passionsspiele in Tyrol. Wien 1887 (Wiener Beiträge z. deutschen u. englischen Philologie II.)

„Die erste Spur eines Schauspiels in Tyrol zeigt sich in der Sage, dass Herzog Friedrich mit der leeren Tasche, als er, der Helfershelfer eines verbrecherischen Papstes, geächtet und gebannt umherirrte, in Landeck ein Stück aufführen liess von dem bittern Elende eines verstossenen Fürsten, und an der Rührung des Volkes erkannte, bei dem sei Hülfe zu finden gegen seinen abtrünnigen Adel". (Karl Hase, das geistliche Schauspiel. Leipzig 1858. S. 129).

vielleicht in Steiermark oder in Tyrol, niedergeschriebener weltlicher Dramen nach Schwaben, vermutlich nach Augsburg, wanderte, wohl dieselbe Strasse, die umgekehrt im 16. der älteste Text des Ammergauer Passionsspiels zog. Ein gewisser Claus Spaun (oder Span), den man nach Zeit und Sprache wohl mit dem Dichter des „schönen Spruchs von einem, der sollt ein Doktor werden" in Valentin Holls Handschrift Bl. 76 (gedruckt bei Keller, Erzählungen aus altdeutschen Handschriften) identifizieren darf, legte im Jahre 1494 und 1516 zwei Sammelbände von Spielen und Spruchgedichten an. Es sind die Handschriften G und A nach Kellers Bezeichnung, für die ich hier Kellers Beschreibung berichtigen und ergänzen muss.

1. ZUSAMMENSETZUNG VON G.

Handschrift G ist, wie schon der Überblick über die Inhaltsangabe bei Keller lehrt, eine grosse, aus verschiedenen Particeen zusammengesetzte Miszellanhandschrift. Dasselbe Stück wird mehrmals wiederholt. Und zwar ist sie nicht so entstanden, dass sie aus verschiedenen Vorlagen nacheinander zusammengeschrieben ward; vielmehr besteht sie zum grössten Teil aus kleineren Sammlungen, die von einem Besitzer lediglich mechanisch zusammengefügt, durch eigene Abschriften ergänzt und durch ein Register vereinigt wurden. Im Ganzen besteht dies grosse Sammelsurium aus 409 Blättern, ohne das Register. Am Schluss steht die Zahl 1494 von der Hand des Registers, sodass sie sich auf die ganze Handschrift bezieht. Ein weiteres Blatt ist nicht gezählt und nicht registriert, von gänzlich fremder Hand, wie es scheint, 1533 beschrieben.

Im Einzelnen setzt sich nun die Handschrift aus folgenden Partieen zusammen, in denen ich die Hände mit deutschen (Schwabacher) Majuskeln bezeichne.

𝕬: Das Register von der Hand des Sammlers (vgl. unten.).

I. 𝕭: Bl. 1—183^b. Hübsch und gleichmässig eingerichtet und sauber geschrieben. Mit Tinte ist ganz fein

ein Rand gezogen an allen vier Seiten und so, dass die Linien, sich schneidend, bis zum äusseren Papierrand laufen. Die Zeilenanfänge sind mit rotem Strich geziert, die Namen der Sprechenden sind in der Regel rot unterstrichen, desgleichen die Anfänge der Reden und auch die Überschriften der Stücke selbst. Nur Blatt 61 bis 64ᵇ (Stück 9) stehn gar keine Überschriften; es ist auch kein Raum gelassen. Blatt 65—83ᵇ sind die Überschriften rot, von 𝔄 geschrieben, dessen Hand mit kleinen Zusätzen (*precursor* u. ä.) auch sonst gelegentlich auftritt, ohne dass ich das besonders anmerke. Auch ist die Schrift Bl. 61—84ᵃ feiner, zeigt auch flüchtigere dünnere Züge als namentlich 1—57ᵇ, 84ᵇ—183ᵇ; doch ist es sicher dieselbe Hand. Die Buchstaben, Fraktur, sind ziemlich hoch und steil, nur sparsam mit Harstrichen verbunden, daher denn die Schrift etwas gehackt erscheint. Es begegnen sowohl eckige 𝔇, ähnlich dem grossen lateinischen D, wie wir es heutzutage schreiben, oder dem griechischen Δ mit verlängertem drittem Strich, als auch runde, dem kleinen lateinischen d vergleichbar, mit durch den Hals gezogener Schleife wie bei den ehemaligen Pfennigzeichen. Die Schluss-s zeigen fast immer einen deutlichen Kreis unten und Haken oben. Bei dem g wird der Schwanz nicht durchgezogen; zur Verbindung mit dem folgenden Buchstaben dient ein Ansatzstrich am Kopf, manchmal so, dass dieser erst durch ihn geschlossen wird. Die z teilen in der Regel die erstere Eigenschaft mit den g, zeigen ausserdem einen eckigen Kopf und an ihm links oben einen kleinen Ansatz. Es begegnen verschiedene Wasserzeichen.

Diese Sammlung, die sich, da Blatt 58—60ᵇ mitten drin leer sind, nach dem Gesagten möglicherweise in zwei kleinere Sammlungen zerlegt (Bl. 1—57ᵇ; 61—183ᵇ), die ich aber nicht scheide, enthält Stück 1—37.

II. 𝔄: Blatt 184—188ᵇ. Mit ihren zusammenhängenden niedrigen, breiten Buchstaben macht diese Schrift einen viel rundlicheren Eindruck. Die Tinte ist blasser. Alle Überschriften sind rot. Auch hier ist der Rand mit Tinte gezogen; auch hier roter Strich im Anfangsbuchstaben der Zeile; die Anfänge der Reden sind rot unterstrichen. Die D sind meist rund; die g sind so gemacht, dass beim untern Ende der linken Kopfhälfte und oben wieder angesetzt ist; der Kopf ist infolgedessen geschlossen und ziemlich oval. Der untere Teil der g bildet meist eine Schleife; vielfach geht der Haarstrich dabei durch den Kopf. Der Kopf der z ist durchaus rundlich. Die b, l, h sind nur selten mit Schleife, meist mit geschlossenem Hals in der Glockenschwengelmanier gebildet. Darin und in dem gedrungenen Charakter liegt der Unterschied von der ähnlichen und ähnliche Tinte benutzenden Hand der Dresdener Handschrift M 183. Besonders charakteristisch aber sind die Schluss-s, bei denen der Kreis zu einer Art Ansatzstrich zusammengeschrumpft ist, während der Haken bis zum obern Ende jenes Ansatzstriches heran und wieder nach rechts abgezogen wird, sodass etwas wie ein verkümmertes lateinisches Majuskel-R entsteht. Wasserzeichen ist eine hohe Krone mit Kreuz.

Diese Partie enthält Stück 38 und die ersten Verse von Stück 39 (bis 289 s), sodass deutlich 𝔄 als der Sammler erscheint, der im Notfall die fragmentarisch vorliegenden Sammlungen ergänzte.

III. 𝕮: Blatt 189—196ᵇ. Schöne deutliche steile Fraktur, gross und breit. Die Überschriften sind rot. Die d sind eckig; l, b, h haben geschlossenen, von oben bis unten ziemlich gleichmässig verlaufenden Hals; der Kopf der g ist durch den Verbindungsstrich geschlossen wie bei 𝔅. z hat einen eckigen Kopf; der obere Strich ist sehr lang und hat links von unten her einen gebogenen Ansatz.

Stück 39 ist hier als Fragment überliefert (289 9 ff.) und zwar so, dass genau eine Seite vom Anfang fehlt. Da 𝕮, das Fragment, auf einer rechten Seite beginnt, so ergiebt sich dass die Sammlung *𝕮 noch mehr enthielt als Stück 39.

IV. 𝔄: Blatt 196ᵇ unten (hier ist nur noch die Überschrift von Stück 40 angefügt) bis 228ᵃ oben (hier sind, ganz offenbar nachträglich noch zwei Zeilen von 𝔄 hinzugesetzt). Es enthält, kleiner geschrieben als 184—188ᵇ, mit schwärzerer Tinte und vielfach verwischtem Bleistiftrand, Stück 40—42. 7. 43. 44. 15 und einen Teil von Stück 45 (bis 343 2). Diese Stücke sind aber wohl nicht erst zur Kompletierung älterer Sammlungen hintereinander niedergeschrieben; darauf deutet, dass Stück 7 und 15 hier wiederholt werden. Vielmehr werden sie ältere Sammlungen oder Einzelniederschriften von ♃ sein, die in das grosse Sammelsurium aufgenommen wurden wie die Sammlungen anderer. Kleine Verschiedenheiten der Schreibmanier zeigen wenigstens Bl. 197—202ᵇ, 203—221ᵇ, 222ᵇ—227 als zu verschiedener Zeit geschrieben an. Hinter Stück 40, Bl. 202ᵇ, steht das Datum

Finis am Erichtag vor
Vitj 1486 jar.

Ob sich das auf das Stück oder die Niederschrift bezieht, bleibt offen. Die Aufzeichnungen von 40. 41. 42. 7. 43 können als ehemalige Einzelhandschriften angesehen werden. Alle diese Stücke beginnen auf einer rechten Seite; nur die Überschriften stehen zum Teil links.

Stück 40 reicht von 197 bis 202ᵇ Mitte (Überschrift 196ᵇ)
„ 41 „ „ 203 „ 205ᵇ „
„ 42 „ „ 206 „ 211ᵇ „ (Überschrift 205ᵇ; dahinter leerer Raum.)

Stück 7 reicht von 212 bis 216ᵇ (Überschrift 211ᵇ.)
„ 43 „ „ 217 „ 221ᵇ (Überschrift 216ᵇ; dahinter leerer Raum.)

Blatt 222ᵃ ist leer.

Stück 44 reicht von 222ᵇ bis 225 und hat keine Überschrift.

Stück 15 reicht von 225ᵇ bis 227ᵇ.

Für die Textkritik ist das nicht ganz gleichgültig.

V. ☍: Eine deutliche, sehr schräge Schrift, sowohl an ℭ, als an ♃ etwas erinnernd; sie ist besonders charakterisiert durch die g mit offnem, in einem Zuge geschriebenem Kopf, bei denen die breite untere Hälfte häufig durch den Kopf gezogen wird. b und l, h sind mit Schleife gebildet, h mit weit nach links herabgestrichenem Schwanz, ähnlich auch y. Die Überschriften sind schwarz, rot unterstrichen, desgleichen die Anfänge von Reden. Runde z, runde s. — Es reicht diese Sammlung, welche Stück 45—49 enthält, von Blatt 228—248ᵇ hat, doch so, dass ♃ sie offenbar fragmentarisch vorgefunden und ergänzt. Es rühren dabei von ☍ her:

Stück 45 mit Ausnahme des Anfangs und Schlusses 228ᵃ—233ᵇ
„ 46 „ „ „ „ „ „ 235 —237ᵇ
„ 47 „ „ (d. Übschr. (238ᵇ) u.) d. „ 239 —243ᵇ
„ 49 „ „ („ „ (245ᵇ) „) „ „ 246 —248ᵇ
Von 𝔄 stammen:
Stück 48, beginnend in der Mitte des von 𝔇 geschriebenen Blattes 243ᵇ und reichend bis 245ᵇ, und alles Fehlende d. h. Blatt 227ᵇ und von 228 die ersten nachträglich aufgesetzten zwei Zeilen (siehe IV), ferner Bl. 234ᵃᵇ, 238ᵃᵇ, 249ᵃ. Blatt 249ᵇ ist leer. Es waren also wohl die von 𝔇 geschriebenen Stücke Einzelhandschriften und ungebunden, sodass die Umschlagblätter schadhaft wurden oder verloren gingen.

VI. 𝔅: Blatt 250—273ᵇ. Eine Sammlung von Fastnachtspielen und Spruchdichtungen gemischt (vgl. Keller S. 1348 ff.) Bis Mitte 272ᵇ etwas feiner geschrieben, als was sonst in G von 𝔅 herrührt. Die niedergeschriebenen Sachen beginnen sämtlich auf linken Seiten; es sind also nicht Einzelhandschriften. An Fastnachtspielen stehen hier: Stück 50. 45. 51. 52. Blatt 264ᵃ hinter Stück 45 ist leer. Eine spätere Hand hat Stück 45 durchstrichen und notiert: *Iſt zuuor geſchriben am 228 plat.*

VII. ℭ: Blatt 274—328ᵇ. ℭ erinnert etwas an 𝔇, schreibt aber weniger schräg, hat engere Zeilen und nicht so langgeschwänzte h, f, s, auch eckige z. Es teilt die offenen g: die Schluss-s haben etwa die Form: y. Die Überschriften sind rot, die Zeilanfänge mit rotem Strich geziert, die Anfänge der Reden rot unterstrichen. Wasserzeichen ist eine gezackte Krone mit Reif und Kreuz.
Es enthält diese Sammlung:
Stück 53: Blatt 274—321ᵇ.
Stück 54: Blatt 323—328ᵇ.
Blatt 322 zwischen beiden ist leer.

VIII. Blatt 329 331 sind leer. Dann folgt 𝔅: 332—344ᵇ, anfangs — bis 338ᵇ Mitte (Ende von Stück 39) — kleiner als zu Beginn von G, auch 344 etwas abweichend, etwa wie 250.
Inhalt:
Stück 39: Blatt 332—338ᵇ Mitte.
Stück 55: Blatt 338ᵇ Mitte — 343ᵃ Mitte.

Der Rest von 343ᵃ und 343ᵇ sind leer. Bl. 344ᵇ stehn die beiden von Keller S. 1355 mitgeteilten Klopfans; 344ᵇ enthält nur 3 Zeilen.

IX. 𝔈: Blatt 345—464.
Stück 56: Blatt 345—352ᵇ.
„ 57: „ 354—364ᵇ oben (Rest leer).

Blatt 353 zwischen beiden Stücken ist leer (vgl. VII). Es entsteht durch diese und die übrigen Ähnlichkeiten der Einrichtung der Anschein, dass VII und IX eine Sammlung bildeten. Auch die Wasserzeichen sind dieselben.

X. 𝔅: Blatt 365—409ᵇ, enthaltend Stück 58. 59. 46. 60. 61. 62. 63. 64. 63. Nur Stück 46 und das wiederholte Stück 63 beginnen auf einer rechten Seite. Da vor Stück 63² der grössere Teil von Bl. 404ᵇ frei geblieben ist, so darf man in Bl. 405—409ᵇ eine Einzelhandschrift sehn. Vor Nr. 46 ist kein freier Raum; so wird der Beginn rechts Zufall und Bl. 365—404ᵇ eine zusammenhängende Sammlung sein. Am Schluss steht auf Blatt 409ᵇ:

    1494 jar
    Claus Spañ an fant
    w . . . . . tag.

Die letzten beiden Zeilen sind allerdings überschmiert, doch glaube ich die Hand von 𝔄 herauszuerkennen. 𝔄 sammelte also in den letzten Jahren des 15. Jhs. 𝔅 ist jedenfalls seine jüngste Quelle; ℭ, 𝔇, 𝔈 sind älter. Ich neige insbesondere dazu, 𝔈 noch in die erste Hälfte des 15. Jhs. zu setzen. Freilich Moriz Haupt sagt einmal: „Ich würde mich schwer entschliessen, zu bestimmen, ob eine Handschrift der Mitte oder dem Ende des 13. Jahrhunderts angehört". (Sitzungs-Berichte der Sächsischen Gesellschaft I [1846/47] S. 258). Und das gilt ähnlich auch fürs 15. Jahrhundert.

2. ZUSAMMENSETZUNG VON A.

Ähnlich wie G zerlegt sich auch A.
I. 𝔄. Blatt 1—46ᵇ. Vermischte Gedichte, vgl. Keller Nachlese 324 ff. Die Hand zeigt dieselben Züge wie die

Hand 𝔄 der Wolfenbütteler Handschrift; nur ist alles viel
kleiner, unregelmässiger, zittriger. Ich bin der Ansicht, dass hier
eine Altersschrift von 𝔄 vorliegt. Die Jahreszahl 1516 auf dem
Holzschnitt des Vorbildes weist darauf hin, dass die Handschrift im 16. Jh. entstand. Die Bilder, zum Teil ganz frühe
Holzschnitte, die vielfach in den Text der zugehörigen Bilder-
gedichte geklebt sind, wurden immer in einem dafür frei-
gelassenen und passenden Raum angebracht, woraus deutlich
wird, dass sie älter sind als die beigefügte Niederschrift des
Textes. Auch zeigen die Worte des Holzschnitts auf Bl. 2^b
den Vers LAS MICH Ī FRID DV ALTS KAFAL metrisch
richtig, während 𝔄 verschlechternd schreibt *altes*. Bl. 34
ist Ausschnitt aus einem gedruckten Blatt (Buch?), das das
folgende Lied enthielt, dessen Anfangsverse noch unter dem
Bilde stehn, aber überklebt sind. Blatt 38—41 sind gedruckt
und einfach nach der aus G bekannten Manier des Sammlers
𝔄 in diesen Band eingefügt. Grosse Partien sind auch aus
Murners Narrenbeschwörung abgeschrieben. Von den von
Keller ausgehobenen Versen entsprechen Nummer 20 =
N. B. c. 18 (V. 2019 f. nach Balkes Zählung) und c. 26
(V. 2790 ff.) und c. 26 Vorspruch (V. 2742 ff.) und c. 39
(V. 4008 f.); Nummer 21 = N. B. c. 18 (V. 2015 ff.); Nummer
30 (Bl. 42) = N. B. c. 95 (*Der narren bycht*). Vgl. jetzt auch
Narrenbeschwörung hrsg. v. Spanier (Neudrucke deutscher
Litteraturwerke des 16. und 17. Jhs. Nr. 119 - 124.) S. 310.

II. 𝔈: Blatt 74—89^b. Dass die Hand dieselbe ist,
die im Wolfenbütteler Kodex Blatt 274 ff. geschrieben hat,
ist schon von Keller bemerkt. Möglicherweise war also die
Partie ein Bruchstück einer und derselben Sammlung 𝔈,
von der auch in G etwas eingeklebt wurde. Das hier mit-
geteilte Stück 125 ist nur Fragment, und 𝔄 konnte es nicht
ergänzen. Der Titel „das heiligkrenzspiel" stammt aber von
𝔄 her, der in seiner Altersschrift dem Schluss mit roter
Tinte die Zeilen angefügt hat:
   Da hat das hoylig kreutz ſpil ain end
   Got der almechtig vns ſein gnado ſendt.

III. 𝔆 (nicht 𝔅, wie man nach Keller Nachlese 332
annehmen müsste): Blatt 126—135^b. Inhalt: Stück 126

-- 𝔄 setzt auch hier hinzu: *Hie hat fant Jorigen fpil ain endt* u. s. w. -- und der Anfang von Stück 39, überklebt. Dieses Handschriftenfragment passt genau mit dem in G enthaltenen zusammen, sodass wir die Sammlung *ℭ aus A und G rekonstruieren können. Dem Sammler 𝔄 war offenbar anfangs, als er seine frühere Sammlung G anlegte, von *ℭ nur die zweite Hälfte zugelangt; später setzte er sich auch in Besitz der ersten.

IV. 𝔄: Blatt 136—158ᵇ unten. In der Jugendhandschrift, mit jener blassen Tinte, die auch in G begegnet. Stück 127. (Am Ende: *Hie hat kunig Artus hoff ain endt* (rot) vor *Finis* (schwarz) eingeklemmt — wohl wieder späterer Zusatz). — Blatt 159 ist unbeschrieben, rückwärts bemalt, vgl. Keller Nr. 332.

V. 𝔈: Blatt 160 (bezw. 159)—167ᵇ: Stück 128. Am Schluss ist wieder von der Altershand von 𝔄 hinzugefügt (rot): *Got vns fein gnade fendt.*

3. DIE BESTANDTEILE VON AG.

Es zerlegen sich also, um zusammenzufassen, die erste Wolfenbüttler und die Augsburger Handschrift in eine Anzahl älterer Sammlungen und Einzelaufzeichnungen, die ich hier zusammenstelle.

1) **Einzelhandschriften**:
 𝔇. Stück 45. 46. 47. 49 in G.
 𝔅. Stück 63² in G.
 𝔄. Stück 40. 41. 42. 7. 43 in G, Stück 127 in A.

2) **Sammlungen**:
 ℭ. Stück 126 in A. Stück 39 in A und G verteilt.
 𝔈. Stück 53. 54. 56. 57 in G + Stück 125 (Fragment) in A. Stück 128 in A.
 𝔅. Ein oder mehrere Sammlungen in G. Stück 1—37. | 50. 45. 51. 52. | 39. 55. | 58—59. 46. 60—64.

3) **Füllungen** (und Sammlungen?) von 𝔄 in G. Stück 38. 39 (Anfang). ! 44. 15. | Ergänzungen von 45. 46. 47. 49. Stück 48.

Die von dem Schreiber 𝔄 selbst niedergeschriebenen Dramen zeigen uns, dass er ein Schwabe war wie der Dichter Claus Spaun (der z. B. *fraw : da* 335₂₁ f. auch : *darnach* 341₈ f. u. a. reimt). Allenthalben findet sich zwar nicht scharf ausgeprägter dialektischer Charakter in seinen Abschriften, aber doch leichte Spur schwäbischer Mundart, besonders *au* für *â*, *ch* für *h*, die 2. und 3. Pers. Pluralis auf -*ent*. Ich führe an, was 𝔄 hauptsächlich von den andern Fastnachtspielhandschriften scheidet, lediglich nach Kelter.

Stück 7. 67₁₅ *mecht*; 68₁₃ *an fachen* ; 70₁₅ *hand* 3 Pl.; 71₄ *gewinſchet*.

Stück 15. 128₂ *aubenteyrlich*; 128₄ *gegrifſt*; 129₂₉ 131₁₄ *pringent* (3 Pl.), 130₂₅ *ſchreyent* (2 Pl.) (131₁₆ *han*).

Stück 38. 286₂₅ *tramen* (= *traumen*.)

Stück 39. (Nur der Anfang ist von 𝔄 geschrieben.) 288₃ *horent* (= *.*).

Stück 40. 309₂₈ *täſchen* (für *tuſchen* W, *taſch* MK); 310₂₄ *kœme* (Konj. für *kam* W, *kom* M); ebenda *hette* (*het* WMK); *tette* (*tet* WMK), 311₇ *gedächte* (Konj. *gedacht* WMK); 311₈.₉ *wurde* (*ward* WMK); 311₂₀ *ergibe*.

Stück 41. 314₄ *ſchweigent* (2 Pl.); 314₉ *ſeient* (3 Pl. Konj.); 314₂₀ *mügent* (3 Pl. Konj.); 315₆ *ſprechent* (2 Pl.); 315₁₄ *aubenteir*; 315₂₁ *get* (*get* M, *gét* FKD); 315₂₃ *halſen* (*helſen* FKMD); 317₄ *ſindt* (*ſein* FKMD); 317₈ *Das nachtarbait heißt began* (: *ſtan* für *gigaun* oder *gigengaun* : *ſchlaun*, *ſchlaunen* der andern lls. Ein Schwabe konnte ein -*gaun* der Vorlage als -*gân* fassen); 317₁₂ *geizig* (: *zeitig*.)

Stück 42. 320₅ *habent* (2 Pl.), 320₆ *horent* (2 Pl.), 320₁₃.₁₄ -*ſtan* : *gan*, 321₄.₅ -*ſtan* : *yan*, 321₁₀ *Verantwurttent* (2 Pl.), 323₂₄.₂₅ *ſpirt* : *beriert*, 324₁₀ *paubſts*, 327₁₄ *ſchittet*, 328₁ *redent* (3 Pl.)

Stück 43. 330₆.₇ *ſechen* : *geſchechen*, 330₈ *aubenteuriſchſt*, 330₁₀ *begauben*, 331₂₄ *geſchmachs*, 331₁₉ *ungefar* (gegen 332₁₅ *ungfer*, 383₃ *gefers*), 331₂₇ *krotten* (: *nöten*), 332₃ *fill* (= *fiel*), 332₉ *riemen* (=-*üe*-), 332₁₈.₁₄ *gſchechen* : *nechen*, 332₂₀ *anleutung*, 332₂₇ *kam* (= *kaum*), 332₃₀ *drucken* (= *trocken*), 333₉ *allerdüefeſt*, 333₁₁ *laf* (= *louf*) 333₁₅ *am reifigoften*, 333₂₂ *hunlin*, 333₂₄ *krotten*, 333₃₂ *wortlin*, 334₃ *riemen*, 334₁₅ *zechent*, 334₂₅ *feiberlich*, 336₂₅ *wau*. Als Verfasser nennt sich Folz.

Stück 44. 337₂₁, 339₈ *finft*, 337₂₅ *zechent*, 339₂₅.₂₆ *riemen: verpliemen*, 341₂.₃ *sechen: verdrechen* (!).

Stück 45 Anfang. 342₂ *fibenzechen*, 342₆ *aubenteurlich*, 342₁₈ *zechent*, 343₁₂ *dreizechenden*, *fierzechent*. (Von 343₃ ab ꝺ: *funfzehent* u. s. w.) — Schluss: 350₂₁ *gfechen* (: 20 *verfchmehen* ꝺ), 350₂₅ *fchweini proten*.

Stück 46 Anfang. 350₂ *aubenteirlichs*, 350₃.₄ *lugin*, 350₂₃ (*ain*) *gemefchten* d. i. gemästeten (*ochfen*). — Schluss. 356₂₆ *lugin*.

Stück 47 Anfang. 359₂ *aubenteyrlichs*.

Stück 48. 365₆ *fullent* (2 Pl.), 365₂₀. 366₈₂ *zechen*, 365₂₅.₂₆ *gefechen: gefchechen*, 366₅ *möchtent* (2 Pl.), 366₁₀ *meinent* (2 Pl.), 366₁₈.₁₉ *gefchechen: zechen*. 367₄ *merckent* (2 Pl.), 367₁₀ *trachenplåt*.

Stück 49. Anfang. 368₂ *kuchinfpeis*. — Schluss. 371₁₉ *vindent* (3 Pl.), 371₃₀ *paubfts*.

Stück 127. N. 183₁₈ *waugt*, N. 184₁ *merkent* (2 Pl.), N. 184₂ *gefchäch*, N. 184₁₀ *mechten*, N. 184₁₈ *berneffen*, N. 184₂₄ *tuondt* (2 Pl.), N. 184₃₀ *tritten* (= *dritten*.) Ich breche dabei absichtlich ab.

Das Verzeichnis liesse sich vermehren. Es fällt mir natürlich nicht ein zu behaupten, dass alles Angeführte schwäbisch und nur schwäbisch sei; die Vorliebe für gewisse schwäbische Besonderheiten lässt sich nicht leugnen. 𝔄 scheidet auch altes *uo* als *å* von *u* (Keller schreibt *uo*), daneben *ue*, meist auch *ai* (*ay, ai*) und *ei*, zieht auch *wellen* dem *wollen* = *wöllen* der andern Handschriften vor, ebenso *geren* (*gern*). Zu Kellers Orthographie ist zu bemerken, dass die Handschrift viel häufiger *y* hat, wo Keller *i*, auch wohl *ie* setzt (z. B. *fy*). Doppelschreibungen von Konsonanten sind von Keller meist beseitigt worden; also *t* für *tt* (*hintter, wartten, gartten*), *t* oder *d* für *dt* (*ftåndt, findt, wardt, endt, verftaudt*), *k* für *ck* u. s. w. Neben *eu*, *au* steht in der Hs. auch *ew*, *aw*, auch *åw* und *å* (*ftån, käm* = Kellers *kaum*). Von Abkürzungen steht nur -ñ, das Keller meist in -en, gelegentlich in *n* auflöst.

Aber die Hss. die 𝕬 seiner Sammlung einverleibte, zeigen zum Teil ganz andern Charakter. Die Schreiber 𝕭 und 𝕯 darf man wohl nach Nürnberg setzen. Sie schrieben die in Nürnberg übliche Sprache und die meisten ihrer Stücke sind nachweislich Nürnbergischen Ursprungs. Was die Orthographie anlangt, die Keller sehr unglücklich normalisiert hat, so schreibt 𝕭 fast nur *u*, sehr selten *ů* (z. B. *gefůgen* 1485), fast nur *ei* und *ey* (Keller *ei*), auch *ej* im Auslaut (*zwej, frej, pej*), nicht *ai*. Umlaut von *u* ist in der Regel nicht bezeichnet, manchmal durch *ů*. Die Doppelschreibungen sind ähnlich wie bei 𝕬. Abkürzungen begegnen so gut wie gar nicht: *d' = dicit*. 𝕯 bezeichnet sowohl Umlaut als altes *uo* durch übergesetztes *e* (*bóſe, wóllen, verúbel, rúben, gúte*, so auch *eúch*), das aber meist nicht von zwei übergesetzten Punkten zu unterscheiden ist.

ℭ war ein Schwabe wie 𝕬.

𝕰 haben wir wohl in den österreichischen Alpenländern zu suchen. Sprachlich weisen die Stücke selbst, wie sich zeigen wird in bairisch-österreichisches Gebiet. Ein Stück lässt sich in Steiermark, ein anderes in Tyrol fixieren. Nichts spricht dagegen, dass auch der Schreiber 𝕰 in dieser Gegend zu Hause war.

II. DIE SPIELE IN 𝔏.

Die in 𝔏 überlieferten Stücke, 53. 54. 56. 57. 125. 128, haben auch bei oberflächlicher Durchsicht als sprachliches Gemeinsames erkennbar, dass sie sämtlich in bairischer und zwar nicht nürnbergischer Schreibung aufgezeichnet sind. Eigenheiten, die sich in allen Stücken gleichmässig finden, sind *a* für unbetontes *e* z. B. (53) 4179 *tanzat*, 41822 *nindart*, 44714 *gefahan*, 44830 *leirat* u. s. w.; (54) 47518 *richtarin*, 47527 *woltaſt*, ebda. *ſchonan*; (56) 49325 *wanna*; (57) häufiger: *dienarin*, *zaubrarin*, 49728 *futtar*; (125) 8710 *kayſarin*; (128) 2718 *ſetzat*, 22114 f. *hôrat* : *bethôrat*, 22717 *dyenarin*. Das ist im Bairischen (allerdings gelegentlich auch im Alemannischen) beliebt vgl. Weinhold Bair. Gr. § 8 (Al. Gr. § 10). Ferner Abfall und Zusatz des *t*: Beispiele bei den einzelnen Stücken. *ſlagen*, *ſchlagen* im Reim für *ſlân*. Nur bei manchen Stücken findet sich die 2 Plur. auf -*ent*, *ch* für *k*. Das ist auf bairischem Sprachgebiet besonders tyrolisch.[1] Auf das einmalige *ſchawmen* (im Reim zu *namen*) (128) 22818 hat man nichts zu geben.

Zur Orthographie sei bemerkt, dass der Umlaut durch übergeschriebenes *e* oder zwei schräge Punkte, die daraus entstanden sind, bezeichnet wird (so auch *nu* : *zü* bei Keller). Davon ist deutlich geschieden *û*, *üe*, *ûe* : *plüemlein*, *gefüegen*. Neben *ei* begegnet *ey*, neben *i* : *y*. Meist *ew*. Von Doppel-

---

[1] Vgl. jetzt auch Jellinek ZfdA. 36, 80 f.

konsonanz ist nur ganz spärlich Gebrauch gemacht (*rûefft, dörpper, vilcz, herczog* u. a.) Von Abkürzungen begegnet fast nur *rit = rnd, n̄ = -en, v = ver-*.

Stück 53.
(Das grosse Neidhartspiel.)

Nach Österreich wird man von vorneherein geneigt, sein, ein Neidhartspiel zu verlegen. Ob wirklich an Niederösterreich, etwa die Tulner Gegend oder Wien zu denken ist, lässt sich nicht ausmachen. Struombühl und Kaiserthal (425₅) vermag ich nicht festzulegen. Der Wortschatz dient nur zur Bestätigung österreichischer Heimat. *kuchenknaur* 396₁₃ ist durch S. Helblings *erknüren* für Österreich wahrscheinlich gemacht. *œde* (*œden sin* 397₃), ein Lieblingswort Neidharts (Haupt zu Neidh. 90₁₁), ist in Österreich beliebt (z. B. Ottokar 43033 *œde gouch*), *dörper* 400₂₆, 401₃₃, *gütlinge* 403₂ durch Neidhart eingegeben, *gämlich* 406₄ auch in Österreich gebräuchlich vgl. Ottokar 4 2976 das Substantivum *gemliche* 'Spass', das Adjektiv *glanz* 408₁₀ ebenfalls aus Ottokar (94232) zu belegen, *lofen* 408₂₂ noch heute dem österreichischen Dialekt eigen (vgl. auch Ott. 25515, 34893, 57354, 67912). Die Präteritalform *hiet* steht 406₂₄, 436₂₉. Vergleiche ferner *falzmen* 896₂₉. *farg* 396₂₉. *Damit entruochen mir nit* 413₃₃, *nun mueßen mir* 420₈. Imperativ *Pis* 419₂₁.

Charakteristisch sind die Reime.

Sie scheiden im allgemeinen *ei* und *ai*. Ja es reimen noch *ī, ie* und *ei,* nämlich

394₅ f. Müge gehaben als frölichen fin
Als die lieb und zarte fraue mein.
395₂₆ f. So wellen wir gen frölichen
Die fpilleut heißen pfeifen.
416₂₄ f. endlcich : fich
431₁₆ f. diemûtigklich : peicht
418₂₉ f. Eckereich der leirat
Auch ist Fridrauna gezierot.

Ich halte doch namentlich die erste Stelle für sehr bemerkenswert, obgleich die Reime, wie ich sofort hinzufüge, gewisse ganz bestimmte Ungenauigkeiten, aber mehr in Bezug auf die Konsonanten zeigen. Daneben stehen zwei Fälle, in denen doch *ei* und *ai* gebunden sind. (Ein dritter 4139 f. *fchalmeien : raien* gehört nur scheinbar [1] hierher):

49834 f. So heiß ich der Hebenſtreit
Vnd pin auoh also verhait.

44914 f. Er (der Wein) iſt faiger vnd vnrain.
Den hat mein herr in dem vaſſe ſein.

Es ist vielleicht ein Zufall, dass die beiden ersten Verse in unsern Fastnachtspielen noch einmal und zwar ganz rein gebunden erscheinen, nämlich 39834 in Stück 21 (dem kleinen Neidhartspiel) 19634 f.:

Hort, ſo heiß ich der Hebenſtreit.
Neithart, wer dich, wann es ill zeit.[2]

Die ganze Partie 4498-15 aber begegnet auch (56) 48420-27, wo die letzten beiden Verse lauten:

Er ift fäger vnd vnrain.
Den hat mein herr vor der helle gemain.

Man mag diese Thatsache irgendwie verwerten oder nicht, jedenfalls kommen in dem sehr langen Stück zwei so zweifelhafte Fälle nicht in Betracht. Und ich finde für die sonst höchst sorgsame Scheidung von *ei* und *ai* und die Bindung von *ei* mit *ī*, *ie* keine einfachere Erklärung, als dass dem Dichter *ī* als der korrekte Vokal galt, er *i* in Sprache und Schrift bevorzugte, aber doch durch seinen Dialekt gelegentlich verleitet wurde, dafür *ei* zu gebrauchen. Es sei gestattet, eine scheinbar fernliegende Beobachtung einzuschieben.

In Vintlers „Blume der Tugend" finde ich in 1000 Versen, die ich beliebig herausgreife, also V. 4274—5275 nach Zingerles Text, 91 Reimpare mit *ei* oder *ai*, nämlich 40 Mal *ei : ei*, 42 Mal *ai : ai* und ausserdem die folgenden Fälle:

4550 f. *ſich : reich.*
4624 f. *ſich : göteleich.*

---

[1] Vgl. jetzt Wrede ZfdA. 39, 257 ff.: Die Entstehung der nhd. Diphthonge.

[2] Aber (62) 55022 f.: Nu wer dich wundrer! Es ist zeit.
Dir wirt der ſtrick felbs um geleit.

4700 f. *im* : *ſein.*
4740 f. *ſein* : *hin.*
4805 f. *im* : *ſein.*
4956 f. *froleich* : *mich.*
4974 f. *chaiſerin* : *pein.*
5010 f. *was chans geſchaden? ich lueg darein* : *mein man der wirt ſein nimmer inn.*
4274 f. *ſein* : *hin.*

Dagegen nur 4950 f. *ſein* : *rain* (lies *vein*??), also etwas über 1 %. Dazu halte man ferner Bindungen wie 4290 f. *Philiſteim* (den Philistern) : *ſein*, 4300 f. *Philiſtim* : *im*. Es scheint mir daraus mit Sicherheit hervorzugehen, dass Hans II Vintler — denn dieser wird doch wohl der Dichter sein (Zingerle S. XIV seiner Ausgabe gegen ZfdA. X 25 f.[1]) — noch *î* schrieb und sprach. Hans Vintler starb 1419. Die Handschriften haben durchweg *ei*. Die ältesten gehören nach Zingerle der ersten Hälfte des 15. Jahrhunderts an. Nun sprach man aber bekanntlich im bairischen Gebiete vielleicht schon im 12. Jh. hie und da, sicher aber Ende des 13. Jhs. überall bis auf die Alemannien unmittelbar angrenzenden Gebiete *ei* (vgl. Weinhold Bair. Gr. § 78); auch in Tyrol, wie eine Urkunde des Grafen Meinhart 1283 (Meichelbeck II No. 179) wohl beweist. Auch haben die Handschriften aus dem Ende des 13. und dem 14. Jh. meistens *ei*, seltner *î*. Die Dichter beginnen in der zweiten Hälfte des 13. Jhs. altes *ei* und *î* zu reimen; es fragt sich, wie das im Einzelfalle zu beurteilen ist. Jedenfalls werden Dichter wie Vintler in ihren Originalaufzeichnungen nicht, wenn sie *î* sprachen, dem modernen Sprach- und Schreibgebrauch zu Liebe' *ei* geschrieben haben; das wäre ein in der Geschichte der Orthographie unerhörter Fall. Mit andern Worten: es gab auch noch um die Wende des 14./15. Jhs. eine traditionelle mittelhoch-

---

[1] Allerdings macht Leitzmann in der Rezension von Vetters Sammlung 'Lehrhafte Litteratur des 14. u. 15. Jhs.' (Litteraturbl. f. germ. u. rom. Phil. 1889 Sp. 405 f.) dem Herausgeber zum Vorwurf, dass er Hans Vintler für den Verfasser des P. d. t. halte; aber ohne seinerseits für Konrad Gründe zu bringen.

deutsche Schrift- oder wenigstens Dichtersprache, die von den Abschreibern in der Regel einfach in die moderne Prosasprache, die dialektisch gefärbte Sprache der Urkunden, umgesetzt wurde. In dieser vornehmeren Dichtersprache war auch Stück 53 verfasst, in dem der Dialekt gelegentlich durchbricht. Zu derselben Auffassung ist für Ottokars Reimchronik neuerdings Seemüller gelangt (Mon. Germ. hist. Deutsche Chroniken V, 1. Einleitung S. CXII f.)[1]. (Schrieb ḷē oder schon seine Vorlage *ḷē i in ei um, so lässt sich vermuten, dass gelegentlich auch Fehler unterliefen vgl. 39416 f.:

    Der fol von ir haben den lon,
    Das er fi (Hs. fei) das ganze jar
    Hofier[n] mit der jungfraun fchar.

Ebenso 43825 fei für fi (fie). Vgl. dazu Erlauer Spiele hsg. v. Kummer S. XVIII. XXIII.)

Zu diesem Schluss auf die Sprache des Originals stimmt mhd. *iu* (*â*) im Reim: 44920 f. *künden : freunden*. Auch wird wirklich *friunt, friundin* (46210, 46324, 45531) geschrieben, eine ja allerdings länger als in andern Wörtern festgehaltene Schreibung. Auch *hinen* 46415. Mit *tuir* 42122 mag es eine andere Bewandtnis haben. Ebenso darf man wohl kaum *gepütt* 4062 (*was die gepütt das thuon ich*) heranziehen. Nicht widerspricht 4211 f. *gau : nen*; denn was heisst:

    Mein vetter Englmair ill fo nen,
    Das er der red von euch uit leidt —?

Gemeint ist offenbar das seltene *nou* (*nouwe*, „sorgfältig, genau"), vielleicht *nöu : gön* (vgl. Vridanc 12211 in a : *niemant alfo genöuwe fchirt, fö da ein gebâr ein herre wirt*). Das Wort ist allerdings nur mitteldeutsch belegt: „Im korrekten Mhd. findet es sich noch nicht, doch vgl. *nauigo* Graff II 1053" (Zarncke Mhd. Wb. II, 1, 418b). Das Pronomen heisst *eu* oder *euch* (D. pl.); im Femininum ist -*u* und -*eu* geschrieben, für letzteres ein paar Mal fehlerhaft -*en*.

---

[1] Meine Ausführungen sind im Wesentlichen vor Erscheinen der Seemüllerschen Einleitung niedergeschrieben, nachträglich nur leise verändert unter Benützung dessen was ich mir aus Seemüllers Einleitung aneignen konnte. Ich kann mich nur freuen in vielen Punkten mit Seemüller zusammenzutreffen.

Nicht so scharf ist *au* von *ou* (< *û*) getrennt. Es begegnet *frau* : *pau* (*bûwe*) 4352₄ f. — das könnte noch altbairisches *pouwen* sein (Weinhold Bair. Gr. § 99) —, *auen* : *pauren* 4217 f., *gaumen* : *pfraumen* 4211₅ f., *erlaubt* : *Madenhaut* (schwerlich in *Madenhaubt* zu verbessern) 4217 f. und häufiger *auch* : *rauch* (*rûch*) z. B. 4032₇ f. 3272₄ f. u. ö. Dazu vergleiche man was Seemüller über die Bindung *u* : *ou* bei Ottokar bemerkt (S. CXII) und bei Vintler aus dem vorhergewählten Abschnitt 4332 f. *lauf* : *hinauf*, 4774 f. *auf* : *lauf*. Ein Blick in Weinholds Bairische Grammatik (§ 100) lehrt, wie häufig die bairischen Reime von *û* und *ou* namentlich vor *m, b, f*, schon frühe sind. Die Erklärung liegt, denke ich, darin, dass mhd. *û* und *ou*, wie ja auch die Schreibung andeutet, allenthalben oder wenigstens auf einem grossen Teil des Gebiets zusammengefallen waren (z. B. niederösterreichisch vgl. W. Nagl, Da Roanad, Eine Übertragung des deutschen Tierepos in den niederösterreichischen Dialekt. I. Teil. Grammatische Analyse d. n.-ö. Dial. S. 455 § 67), während *î* und *ei* bis auf den heutigen Tag geschieden blieben. Vor Labialen entwickelte sich bekanntlich *û, ou* noch gemeinschaftlich weiter. Den Dichtern, die der alten Tradition folgend eine (scheinbar alemannische) Dichtersprache verwendeten, bot bei *ei* und *ai* ihr Dialekt eine bequeme Handhabe für die strenge Zurückführung auf den älteren Standpunkt, nicht so bei *ou* (= *û*) und *au* (= *ou*). Daher das allgemein verbreitete bairische *ſoufen* neben *ſûfen*, das aus dialektischem **ſâfen* gemacht sein wird nach Massgabe von **lâfen* = *loufen*. In den Erlauer Spielen begegnet einmal *trourigen* mit *ou* neben sonstigem *au*, wie Kummer richtig bemerkt (Erlauer Spiele S. XXVII), darthuend, dass so in der Vorlage stand, die aber sonst, wie kaum zweifelhaft sein kann, wenigstens *î* schrieb. Man neigte natürlich hier im Zweifelfalle zu dem neuen Diphthongen; daher ist es nicht besonders auffällig, dass umgekehrte Abirrungen kaum aufzufinden sind. Doch wird zu ihnen doch wohl das durch Reimzwang veranlasste *tû* = *tou* bei S. Helbling 12₅₀ gehören.

Vielleicht lässt sich auch Folgendes heranziehen. Seemüller spricht in seiner Einleitung zu Ottokars Reimchronik

(Monum. Germ. hist. Deutsche Chroniken V, 1) S. CXII von der Verwandlung des alten *ou* in *ae* im Dialekt Ottokars, der *urlæbe(n)*, *erlæbe(n)*, *gelæbe* mit *gæbe(n)*, der Konjunktivform, reimt, ferner *gæmen* (für *goumen*): *kæmen*, *gæme* (*goume*) : *ſchrancpæme* (*-boume*). Die Hss. schreiben jenes *æ* für *ou*, gewöhnlich *á*, *ē*, *e*. Die umgekehrte Verwandlung von *æ* in *au* findet sich scheinbar in unserm Stück, wo einer der Bauern *Schnabelrauß* heisst (im Reim zu *laus* 379,24 u. ö.). Das ist natürlich *snabel-ræʒe*. Es liegt offenbar derselbe Lautprozess vor wie bei Ottokar, aber umgekehrte Schreibung. Nur komplizirt sich hier der Vorgang. An einen Übergang von *ou* in *æ*, der bisher in österreichischen Dialekten meines Wissens nicht nachgewiesen ist, vermag ich nicht zu glauben. Vor der Hand ist mir, obgleich Seemüller eine Warnungstafel aufgestellt hat, am Wahrscheinlichsten, dass Ottokar mhd. *æ* und mhd. *ou* wenigstens vor Labial schon als *â* sprach und aus einem *â* seines Dialektes den schriftsprachlichen Laut, — wie der Augenschein lehrt, nicht immer richtig — rekonstruirte. Mit den Reimen *geeft* : *kæft* (= gekauft) 876 54 und *urlæb* : *steb* 28 211 weiss ich mich allerdings nicht in entscheidender Weise abzufinden. Doch vergleiche Sterzinger Spiele VI 65 f. (= XXIV 143 f.) *Sy kinder, weder mainz, ich wolt enckh affen, Das ir die ſalben nit welt kaffenn*? Für unser Stück lässt sich jedenfalls mit einem Übergang von *ou* in *æ* nicht rechnen; denn das Reimwort *laus* enhält nicht *ou* sondern altes *â*. Wie man sich auch drehen und wenden mag, so erhält man einen unreinen Reim. Man kommt am Glättesten durch die Schwierigkeiten, wenn man annimmt, dass der Dichter ein dialektisches *Schnabelraß* auf den vermeinten schriftdeutschen (mhd.) Standpunkt zurückschraubte, dialektisches *laus* aber beibehielt. Dass *æ* den Laut *â* hatte, beweist vielleicht auch die Schreibung *Gâbein* (*Gawein*) 405 33. Derselbe Bauer -- oder ist es doch ein anderer? — heisst übrigens auch *Schnabelrauch* (: *auch*). *Engelmair* für *Engelmâr* in unserm Stück kommt nach Ausweis der Reime lediglich auf Rechnung der Handschrift. Auf ganz grobe dialektische Aussprache schon des Dichters deutet aber der Reim *berait* : *spat* 455 14 f., wo wohl nicht mhd. *ei* mit mhd. *â*, sondern mit mhd *æ* gebunden ist. Doch reimt mhd. æ und â 416s *trät : rat*, was kein dialektisch genauer Reim ist. *a : o* begegnet einmal *herzog : tag* 394,27 f., auch kein genauer Reim, aber doch in bair.-österr. Dichtungen schon des 13. Jhs. gang und gäbe. Überhaupt wird bei Betrachtung der spätmhd. Texte das Bemerkenswerteste sein, was die Dichter an dialektischen Reimen meiden. Nach den später so beliebten, namentlich auch bei den Nürnbergern verwandten Reimen mit *tân* (*tôn*, gebunden etwa mit *lân, lôn*) sucht man vergeblich. Ottokar hat bereits *tân*, und er nach Weinhold (B. Gr. § 301) zuerst. In unsrem Stück heisst es noch *thân*. Man darf es deshalb freilich nicht gleich vor Ottokar setzen; aber beachtenswert ist es doch.

Dialektische und unreine Reime:

1. *m : n* (vgl. Kummer, Erlauer Spiele S. XX, Seemüller Ottokar S. CXIV).

wunesam : han 411 32 f.
haim : allain 396 24 f.

2. Differenz eines auslautenden *n* (vgl. Kummer, Seemüller aaO.).

ern : herr[e] 456 23 f.
meren : here 446 10 f.
helle : gesellen 442 36 f.
zersnitten : mitte 441 1 f.
tritten : sitte 446 8 f.
du : thân 431 12 f.
thân : zu (l. *zû*) 413 16 f.
klee : sten 418 16 f.
neu : gereuen 456 13 f.
sein : pei 465 25 f.
vil : spiln 430 67 f.
beginnen : minne 405 24 f.

besinnen : minne 405 35 f.
Zeismaur : pauren 465 18 f.
abe : haben 412 35 f.
jungen (l. *junc*?) *: vorsprunge* (l. *vorsprunc?* 420 17 f.)
sitten : mitte 451 21 f.
herzoginne : gewinnen? 422 34 f.
hofsitten : vortritte 395 23 f.
pesser : lestern 423 14 f.
drei : prein 396 6 f.
schaiden : laide 426 3 f.

3. Differenz eines auslautenden *t* (vgl. Kummer a. a. O. S. XX).

tanzt : rosenkranz 395 32 f.
ich : spricht 406 2 f.

viel : pehielt 420 27 f.
diemütigklich : peicht 431 16 f.

gewiß : *ift* 462 23 f.   *unyemach* : *gedacht* : *pracht*
wol : *fold* 462 27 f.   458 3 ff.

4. Differenz eines inlautenden Konsonanten (vgl. Kummer a. a. O. XXI). Unser Spiel ist ungenauer als Ottokar (Seemüller a. a. O.).

erlaubt : *Madenhaut* 402 2 f.   *verderbt* : *gefert* 426 29 f.
tat : *habt* (*hât*?) 467 2 f. 450 2 f.   *habt* (*hât*?) : *tat* 425 20 f.
empfacht (*empfât*?) : *lat* 394 31 f.   *ſtat* : *habt* (*hât*?) 462 5 f.
allzeit : *leicht* („leiht") 435 10 f.   *geweihet* (-*cht*?) : *peicht* 435 28 f.
Pernhart : *ſchad* 432 10 f.   *zuckten* : *ſtucken*? 466 4 f.
Neithart : *tat* 459 26 f.   *paun* : *pauren* 436 1 f.
rat : *gelert* (l. *gelart*) 434 9 f.   *auen* : *pauern* 421 7 f.
fraun : *pauren* 436 1 f.   *mör*[*de*]*n* : *erzürn*[*en*] 443 19 f.
wor[*de*]*n* : *torn* 438 7 f.   *ſtalle* : *kalbe*? 436 21 f.
vinden : *innen* 410 33 f.

5. Verschiedene Medien (Kummer a. a. O. XXI. Unser Spiel ist ungenauer als Ottokar).

peleiten : *vermeiden* 420 21 f.   *treiben* : *leiden* 453 1 f.
vegen : *geben* 427 8 f.   *ab* : *tag* 439 31 f.
ande : *lange* 458 31 f. (vgl.   *ſchweigen* : *treiben* 454 3 f.
   Kummer S. XXI)   *Milchfridel* : *Hellrigel* 445 31 f.
ſteig : *neid* 442 23 f.

6. Verschiedenes.

a) *herzog* : *tag* 394 27 f.   wie auch der Reim zu
    gürtl : *pörtl* 396 8 f.   *frummen* zeigt) 426 17 f.
    hold : *verſchuld*? 429 12 f.   *geſig* : *krieg* 399 4 f.
    vilz : *gehülz* 428 4 f.   *trät* : *rat* 416 5 f.
    halten : *ſchelten* 456 11 f.   *mör*[*de*]*n* : *erzürn*[*en*] 443 19 f.
    ſtille : *alle* 460 11 f.   *berait* : *ſpat* 455 14 f.
    reſche (doch wohl *riſche* :   *meingen* : *pringen* 441 38 f.
      friſche 457 28 f.   *allen* : *willen* 460 24 f.
    muemen : *komen* (l. *kumen*   *ligen* : *kriegen* 429 26 f.
      und so natürlich überall,   *ſchauen* : *freuen* 464 25 f.

b) (*Wegenprant* : *alſampt* 403 17 f.)
    geben : *jehen* 425 9 f.   *volgen* : *ungemolchen* (*lg*?)
    gelihen : *verzigen* 461 12 f.   437 22 f.
    Ackertrapp : *Maulaff* 445 37 f.   *frolichen* : *pfeifen* 395 26 f.

diern : *piegen* 400 11 f.
lift[e] : *erwifch[e]t* 460 17 f.
veioln : *lon* 394 15 f.
c) *Swertfeger* : *tegen* 426 38 f.

peffer : *leftern* 423 14 f.
bewarn : *krayen*? 443 2 f.

(Eine Reihe falscher Reime sind deutlich erst durch die Überlieferung hineingebracht 396 29 *nicht* (st. *nit*) : *gedicht*: 399 18 *Milchfrid[el]* : *mit*; 399 22 f. *Engelmar* (so überall statt -*mair*) : *fchar*; 399 14 f. *kund* (st. *bekant*) : *mund*; 418 34 *nicht* (st. *nit*) : *gefchicht*; 434 26 f. *gefendt* (st. *gefandt*) : *convent*; 437 10 f. *fchlân* : *vân* (st. *vahen*); 438 9 *nicht* (st. *nit*) : *pöswicht*; 439 1 f. *gefprachen* (st. *gefprochen*) : *prachen*; 440 27 f. *gewunden* : *gepunden*; 440 12 *machen* : *gefchwachen* (st. *gefchwechen*); 440 14 f. *gefân* (st. *gefahen*) : *getan*; 396 33 f. = 448 12 f. lies:

Si treten in hin ûf den zehen,
Daz fi nit ûf den verfen gên – ?

450 6 f. *gericht* : *nicht* (st. *nit*); 443 9 f. *nicht* (*nit*) : *geticht*; 457 26 *gewefen* (st. *gefen*) : *genefen*. 423 24 vielleicht:

Durch din getriuwe ritterfchaft
Vnd durch den dienft, daran (?) du ftâft.

Auch 456 9 f. wird verdorben sein. (Anderes ist bereits oben verbessert.)

Auch die Verstechnik steht der guten mittelhochdeutschen noch relativ nahe. Ganze Stellen lesen sich glatt; an andern freilich hat man bessernd einzugreifen, doch hiesse es das ganze Spiel neu herausgeben, wollte ich das hier exemplifizieren. Goedeke (Grundriss I² 326) scheint an gelegentliche Interpolationen zu denken: ich finde dafür aber keinen Anhalt. Bloss metrische Kriterien verfangen nicht. Auch dass es zum grossen Teil die Reden der Bauern sind, in denen sich überladene Verse finden, hat nichts Befremdliches und braucht nicht dem Original zur Last gelegt zu werden. Ein Abschreiber, der nicht rein mechanisch verfuhr, musste sich hier am meisten in seinem Element und versucht fühlen, gelegentlich ein kräftig Wörtlein einzuspielen, eine Wendung zu modernisieren. Für einen besonders charakteristischen Fall des Zusetzens halte ich die standesgemässe Anrede *gnädiger herr* für *herre* oder nichts der Vorlage. (Vgl. dazu Kummer, Erlauer Spiele S. XXIV).

Einhebige Reime (Typus: 4 ⌣) begegnen neben zweihebigen (3 ×). Schon der König Laurin zeigt diesen Wechsel, obwohl 3 × überwiegt. Aber ⌣ × ist doch schon mit ⌣ × gebunden, wenn auch nicht häufig, z. B. 398₁₃ f.:

> Wolt ir nit verzagen,
> So wolt ich s mit euch wagen.

Es ist auch eine andre Atmosphäre als in den andern Spielen, in der wir uns bewegen. Fürsten, Grafen, Herren, Ritter und Ritterskind sind als Zuschauer gedacht, Kaufleute nur bedingt zugelassen:

> Auch kaufleut die mit hübefchheit
> Sich zieren künen in höhe kleid
> Und darnach künnen wol gepArn.

Es ist also ein höfisches Spiel. Auch die Terminologie des Minnesangs ist noch in vollem Schwange, nicht etwa lediglich zur Persifflierung verwertet, sondern ganz naiv angewendet. Der Einschreier ist der *pote* der schönsten Frau. Gott hat *in aller kristenheit* keine schönere geschaffen, heisst es mit bekannter Übertreibung; bei den Bürgerlichen genügt, dass die Geliebte die Schönste ist *von Beiern unz in Franken* oder ähnliches. Dass man in ihrer Schar manche schöne Frau findet, heisst ganz stilgerecht: man finde *manig röten mund* (394₂₇.₃₁).

> Waz mag dann peller gefin,
> Wan da mund lacht gen mündelin?

heisst es. *minne* wird noch ohne Bedenken verwendet, was im Lauf des 15. Jhs. bedenklich, im 16. Jh. beinahe unmöglich wurde (vgl. Haupt zu Engelhard 977 f. Milchsack, Beiträge V 288 f., Euling, 100 Priameln 18, Kaufringers Gedichte S, II). Der Ritter pflegt der Minne mit *dienſt und mit beſcheidenheit* (404₁₆); wenn er sich einen *pülen* wählt — dieser moderne Ausdruck ist doch schon durchgedrungen — so geschieht es unter dem Beding, dass

> doch ir er wær wol bewart (404₂₈).

Er wirbt auf *gûten wân* (405 13). Sie *trôstet ſeinen ſenenden mût* (405 31). Darf er in ihrem Bett

>Gar taugentlich[en] erwarmen
>Vnd umbefân mit [leiplichen] armen (405 20 f.),

so *will er tragen hôhen mût* 405 15. Die Geliebte ist

>aller eren und tugend ein vaz (405 3)

oder:

>aller tugend glas,
>ein kron, ein plûm, ein adamas
>junkfraulicher zucht und gut
>und an ềren hochgemũt (406 13 ff.).

Nichts ist an ihr vergessen; alles steht nach Wunsch (vgl. Scherer, Deutsche Studien II 39 ff.; Lehfeld, Beiträge II 371 ff.; Gottschau, Beitr. VII 381, 384). Ihre Güte bezwingt sein Gemüt (407 3). Folglich soll sie ihre *hilfe ſchein tûn* 407 5 (vgl. Meyers Sammlungen ZfdA. XXIX, 158).

Auch für die Schilderung des Frühlings (410 20 ff.) wird die Terminologie des Minnesangs ausgenutzt (vgl. Meyer ZfdA. XXIX, 193 ff.). An Neidhart von Reuenthal selbst erinnert verhältnismässig wenig, an die in jeder Beziehung jüngere Gestalt der Legende im Neidhart Fuchs fast gar nichts.

Vgl. 414 13 f.
>Wâffen mir heut und immer mer,
>Wâfen miner grôzen êr ....

mit Neidh. Fuchs, Bobertag S. 146

>Waffen vber mich tummen,
>ſprach Neithart, daz ich wer tod ...

414 29   Der an mir daz laſter hât getân

Neidh. Fuchs, Bobertag S. 157

>Das laſter das er hat getan.

413 36   Ach Neithart, waz haſtu getân?

Neidh. Fuchs, Bobertag S. 156

>her Neithart, was hapt ir getan?

Zu dem Minnegruss 409 4 ff. vgl. Uhland Schriften III, 243 ff. Beachtenswert ist die Ähnlichkeit mit der zweiten

Strophe von Hans Sachsens „Buhlscheidlied" (Dichtungen hrsg. von Goedeke u. Tittmann I, ² 4). Vgl.:

Neidhartspiel.	Hans Sachs.
409 10 Got grüez [euch] iur spileude öuglin klàr Darbí iur wenglin wolgefar	21 Gesegent feint dein euglein klar Vnd auch dein kelen weiße!
. . . .	Gesegen dir got
16 Got grüez iurn rubiuroten mund	auch deinen rosenfarben munt
. . . .	
20 Got grüez iuwer gelbez har Daz ist gefchickt nach wunfche gar Got grüez iur helslin her- uinwiz	und auch dein golb ge- flochten har,
Daz got gefehuof mit ganzem flíz.	dein brüfflein ziert mit fleiße!

Dass Hans Sachs, der bekanntlich im Alter selbst ein Neidhartspiel dichtete, unser Stück in der Jugend aufgeführt sah, hat nichts Unwahrscheinliches.

431 7 ist offenbar eine Reminiszenz an Berthold von Regensburg. Die Teufelspredigt (439 20 ff.), mit ihrem Zugeständnis (439 33 f.):

Die bůrschaft hòch stiget
Vnd ritterschaft nider siget,

gemahnt an die Satiren auf den Kleiderluxus der Bauern seit Meier Helmbrecht und Verwandten. Überhaupt reiht sich das Stück in die Dichtungen ein, die mit den ritterlichen Kreisen sympathisieren und Partei ergreifen gegen die Bauern, ohne die Tendenzen des Bürgerstandes zu vertreten. Die Teufel selbst, geschickt verwertet, sind offenbar notwendiges Requisit von andern Dramen übernommen. Dass 449 3–15 = (56) 484 20-27 ist, ist schon erwähnt. Über die Priorität lässt sich nichts anmerken. Vielleicht entlehnten beiden Stücke aus einem dritten. Der Knecht, der im Ton der Anpreisung den Wein seines Herren schmäht, erinnert an Rubin, den possenhaften Knecht des Salbenkrämers im geistlichen Drama.

Für die Entwicklung der Neidhartsage ist unser Stück von R. M. Meyer ZfdA. XXXI 64 ff. nicht beachtet worden.

447,20 f. *Künd er die list, die der fux kan, Er mag uns nimer entgan* ist vielleicht für die Entstehung des Neidhart Fuchs nicht ganz unwesentlich[1].

---

[1] Lier hält Stück 21 für älter (Stud. zur Gesch. d. Nürnberger Fastnachtssp. I, 53 Anm. 1). Daran ist schon des Inhalts wegen schwer zu glauben. Dass Engelmaier hier gleich auf Stelzen auftritt (193,31 ff.) zeigt, dass „Engelmaier auf den Stelzen" bereits eine typische Figur geworden ist. Die Geschichte von der Salbe, auf die 196,5 ff. anspielt, erzählt das Volksbuch auch (XIV, V. 1452 ff. — Bobertag, Narrenbuch S. 203 ff.), aber gänzlich abweichend. Über Reime und lokale Beziehungen s. u. Der Stil erinnert allerdings auch noch an die geistlichen Spiele. So treten die Ritter auf in der dort üblichen Weise (vgl. Wirth, Oster- u. Passionssp. 153 ff.). So erscheint der Teufel und freut sich der erschlagenen Bauern. Der Bauer klagt über den erschlagenen Bruder wie die Grabeswächter bei der Auferstehung: *Wafen jo end imer wafen! Wie kan ich heut so lang verschlafen!* (197,10 ff.) vgl. Wirth 107 ff., wozu ich anmerke, dass in der ältesten mir bekannten Stelle der Formel Erec 4037: *stille schrei er 'wafen! Wir haben uns verslafen. Wol ûf mine gesellen; Die mir helfen wellen!'* — auch die letzten beiden Verse auffällig an eine Formel der geistlichen Spiele anklingen. Vgl. auch Kudrun 1360 *Ludwiges wahtære kræfticlîchen rief: 'Wol ûf ir stolzen recken! wafen, hêrre, wafen! Ir küene von Ormanie, ja wæn ich ir ze lange habet geslafen'*. Auch der Arzt begegnet wie in den geistlichen Spielen (197,22 ff.). Mit dem Namen Laurein weist das Stück doch wohl zugleich auf Bekanntschaft mit der Heldensage und auf tyrolische Tradition. Die Verse 195,2, f. begegnen im König Laurin als stehende Formel: 73 f. *Der müeste mir lâzen frôrîn pfant, Den zesewen fuoz, die linke hant* vgl. 261 f. 379 f. 401 f.; vgl. ferner im Sterzinger Spiel vom König Vayel (XI) 657 f.: *Der muos durch irn willen lassen ain pfant Den rechten fuos end die linckke hant*, Spiegel v. Hermann v. Sachsenheim *Künig Laurin der eil clain kund mit so suesses greussen, Do er von baiden end fuessen Dem Berner iesch ein pfant, Dietleiben end meister Hiltbrant Zu Tirol in den rosen.* (Martins Einl. S. 31). Auf die Formel 196,34 f. ist schon oben im Text hingedeutet. 153,19 f. begegnet auch im Sterzinger Neidhartszenar Q XXVI S. 244. 194,5 f. ebenda S. 246 u. ö.

Stück 54.
(Vom Tauawäschel.)

Die Reime tragen ausgesprochen bairisch-österreichischen Charakter. 469 21 f. *ſchaur : ungeheur* (vgl. W. Helmbr. 1783 f. *ungehûr : gebûr*, Parzival G., Weinhold, Mhd. Gr. § 186); 472 1 f. *ſpeiben : pleiben* (Weinhold, Bair. Gr. § 125); 472 8 f. *innen : ſingen* (Weinhold, Bair. Gr. § 170); 472 10 f. *kloſter : laſter*, 472 26 f. *man : thuon* (Inf.), 473 27 f. *lan : thuon* (Inf.), 473 32 f. *man : enthuon* (1 Ps.). Der älteste Beleg für *than* (*thon*) wäre nach Weinhold Ottok. c. 739. Vgl. zu Stück 53. 476 18 *tod : hat*; 471 28 f. *geporn : orden*; 474 26 f. *worden : verlorn* (vgl. Ottok. c. 314). 472 13 f. *here* (l. *her?*) : *perge* (*pery?*), 471 8 *Mereberg : geverd*, 474 13 f. *ſagen : haben*, 476 10 f. *ſun : from*. 475 27 *ſchonen : frommen*.

Es wird *ſargen* geschrieben (475 10). *chüche* (472 18), *cham* (472 3), *chumpt* (476 18). *richtend* (469 9), *friſtend* (475 21) scheinen nach Tyrol oder wenigstens den Alpengegenden zu weisen. Es begegnet noch *baidu* (469 7), *liebu* (472 8); zwar *worheit* (474 23), aber durchgehends auch *an, want*. *Tanawäſchel, fläſchel* (472 16) sind nach bairischer Art diminuiert; daneben *klöſterlein* (471 13). *ſult* (*ſûlt*) und *ſolt* gehen durcheinander.

ei und *ai* werden nicht gebunden, vgl. aber *au* und *ou*: 472 18 f. *pauch* (*bûch*): *rauch* (*-ou-*). 471 14 f. *pauen* (*-âw-*): *frauen* (*-ouw-*). Einmal begegnet (475 18 f.) *richtarin : mein*. Darf man daraufhin *î* für *ei* einführen? Das scheint doch unsicher. Da die rätselhafte Krankheit[1] ins Jahr 1414 gesetzt wird, so ist das Stück vielleicht ein paar Jahre später entstanden. Mit dem Mereberg 471 8, aus dem der Kauf-

---

[1] „Die Pest" sagt Weinhold in Gosches Jahrbuch S. 6; ich weiss nicht aus welchem Grunde. Eher dürfte nach 472 13 ff. an Cholera oder nach 472 2 f. an Influenza (Grippe) zu denken sein. *wäſche; weſche, wäſchel* (*waſchl*) bedeutet nach Schmeller (¹ IV, 189) 1) einen Wäscher namentlich den *badwaſchl*. Übertragen: *ei, dass dir des henkers badwaſchl den kopf zwag!* Ferner *kuchelwaſchl*. 2) einen Menschen der plump, schleppend einhergeht; ebenso ein zu weites plumpes Kleidungsstück. Vgl das Adjektiv *waſchot* schleppend, weit, unbequem.

mann herkommt, kann wohl kaum etwas anderes gemeint sein als der Markt Maremberg westlich von Marburg in der Steiermark, im Mittelalter sonst als Merenberch, Mernberch, Mermberg belegt, vgl. v. Zahn Ortsnamenbuch von Steiermark im Mittelalter S. 329ª. Danach dürfen wir annehmen, dass das Stück aus Marburg stammt.

Die Verse sind nach mhd. Art gebaut: Synkope der Senkungen möglich, Fehlen des Auftakts möglich und sogar häufig. Es fragt sich, ob noch zweihebige Reime vorliegen. Im überlieferten Text fordert unbedingt diese Lesung nur 470 11

     Eé ich ſn ließ wénkèn,

doch lässt sich leicht ein *hinnen* einschieben.

Folgende kleine Verbesserungen legt teils der Sinn teils das Metrum nahe: 469 1 *Es ſei* [*juncfrau*] *frawe oder man*; 469 2 *an* [*alles*] *gefär*[*t*]; 469 3 *kume*; 469 5, 17 *Herre*: 469 14 *Ich will euch* ..; 469 20 [*Und*] — *landen*; 469 22 *kain*[*em*]; 469 27 *Trewe, warheit unde ſtät*; 469 28 *hinweg*; 469 32 *han*; 470 1 *Darumbe*; 470 10 *setzt*; 470 12 *gebt*; 470 15 *unde*; 470 23 *nimmer mer* (?); 470 24 *darumbe*; 470 28 *dem*; 470 32 *ir ſolt*; 471 1 *Er käm mich villeicht auch* [*h*]*an*; 471 9 *an*[*all*] *gever*[*d*]; 471 12 *Er tät mir in dem kopf ſwer*(?); 471 20 *Unde*; 471 24 *ain*[*en*]; 471 32 *unde*; 472 1 *unde*; 472 2 *Mocht wir nit*; 472 4 *pei*[*de*]*m*; 472 8 [*cloſter*]*frau*: 472 13 f. *her*[*e*] : *perg*[*e*]?; 472 14 *rom*; 472 13 *Hort — haltet*; 473 2 [*So*]; 473 3 *alſe*; 473 12 *Ainer*; 473 14 *ſtinket*; 473 15 *ain* [*rechter*] *fras*; 473 16 *dritte*; 473 20 *So hat der der jar ſovil*; 473 21 [*lenger*]; 473 25 *fürſprechen* (vgl. 473 34, 475 14); 473 27 *rede*; 474 11 f. *abſlahen : hahen*; 474 14 [*rat*]; 474 15 *waidenlicheſ*[*e*]; 474 18 *Darumbe*; 474 19, 24 *unde*; 474 25 *erde*; 474 29 *abſlagen* (: *fragen*); 475 10 *Darumbe*; 475 14 *Das ir mir* [*habt*] *verſagt ain*[*en*] *fürſprechen*; 475 19 *abgeſagt*; 475 23 *Darumb ſall ich für eur füße*; 475 25 *du übeltätig*[*er*] *man*: 475 31 *erparmeſt*; 476 4 *mache*; 476 5 *ende*; 476 12 *menſche*; 476 14 *darumbe*; 476 15 *ſünde*; 476 16 [*Aber*]?; 476 19 *am*. Dazu ein paar Mal *g-* für *ge* und Ähnliches. Auffällig ist, dass sämtliche Verse, in denen der Name *Tanawäſchel* be-

gegnet einen leichten, meist auch leicht zu hebenden Anstoss
bieten. Ist der Name erst für einen andern eingesetzt?
Mhd. Redewendungen, die später in Vergessenheit geraten, begegnen wenige: 473₉ *Ir fült fenften euren zorn*;
en- als Negation 473₃₃. Zu 472₁₉ f. vgl. 720₁₄, 732₁₁;
Q XVII 267.

Das eigenartige Stück endet nach Art der Schwerttänze
mit einer Hinrichtung, vgl. Müllenhoff Festgabe für Homeyer
132 ff., ZfdA. 18, 9 ff., 20, 10 ff.

Stück 56.
(Das Spiel von den bösen Weibern.)

Das Stück ist offenbar sehr schlecht überliefert: ein
paar Mal ist der Reim gestört; von Metrik kann manchmal
kaum noch die Rede sein. Gleichwohl schimmert mhd.
Verstechnik durch, namentlich das Fehlen der Senkungen:
*Hérre, ich heiß Gûmprécht; I'ch gên gérn zu dir; Dés fölt
du ficher fein* u. s. w. Die zweisilbigen Reime sind, scheint
es, zum Teil als zweihebig zu fassen.

Das Stück weist nach Tyrol:

> Wan von dem fatal pis an [dem] Rein
> Mag mein geleich nicht fein,

sagt 489) 18 f. Weinzungo von sich. Dazu stimmen die Reime:
482₁₁ f. *üppigkeit : gůt* (d. i. *gât*; z. B. Vintler Plům. d.
tugend 393 f. reimt *fnödichait : hât* vgl. Weinhold Bair. Gr.
§ 44); 484₁₅ f. *thuon : zuo*; 486₁₇ ff. *dank : Pinkenpank :
pfand?*; 486₂₉ f. *wan : allain*; 487₄ *verre : gerrne*; 488₁ f.
thün : nun; 491₁₈ f. ₂₄ f. *zue : küe* („Herrschend ist *üe = uo*
im Zillerthal und im Stubai, auch im Tiroler Mittelgebirge
zeigt es sich", Weinhold Bair. Gr. § 109); 491₁₃ *Luciper
[meinen gefellen] : emperęn*; 492₂₃ f. *Nimerguot : ftuet*; 493₉ f.
muot : ftuet (Plural vgl. 491₂₅ *ftuet*, ₁₉ *ftüeten*); 409₂₆ f.
fpringen : gewinnen. Übrigens sind die Reime ungenau:
490₁₄ f. *röcke : köpfe. t* ist mehrfach abgefallen und zugesetzt, wo es nicht hinzugehört.

ai und *ei*, *au* und *ou* sind im Reim nicht gebunden.
Man könnte also vermuten, dass noch *i* im Original stand,
etwa 486 71 :

> Wir wellen dörthin gên zum win.
> Frow Gattenkling gêt mit uns hin[ein]?

Doch ist das gänzlich unsicher. Das Original schrieb *vih* (: *hie* 492 34, 493 16 f.), die Hs. hat überall *rich*.

An die grotesken Teufelszenen der geistlichen Spiele erinnert unser Stück, das merkwürdig heidnisch berührt und auf das ich in anderm Zusammenhang zurückkomme. *Pinkepanck*, hier als *Weinschenk vor der Heln* eingeführt, ist sonst wohl volkstümlicher Name des Schmiedes, vgl. Lauremberg Scherzged. (1) S. 7. *De Schmieddeker dem Schmidt antwort: du Pinkepanck, Men kan genochsahm sehen an dyner schwarten Keke, Dat du dem Düvel bist gelopen ut der Bleke.*

Wörtlich bis auf Kleinigkeiten stimmt 484 20-27 zu (53) 449 8-15. (Vgl. dazu Wirth, Oster- u. Passionsspiele S. 173 ff.). Sehr ähnlich wie in (54) 475 3 f. ist die Einführung des Knechtes 483 17 f., wozu man das bei Wirth a. a. O. S. 174 Bemerkte halte. Dann ist die Frage nach dem Namen 483 19 f.:

> Und sag mir wie pistu genannt,
> Das mir dein nam werd bekant,

ähnlich dem Innsbrucker Spiel 477 f.:

> Du salt mir sagen alzuhant,
> Wye dein name sye genant.

Und Gumprecht antwortet auch mit ähnlicher Ironie wie Rubein. Pinkepank will mit ihm *kürzweilen*,

> Daß du von mir lieber wärst ein meilen,

wie der Krämer dem Rubein solchen Lohn geben will,

> daz er daz jar nicht kunde ubir leben.

(Wirth S. 179). Er begrüsst die alten Vetteln, wie der Krämer die drei Marieen:

> Seit wilkomen ir drei frauen!
> Mein knecht und ich wellen euch gern schauen.

(Innsbr. Sp. 833 f. Got grüez euch ir drei frawen!
> Waz ist euch in den auwen?)

Sie tanzen, wie wohl gelegentlich Maria Magdalena, und der Schluss wird zu einer Schlägerei gewendet, ähnlich wie in den Krämerszenen der geistlichen Spiele eine Schlägerei

zwischen dem Krämer und seinem Weib den Knalleffekt
bildet. Die Teufel werden mit der in den geistlichen Spielen
beliebten Formel zusammenberufen:
> Wol her, wol her aus der hellen,
> Allen mein lieben gefellen!

wofür Wirth S. 188 f. die Belege zusammengestellt hat. Diese
und die beiden folgenden Verse (492 8-10):
> Und allen mein genoßen,
> Die mit mir wurden verftoßen,

über die Wirth S. 192 f. zu vergleichen ist, finden sich im
4. Erlauer Spiel 26—29 ebenfalls verbunden. Die alten Weiber
berühmen sich wie Meister Vivian in den Fastnachtspielen;
sie können *mit hübſlichen ſachen* (vgl. (82) 679 15, (98) 751 16)
Jungfernschaft verlieren lassen und wiederschaffen vgl. (82)
689 19 ff., Innsbr. Sp. 708—721, Erlau III 620—622. Offenbar ist für das ganze Stück die weitverbreitete Erzählung
'Von einem zornigen Weib' Quelle gewesen (Hätzlerin S. 218,
Keller Erzählungen aus altdeutschen Handschriften S. 80,
Keller-Sievers Altd. IIss. S. 13. 65). 494 11-32 ist sie wörtlich benutzt vgl. Hätzlerin II Nr. 52 V. 25—32, 35—40,
45—46, 55, 61 f. Diese Erzählung ist auch für Stück 57
verwertet, indem der Schluss dieses Stückes 511 12-19 gleichlautend ist mit Hätzlerin II Nr. 52 V. 61—68, ferner 509 9 f.
ähnlich mit Hätzlerin V. 31 f. == (56) 494 18 f. Das führt auf
die Vermutung, dass beide Stücke denselben Verfasser haben.

Stück 57.
(Die alten Weiber.)

Bairische Reime: 498 19 f. *rertreiben : weibe*; 499 1 f. *junkfraue : befchauen*; 501 3 f. *ſinnen : pringen*; 507 25 f. *zwingen : hinnen*; 509 31 f. *innen : bezwingen*; 509 31 f. *komen : gelungen*; 502 3 f. *zorn : erſparn*; 508 9 f. *zarge : ſarge (ſorge)*; 502 10 f. *haben : ſagen*; 506 14 f. *gelauben : augen*; 503 6 f. *rerraten : verſchroten*; 499 21 f. *han : nam* (Weinhold B. Gr. § 169) 510 31 f.; *lon : thuon*. Der Verfasser sprach *me* (*mer*) : *ge* 498 9 f.; *empfolgen* (Ptc.) : *folgen* 499 6. Entschieden bairisch und besonders auch tyrolisch ist der Inf. *kemen*, geschrieben *komen* 507 31 f. : *nemen*. Die Schreibung *Chum* 502 24 scheint auch nach Tyrol zu weisen.

Es reimt nicht *ei* und *ai*. Vielleicht hatte das Original noch *î* vgl. 500 3 f. : *ſicherleich* : *dich*, 500 13 f. *zaubrarin* : *dein*. So stand wohl auch 501 21 f. *Alheit liebu dienarin* [*mein*] : *ſchrein*. Im Text ist 501 10 *freulin*, 501 13 *frauenlin*, 508 22 *Läſterlin* geschrieben — darf man sagen : stehen geblieben? Es steht Dativ *eu* neben *euch*, in der Endung -*u* : *liebu* u. s. w. 502 1 ist *iu* für *eu* verschrieben. Darf man daraus schliessen, dass die Vorlage noch *iu* verwandte? Ich übersehe nicht, dass nach allgemeiner Annahme *eu* im bairischen Dialekt bereits im 13. Jh. feststand (Weinhold Bair. Gr. § 84); aber Dialekt und Sprache der Poesie sind zweierlei.

Zweihebige und einhebige klingende Reime halten sich ungefähr die Wage; mehrfach ist auch hier die Lesung unsicher. *pitten* : *ſitten* scheint die naturgemässe Lesung 498 13 f. zu erfordern.

Die Verse sind durch kleine Zusätze entstellt. Die Anrede *Herr* ist wohl ein solcher 498 22, 499 21 . 28 (*Lieben herrn* 499 13?). Gelegentlich sind ältere Ausdrücke durch jüngere ersetzt, z. B. 497 19

   Nun wirbt der junge man
   [Umb] Des alten tochter wolgetan.

vgl. Nib. 27 3 L. *werben ſchöniu wîp*, 55 4 *die hêrlichen meit* u. a.;

 498 20 Das sie mir würd zu [ainem eelichen] weibe.

Es begegnen noch mhd. Ausdrücke wie *wolgetan, in tugent wol behuot* (498 28), *benüeget iu daran* (499 3), *mit ſelden leben* (499 29 ; 501 18), *möcht wir das an euren hulden han* (498 22), *geporn von hoher art* (500 11), *Des fült er in genieſen lan* (502), *hart* „sehr" u. a. Im Ganzen ist die Überlieferung offenbar besser als die von Stück 56.

Auch hier die Formeln der Teufels- und Krämerszenen. Vgl. zu 499 31 f., 509 17 f. : Wirth 188 f., 193; zu 503 20, 509 13 : Wirth 107, 167; zu 504 20, 510 10 : Wirth 169 : zu 505 31 f. : Wirth 194 unten und 195. 505 33 f. begegnet so gut wie wörtlich Alsfelder P. 232 f. und Erlau IV 128 f. = Fastnachtsp. (111) 907 23 f., ähnlich auch sonst vgl. Wirth S. 196. 509 35 f. vgl. Innsbr. Sp. 279. 278 u. Wirth 190. 511 2 ff. vgl.

Wirth 173. Auf die Berührungen mit Stück 56 ist oben hingewiesen. 509₁₉ f. ~ (56) 494₁₄ f.; 510₃ f. ~ (56) 484₁₉ f.; 511₁₂ f. = (56) 494₃₁ f.[1] Mit (98) 751₉ f. vergleicht sich 509₂₁ f. Andere Formeln 497₁₀₋₁₂ (vgl. Wirth 165), 498₄ f., 502₁₁ (vgl. Wiener Ostersp. 299,20, Redentiner Sp. 42) u. a. sind weiter verbreitet. Nur zufällig klingt wohl 509₂ f. an eine bekannte Stelle Gottfrieds von Strassburg (Trist. 4687 f.) an.

Der Stoff ist mehrfach behandelt (vgl. Goedeke zu Wendunmuth hsg. von Oesterley I, 366, V, 60 und Dichtungen von Hans Sachs I², 195, Liebrecht Germania XXIV, 138, Fränkel Germ. XXXVI, 310), als Fastnachtspiel auch von Hans Sachs (No. 18). Auch dort bilden ein paar Schuhe den Lohn; nur gelingt es dem Weib wenigstens eine Schlägerei der Eheleute herbeizuführen. Der Teufel nähert sich ihr mit ausgesuchter Vorsicht:

> Dann solcher alter weiber drey
> Fingen im Feld den teuffel frey (V. 248 f.).

(Vgl. auch II. Sachs Fastnachtsp. 76). Wenn Goedeke zu dem Meistergesang Hans Sachens (Dichtungen I², 195) bemerkt, die unmittelbare Quelle sei ihm unbekannt geblieben; denn die lateinische Bearbeitung habe Hans Sachs schwerlich gekannt, die deutschen seien später: so hat er eben dies Fastnachtspiel übersehn. Der Ehemann ist hier noch ein

---

[1] Zu 511₇ ff. vgl. Erlau III 824 f. 835 f.
> Da da nüßel!
> Mein Herr schlecht mein frawn an drüßel.
> . . . . .
> Er thuot ir gar recht:
> Ich vancz nächten pei meinem knecht.

und Alsf. P. 7614 (jüngere Partie):
> Hœret ir hern nu an geverde!
> Ich wil uch fagen nuwe mere:
> Es hat mein herre mein frawn geflagen
> Mit der fuhst vff den kragen.
> Das hat er ir nicht vmbſuſt gethan,
> Wan er ist ein bidder man.
> Er thut der huren gar recht,
> Wann ſie verſprochen het ſinem knecht.

Ritter, während in späteren Stücken der typische Ehemann entweder gar keine bestimmten Züge seines Standes trägt, d. i. als Bürger gedacht wird, oder als Domherr (Folz, Hans Sachs) und Kaufmann (Hans Sachs) erscheint.

Stück 125.
(Das Heiligkreuzspiel.)

Stück 125 fällt als geistliches Spiel aus dem Rahmen unser Betrachtung. Ich behandle es nur, um Charakter und Quellen der Sammlung ℒ schärfer zu beleuchten.

Dass das Original noch *i* für *ei* hatte, ist leicht zu zeigen:
N. 56₁₄ f. 59₃₅ f. *Conſtantin : ſein.*
65₂₆ f. *hin : mein.*
70₂₄ f. *ſei : alhye.*
74₃₁ f. 78₂₂ f. *ſein : kayſerin*; 87₁₀ *kayſarin : ſein.*
107₃₃ f. *hin : dein.*
113₁₉ f. *ſein : fliehen.*
115₈ f. *leicht : nicht.*
Auch ist *ai* und *ei* nicht gebunden.

Andere Reime:
    1. Vokale.
1) *a : o.*
55₅₆ f. *da : unfro*
60₂₅ f. (*mir*) *mugen : verzagen.* Ist das alte *mugen* einzusetzen? Wahrscheinlicher ist *mogen : verzâgen* (Bair. Gr. § 325. Al. Gr. § 378).
2) *e : i.*
71₁₄ *verprennen : intrinnen*
78₃₀ f. 79₇ f. *wenden : vinden*
87₂₇ f. *pringen : lengern* (l. *lengen* vgl. N. 105₄ f.)
(71₁₂ *reſche* [l. *riſche*] *: erwiſchen*).
3) *ê : ie.*
71₃₄ f. *ziehen : gen.* Man wird doch wohl an das im Bair. seit dem 14. Jh. auftretende *gien, gen* zu denken haben.
110₂₀ *peſten : fliehen.*
4) *u, ü : eü* (= mhd. *iu*), *ew : aw.*
95₁₄ f. *gepüt : leüt*

1196 f. *krewtz : nutz*
12114 f. *freunt : kunt*
11610 *verneuren : pawen.*
5) *ie : i, uo : u.*
   vor *r*
   10918 f. 22 f. *ligen : triegen*
   8616 f. *thuon : ſun*
   562 *Mercurius : puos.*
6) Anderes.
   6530 f. *Jeruſalem : hônig ſain*
   6815 f. *gefüert* (l. *gefuort*) *: würt* (l. *wort*)
   7723 f. *zorn : turn*
   7613 f. *gehört* (l. *gehort*?) *: gefüert* (l. *gefuort*.)
   9912 f. *behuot : hat* (d. i. *hât*)
   6624 f. *gewert : dört*
   (6819 f. *euch : ſicherleich*)
   8416 f. *ziehen : müen.*

   2. Konsonanten.
1) Überschüssiges *n* am Ende.
   7017 f. *wege : geben*
   7112 f. *reſche* (l. *riſche*) *: erwiſchen*
   (7322 f. *kayſerin[en] : gewinnen*)
   803 f. *dancken : tranke*
   8025 f. *werden : erde*
   811 f. *geſtauden* (l. *geſtrüche*) *: ſuochen*
   8229 f. *geraten : tratte* (mhd. *drâte*)
   1138 f. *emperen : her*
   11417 f. *gegangen : lange*
   11810 f. *gende : ſenden*
   12026 f. *ergangen : lange*
   7010 f. *ſein : pey.*
2) Überschüssiges *r* am Ende.
   9829 f. *vaſte : luſter.*
3) Überschüssiges *t* am Ende.
   759 f. *iſt : gewiß.*
4) *n : l, m : n* im Auslaut.
   866 f., 886 f. *nagel : geſchlagen*
   8620 f. *haben : nagel*

87₂₃ f. *haym : klain*
106₁₃ f. *hin : Jeruſalem.*

5) Lenis und Fortis.
70₈ f. *ritte : fride*
71₃₀ f. *tretten : reten* (*reden*)
55₃ f. *velde : zelte?*

6) Verschiedene Leues.
70₁₇ f. *wege : geben*
84₁₈ f., 87₁₂ f. 85₁₆ f. *geſchlagen* (*geſlin?*) : *haben* (*hân?*)
108₂₈ f. *ſagen : haben*
105₁₆ f. *clagen : ſchaden*
98₁₄ f. *abſchneiden : peleiben.*

7) -nd-, -ng-, -nn-.
86₁₈ f. *hynne : kinde*
88₄ f. *kind : dingk*
90₄ f. *kinden : pringen*
92₁ f. *ſinnen : vinden*
102₂₄ f. *entrinnen : vinden*
108₈ f. *prennen : lengen*
112₂₂ f. *manne : ſchande.*

8) -ld- : -ll-.
100₁₇ f. 27 f. 109₂₉ f. 112₁₉ f. *ſchnelle : felde.*

9) -gt, bt : -t.
93₂₇ f. *rat : habt* (l. *hât?*)
105₉ f. *bezaigt : laid*

10) 82₁₅ f. *macht : krafft.*

Zu verbessern sind ausser den bereits berührten die Reimworte 59₂₁ (*verne*), 64₁₃ (*behuot*), 67₂₂ (*ſagen*), 69₃₁ (*gehort*), 72₄ (*pnochen*), 73₂₂ f. (*gelart*), 76₁₃ f. (*gehort : gefuort?*), 113₂₇ (*ſal*). 83₂₃ ergänze etwa *hie*.

Die Reime weisen wiederum nach Baiern-Österreich; gegen Schwaben würde schon die häufige Bindung *gen : geſchehen, ſehen* u. s. w. sprechen. Längen und Kürzen sind im zweisilbigen Reim durchweg gebunden.

Über die Verstechnik ist im Wesentlichen das zu den übrigen Spielen von E Bemerkte zu wiederholen. Das umfangreiche Spiel ist eigenartig genug. Nur die Teufelsszenen sind im üblichen Styl gehalten (Wirth S. 188 f.) Die unmittelbare Quelle bleibt noch nachzuweisen.

Stück 128.
(Aristoteles.)

Keller hielt „die Sprache des Stücks, wie es vorliegt", für fränkisch (Nachtrag S. 230). Damit meinte er wohl nürnbergisch. Holstein (ZfdPh. XXIII 104 ff.) billigt diese Angabe, setzt aber allem Anschein nach fränkisch gleich mitteldeutsch und mitteldeutsch gleich thüringisch. Davon kann gar keine Rede sein. Das Spiel, „wie es vorliegt", ist so bairisch, wie alle andern von 𝔈 überlieferten Stücke; dafür bedarf es keiner weiteren Ausführungen. *enck* gleich *euch* ist weder fränkisch noch thüringisch (222₅). Auch die von 𝔈 beliebten Eigenheiten finden sich: *fetzat* 217₁₈, *hörat : bethörat* 221₁₄ f., *dyenarin* 221₁₇, Abfall von auslautendem *t*-Laut: *fol(d) : hold* 228₁₃ f. Nürnbergische Eigenheiten fehlen. Nun hat aber Holstein die von einem der Einschreier genannten Orte *Pintterslewben* (in der Hs. lese ich *Pintterflewben*, ebenso 217₆ *Gifperflewben*) als das heutige Bindersleben, *Hilbersgehoffen* als Ilversgehofen, *Gifperflewben* als Gispersleben (Viti — Kiliani, 2 Dörfer 6 km von Erfurt), *Hochhaym* als den noch heut gleichnamigen Ort, *Rewt* als das heutige Roda sämtlich in Thüringen nachgewiesen. Daraus würde folgen, dass das Stück aus Thüringen stamme. Ich halte diesen Schluss für übereilt und lege nirgends auf die Worte des Ein- und Ausschreiers für lokale und chronologische Fixierung viel Gewicht, am allerwenigsten, wo, wie hier, mehrere Einschreier auftreten. Das Original konnte sehr gut mit N. 217₂₀ beginnen: niemand würde etwas vermissen. Ausserdem gilt von der Partie 216₁₀ ff. schon die Bemerkung Greiffs: „Vielleicht wurden diese Orte, je nachdem das Spiel irgendwo aufgeführt wurde geändert". Es liesse sich also höchstens schliessen, dass die unmittelbare oder mittelbare Vorlage von 𝔈 aus Thüringen stammte, wenn nicht der Eingang aus einem ganz fremden Stück zufällig an die Spitze geraten ist.

Die Reime weisen auch hier deutlich nach Baiern.
1) *â : ô : rat : todt* 227₁₁ f. (vgl. 227₁₁ f. *lôn* [= *lân*] : *beftan*) *mân : fchon* 228₂₇ f.

2) *lerne(n)* : *gerrne* 2192₈ f.
wille(n) : *ſtille* 22011 f. *ſtille* : *willen(n)* 22427 f.
reiſe (*reiſen*?) : *preiſe(n)* 2269 f. (mhd. *riſe* : *briſen*.
3) *ſtuoll*[*e*] : *zue* 21734 f.
landen : *Flandern* 21810 f.
ſtat : *zart* 22423 f.
4) *hausdiern* : *enpiern* (d. i. *enpern*) 2255 f. u. a.
Alte und neue Diphthongen reimen nicht. Auch *uo* (*ue*) ist nur mit *uo* gebunden, *ie* mit *ie*, was für Thüringen auffallen müsste. *jehen* und *kallen* für *ſagen* (im Reim) kann schwerlich für thüringisch gelten. 21828 steht *edlen*. 22817 *ſchawmen* (: *namen*) ist wohl nur Schreibfehler.

Das Stück ist offenbar durch die lange Reihe der Überlieferung schwer beschädigt worden. Der Inhalt ist höchst verworren und, wie das Stück vorliegt, kaum verständlich. 2255 *Nayn, ſprach die hausdiern*, 22512 *Nayn, ſprach das magetein*, sehen aus, als wären sie irgendwoher in das sonst ganz dramatische Stück eingeflickt. 22224-27 begegnen auch ziemlich wörtlich (die ersten beiden Verse in umgekehrter Folge) Sterzinger Spiele VII 307—310; desgleichen erinnern 22816 f. an VII 277 f. Auch die Metrik ist offenbar verstört, vgl. 2267 ff. Anderswo sind die nach mhd. Technik gebauten Verse glatt. Zweihebige zweisilbige Reime (3 x̌) treten häufig auf neben etlichen einhebigen (4 ⌣).

Snacken lant (22239) ist auch (47) 3597, (79) 6482 u. ö. erwähnt. Von Anklängen an bekannte Formeln der Oster- und Passionsspiele finden sich hier verhältnismässig wenige. Zu den Einführungsformeln 21611 f. vgl. (57) 49710 f. und Wirth S. 165; zu 21720 f. : (54) 46927 f., (57) 49712 f. und Wirth S. 165; zu 2198 f. : (54) 46814 f. Zu 21916 f.

> Got grüß euch frauwe raine!
> Wes flet ir hie allaine?

vgl. die Anrede des Knechts an die drei Marieen im Passion:

> Got grůz euch ir drei vrauwen!
> Was ift euch in den auwen? (Wirth S. 170.)

Dass das Stück gänzlich zerspielt vorliegt, braucht nicht erst bewiesen zu werden. Nun behandelt in den von Zingerle herausgegebenen Sterzinger Spielen — ich bezeichne im Anschluss an Kellers Bezeichnung der Handschrift von Stück 115 auch diese Hss. mit Q — Stück VII denselben Stoff. Dialektisch und im Versbau steht QVII dem Stück 128 sehr nahe. Die Reime weisen in bairisch-österreichisches Gebiet. Alte und neue Diphthonge sind nicht gebunden, auch nicht *û* : *u*; nur *fein* : *rain* (37 f.), *rain* : *mein* (443 f.). Von vokalisch ungenauen Reimen begegnet nur *â* : *o* (*hat* : *not* 25 f.; *lon* : *verſtan* 233 f.; *hân* : *vnderton* 375 f.; *har* : *tor* 397 f.); von konsonantisch ungenauen: *ſampt* : *pekant* 19 f.; *fremd* : *endt* 115 f.; *ſchlawn* : *traum* 172. 223 f.; *ergeben* : *pflegen* 33 f.; *pringen* : *gelinge* 35 f.; *dringet* : *pindet* 53 f.; *ſporn* : *gelingen* 141 f.; *papiern* : *kielen* 67 f.; *wol* : *folln* 86 f.)[1] Die Verstechnik ist die mhd. mit gelegentlich fehlendem Auftakt, fehlender Senkung, Zeilen des Schemas 3 × neben 4 ⌣. Die ersten überwiegen und begegnen auch bei fehlendem Auftakt vgl. 529 ff.

Aller fraůen ain krônė
Gôt in feinem trônė.

Von Reimen der Form ⌣ ⌣ ist nur *jugent* : *tugent* (295 f.) einmal zweihebig gemessen. In der minniglichen Sprache gleicht QVII ganz dem Neidhartspiel.

Zu Stück 128 stimmen wörtlich VII 278 f. (~ Nachtr. 228 16 f.), VII 307—310 (~ N. 232 25. 24 . 26 . 27). Es fragt sich wie das Verhältnis zu denken ist.

Nun ist QVII offenbar ein ebenso verständiges Drama wie Stück 128 ein verworrenes ist. Indessen giebt es doch eine Stelle an der St. 128 den Vorzug verdient. QVII 461 ff., nachdem Aristoteles Pferd gespielt hat, stellt urplötzlich ein Rusticus an die Königin das höchst unmotivierte zynische Ansinnen:

ir mueſt mich auch lan reytten,

und die Königin antwortet sonderbarer Weise:

Du haſt vill zu lang gepitten,
Den du haſt vor folln geritten.

Dagegen verwundert man sich, dass Aristoteles nicht die

---

[1] Für *raumple* (: *traume*) 245 f. ist wohl *raume* zu lesen. Auch *geſiend* : *tauſnth*, 97 f. *ligt* : *gib* 79 f. [*lit* : *git*?] sind offenbar verderbt.

Einlösung des ihm gegebenen Versprechens (V. 440) fordert wie in Stück 128

> Fraw ir folt euch berayttcn u. s. w. (N. 220₂₇ f.)

und nun ihm die Königin antwortet:

> Herr do ir follt haben geritten,
> So ließ irß euch ab derpitten.
> Alfo get es den thoren allen,
> Die fich laffen vber kallen (N. 221₃ ff.)

Die beiden Verse QVII 461 f. allerdings paſſen nur in den Mund eines Rusticus; sie sind aber nach 455 f. fabriziert. Klärlich ist eine bearbeitende Hand über QVII geweſen.

Man empfindet auch unangenehm, dass vor V. 455 das Reiten der Königin ſchweigend vor sich geht. Wie die Verhältnisse liegen, ist es nicht unwahrscheinlich, dass vor V. 455 die Rede der Königin *Ich han ein pferd, das iſt guot*, und des Schreibers *Waffen, herr, zu difer ſtund!* wie sie (128) N. 220₁₇₋₂₅ stehn, ausgefallen sind. Der Schreiber (= Servus QVII) blickt auch in QVII voll hoher Verehrung zu seinem Meister auf.

Das Stück QVII hat keinen Schluss. Es kann ja einfach die Rede des Ausschreiers weggefallen sein; aber ebenso gut auch mehr. 486 ff. sagt Aristoteles: Einst kommt die Stunde, wo das aufgewogen wird.... Dann werdet ihr heimlich mit einem Buben unter die Bank schlüpfen *án allen ewern dank*. War (als eine Art zweiter Akt) eine Rache des Aristoteles wegen der verschmähten Liebe beabsichtigt? Man denkt an die Rache des Zauberers Virgilius, dessen Abenteuer in Bildern ja so gern mit dem des Aristoteles zusammengestellt wird. Die Rache müsste hier darin bestehn, dass die Königin sich mit einem gänzlich Unebenbürtigen in ein schimpfliches Liebesverhältnis einlässt und dabei überrascht wird.

Nun lässt sich in Stück 128 von N. 229₂₉ ab trotz aller Unklarheiten und Verworrenheiten doch etwa folgende Handlung herausschälen. Ein Ritter (aus Snackenland) kommt an und erklärt der Königin zunächst durch seinen Knecht seine Minne. Er wird aufgefordert persönlich zu erscheinen; aber sein Turnieren hilft ihm nichts. Mehr Glück hat ein

Mönch, der, wie es scheint, zunächst bei einem Gesellschaftsspiel (*rayen* 225 12) sich der Gunst der Mägde versichert und, obwohl ihm der Ritter feindlich gesonnen, sich mit Hülfe seines Geldes die Minne der Königin erkauft. (Dass Geschenke den Frauen gegenüber mehr vermögen als Jahre treuen Dienstes, ist auch die Moral des Servus QVII 498 ff., die an dieser Stelle nicht recht passend ist.) Die Unklarheit wird darauf beruhn, dass sehr viel ausgelassen ist. Ist etwa der Priester, der dem Mönch Gozolt N. 225 26 ff. mit Geld aushilft, der verkleidete Aristoteles? N. 224 13 f. ist es der Vorläufer des Aristoteles, der dem Knecht (!) des Mönchs über den Aufenthalt seines Herrn Auskunft geben kann.[1]

Die beiden Dienerinnen aus der zweiten Hälfte von Stück 128 begegnen auch QVII, obgleich hier die eine *Diemut* (statt *Reut*, 227 14 im Text) heisst. Es passt, dass die eine jung (*virgo* QVII nach 300), die andere alt (*vetula*, nach 306) ist: die junge rät zum Ritter, die alte zum Pfaffen.

Noch mehr. In QVII heisst die Königin sonderbarer Weise *Amor*; nach der noch näher zu beleuchtenden Vorliebe Vigil Rabers, des Schreibers von Q, für lateinische Bühnenbemerkungen, die eine so durchaus unglückliche ist, dass man ihn vielfach gar nicht versteht, zu urteilen, hat er den Namen einfach übersetzt. So hat er in QXI aus einem König Veyel

---

[1] Eine Bemerkung des Grafen Caylus, die v. d. Hagen zitiert und nach welcher sich Alexander in einen Geistlichen verkleidet, möge niemanden irre führen. *Elle réfolut de se ranger du philofophe,* sagt er, *& exigea d' Alexandre qu'il se mit le lendemain à sa fenêtre déguisé en Abbé : le choix de ce déguifement est bizarre, j'en vois très-peu la raifon.* (Mémoire s. les Fabliaux. Par M. le Comte de Caylus, Mémoires de Littérature tirés des Regiftres de l'Académie Roy. des Inscriptions et Belles-Lettres T. XX Paris 1753). Caylus, der aus dem auch von Barbazan benutzten Ms. de St. Germain-des-Prés no 1830 schöpfte, hat die betreffende Stelle Henri d'Andeli's missverstanden. V. 260 ff.

Or soiez demain en abé
Aus fenestres de oelo tor,
Et jo porverrai mon ator.

En abé ist natürlich gleich *en abeth*, wie gewöhnlich geschrieben wird, d. h. *en guet.*

(V. 41) einen *Rex Viole* gemacht. Man hätte dann also anzunehmen, dass die Geliebte des Aristoteles *frou Minne* geheissen habe.

Und vielleicht haben wir in der That einen Fingerzeig für eine bisher nicht beachtete Phase in der Entwicklung der Aristotelessage. Dass Aristoteles, dem natürlichen Meister, der personifizierten menschlichen Weisheit, die personifizierte göttliche Thorheit gegenübergestellt werden konnte, hat für den der mit der allegorisierenden Art des späten Mittelalters vertraut ist, nichts Befremdliches. Als die Liebhaberin κατ' ἐξοχήν erscheint ja Frau Minne oder, was doch dasselbe ist, Frau Venus auch in der Tannhäusersage. Auf Frau Venus in der Aristotelessage aber weisen wenigstens zwei Bilder. Sprengers sogenannter 'Sokrates auf Xanthippe reitend' gestochen von Sadler (1546—1627) stellt eine Dame dar, auf einem Philosophen reitend. *Mais elle est entièrement nue,* bemerkt Legrand d'Aussy, *façon fort singulière de se promener.* Es ist offenbar Venus. Auch F. von Bossuits († 1692) malte eine nackte Venus Pan reitend, der nach allgemeiner Annahme an Aristoteles Stelle getreten ist; ein Amor hat ihn am Gängelbande. (Legrand, Fabliaux ou Contes ... traduits ou extraits. 3 Éd. (1829) 1,280 und v. d. Hagen 1 LXXX.)[1] In der Romania 11,138 bemerkt Gaston Paris, dass im 13. Jh. zugleich 3 verschiedene Versionen der Aristotelessage auftreten: die lateinische (Jacobus de Vitriaco), die französische (Henri d'Andeli) und die mittelhochdeutsche. Hier wäre also eine vierte, allerdings erst spät bezeugte, aber mit altertümlichen Zügen. Mündliche Tradition durch die *clercs* nimmt Gaston Paris an. Ob wirklich die Geschichte von dem arabischen Vessier des Pantschatantra auf Aristoteles übertragen ist? Sie differiert doch ziemlich bedeutend.

---

[1] Die gesamten Abbildungen des Aristoteles in der Sage stellt zusammen v. Antoniewicz, Ikonographisches zu Chrestien v. Troyes (= Romanische Forschungen V 241—268) S. 10 ff. — Die neuere Litteratur über Aristoteles im MA., Charles Gidel La légende d'Aristote au moyen âge in seinen Nouvelles Études sur la littérature grecque moderne Paris 1878 S. 331—384 und M. Gaster Ilchester Lectures on Graeco-Slavonic Literature London 1887, bieten nichts gerade für die Sache Förderliches.

Unsere Stücke müssten, wenn diese Ausführungen, die wir auf sich beruhen lassen, das Richtige treffen, eine jüngere Gestalt dieser vierten Fassung repräsentieren. Denn „die Minne" in Person kann im Aristotelesspiel die Umworbene schon nicht mehr gewesen sein. In Stück 128 heisst diese Tremminne (N. 228₁₂ u. ₂₁) d. i. triuwe minne oder trûtminne (vgl. *du bist so guot ze triutenne, trûtminne* ZfdA. 4,536); die Zusammensetzung wurde doch wohl noch empfunden.

Fügt sich so der Schluss von Stück 128 sehr wohl an QVII, so muss die Differenz, die im Übrigen zwischen 128 und QVII besteht um so mehr auffallen. QVII weicht sehr eigenartig von den übrigen Überlieferungen der Aristotelessage ab. Von König Alexander, dessen Geliebte oder Gemahlin die Umworbene sonst ist, auch in 128 zu sein scheint, ist hier mit keinem Wort die Rede. (In Stück 128 wird Alexander allerdings nicht mit Namen genannt; er heisst nur der König.) Die Königin scheint in QVII nicht verheiratet; dass sie *fraw* genannt wird, kann uns dabei natürlich ebensowenig beirren wie in (128) 2192₄ die Bezeichnung *frewlein*. Und dazu stimmt im zweiten Teil von 128 das Auftreten der beiden Bewerber. Hier erscheint nun 'der künig' (227₁ ff.). Die beiden Liebhaber verklagen sich gegenseitig vor dem König. Vor dem Ehemann? Vor dem jugendlichen Alexander? Man sollte erwarten, dass der ihnen allen beiden die Minne gründlich legte, statt einen ruhigen Schiedsspruch zu fällen. Ich vermute also, dass hier der Vater der Tremminne spricht. Sollte nun das Fehlen des Alexander in der Sage nicht ein alter Zug sein? Man versteht nicht, wie ein Dichter diese sagenberühmte Person aus der Geschichte ausmerzen konnte, während recht verständlich ist, wie sie hineingebracht wurde.

Die Geliebte ist in QVII von Aristoteles durch das Meer getrennt (V. 104.) Auch das sieht wie ein alter Zug aus, der an die Spielmannsepen gemahnt, nur dass diesmal die Umworbene im Occident, der Minnewerber im Orient sitzt und *hayden* ist. Von einem Gegensatz der Religionen wissen die sonstigen Fassungen der Sage nichts. Schon dieses Gegensatzes wegen muss die Werbung verunglücken. Sie hat ihn nie gesehen (V. 118) — ebenfalls spielmannsmässig — vermutlich

er sie auch nicht. Er muss sie also auf gut spielmannsepisch
durch ein Bild oder eine Beschreibung kennen gelernt haben,
und das muss vorher dargestellt worden sein. Hier fehlt also
in QVII etwas auch am Anfang, und wir dürfen uns in St. 128
danach umsehn. Das beginnt sehr verständlich damit, dass
sich der Meister mit seinem lernbegierigen Schüler an die
Abfassung eines gelehrten Werkes macht. Bei diesen Arbeit, kann man vermuten, kommt er irgendwie auf Bild
oder Beschreibung der Schönen. Findet er sie einfach in den
gelehrten Werken, die er benutzt? Bis N. 218,20 geht alles
glatt. Auch das Lob, das seiner Keuschheit gespendet wird
(218,22 ff.), mag es nun wirklich Alexander oder nur der
Schreiber sprechen, schliesst sich gut an. Aber dann tritt
die Königin in Aktion (218,26), und die Fäden verwirren sich.
Dass hier St. 128 in Unordnung ist, zeigt 219,8 ff. Hier erst
wird die Königin durch ihren Einschreier in der üblichen
Weise angekündet. Auch heisst sie hier Säldenrein (*Selten-
rayn* 219,12); aber das Wort kann appellativisch zu nehmen
sein. Oder ist es etwa eine zweite Königin, die dort an-
gekündigt wird und zwar die Schöne von Jenseit des Meeres
deren Auftreten mit ihren Frauen hinter N. 219,13 ausgefallen
ist? Und hatte die Gemahlin Alexanders ursprünglich nur
die Aufgabe, dem unglücklichen Philosophen das Bild der
Schönen in die Hände zu spielen? Dann läge mit Ausnahme
der Lücke hinter N. 219,3 alles glatt bis 220,3, nur dass man
218,32 *meiner* vor *minne* tilgen muss, was schon das Metrum
empfiehlt. Die Königin, zweifelnd an der Standhaftigkeit,
sucht Aristoteles über der Arbeit auf. Das Zwiegespräch hat
nichts von einer Liebesszene. Aristoteles sagt nur, was er
als gebildeter und höflicher Mann, der er auch Q VII durchaus ist, seiner Königin billig sagen kann, und interessiert sich,
obwohl er ihre Schönheit lobt, sehr vielmehr für seine Wissenschaft als für sie. Er bietet ihr Unterricht an.

   Dye kunt die ir seyt troyben,
   Dye zimen kainen weyben
antwortet die Königin. Sollte sie weiter sagen: wir lieben
den Minnedienst und etwa ein längeres Gespräch beginnen,
das auf die Schöne führte?

Doch leget euch nyder auf die hende,

führt sie statt dessen fort (beiläufig hier zwei Verse des Schema: 4 ̣) und die komische Katastrophe wird mit Windeseile herbeigeführt.

Ich weiss, wie viel oder richtiger wenig Wahrscheinlichkeit so komplizierte Hypothesen, wie ich sie hier vortrage, für sich haben. Ich habe keine einfachere und gegen das bequem-gefällige Ignorabimus wenigstens muss ich mich verwahren. Es war meine Aufgabe die Gestalt des alten Aristotelesspiels aus der höchst traurigen Überlieferung herzustellen, und ich suche sie zu lösen, so gut ich kann.

Um zusammenzufassen: Stück 128 der Kellerschen Sammlung und Q VII sind zwei Bearbeitungen eines bairisch-österreichischen (tyrolischen?) Aristotelesspieles, aus denen sich das ursprüngliche Aristotelesdrama nicht mehr mit Sicherheit konstruieren lässt, Stück 128 die ältere stark zusammengestrichene, aber im Text wohl zuverlässigere, Q VII die jüngere, freiere, aber im Sinn verständlichere. Man wird dies ältere ziemlich umfangreiche Aristotelesspiel wohl um die Wende des 14./15. Jhs. ansetzen dürfen.

———

Sehen wir uns nun an, was uns die bisher betrachteten österreichischen Dramen lehren. — In der Metrik knüpfen sie an die mittelhochdeutsche Manier an: die Verse sind meist kürzer als die der Nürnberger. Im Stil setzen sie die geistlichen Dramen fort; auch an die Heldensage finden sich Anklänge. Die Stoffe sind entlehnt aus der volkstümlichen Sage (Neidhart, Aristoteles). Zum Unterschied von den Nürnberger Stücken herrscht ein gemütlicher Humor, nicht Witz und Witzelei, die naive Lust am Komischen, die helle Freude an den altbekannten grotesken Figuren. Jedes satirische Element fehlt, wie überhaupt die sozialen und politischen Leidenschaften. Auch im Neidhartspiel. Denn hier ist es doch vielmehr die frische Fröhlichkeit über den Sieg der Schlauheit im Kampf mit der groben Tölpelhaftigkeit als die Bauernfeindschaft, die zu uns spricht. Eine so gründliche moralische Verachtung der Bauern, wie sie die Nürnberger Stücke atmen, macht sich nirgends geltend. Und es fehlt vor allen Dingen die Lust an der Zote, die den Witz in den Nürnberger Stücken vielfach ersetzen muss. Man kann hier mit viel sanfteren Mitteln wirken als in der Grossstadt, wo die Tradition sich schnell abnutzt, und hat nicht nötig aktuell zu sein und die Augenblickswirkung mit groben Effekten um jeden Preis durchzusetzen. Erst in dem Augenblick, wo die neue Nürnberger Ware in Sterzing eingeführt wird, ändert sich der Geschmack.

Stück 57 ist wegen 5114 zu Fastnacht gespielt worden; aber von einer festen Sitte solcher Aufführungen merken wir noch nichts, obgleich diese Zeit nicht selten gewählt sein mag. Der Neidhart wurde doch wohl ursprünglich im Mai gespielt. Ein etwas jüngeres Spiel trägt die Unterschrift *Scriptum eſt a me Vigilio Räber de Sterczing in feſto Auguſtini et factum eſt* (doch wohl „aufgeführt") *totum in die derolacionis Johannis waptiſte in bozano* u. s. w. (QV). Auch zu Hochzeiten mag gespielt sein, wie es bei einem andern Spiel heisst: *Ludus ſolatioſus exercendus tempore nuptiarum vel carnis brevi* (115. S. u.)

Und wenn man nun fragt: wie sind diese Spiele entstanden? so wird die Antwort lauten, dass sie sich in erster Reihe als Fortsetzung der Linie verstehen lassen, die von den Weihnachts- und Osterspielen zu den Heiligen- und Legendenspielen führt. Das Stoffgebiet wird erweitert: es kommt nun die volkstümliche Sage an die Reihe. Ja die Verbindung mit dem Osterspiel ist noch enger. Wir können deutlich beobachten, wie die Szene mit dem Salbenkrämer im Osterspiel zu einem selbständigen kleinen Drama wurde.

Entwicklung und Stil der K r ä m e r s z e n e n im Oster- und Passionsspiel hat Wirth verfolgt (S. 5. 11 ff. 37 f. 168 ff.). Durch die Worte der drei Marien im Osterspiel: *Sed eamus ungueatum emere cum quo bene possumus unguere corpus domini sancratum* wurde man frühzeitig veranlasst, die Figur eines Krämers einzuführen, der Salben feil hielt. Der volkstümliche Humor bemächtigte sich dieser Neuschöpfung und weitete die Episode aus. Den reellen Verhältnissen entsprechend wurde der Salbenkrämer zugleich zum Arzt. Die Jahrmärkte des Mittelalters kannten diese Figur. Schwerlich darf man mit Du Méril (Le théatre classique I 56) annehmen, dass ein kleines, durch die untersten Schichten der Bevölkerung von Land zu Land gewandertes Spiel vom Arzt (Doktor Eisenbart) auf die Osterspiele eingewirkt habe. Mit der Annahme derartiger verlorener Dramen muss man sehr vorsichtig sein. Was nutzt es auch wenn man x durch y erklärt? Französischen Einfluss hat Martin (AnzfdA. 8, 311), offenbar ohne sich des Vorgangs von Du Méril zu erinnern, zu zuversichtlich behauptet, Wirth zu zuversichtlich abgelehnt. Dass einst durch die Verbindung der Luxemburger Herrscher mit dem Westen die Stoffe nach Böhmen und den Nachbarländern gekommen seien, ist unwahrscheinlich, da es quacksalbernde Ärzte überall gegeben haben wird. Der Name Rubin, den in deutschen Dramen der Knecht des Arztes führt, beweist nicht, wie Martin meinte, für Frankreich (Wirth S. 179 Anm.). Aber er kann natürlich, was Wirth nicht recht bedenkt, durch die Figur des französischen Robin hervorgerufen sein. Beachtenswert ist auch die französische Redensart *Va cum do al mal aventur* Erlauer Sp. 815 = Innsbr. 915 *Faculdey malaventure*, freilich auch nicht entscheidend, weil es ein dem Leben abgelauschter Zug sein kann, dass die Quacksalber, die natürlich ihrem Publikum mit fremdländischen Brocken zu imponieren suchten, auch unbewusst ausländische Flüche einmengten. Nachweislich ist von französischen und englischen Spielen, in denen der Quacksalber eine Rolle spielt nichts früh, und in späterer Zeit ist Beinflussung durch Deutschland, direkt oder indirekt gar nicht ausgeschlossen.

Auch deuten nicht etwa die deutschen Fastnachtspiele darauf hin, dass die Krämerszenen einst selbständig gewesen sind; vielmehr darauf, dass sie es **geworden** sind. Das vierte Sterzinger Spiel der Ausgabe von Zingerle, 'Ipocras', ist deutlich aus dem Osterspiel herausgehoben. Vgl. 374 ff.:

    Aube, ach vnd layder!
    Seind das nun meine cklayder,
    Dy du mir zu vasnacht wild geben?

Im Innsbrucker Osterspiel 924—927, Wiener 321,8—10, Erlauer III 837—40, Alsfelder Passionsspiel 7604—7 begegnen dieselben Verse, nur dass die neuen Kleider, der Aufführungszeit entsprechend, auf Ostern in Aussicht gestellt waren, und das ist offenbar das Ursprüngliche, da man zur Fastnacht keine Festgewänder anzulegen pflegte. Doch muss sich die Arztszene relativ früh zum selbständigen Fastnachtspiel entwickelt haben, wie die Benutzung der zitierten Verse in einem relativen alten Stück beweist: (57) 511,2—5:

> Ach ach und immer leider,
> Sind das die neue klaider,
> Die du mir zu difer fasnacht gilt?

III. ÄLTERE RESTE IN DER STERZINGER SAMMLUNG.

Die jüngere Tyroler Spielsammlung, von Vigil Raber seit dem Jahre 1510 angelegt, hat, wie sich erwarten lässt, neben dem Einfluss der Nürnberger Spiele der sich hier in Umdichtungen und Nachbildungen breit machte, die ältere Tradition fortgepflanzt. Es sind deutlich drei verschiedene Schichten schon sprachlich zu erkennen: die eine zeigt bairisch-österreichische Mundart in den Reimen, aber ohne die ganz groben dialektischen Spuren; nicht z. B. das bairische *oa* gleich altem *ai*. Man darf sich über dies *oa* nicht täuschen lassen. Vigil Raber schreibt es gewöhnlich als *ai* oder *ae*, ganz selten als *ue* so z. B. in Q 115 (Kellersche Sammlung): *kluen* 987₂₅, *ruen* 994₁₅ : *einlan* (lies *allain*); letzteres deshalb weil auch mhd. *uo* über *ue* zu *ua* oder *oa* geworden ist. Auch dies alte *uo*, *ue* wird deshalb gelegentlich *ai*, *ae* geschrieben. So begegnen z. B. QXI die Reime:

thain (d. i. mhd. *tuon*) : *gemain* 5 f. 625 f.
thain : *allain* 611 f. 619 f.
haim : *thuen* 311 f.
thaen : *haen* (d. i. mhd. *huon*) 92 f.

Die zweite Schicht zeigt die in Nürnberg üblichen Reime, eine dritte die berührten grobdialektischen. Die erste stimmt in Stoffen und Stil und, soweit sichs erkennen lässt, in der Metrik so gut zu den älteren Tyroler Stücken, dass man sie ihnen ohne weiteres anreihen darf; die zweite und dritte

Schicht zeigen eine Mischung von Altem und Neuem, Einheimischem und Fremdem.

Zu der ältesten Schicht gehören sicher, wenn auch zum Teil überarbeitet: QIV (*Ipocras*), QVII (*Ariftoteles der hayd*), QIX (*Reckenfpil*). Auf der Grenze steht das flotte Spiel von *Rumpolt und Mareth* (Q1. Q VIII. Q 115. Z 130), das doch wohl schon recht nah ans 16. Jh. herranrückt.

1. DAS ARZTSPIEL.

Die Arztszene, wie sie sich gegen Ende des 15. Jhs. in Deutschland in den Osterspielen ausgebildet hatte, zeigt folgende Teile:

I. Der Arzt sucht einen Knecht.
  1. Name und Lohn des Knechts.
  2. Anpreisen des Meisters (wohl auch seiner Frau).
  3. Der Knecht mietet einen Unterknecht (Pusterbalk).
II. Der Kram wird aufgeschlagen und angepriesen.
III. Die 3 Marieen verlangen Salbe.
IV. 1. Zank mit der Frau (die meist mit dem Verkauf nicht zufrieden ist).
  2. Die Frau entflieht.
  3. Wiederfinden (zum Teil abweichend).

Auf diesen ältesten Typus, der in keinem der uns erhaltenen Osterspiele so vorliegt, wie er der Ausgangspunkt der Fastnachtspiele geworden ist, geht offenbar QIV unmittelbar zurück; aber leider sind die einzelnen Szenen so durcheinander gewürfelt, dass man das Ursprüngliche nicht mit Sicherheit herstellen kann. Folgendes lässt sich von vornherein bei selbständiger Gestaltung des Arztspiels erwarten:

1) es muss fortbleiben III, die ernste Szene, die zur Verbindung mit dem Osterspiel diente,

2) es muss eine Einführung geschaffen werden, die kaum anders als ein Abklatsch von I$_2$ zu denken ist,

3) es werden die komischen Motive verstärkt, nämlich I$_2$, die ironische Anpreisung des Meisters, II die Anpreisung des Krams, IV$_1$ der Zwist mit der Frau.

Endlich lag es sehr nahe, da ja der Salbenkrämer ein Arzt geworden ist im Anschluss an deutsche Jahrmarktszenen, ihn auch eine wirkliche Heilung vornehmen zu lassen. Alles das ist in QIV geschehen; nur lässt sich leider nicht ganz deutlich sehen in welcher Gestalt. Wir sehen dann, wie sich das Krammotiv sowohl als das Heilungsmotiv zu selbständiger Gestalt auswächst. Vielleicht haben beide schon von da aus wieder das Arztspiel in der vorliegenden Form beinflusst.

QIV verläuft nun so:

1. Der Arzt wird durch den Präcursor angemeldet. (1—16).
2. Rubein preist ihn. (17—38).
3. Traybenschalkh stimmt zu und fügt das Lob der Meisterin bei. (39—61). — 2. und 3. können an dieser Stelle unmöglich richtig stehn; denn
4. die übliche Anwerbung des Knechts Rubein, die doch offenbar vorausgesetzt ist, findet erst nachher statt. (63—127).
5. Rubein wird von seinem Herrn abgeschickt:

nach meinem knecht pufterbalckh,
der mag wol fein ein groffer fchalkh.

(129—142). Auch dies kann nicht an der richtigen Stelle stehn. Rubin will ihn *fchlagen vnd rauffen, Das ers hin fur nymer thuet* — was er eigentlich gethan hat, erfahren wir nicht. Die Verbindung mit 4 ist auch zu lösen: der Arzt muss Rubein erst dreimal rufen, während er in 4 unmittelbar neben ihm steht. Und nun

6. tritt Pusterbalk auf als ein blinder Mann, wird geheilt und muss zum Lohn dafür dem Arzt dienen. (143—198).
7. Rubein soll den Meister anpreisen. Er thut es in ironischer Weise; der Arzt ist unzufrieden. Pusterbalk stimmt mit Rubein. Rubein entläuft (199—242).
8. Rubein wird gerufen und soll die Salben ausschreien. Es geschieht abermals zur Unzufriedenheit des Meisters. Rubein droht zu entlaufen (243—310).
9. Das Weib soll „es schaffen", während der Arzt schläft. Sie entflieht mit Rubein. Treybenschalk — ein

Quidam, man weiss nicht recht, wo er herkommt — weckt den Arzt. Klage desselben:

> Zbar nun pin ich gar verdorben:
> den leytten ist ain froindt gestorben,
> Dy da wolten deiner falben kaufen
> vnd zu irn frointen lauffen. (vgl. Osterspiele).

(312—314). Auch diese Partie steht an sehr wunderbarer Stelle. Denn der Zank, der sonst die Flucht der Frau veranlasst, folgt erst nach.

10. Rubein wird gerufen. Er kommt aus dem Volk hervor. Mit einem Mal ist auch das Weib wieder da, bricht einen Zank vom Zaun und bekommt ihre Schläge. Auf Rubeins Missbilligung antwortet der Arzt:

> Ich mueß sie doch lan schauen,
> das ich ir man pin;
> sy luf mir leicht heint noch ainmal hin.

Und da Rubein sie entschuldigt, entgegnet der Arzt so, dass man, wenn man die Verse unbefangen liest, den Eindruck hat, als spreche er gar nicht zu Rubein, sondern zu einem Fremden, den er erst in diesem Augenblick erkennt:

> Sy, lieber, ich main, du saist der[1]
> Damit sy sey gangen von hinn;
> mich triegen den all mein sinn.
> Oder man gklaub mir nimer nicht:
> ich main, du seyst der selbig poswicht.

Rubein will ihn schlagen; Pusterbalk ergreift Rubeins Partei; das Weib vermittelt. Schluss.

Ich vermag die Wirrnis nicht durch einfache Mittel zu lösen.

2. DAS HEILUNGSMOTIV.

Das Heilungsmotiv des Arztspiels ist in zwei älteren Dramen ausgearbeitet worden: das erste ist Stück 6; von dem zweiten besitzen wir 3 selbständige Rezensionen: Stück 48 (KM), 82 (M), XXI (Q). Stück 6 ist nur in der wahr-

---

[1] An dieser Stelle begegnet Reimbrechung.

scheinlich Nürnberger Hs. 25 überliefert. In der Metrik ist
es ziemlich wild. Es finden sich noch kurze Verse wie:

Ferre aus Schlauraffen.
Lauf hin zu den pauren.

Die Reime zeigen Abfall von -*n* *leite* : *vertreiben* (61 3 f.)
62 10 f.), *leibe* : *beleiben* (61 23 f.), *weile* : *übereilen* (63 17 f.), *toute*[n] :
gute (64 23 f.). Das kommt gelegentlich auch in Nürnberger
Stücken vor, namentlich bei Folz; aber doch nur gelegentlich.
Ganz unrein ist *leben* : *fehen* (59 10 f. 62 24 f.) — allerdings ein
traditioneller Reim der Arztdramen vgl. (82) 684 9 f., QXXI
173 f. — *gefchehen* : *leben* (63 2 f.). Schon durch die teilweise
noch lateinischen Überschriften fällt es aus den übrigen Stücken
von 25 heraus.

Ich halte Stück 6 für das ältere dieser Stücke. Es
steht aber der Tradition freier gegenüber. Die schon vorhandenen komischen Effekte des Salbenmotivs sind kaum
verwertet. Verlauf:

1. Es tritt der Arzt auf mit seinen zwei Knechten. An-
kündigung.

II. *Servus Hulletusch* begiebt sich zu den Bauern, die
gerade die Fastnacht mit einem Zechgelage begehn. Sie
halten ihn bezeichnender Weise für einen Fahrenden, ein
jaufkint (vgl. (63) 553 12), halten ihn frei und verlangen dafür
niuwe mære:

    Was fagftu fur neuer mer?
    Du laufeft doch aus fremden landen her?
Hulletufch Servus. Ich wais nit vil neuer mer,
    Sunder ich lauf von einem groffen meifter her.

(Vgl. Wirth a aO. „Rubein ein Spielmann!")

III. Die Bauern haben einen Kranken. Beratung, ob
ihm der Arzt helfen könne.

IV. Der Kranke wird herbeigetragen (*Got grüß euch
meifter Viviam!*). Sein Harn gefangen und untersucht. (Nebenmotiv: der Harn ist sehr zweifelhafter Natur 63 27). Heilung
durch eine Purgatzen, die ihm das Leben verkürzen soll
(vgl. QVI 165 f.), und durch Besprechung. Schluss.

Das zweite Drama in seinen verschiedenen Rezensionen, die aus einer gemeinsamen Quelle stammen, gehört möglicher Weise schon unter die Nürnberger Stücke, weil die Art, wie die einzelnen Bauern ihren Rat geben, auf die Rosenplütische Revueform zurückzuweisen scheint. Es knüpft an die festgewurzelte Komik des Anpreisungs- und Salbenmotivs an und kennt nicht die hübsche Szene zwischen den Bauern und Hulletusch. Dagegen lässt es verständiger Weise das Beiseitetreten des Kranken und das Auffangen des Harns fort, ohne das komische Nebenmotiv aufzugeben [(82) 684$_{16}$ = QXXI 178 = (48) 366$_{12}$ ~ (6) 63$_{27}$]. Die Heilung wird weiter ausgeführt: ein Heilungsversuch des Knechts mit den besten Salben schlägt fehl, weil er die Natur des Bauern misskennt. Erst der Arzt weiss Rat; nur Rossdreck und im Notfall tüchtige Prügel heilen einen Bauern. Hier liegt die Komik schon nicht mehr allein in der Figur des marktschreierischen Arztes und seines witzigen Knechts: die Bauern werden karikiert; die tiefe Bauernverachtung bricht durch.

Verlauf:

I. Der Einschreier kündigt den Arzt an (82) 679$_{11}$ – 680$_{2}$. QXXI 17—37. (48) 365$_{5-13}$.

    [(82) 679$_{4.5}$ = QXXI$_{1-3}$]
    (82) 679$_{11-22}$ = QXXI 11—28.
    (82) 679$_{12}$ ~ (48) 365$_{7}$
    (82) 679$_{13}$ f. ~ (48) 365$_{11}$ f.
    (82) 679$_{25}$—680$_{2}$ = QXXI 35—38.

II. Das Salbenmotiv. Der Arzt tritt auf und befiehlt dem Knecht die Medikamente auszulegen. Anpreisung in bekannter Weise. (82) 680$_{4}$—681$_{7}$. QXXI 39—68. Fehlt in Stück 48.

    (82) 680$_{4-9}$ ~ QXXI 39—42
    (82) 680$_{15}$—681$_{7}$ = QXXI 46—68

III. Unter den Bauern ist ein Kranker, Beratung ob der Arzt in Anspruch zu nehmen. (82) 681$_{9}$—683$_{27}$. QXXI 69—160. Fehlt in St. 48.

    (82) 681$_{9}$ = QXXI 69.

(82) 681,12 = QXXI 71
(82) 681,20 ~ QXXI 79
(82) 681,21 = QXXI 80
(82) 681,22 f. ~ QXXI 81 f.
(82) 681,24 f. = QXXI 85 f.
(82) 681,26 f. ~ QXXI 88 f.
(82) 681,29—32 = QXXI 90—92
(82) 682,4 = QXXI 96
(82) 682,6 f. = QXXI 98 f.
(82) 682,26—32 ~ QXXI 103—108
(82) 682,34—683,5 = QXXI 113—118
(82) 682,11—25 vgl. QXXI 119—138
(82) 683,9—12 = QXXI 141—144
(82) 683,17—27 = QXXI 147—156.

Die Folge in Q ist verständiger. Q hat auch einen besseren Übergang zu IV. (QXXI 157 ff.).

IV. Der Kranke wird gebracht. In allen drei Rezensionen, deren Entsprechungen ich hier nebeneinanderstelle, ohne auf die kleinen Differenzen einzugehen.

1. '*Got grüß euch lieber Viviam*' (Q: *häniman*).

(82) 683,29 f.   XXI 161 f.   (48) 365,14 f.
   —   —   365,16—18
683,31 f.   163 f.   (cf. 365,21.29)

2. Arzt: Ohne den *prunnen* kommt ihr vergeblich. Bauern: '*Mein herr, wir habens wol pedacht*'.

(82) 683,33—684,4   XXI 165—167   (48) 365,23—26
   —   —   365,27 f.

3. Arzt: '*Ir pauren vnd ihr röhling!*' Der *prunnen* ist verdächtig.

(82) 684,12—17   XXI 175—180   (48) 366,9—14

3a. Ein Bauer: '*Nit Viviam, lieber herre mein*'.
Fehlt in 82 und XXI.   (48) 366,11—25

4. Der Arzt diagnostiziert. Abweichend in 82 und XXI (684,29 f. = XXI 193 f.). Fehlt in 48.

5. Zum Knecht, ihm den Kranken übergebend:

(82) 684,26—32   XXI 195—200   (48) 366,28—32

6. Knecht: Ich kann ihm wohl helfen. Wiederholung des Salbenmotivs.
   Fehlt in 82 und XXI. (48) 366₃₄—367₁₅
 7. Der Knecht bestreicht den Kranken.
(82) 685₅—₁₂ In XXI nur Szenar. Fehlt 48.
 8. Ein Bauer: 'Bist du gesund?' Antwort: 'nein'.
(82) 685₁₄—₂₃ XXI 201—210 Fehlt 48
 9. '. . . . lieber gvatter mein, Ein hurnſun mag der arczt ſein'.
(82) 685₂₆—686₁ XXI 211—217 (48) 367₁₆—₂₄
(82) 682₂ f.   Fehlt in XXI und 48.

V. Die Heilung durch den Arzt fehlt in 48, stimmt in (82) 686₅—687₁₉ und QXXI 219—264 in allem Wesentlichen überein.

Die Plusverse der einzelnen Rezensionen sind so durchaus verständig und zu besserer Motivierung und Füllung teils notwendig, teils erwünscht (vgl. besonders IV 3a. 8), dass an Interpolation nicht zu denken ist. Alle 3 Rezensionen haben gekürzt, am meisten 48. QXXI und 82 stimmen nahe zusammen; in Einzelheiten geht bald XXI, bald 82 mit 48.

In dem Nürnberger Stück 85 ist offenbar nach den älteren Mustern (der Revue-Manier zu Liebe) das Brunnenschauen aus dem Heilungsdrama ohne Geschick vereinfacht.

Folz, der das Heilungsmotiv in Nürnberg effektvoll ausarbeitet (St. 120 vgl. unten), lässt das Salbenmotiv fort und gestaltet den vergeblichen Heilungsversuch um. Die Hauptkomik fällt bei ihm auf die Bauerntölpel. Er fügt neue komische Elemente — das Missverständnis gehäuft — hinzu, die Hans Sachs später benutzt. Sein Drama wird dann auch in Sterzing populär. QXIX ist nichts als eine Umarbeitung von St. 120.

QXXII (*Ain zendprecherey*) ist offenbar ein spätes echt tyrolisches Stück, sonderbar konfus, zum Teil viel stärker dialektisch angehaucht, in gereimte Prosa übergehend. Daneben hat es sonderbarer Weise den Nürnbergischen Reim *ſton : thon* (240 f. geschrieben *ſton : thain* d. i. *tuon*). Mit dem Zank und der Schlägerei, bei der der Zahnbrecher zur Thür hinausfliegt, erinnert es etwas an Folzische und HSachsische Dramen. Es ist schon der Ton der späteren oberbairischen Volkskomödie. An Hans Sachsens (spätere) „Rockenstube" gemahnt es, wenn Bauern und Bäurinnen zusammensitzen und in dem ziellos hin- und hergehenden Geplauder, das dem Leben nicht übel nachgebildet ist, die Aufforderung ergeht, ein Lied zu singen (V. 249):

> Sy, mein gratz, fing: het ich ain puelln als monigo hat.

Vgl. Rockenstube (HSachs' Fastnachtspiele 10) V. 68 ff.:

> Mein liebe Gredt heb an vnd fing
> Das new liedla (ich künts auch gern)
> Vom holder trüfchel vnd morgenftern.

3. DAS SALBENMOTIV.

Das Anpreisungs- und Salbenmotiv ist von QVI und QXXIV ausgearbeitet worden (vgl. auch Folz bei Keller Fnsp. III 1199). QXXIV 'Doctors Apotegg' kann als eine Sammlung von Scherzen über Arzneien gelten. Heilmittel werden angepriesen. Einiges deutet darauf hin, dass drei Reihen entstanden waren: in der einen wurden die Salbenbüchsen als erste, andere, dritte . . . . aufgezählt, in der zweiten nach den Buchstaben ABC . . ., in der dritten nach äusseren Zeichen (Hand, Rosskopf u. s. w.). Aber alles ist durcheinander geworfen. So finden sich offenbare Wiederholungen namentlich in Stück XXIV vgl. Vers 205—208 und 593—596, 603 f. und 645 f., 489 f. und 609 f., 399 f. und 613 f. Es war ein Feld für Improvisationen. Angehängt ist dieser Aufzählung eine Heilung mit überladenen Versen, Reimbrechung und Missverständnissen lateinischer Witze; sie setzt wohl schon Folzens Arztspiel voraus.

Auch Stück VI, in seiner ersten Hälfte (VIa = 1—185), zum Teil zu XXIV stimmend, hat eine kleine Heilung zum Schluss. Die zweite Hälfte (VIb = 186—193) ist ein sonderbares Mischprodukt aus dem Arztspiel und dem Ehegericht: der Arzt vollzieht eine Ehescheidung!

Ich begnüge mich die wörtlichen oder nahezu wörtlichen

Entsprechungen von VIa, XXIVa und XXI zusammenzustellen, damit man die nahe Verwandtschaft überschaue.

VI 11 ff. siehe Wirth S. 185 und XXIV 1 ff.

VI 21 f.	XXIV 11 f.
Nun also siczet nider vnd last rasten eure Glider!	Also sitzet ain weyl da nider vnd lasst raasten Eure Glider!

VI 24.	IV 186.
das ir imer unselg muest sein!	Waaß wollt ier? das ier unselg must sein!

VI 29—32.	XXIV 59—62.
Er khan den altn weiben die Runczln auss dem ars vertreiben Vnd khan in darnach ain salben gebn, das sie das jar nit auss leben.	Er kan den allten weiben dj runtzl von oben Biß zu vndrist vertreiben, Thuet In darnach ain salben geben, das sy vber hundert nit leben.

Zu VI 29 f. vgl. ferner VI 145 - (98) 751 9 f. - (57) 509 21 f. - Folz III 1199 (V. 20) u. a. Zu VI 21 f. vgl. (6) 64 8 f. und Wirth S. 175 (Rubin).

VI 37—42.	XXIV 83—88.
Secht ir hie mein herrn siczn, der pfhligt gar ckhlueger wiczen, Vnd dy salbn vor im stan? ir kinder, ir solt her zu gan Vnd last euch damit gestreichn, so mag der gesund von euch beiohn.	Secht Ir mein herr doctor da sitzen? der phligt mit lean gklueger witzem, hat statigs wenig rue. Lieben nachpaurn, nun trettet her zue, Lat euch mit den Salbn pstreichen, dauon mag euch gesund entweichenn.

VI 45 f.	XXIV 89 f.
Er ist so gar auch nicht ain kind, der gesicht, den macht er plind.	Dann Er ist So gar nicht ain kind, wer gesicht, den thuet er machn Blind.

	Vgl. IV 12 f.
	Was man im gesunter fur pringt, die macht er all an payden augn plindt.

VI 49—54.	XXIV 93—98.
Hiet ainer ain spanlange wund,	Het ainer ain Spanne lange wundt,
er machts im in x Jarn nit gsuut;	er macht Sy Inerhalb zway Jaren gaundt;
Er kann gar guete ereznoy,	Er kan gar guete Ertzeney
er ist pesser den ander drey.	vnd ist Besser mit den ander drey.
Wer das nit will gelauben,	Wer sollichs von Im nit thůt gelaubm,
den pescheist er mit gesechntn augen.	der wirt von Im pachissn mit gsehenden augen.

VI 57 f. – (48) 63 s; – (101) 368 31 f.
VI 59 f. = XXIV 349 f.

VI 65—68.	XXIV 143—146.
Sy, kinder, weder mainez, ich woll enokh affen,	Ir went villeicht, Ich well euch affenn,
das ir die salben nit welt kaffenn?	das Ir der Salbn nicht wellet kaffen?
Nun will ich euch die salbenn lassn nemen,	Nun will ich Sy euch da lassen benennen,
das ier sy dester pas mugt erckhennen.	das ier yede dest pas mugt erckhennen.

VI 69 f.	XXIV 155 f.
Schmiezinkuokn, mein lieber knecht,	Rubein, Steig auf vnd Schickh dich bald
rueff auss die salm, daran thuestu recht!	vnd rueff aus ain yede Salb.

VI 71—74.	XXIV 177—180 f.
Nun hort, ir vill liebm leute,	Nun merckht, Ir vill leute,
wass die salm pedeute!	was yede Salbm bux bedeute!
Die Salb ist gmacht von wilden schneken,	Die erst salb ist gmacht von wilden schneggen,
die ist den altn weibm guet für den peken.	vnd ist den altn leitn guet furn peggen.

VI 76 vgl. (6) 69 9 f.

VI 77—80.	XXIV 485—488.
Das ist den aines altn weibes harm,	das ist ainer altn betagten frauen harem,
den solt ier trinckhn also warm;	denn soll man trinckhen also warem.
Mag der pey euch peleibm,	mag der Bein euch Beleibm,
so ist er guet fur die speibm.	So ist er guet fur dj Speibm.

VI 83—86.

Das sind trensn von ainer schel-
migen khue.
die niest in der morgnfrue,

So raumpt es euch den magn.
das mans in scheffern von euch
muess tragn.

VI 87—92.

So sind das pendl von ainer gaeß.

die solt ir essn also haiß,
Wan sy erst von dem ars herfallen,
So sind sy guet fur die gallen,
vnd vacht sy in den mundt, e
in der tampf verge,
so sind sy guet fur den zand wee.

VI 93—96.

Nun schaut, ob die salb nit
schmeckh!
das ist aines altn weibs dreckh.
Den solt ir salbm an die zen,
das euch kain khalte speis nit
pren.

VI 97—100.

So sind das taubm dreckh,

damit man vertreibt die fleckh,

Die die frauen haben vnder den
Augen.
die sollen sy anstreichen gar
taugen.

VI 107 f.

Mit ainem knutl vmb die lend,

sie mocht puegn fuea vnd hend.

XXIV 529—232.

Das sind trennen von ainer schel-
migen kue.
dj sol man Niessn in der morgen
frue,
So raumbt es aim den magen,
das mans In schaffern von aim
mues tragen.

XXIV 339—344.

So Seind das pondler von ainr
gaiß,
dj Soll man essn also hayss,
Wann Sy erst vom uesst her
valln,
So Sind Sy gesunndt fur dy galln.
dj vacht in mund, e In der tampf
vergee,
So sind Sy guet fur den Zandwee.

XXIV 521—523.

Nun kostet, ob dy Salb nit
schmegkh!
das ist ains altn wolfs dreckh.
das soll man streichn an dj zenn,
das euch kain kaltj Speis drann
prenn.

XXIV 345—348.

da ist fur feder weis dauben
dreckh,
da mit man vertreibt dj veh und
fleckh,
So ye aine hat vnder den augen,

gemisst mit harber, scharpfer
laugen.

XXIV 603 f.

Zwischen den Schultern auch vmb
dj lennd;
ob Sy Schon puegn fuess vnd
hennd.

XXIV 645 f.

Dj Sol man mit schmirbn vmb
dj lennd,

VI 165 f. - (6) 64s f.

XXIV 39 f.
Leg furderlich auß vnnd lass
 dier schlaunn
dj gelben Salbm vnd dj brauun.

XXIV 43 f.
Ob Wier zu ainem geltle mochten
 kumenn,
dannes wer vnns schier zerunng
 her zerunnen.

XXIV 45 f.
Darumb Sey fleissig, lieber ruwein,
Dann wir dem wiert vil Schuldig
 sein.

XXIV 163 f.
Nun secht an den grossen schatz,
den wir bracht haben auf den
 blatz.

XXIV 169 f.
Die buchsn die Sind alsamt vol,
dj man zu ertzney brauchen Soll.

XXIV 185 f.
So ist das die ander,
die kumpt her von Brugg auß
 flandern.

XXIV 187—190.
Das ist gar ein edls stuckh!
wenn mans aim auf ain aug
 drugkht,
Dem wiert von stund an lutzlbass
vnd gwingt ain schein wie an alts
 kuchen glas.

XXIV 191 f.
So ist das die dritt,
di salb ist gmacht aus ainer
 esls ripp.

das Sy thuet Biegen fuess vnnd
 henud.

XXI 39 f.
Leg auß, knecht, vnd la dier
 schlaunn.
die gelbm salbn vnd auch die praun.

XXI 43 f.
Ob wir zu dem pfennig mochtn
 kumen,
des hietn wir nutz vnd frumen.

XXI 45 f.
Darumb, lieber Rubein meinn,
Du waist, das wier dem wiert,
 vill schuldig sein.

IV 253 f.
Secht an all disn grossn schacz
den wir habm gepracht auf disn
 placz!

XXI 49 f.
Die puchsn die sind allsam vol,
die mein maister nutzn soll.

XXI 55 f.
So ist das die ander,
die hab ich gebracht von flandern.

XXI 65—66.
So ist das sunst ain edls stuckh.
Wenn Ichs aim auf ein auge
 druckh,
dem wiert von stundan lutzl pass
Vnd gewinnt ain schein als ain
 kuchsglass.

XXI 61 f.
So ist das die dritt,
Die hab ich gemacht auß ainr
 esls ripp.

XXIV 197–204.

So ist das dj viert.
wenn ainer magt zu weit wiert,

Vnnd Beorgt sich des vor ainem
mann,
vnd so er sy Sy nimbt für Junck-
frau ann,
dj bestreich damit Jern nabl,
So wextz ier zue wie ain ofn gabl,
Vnd hallt dy Bein zsamenn weit,
So wiert sy wider ain Raine Maid.

XXIV 259 f.

Wolh Sind die Salbm Bixn,
dy wir negst gmacht haben zu
brixenn.

XXIV 261—264.

Ist mir recht, So ist das di ain
vnnd das dy ander, als Ich main.
Auf der da Stet ain A,
dj hat Beschmaist ain totj kra.

XXIV 265—270.

Wer sich damit thuet pstreichn,
der mues hin furan alzeit keiohn.
Er wiert frisch vmb Sein Brust
gantz nach Seins hertzn lust,
Als Sam er het verschlunden
10 kopf von toten hunden.

XXIV 273 f.

Oder das er auff geschwillt,
von der Salben wirt er nider
gstillt.

XXIV 279—282.

In der buchsen Ist aller lay.
Es ist darinnen rabm gschray.
Vnd des Brenner wints ain gaffn
voll,
Auch ains verprunnen walds
zway kol.

IV 292—299.

So ist das die viert;
wenn ainer Junckfraen zu weit
wiert,
Vnd psorgt sich das vor ainem
mann,
so er sy nimpt fur Junckfhra an,

Die pestreich damit Irn nabl,
So wagstz ir zu als ein ofn gabl,
Vnd hab die pain nur zue weit,
So ist sy den ain Raine meit.

IV 279 f.

Sag an Rubein, wo sind die andern salben mein,
Die ich enschtag han gemacht?

IV 282—285.

ist mir recht, so ist das die Ain
vnnd das die ander, als ich main.
Auf der da steet ain a,
die hat geschissn ain tote kra.

IV 265—270.

Wer sich damit lat pestreichn,
Der muess albeg keyohn,
So wiert er dan vmb sein prust
frisch nach Seines herczen lust,
Vnd als er hab verschlunden
xij kopf von totn hunden.

IV 302 f.

Wem der aindlefft finger gschwilt,
von der salben wird er aim ge-
stillt.

IV 271—274.

In der puxen ist aller lay:
es ist darin rabmgschray.
Vnd ist darin der taurn windt
ain flaschen voll
vnd des verprunnen wald ain koll.

XXIV 363—366.

Streicht Sy yemand an pese
　　　　　　　augen,
furwar Sol mir der selbig glauben,
Er wirt geschendt an der vartt
gleich wie der blind eggbardt.

XXIV 399 f.

Streichtz yemand auffs haupt ain
　　　mal oder zwae,
Es wirt Im rauch wie ain genness
　　.　　　ae.

XXIV 409 f.

Es ist dapey das plabm Vom himl
vnd den huef von aim weissen
　　　　　　schiml.

XXIV 593 – 596.

Gleich wie Ir lieben mueter was,

do Sy des erstn kinds genas,
Vnnd haillwartig wie ains wolfs
　　　　　　mundt,
dauon Sy noch zu ern kumpt.

XXIV 609—613.

fur vbringe schen Ist Sy fast
　　　　　　guet.
wer sich damit pstreichen thuet,
das glaubt sicherlich fur war,
es wext dauon nimmer khain har.
Streichts ainer an kopf ain mal
　　　oder zway,
Es wirt als rauch als ain genns ay.

IV 357—260.

Vnd streicht sy jemand an dy
　　　　　　augn,
er soll mir das sicher glaubn,
Er wirt gesund an der vart
gleych als der plindt eckehart.

IV 289 f.

es wexst dauon nimer khain har.

pschtreicht ain sein kopf ain mall
　　　oder zbai.

IV 275 f.

Vnd des plaben von dem himell
vnd ab dreyen regn pogn der
　　　　　　schimoll.

XXIV 205—208.

Gleich wie Vor Jarn Ir mueter
　　　　　　was,
da Sy des andern kinnds gonas.
Wyrdt hailsam wie ains wolfs
　　　　　　mund.
Es nems oft aine nit fur ir h.

IV 286—292.

Wer sich damit pschtreichen thuet,
fur ybrige schon ist sy vast guet;

das sag ich euch furwar
es wexst dauon nimer khain har.
pschtreicht ain sein kopf ain mall
　　　oder zbai
er wird als rauch wie ain ganz ay.

4. RECKENSPIEL.

Die Sprache der Reime weist das „Reckenspiel" in bairisch-österreichisches Sprachgebiet, vgl. besonders *nemen* : *khemen* (Ptc.) 31 f. (nicht Nürnbergisch), *peſtonn* (*â*) : *lon* (*ô*) 47 f., *ſchon* : *han* 459 f., auch *tonn* : *ſon* („Sühne"; vgl. (39) 289₇ f.), *vermittn* : *ſchuten* (*ſchütten*) 315 f., *abgeſait* : *erfraet*

QF. LXXVII.　　　　　　　　　　　　　　　　　　5

425 f., *erſchlagenn* : *habenn* 97 f. kann man als *erſchlan* : *han* faſſen, aber 421 f. ſteht *leben* : *rerbegen* 421 f. *ſprechn* : *geſchechn* 418 f. iſt wenigſtens nicht Nürnbergiſch zu belegen. Tyrol war wohl die Heimat des Stückes, jedenfalls die bairiſche Alpengegend, wenn wir die Worte des Ausſchreiers nicht für einen Zuſatz halten wollen, wozu keine Veranlaſſung vorliegt. Vgl. 479 f.

    Den wir feind zogen perg vnd hohe Joch,
    Das vns gar hart durſtet noch.

Auſſer 231 f. *hercznlaid* : *zeit* ſind alte und neue Diphthonge nicht gebunden, nicht einmal *uo* : *u*. Einmal ſteht *ei* : *i* 299 f.

    Hochgeporne kinigin fein
    achtet nur nit, das ich ain munich pin.
Vgl. 147 f. Und ſagt Krimhild der kinigin fein : Rein.

Das iſt allerdings zu unſicherer Grund, um darauf zu bauen.

Die Metrik zeigt ein Schwanken zwiſchen Altem und Neuem, ſoweit ſich bei der Verderbtheit des Textes beurteilen läſst. Verſe wie *Das kam ir zu groſſem rnſtet* (17), *Vnd ſchafft vns ain kleine weill rue* (34), *Es mueſt ainem gelten das leben* (122) ſcheinen nach meiſterſingeriſcher Technik gebaut. Daneben begegnen Verſe mit ſynkopierten Senkungen und fehlendem Auftakt. Bei zweiſilbigreimenden Reihen findet ſich meiſt Schema: 4⏑; nach 3⏓ kann man leſen:

  149 *Zu diſem róſen gártèn.*
  167 *Die hie in irem gártèn.*
  191 *Ich wil dich ſélber reichènn.*
  251 *Durch gót vnd ſchìne[r] fraúènn.*
  255 *Vmb róſn in diſem gártèn.*
  279 *Mit meiner ſtechlen ſtángènn.*
  295 *Nach wèm thuet ir hie ringèn.*
  361 *Ich gib euch paéden gebúmèn.*
  373 *Von júnckfrau vnd von fraúènn.*

Von Charakteriſtik iſt nicht viel zu reden. Das Spiel iſt lediglich intereſſant als Nachwirkung der Heldenſage.

Das Spiel vom *Perner und Wunderer* (Keller No. 62), das ſich inhaltlich ganz an „König Etzels Hofhaltung" anſchlieſst, reimt altes und junges *ei* (*lait* : *weit* 549,25 f., *zeit*:

gelait 550₃₂ f.) und liesse sich sprachlich nach Nürnberg setzen. Flüchtig an Folz erinnert 517₈, vgl. (1) 1₈ und unten.

Hans Sachsens „Hürnener Seufried" ist das letzte Glied in dieser Kette.

5. RUMPOLT UND MARETH.

Die Oktavhandschrift Z, die neben den Sterzinger Handschriften das Spiel von 'Rumpolt und Mareth' enthält, das sich hier, von den übrigen etwas getrennt anreiht, ist nach Hoffmann von Fallersleben im 15. Jh. geschrieben. Die ersten Partieen scheinen dem Jahre 1494 zu entstammen; denn so wird das „anno domini IC lxxxiiij°" mehrerer Überschriften doch wohl zu deuten sein. Hoffmann giebt nicht an, ob die Hs. von ein oder mehreren Händen herrührt. Was speziell unser Stück (130) betrifft, so steht es hinter einer Abschrift der Niclas v. Wyle'schen Translatze des goldenen Esels, durch ein geistliches Lied von ihr getrennt. Da das Lied, wie das Spiel beide auf einer linken Seite beginnen, so sind diese Partieen jedenfalls nach einander geschrieben. QI ist 1510, QVIII 1511 von Vigil Raber geschrieben, auch Q 115 rührt, schon nach der Behandlung und Orthographie der lateinischen Überschriften zu urteilen, von Vigil Raber her[1]; zum wenigsten steht es den Raberschen Abschriften so nahe, dass sich die Bezeichnung auch der Sterzinger Spiele mit dem gleichen Buchstaben Q rechtfertigt. War Vigil Raber wirklich Schreiber und Redaktor des Stücks Q 115, so hat man Grund es für seine früheste Arbeit zu halten. Später schreibt er meist *ai*, *ae* für bairisches *oa* (s. o.), hier noch *ue*: 987₂₅ *kluen*, 988₂₁ *muen* (ich meine), 990₁₆ *ruen*; doch vgl. 986₂₄ *zaen* d. i. *zorn* (*tsoǫrn*) : *geladen* (= *gelǫǫn*).

Die Existenz von mindestens 3 verschiedenen Rezensionen zeigt gegen Pichler, wie beliebt das Drama in Tyrol war. In der Anordnung der Verse stimmen I und 130, VIII und 115 zusammen. VIII ist die ausführlichste Redaktion.

---
[1] Pichler drückt sich darüber nicht ganz klar aus.

Der Gang der Handlung ist hier sehr korrekt und verständlich. Nach einem ausführlichen Prooemium kündet der Pedell das Gericht an. Der Angeklagte Rumpolt erscheint mit dem Zitationsbrief: Notar und Advokaten machen auf Lateinisch ihre Glossen über ihn; der Offizial verweist sie auf Lateinisch zur Ruhe und fragt den Angeklagten, wer ihn geladen. Darauf antwortet Rumpold, von vornherein verdutzt, im Gefühle seiner Hülflosigkeit gegenüber den gelehrten Herrn, ganz passend:

> Herr ich kan nit latein,
> Erlaubt mir einen vorfprech.

Die Bitte wird gewährt, und Bauer und Advokat sind bald handelseinig. *Nun, wo ift nun der ander tayl?* wendet sich der Pedell ans Publikum, und die Klägerin erscheint. Wieder ein kurzes lateinisches Zwiegespräch zwischen Notar und Offizial. Auch die Klägerin verlangt einen Advokaten. Beide Teile werden vereidigt. Dann schreitet man zur Verhandlung. Der Sachwalt der Klägerin trägt zuerst die Sache vor, der des Angeklagten antwortet und beantragt Vertagung. Der Offizial lehnt den Antrag ab und fragt darauf den Angeklagten, ob er sich schuldig bekennt und Sühne leisten, d. h. die Mareth, die ihn um die Ehe anspricht, zu seiner rechtmässigen Frau nehmen will. Rumpold weigert sich und erregt dadurch den Zorn von Mareths Mutter. Ein heftiger Zank der beiden Parteien schliesst sich an, den der Pedell mühsam beschwichtigt. Darauf die wiederholte Frage des Offizials: Bekennst du dich schuldig? Angeklagter: Nein. Ich kanns beschwören. Abermals platzen Klägerin und Angeklagter auf einander; abermals muss der Pedell sie zur Ruhe weisen. „Hast du Zeugen?" lautet die naturgemässe Frage an die Klägerin. „Ja, meine Mutter, und eine Jungfer Rueley". Die Mutter wird vernommen. Aber der Anwalt des Beklagten erhebt Einwand gegen ihr Zeugnis. Kurzes erregtes Gefecht der Advokaten, erst deutsch, dann lateinisch, was zu einem komischen Missverständnis seitens der Mutter der Klägerin und einer Rede *ad spectatores* seitens des Vaters des Beklagten führt. Die zweite Zeugin wird vorgeladen und giebt ihr Zeugnis. Rumpolt unterbricht sie und verschnappt sich. *Jam ipse confitetur* bemerkt der klägerische Anwalt. *Ex hoc verum* (mit Q I. Z) *non sequetur*, wendet der andere ein. *Vere est suspectus* giebt der Offizial zu. (Wieder ein komisches Missverständnis der Mutter.) „Schreiber, nimm es zu Protokoll!", verlangt der klägerische Anwalt, und der Notar schreibt offenbar während einer längeren Rede nieder. Damit ist der Thatbestand aufgenommen, und der klägerische Anwalt fordert das Urteil. Hier folgt nun nach ein paar albernen Worten der Mutter sehr passend ein Bestechungsversuch von Rumpolts Vater. Weil Geld und Gaben doch viel vor Gericht vermögen sollen,

> Darumb will ich euch die hand fchmieren,
> das er khäm von diefer diern.

Darauf antwortet der Offizial ebenso prompt wie passend:

> Schmier an galgn, das ift mein rat.

Es entsteht eine kleine Pause, während welcher der Offizial das Urteil abfasst und die streitenden Parteien einen Höllenlärm vollführen. Dann folgt die Urteilsverkündigung lateinisch seitens des Offizials, deutsch erklärt durch den Notar: Rumpold hat verloren, Mareth hat gewonnen: Freu dich Mareth! hier ist das Urteil; kostet einen Gulden. Bezahle auch deinen Advokaten; nachher kannst du noch die Schadenklage vorbringen.

> Mareth refpondit:
> Herr den gulden gib ioh gern,
> ioh will auch meinen vorfprech ern
> Mit ainom gulden geld,
> das er mir fcheden vnd zerung meld.

Die Schadenklage wird vorgebracht und Rumpold zur Zahlung von 3½ Pfund verurteilt; will er aber die Dirne nehmen, so sollen sie ihm geschenkt sein. Der klägerische Anwalt triumphiert, Rumpold ist wütend auf den Seinigen. Dieser rät zur Appellation. Der Advokat der Mareth hat gegen die Apellation juristische Einwendungen, die auf seinen Kollegen gar keinen, finanzielle, die auf Rumpolds Vater desto mehr Eindruck machen. Der Zusammenhang ist hier völlig glatt:

> Secundus procurator:
> . . . .
> Nun helffen doch mit hundert pfund,
> E das recht kem zum grundt.
> Pater dicit:
> Ja [ja] nun verfte ich wol den fin:
> Der fach ich gar zu arm pin.
> Ich will ott nit vorrer dringen.

Nach einer kurzen Verhandlung über das Heiratsgut, schickt sich der Offizial an sie zusammen zu geben. Da stürzt Jans hinein und verlangt Mareth auf Grund eines früheren Versprechens zur Ehe. Aber er kommt zu spät: die Sache ist entschieden, und Rumpold und Mareth werden zusammen gegeben zur allgemeiner Freude und Befriedigung.

Hier ist offenbar alles glatt von Anfang bis zu Ende und von einem genauen Kenner gerichtlicher Verhältnisse herrührend, während an der Folge in Z QI ein Jurist wenig Freude haben würde. Da wird der Eid abgenommen, nachdem sich Rumpold bereits verplappert hat und ihm sein Advokat erklärt hat: die Sache ist so gut wie verloren; wir können aber appellieren. Appellieren vor dem Urteilsspruch! Und Rumpold bezahlt auch gleich!

Es ist auffällig, dass das Stück bei den Forschern so gut wie gar keine Beachtung gefunden hat. Der Dichter war vielleicht ein Jurist, jedenfalls ein sehr scharfer Beobachter. Vielleicht ist unter den vielen Stücken des 15. und 16. Jhs., die Gerichtsverhandlungen schildern, keines, das so realistisch gehalten wäre. Es lebt der Offizial, der als Präsident ruhig zusieht, wie die Parteien über einander herfallen, und dabei doch die Würde des Gerichtshofs wahrt, den Advokaten gegenüber, den Parteien gegenüber, ohne ganz den Humor der Lage zu übersehen, der zum Schluss *re bene acta* auch bei ihm durchbricht:

> Schbeigt, laft euch geben zu der ee!
> Ir feyt payde frum als ee.
> Mit den henden gib ich euch zu hauffn,
> mit den füssen migt ier von nander lauffn.

Es leben die Advokaten, die sich rein *ex officio* ernstlich erzürnen und mit ihrem Latein gegen einander losfahren (*in ira* vor 371, *iracunde* vor 373) und nachher ruhig mit einander heimgehen können (vgl. 379). Selbst der Notar, der hauptsächlich monologisiert und seine Randglossen macht, ist nicht ganz schemenhaft gehalten, etwa als ein brummiger alter Herr zu denken:

> Nun wer mocht das alles erfchreiben
> waſſ ſie heut alles klaffen vnd fpeiben...

Wie lebendig sind die Parteien geschildert, die Hauptbeteiligten von vornherein charakterisiert: Rumpold schon in der Bühnenbemerkung *grossis moribus et habitu*, ein *filius paupertatis*, über den die Advokaten ihre Bemerkungen nicht unterdrücken können; Mareth auch in ihren ersten Worten — *Schöner herr*, redet sie den Offizial an, während Rumpold ihn dem Gebrauch nach *Gnediger herr* tituliert —; der Vater, dem die Familie des Mädchens vor allem widerwärtig ist, mit seinem plumpen Bestechungsversuch; die schwatzhafte Alte, die sich krampfhaft bemüht die lateinischen Brocken aufzugreifen und immer ungefragt redet; auch die Zeugin, die tugendhafte Rüeley, die *als ein frumm junckfra* über höchst bedenkliche Dinge aussagt und selber dabei nicht zum Besten fortkommt.

Man muss die Treffsicherheit der Komik bewundern, hält man das Stück gegen die Masse der öden Nürnberger Machwerke, deren Witz, um einen pointierten Ausdruck Kuno Fischers zu gebrauchen, auf eindeutige Zweideutigkeiten hinausläuft. Ein überlegener Humor beherrscht das Ganze. Jans der zweite Liebhaber greift ein, da es zu spät und durch den drastischen Effekt des „Verploderns" zum Urteil gekommen ist. Nun erscheint Mareth durch seine Aussage in ganz anderm Lichte, was Rumpold vorher von ihr Nachteiliges ausgesagt hat, wird zur Wahrheit, wo er es selber nicht mehr wahr haben will. Der Kontrast ist scharf hervorgehoben:

> Nun mueſtus zu ainem waib haben,
> oder dich eſſn kran vnd raben,

sagt die Mutter am Anfang, während sich Rumpold standhaft weigert:

>Dann ich wils zu ainem weib haben,
>vnd foltn dich (lies mich?) eſſn kran vnd raben,

sagt Rumpold zu Jans am Schluss — ohne freilich die Nebenbemerkung unterdrücken zu können:

>(Vnd werſtu nur vor ainer ſtund komen,
>Ich hiet nit geacht, hieſtus genomen).

Die verschiedenen Rezensionen zeigen das Verhältnis:

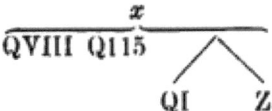

Jede hat gekürzt, QVIII und Q 115 nur wenig. QVIII hat aber auch interpoliert: 1—129, die erste Rede des Präcursor; 626—637, die Verhandlung über das Heiratsgut, 720—799 den Ehekontrakt. Die Stellen lassen sich mit Leichtigkeit herausheben. Der erste sehr lange Prolog — wozu überhaupt zwei? — spricht von Dingen, die mit dem Stück gar nichts zu thun haben. (Vgl. dazu HSachs „der Bauer mit dem Säumagen"). Nur im Prolog und im Heiratskontrakt werden die vollen Namen Rumpold Schmuczgaisel und Mareth Olhuet (118 f. 736) genannt; man kann allerdings einwenden, dazu sei sonst keine Veranlassung. Nur in der Verhandlung und im Ehekontrakt begegnen wirkliche und dicke Obszönitäten. Im Prolog, in der Verhandlung, im Eingang des Ehekontraktes begegnen zu lange, im Prolog und der Verhandlung auch zu kurze Verse, während sonst die Zeilen teils in QVIII als regelrechte Vierheber überliefert, teils als solche auf Grund von QI Z herstellbar sind. Nur im Prolog und ihm Ehekontrakt zeigt sich die Vorliebe, Synonyma zu häufen und die Rede durch allerlei Schnörkel zu erweitern, wobei namentlich der auf Reimwirkung beruhende Klangwitz zur Verwendung kommt. Er erinnert etwas an Fischarts Manier. So wird das bekannte:

>Nun hort jr herren al geleich
>peid arm vnd reich

im Prolog erweitert in

>Reich vnd arm,
>Kalt vnd warm,

> klein vnd groſſ,
> nackhend vnd ploſß,
> hoprat vnd kuoprat,
> huckät vnd zneckhet ...

Vgl. im Ehekontrakt 730 ff. *allen den daſigen, dy den gegenwartigen prieſſ heren — ſchmecken oder greyſſn, ſingn, fidln oder pfeyſſn.* Man hat daher auch auf das nicht ganz verständliche Datum des Ehebriefs nichts zu geben.

Eine Folge der Interpolation war es, wenn QVIII nach 697 die Z 263s–14 = QI 518–531 entsprechende Stelle ausliess. Hier werden Rumpold und Mareth mit ihren Vollnamen genannt, und die lauten anders als bei dem Interpolator. Der Reim geht darüber in die Brüche.

Auch Z 2602⁷–³⁰ haben in QVIII keine Entsprechung. Es fehlt sicher etwas; denn Jans stürmt herein:

> Ja, ja, herr, ja,
> Ich pin eurſt auffruefen gar fro,

ohne dass der Offizial etwas aufgerufen oder ausgerufen hat (wie QI liest). Es ist also offenbar Z 2602⁷-³⁰ = QI 434—437 vorher einzuschalten, wo der Offizial sie wirklich ausruft; nur bleibt auch dann noch eine Lücke, weil er sie danach „*zum triten mol*" ausruft.

Im Übrigen lässt sich das Stück aus den verschiedenen Rezensionen recht gut herstellen. Ich stelle im Anhang die gleichen Verse in der ursprünglichen Folge einander gegenüber.

Durch unser Spiel ist Niklaus Manuels berühmtes Drama „Elsli Tragdenknaben" beeinflusst. Manuel hat die Effekte zum Teil verstärkt, war aber juristisch weniger gut geschult. Das wenigstens ist meine Auffassung des Verhältnisses, das noch eine nähere Untersuchung verdient. Bächtold, Niklaus Manuel (Bibliothek älterer Dichtwerke der deutschen Schweiz II) S. ccv, ist allerdings der Meinung, dass die Stücke 115 und 130 der Kellerschen Sammlung „Nachahmungen mit wörtlicher Anlehnung an Manuel" seien. Aber Bächtold kannte die Sterzinger Handschriften noch nicht, die bereits 1510 und 1511 geschrieben sind, während Manuels dichterische Thätigkeit erst um 1522 beginnt und sein „Elsli Tragdenknaben" nicht vor 1528 verfasst sein wird. Die

Fragen, an denen ich vorbeistreifen muss, finden hoffentlich Erledigung, meine Ausführungen vielleicht Berichtigung durch eine in Aussicht stehende Göttinger Dissertation über Manuels „Elsli" und verwandte Dramen[1].

[1] Über den Stoff zu 'der tote König' (Rex Mortis wie V. Raber übersetzt) vgl. C. Müller in der Einleitung zu d. Hallischen Neudruck. No. 53. 54 und Peter ZfdPh. 21, 188 f. — 'Mai und Herbst' (QXVI) lässt, abgesehn von der übrigen weit verzweigten Verwandtschaft des alten Conflictus, zunächst an das holländische *Abel spcel van dem winter ende van dem somer* (Horae Belgicae 6, 125 ff.) erinnern. Ich halte beide Stücke nicht für altertümlich.

II.

DIE DRAMATISCHE PRODUKTION IN SCHWABEN UND DER SCHWEIZ.

Verfolgt man die Entstehung des geistlichen Dramas, so kann leicht die Anschauung aufkommen, als sei das mittelalterliche Drama entstanden, wie sich die Lawinen bilden, indem sich ein Partikelchen an andere reiht, oder wie sich die Schichten der Sedimentärgebirge langsam aufeinanderlagern. Das ist nur eine halbe Wahrheit. Es waltet freilich allenthalben diese strenge Notwendigkeit, eine immanente Logik; aber wo menschliche Persönlichkeiten im Spiele sind, werden Entwicklungsformen niemals eine so strenge Abgemessenheit und Gleichmässigkeit zeigen wie in der unbewussten Natur. Eine Geschichte des deutschen Dramas, die in jene frühen Zeiten zurückweist, müsste der Notwendigkeit und der Freiheit in der Entwicklung in gleicher Weise gerecht werden, und dürfte weder gewaltsam systematisieren noch sich mit einer bloss äusserlichen Chronologie begnügen.

Gleich die Entstehung der Weihnachtspiele scheint eine ganz andere gewesen zu sein als die der Oster- und Passionsspiele. Denn hier steht im Anfang der Enwicklung ein ausgebildetes Drama, das Werk eines klassisch gebildeten Mannes, der an antike Traditionen anknüpfte[1], wie in ihrer Weise die

---

[1] Vgl. jetzt auch Köppen, Beiträge zur Geschichte der deutschen Weihnachtspiele Paderborn 1893, S. 10 f.

Nonne von Gandersheim. Beiden folgt dann auf derselben Bahn der Tegernseeer Ludus Antichristi. Nicht durch die bei den Passionsspielen geübte Subtraktionsmethode, sondern durch eine Art Addition wird man hier aus der Überlieferung den Text des ältesten Weihnachtsspiels herstellen müssen. Es war ein Bauwerk, das für primitive Bedürfnisse zu grossartig und umfangreich geraten war.

Ich habe AnzfdA. XXI,95 f. versucht, die Momente zu fixieren, die für die Entstehung des deutschen Dramas überhaupt in Betracht kommen. Unbewusste Ansätze zu dem, was objektiv betrachtet als eine, sei es auch primitive, dramatische Handlung erscheint, hat es immer gegeben. Es kam aber darauf an, — und darin bestand die künstlerische That, die fortwirkte, — dass sie auch von einem Subjekte als solche gefasst wurden. Antike Tradition konnte für einen Dichter des Mittelalters das erleichtern. Mit der Responsion der Chöre bei den Passionsfeiern war unbewusst ein Ansatz zu dramatischer Gestaltung der Feiern gemacht worden. In bewusster Absicht wurde die latente dramatische Kraft ausgenutzt und — sehr allmählich — verstärkt. Die einfachsten Fortschritte werden am raschesten Gemeingut, und es wirken immerfort durch die Geschichte des mittelalterlichen Dramas zusammen Tradition und Verwertung unmittelbarer Beobachtungen, die beiden Faktoren, die überhaupt in der Litteraturgeschichte stets wirksam sind.

Die litterarische Nachwirkung der geistlichen Spiele haben wir erkannt in den Dramen bairisch-österreichischer Herkunft. Es gehörte nur eine geringe Kraft der Neuschöpfung dazu, um den Stoffkreis etwas zu erweitern und und das, was sich als wirksam erwiesen hatte, zu wiederholen und zu verstärken. Dichterische Talente konnten auf Grund solcher Tradition ausgebildete Dramen weltlichen Inhalts schaffen wie das Neidhartspiel oder das Spiel von Rumpold und Mareth. Aber in ihnen erblicken wir nur die Gipfel. Wir müssen hinuntersteigen in die Niederungen der Litteratur. Vereinzelte Erscheinungen betrachteten wir, keine Sitte. Wir haben zu erklären, wie sich die Gepflogenheit der Fastnachtspiele ausbildete und wie eine neue litterarische Tradition

entstand, die der Nährboden wurde für die Schöpfungen des
16. Jahrhunderts.

Doch muss vorher noch ein Blick geworfen werden auf
die Beteiligung anderer Landschaften au der Entstehung des
weltlichen Dramas.

1. Stück 127.
(König Artus' Hof.)

Es kann zweifelhaft erscheinen, ob Schwaben mit einem
älteren weltlichen Spiele vertreten ist. Denn die Überlieferung
von Stück 127 in der jungen Handschrift 𝔄 kann Zweifel
in Bezug auf das Alter hervorrufen. Sicher ist, dass dies
Stück — „König Artus Hof", wie es 𝔄 benennt — einen ganz
anderen sprachlichen Charakter trägt als die bisher betrachteten.
Hier häufen sich die schwäbischen Charakteristika: die 2. Plur.
auf *-ent* passen in den Vers; die *au* für *â* werden das übliche; *ai* und *ei*, *û* und *ei*, *üe* (*ue*) und *ü* (*u*) werden scharf
geschieden. Dagegen wird für die letzteren auch *ie* und *i*
geschrieben, wie umgekehrt für *ie* : *üe* (*ue*), für *i* : *ü* (*u*) begegnet:
mit brueffen Nachtr. 185$_{12}$, *begnr* : *für* 184$_8$. Es begegnen
nur *gan*, *ſtan*, *lan*; es wird *tritten* 184$_{30}$ (= *dr-*), *vertroſſen*
203$_{20}$ geschrieben. Vgl. auch 3. Sing. *waiſt* 185$_{25}$; *durchlouchtigoſter* 187$_{11}$, *gnädigoſter* 188$_{20}$, *edloſter* 189$_{10}$, *begegnot*
203$_{21}$; *thiet* (2 Pl. Imp.) 203$_{18}$; *lägt* 204$_{30}$; *ſendt* (= *ſind*)
207$_{13}$; *ain graufenlichen ſtim* 197$_9$ (denn so ist natürlich für
Kellers *graufenlichen* zu lesen). Das alles deutet darauf hin,
dass bereits die Vorlage schwäbisch war; denn dass wir es
mit einer Abschrift zu thun haben, zeigt die Auslassung
zweier Verse (p. 186$_{26}$ und p. 190$_1$). Im Reim werden nur
alte Diphthonge mit alten gebunden, wenn man von 184$_1$ f.
auf : *überlauf* absieht, Versen, die ein wenig an Folz (1) 1$_5$
erinnern. Der schwäbische Charakter auch des Originals
wird durch Reime wie *auch* : *schmauch* (mhd. *ou* : *â* 205$_{23}$ f.,
208$_{26}$ f., 210$_{23}$ f.), *fraw* : *daw* 195$_4$ f. ausser Frage gestellt.
Vgl. ferner *king* (= *künig*) : *pring* (186$_{12}$ f.), *fleyſſen* : *Preyſſen*
(mhd. *î* : *iu* 186$_{29}$ f.), *Preyſſen* : *eyſſen* (ober *eiſſen* = *überrisen* 205$_{14}$ f. vgl. 205$_{27}$), *friſt* : *geriſt* (194$_{28}$ f.), *hie* : *thüe*

(Konj. 196 84 f.), *furſt : iſt* (198 7 f.), *furſt : liſt* (202 31 f.; 205 21 f.), *nit : beſchilt* 200 19 f., *giet : behiet* (200 22 f.). Sehr auffällig ist *zimen* (3 Pl.) : *begynnen* (185 3 f.). Es ist ungefähr dieselbe Orthographie wie im Liederbuch der Hätzlerin (1471), vgl. v. Bahder, Grundlagen des nhd. Lautsystems S. 18. Doch begegnet kein *u* mehr für altes *û*, nicht einmal *uf*, wie dort und z. B. im Georgspiel. Nur der Name Artus nimmt eine Sonderstellung ein: er wird im Innern nur *Artus* geschrieben, im Reim bald *Artus* bald *Artawß*, mit *alſus* gebunden und mit *hauß*. Anders ist es z. B. mit Stück 80 81, das nur *Artawß* kennt. Die Möglichkeit, dass der Verfasser noch *û* sprach, lässt sich angesichts der Reime nicht bestreiten; doch kann ebenso gut lediglich im Namen die alte Tradition fortgewirkt haben. Später als die Hätzlerin haben wir ihn auf Grund seiner Orthographie, die ⁂ und etwaige Vorgänger, wie ihre Konsequenz zeigt, treu bewahrten, nicht nötig anzusetzen; denn die Hätzlerin ist natürlich durch ihre Vorlagen beeinflusst.

Die Verse sind vierhebig und regelmässig im Sinne der Zeit. Verstösse (auch fehlende Auftakte, fallen deutlich nur dem Abschreiber zur Last. Es ist häufiger *küng* zu lesen wo *künig* steht u. s. w. *d ſach* (190 8), *zverstaun* (196 19) beweisen, dass der Dichter *d = die*, *z = zû* brauchte; so wird häufiger zu schreiben sein. Streichungen von *ril*, *gar*, von *her* und *dar* vor *ein* u. a. ergeben sich jedem Leser von selbst. Auch scheint der Abschreiber die Verpflichtung verspürt zu haben, Anreden und Titulaturen korrekter zu machen z. B.

184 4 [Edle] fraw künigin jch thû dir kundt.

Satt *fürſten* wird häufiger *herrn* zu lesen sein (z. B. 197 1. 7). Auch Stellen wie 186 1 ff.:

> Von erſt den küng von Krichenlandt,
> Darnach von England den [küng] on ſchandt.
> Und auch von Kerling den [küng] gleich,
> Darnach den küng von Franckenreich,
> Darzû den küng von Preyſſen gût
> [Den kung] Von Ten(e)marck das edel plût u. s. w.

bedürfen weiter keines Wortes.

— 79 —

Eine verlorene gemeinsame Quelle dieses Fastnachtspiels und des Meisterliedes „das goldne Horn" (Germania V, 101 ff.) hat Warnatsch (Der Mantel, Bruchstück eines Lanzeletromans von Heinrich v. d. Türlin hrsg. in d. Germanist. Abhandl. II, 65 ff.) erkannt. Inhaltlich vergleicht sich auch St. 80/81 (M). Der Einfluss des geistlichen Dramas ist anzuerkennen; dass hier zum Schluss eine Schlägerei der Ritter recht mit den Haaren herbeigezogen wird, ist ein auch im geistlichen Drama beliebter Zug. (Vgl. Weinhold in Gosches Jahrbuch f. Litteraturgeschichte S. 5 ff., Wirth, die Oster- und Passionsspiele S. 207.) Offenbar wurde das Stück auch wie die geistlichen Spiele auf einer festen Bühne gespielt, auf der die Länder der verschiedenen Könige an verschiedenen Ecken angebracht waren. Das naive Herumschicken des Boten bildet einen wichtigen Bestandteil der Handlung. Man kann daher zweifeln, ob es wirklich ein Fastnachtspiel war; dafür spricht Tanz und Johannessegen am Schluss.

Pfeifft auf und macht uns einen tantz

heisst es 212,18 wie so oft in den Fastnachtspielen, dazu 213,33 f.

Weigion, nun nim in die handt
Den wein und gib [in] sant Johans segen

ebenso 215,7

Doch gebt mir auch [vor] sant Johans segen,
Wan ich ye auch muß trinckens pflegen!

2. Stück 68.
(Des Antichrist Fastnacht).

In die Schweiz gehört sicher St. 107, das berühmte Neujahrsspiel vom klugen Knecht. Es ist so oft behandelt, zuletzt von Bächtold Geschichte d. deutschen Litteratur in der Schweiz S. 210, der es mit Entschiedenheit ins 15. Jh. setzt, dass ich hier einfach auf die Litteratur darüber verweisen kann. Es nimmt in jeder Beziehung eine Sonderstellung ein. Dagegen muss ich ein viel älteres und eigentlich geistliches Spiel hier anreihen: das in M nur fragmentarisch überlieferte Stück *Des Entkrist Vasnacht* (Keller No. 68). Dem Stück ist ein Abschluss gegeben (608₈—₁₆), der sonst in Rosenplütischen Spielen häufig ist und es zum Fastnachtspiel stempelt. Aber auch der oberflächlichste Betrachter wird die erheblich längeren Verszeilen sofort als Zusatz erkennen. Die Reime scheiden das Stück scharf von den Nürnberger Fastnachtspielen. Man kann ohne Schwierigkeiten mit den mittelhochdeutschen Vokalen lesen. Keine von den Nürnberger Eigenheiten, die wir späterhin zu berühren haben, findet sich in diesen Reimen. Noch sehr häufig sind die Reime auf Suffix *-er*. Unrein sind:

kragen : haben 601₂ f. (*ſchier : mir* 596₁₁ f.)
gelawben : verlawgen 601₂₀ f. (*thon* [thun] : *ſon* [Sühne] 604₂₅ f.)
kappen : rachen 604₂₉ f. *Pehaim : han* 601₃₃ f.

Es ist die mhd. Verstechnik, die herrscht, natürlich nicht die höfischer Dichter: Auftakt und Senkungen fehlen häufig; mehrsilbige Senkungen sind selten im Vergleich z. B. zu Rosenplüts Art. Die nicht verschleifbaren zweisilbigen Reime sind zu ungefähr gleichen Teilen klingend und stumpf (nach der Simrock-Heuslerschen Terminologie) d. h. die Verse, wie man zu sagen pflegt, 3- und 4 hebig: ich spreche stets der Kürze halber von Versen des Schema „3 ∠̇" und Schema „4 ∠".

Offenbar gehört das Stück in die Schweiz; darauf deutet die Erwähnung von Kanton Bern (602₃₄) und Bistum Luzern (603₂₇), wozu sprachlich die Imperative Pluralis auf *-ent*: 601₁₇.₂₀ *ſchülent : habent*; 605₂₀ *thund* u. a. gut stimmen, *lüget = ſeht* 606₂₅. Anderes kann für altertümliche Redeweise gelten.

593₁ *fâlant* (so doch wohl zu lesen: *vor des bœſen vâlants lêr*.)
595₁₄ *Der all*[*er*] *der werlt gewaltig iſt*
595₁₆ *hantgetât*
596₂₅ *alters* [*all*]*ain*
597₁ *Des sey dir von vns widerſagt*
599₁₅ 1. Sg. Prs. *gib*

599 24 *Mein leyb ist aller sorgen vol.*
600 11 *ein notig[er] herr*
600 25 *laychen* (= betrügeu).

Anderswo ist im Ausdruck deutlich modernisiert, so z. B. 594 36 ein ungeschicktes *ab legen* für *büezen* eingesetzt.

Die politischen Anspielungen gestatten eine ziemlich genaue chronologische Fixierung. Der Kaiser will dem Antichrist folgen, wenn ihm dieser seinen Vater beschwört. Das geschieht, und es erscheint der König von Böhmen. Offenbar kann dabei nur entweder an Karl IV. und seinen Vater Johann von Böhmen oder allenfalls noch an Wenzel und Karl IV. gedacht sein. Als Lohn für seine Gefolgschaft sollen dem Kaiser Jerusalem und das Ungerland und das Königreich von Salern zufallen (599 2 ff.); auch die guten Städte zu Bern werden ihm versprochen (602 34). Das setzt eine ganz eigenartige politische Konstellation voraus, die in den ersten Regierungsjahren Karls IV. eintrat. Am 19. Januar 1343 war König Robert von Neapel ohne männliche Erben ins Grab gesunken und hatte den Thron seiner Enkelin Johanna und deren jungem Gemahl Andreas von Ungarn hinterlassen. Gegen die ungarische Partei am Hofe empörten sich zwei Brudersöhne des Königs, Ludwig von Tarent und Karl von Dureggio, und ermordeten am 21. August 1345 Andreas zu Aversa. Die eigene Gemahlin galt als Mitschuldige. Aber die Rache folgte auf dem Fuss. 1348 zog König Ludwig von Ungarn gegen Johanna und Ludwig von Tarent, den sie inzwischen geehelicht hatte, zu Felde. Es brachen schreckliche anarchische Zustände herein über das unglückliche *künekreich von Salern*, dazu bald der schwarze Tod des grossen Pestjahres. Erst im Oktober 1350 war Ludwigs Rache befriedigt, und im Mai 1352 war die Erbfolge in Neapel wieder gesichert.

Inzwischen hatte Cola Rienzi in Rom seinen Glanz und Sturz erfahren. König Ludwig und Johanna von Neapel hatten beide seine Vermittlung angerufen, und einen Augenblick schien das Schicksal Italiens in den Händen des Volkstribunen zu liegen. Der neapolitanische Raubgraf Minerbino war einer der Hauptgegner Colas, die den 15. Dezember 1347 seinen Sturz herbeiführen halfen. Cola floh und erschien im Juni 1350 in Prag am Hofe Karls IV., um ihn zu einem Römerzuge aufzufordern. Grosse Pläne lebten in seiner Seele. Auch an einen Kreuzzug mögen phantastische Köpfe im Verfolg solcher Pläne gedacht haben. Das war der Moment, von dem man in poetischer Diktion am Besten sagen konnte, der Antichrist habe dem Kaiser die Reiche der Welt und ihre Herrlichkeiten: das Königreich von Salerno, Ungarn und Jerusalem angeboten. Freilich Karl IV. ging keineswegs auf den Vorschlag ein, durch Cola Rienzi Herr von Italien zu werden, und setzte den ehemaligen Diktator gefangen; damit war diese Situation vorbei.

Aber ein Dichter, der nicht genau genug über Karls politische Pläne orientiert war und in der Form nur ungenügende Kunde von den Ereignissen hatte, konnte wohl auch noch etwas später den Kaiser in ähnlicher Lage denken. Darauf führen die Schweizer Beziehungen. Am 9. August 1340 war nach langen Kämpfen der Eidgenossen mit Österreich endlich Friede geschlossen worden. Als aber 1350 Bern in den Bund eintrat, erwachte Österreichs Eifersucht und Besorgnis von Neuem, und Herzog Albrecht suchte Karl IV. zu gemeinsamen Schritten gegen die Schweizer zu bewegen. Im Frühjahr 1353 kam das Bündnis zu Stande. Karl IV., zugleich zum Römerzug gerüstet, den er anders beenden sollte, als Cola Rienzi geplant, zog mit einem Heer heran. In diesem oder dem folgenden Jahre muss unser Drama entstanden sein: der Antichrist verspricht dem Kaiser auch die *guten ſtät zu Pern*. Im Herbst 1534 zieht sich der Kaiser endgültig vom Kriege gegen Bern zurück.

Es ist wohl auch bei dem Bischof Gugelweit, der das Luzerner Bistum haben soll (6032₇) an eine historische Persönlichkeit gedacht: etwa an den Konstanzer Bischof Johann von Wiedloch (1351—1355)?

Noch ein Wiederhall des Jahres 1349 ist also dies Antichristspiel, des furchtbaren Jahres, das allenthalben die religiöse Bewegung hervorrief und die erschlaffte Menschheit im Innersten erzittern machte, da zu Strassburg und anderwärts der Refrain der Geisler mit eintöniger Gewalt erklang, an den Weltuntergang gemahnend:

> Die erde bidemet, es klingent die fteine;
> Ir herten herzen, ir fullent weinen!

(Closeners Chronik, Code historique et diplomatique de Strasbourg I, 139 = Wackernagel Leseb. S. 1252). Aber sehr charakteristisch für die Schweiz: die politischen Interessen behalten selbst in dieser Zeit die Oberhand. Der Hass gegen den Kaiser als politischen Gegner bleibt stärker als jedes andere Gefühl.

Es ist schade, dass das Stück nicht ganz erhalten ist. Wenn es auch mit dem Tegernseeer Ludus nicht verglichen werden darf, so possenhaft wie z. B. v. Zezschwitz kann ich das Stück nicht finden. Man hat es freilich mehr als politische Satire zu nehmen denn als religiöses Drama. Der Eindruck der Posse rührt wohl daher, dass die Episode mit dem Frass jetzt den Schluss bildet. Übrigens ist sie nicht lediglich erfunden (nach dem Muster etwa des Weinschwelg), sondern in der Tradition schon vorbereitet.

> Si vlzint fich defte mêre
> Ir vrowede mit gefráze,

heisst es im Linzer Entechrist von den Anhängern des Antichristen (Fundgruben II 120₂₂ f.).

III.
DIE REVUEFORM.

1. TANZ UND DRAMA.

Dreimal begegnet in unsern Fastnachtspielen der Name „Tanz" im Titel der Stücke: *der alt hannentanz:* Stück 67; *der kurz hannentanz:* 89; *der maruschgatancz mit frau venus vnd der 7 varbn vnd handberchern:* QXIV. XV; *Morischgentanz:* 14. Von Alters her verbinden sich Tänze mit mimischer Darstellung. Die zur leidenschaftlichen Erregung gesteigerte Lust strebt unbewusst nach dramatischem Ausdruck zu allen Zeiten und bei allen Menschen. Was aber in Momenten erhöhten Lebensgenusses entstanden ist, das wird festgehalten zur Erhöhung des Lebensgenusses. So erklärt sich die allenthalben bemerkbare Verwandtschaft zwischen Tanz und Drama, die auch für die Enwicklung des deutschen Dramas nicht übersehen werden darf. Wer indes das deutsche Drama allein aus dem Tanz herauserklären will, der versucht einen Sprung über einen sehr breiten Graben. Denn ein anderes ist eine naive Äusserung von Gefühlen, ein anderes eine litterarische Kunstform, sie sei so roh wie sie wolle. Mimische Tänze der Germanen bezeugt Tacitus Germania.

Wie die Griechen mit ihrer καρπαία und περρίχη (vgl. Xenophon Anabasis 6, 1, 7 ff.), so konnten die Germanen in ihren kunstvoll ausgebildeten Schwerttänzen eine ganze Geschichte zum Ausdruck bringen. Müllenhoff hat in seiner schönen Abhandlung über den Schwerttanz (Festgaben für Homeyer Berlin 1871)[1] die Nachwirkungen dieser kriegerischen Schaustellungen in Deutschland durch die Jahrhunderte nachzuweisen gesucht. Er hatte gewiss Recht, wenn er annahm, dass eine alte Sitte sich andauernd fortgepflanzt habe; und was spätere Quellen über den Schwerttanz berichten, durfte zum Verständnis früherer Zeiten benutzt werden. Aber Müllenhoff hat doch wohl zu wenig erwogen, wie weit fremde Kultureinflüsse umgestaltend eingewirkt haben. Es wird hier gegangen sein, wie allenthalben, wo Nationen sich beeinflussen. Fremde Zuthaten werden sich um einen heimischen Kern herumgelegt haben. Dass die Hinrichtung in den niederdeutschen Schwertkampfspielen der spanischen Köpfungstour genau entspricht, hat Müllenhoff ZfdA. 18, 9 bemerkt. Und sollte nicht hier wirklich spanischer Einfluss, durch Frankreich vermittelt, anzunehmen sein? Heimischer Schwerttanz und spanische Moresca werden nicht unvermischt geblieben sein. Vgl. Böhme Geschichte des Tanzes 1, 132 ff. 323 f., auch de Nore, Coutumes des provinces de France S. 42. In Deutschland verstand man im 16. Jh. unter dem „morischen Tanz" einen Reiftanz im Mohrenkostüme vgl. Ammann ZfdA. 34, 202 f. Anderwärts war erforderlich, dass das Gesicht geschwärzt wurde.[2] Die Schwerter blieben wohl der Gefährlichkeit wegen weg oder wurden durch die Reifen ersetzt. Von englischen „Mohrentänzern" wird noch aus dem Jahre 1779 ausdrücklich berichtet; dass sie Schwerter trugen. (Ebenda S. 207 f.).

Schwerttänze und Moresken fanden in Deutschland (wie in England und Frankreich) auch ihre Reflexe im Drama.[3]

---

[1] Die spätere Litteratur über den Schwerttanz stellt zusammen Ammann ZfdA. 34, 191 ff.

[2] Tabouret Orchésographie fol. 94ro. De mon jeusne aage j'ay veu qu'es bonnes compagnies aprez le soupper entroit on la salle un garçonnet machuré et noircy, le front bandé d'un taffetats blanc ou jaulne avec des jambieres de sonnettes dançoit la Danse des Morisques. Zitiert bei Duméril, Le Théatre classique I, 89 Note 1. Junius Etymologicum anglicanum s. v. Morris-dance: Faciem plerumque inficiunt fuligine (ebda. Note 2).

[3] Moreska begegnet in Frankreich als Name eines kleinen Dramas im Jardin de plaisance fol. 32ᵇ—34ᵇ (ed. Martin Boullon):

Das wird gewiss auch für andere Arten mimischer Tänze gelten. Man wird auch in Deutschland verstanden haben, wie anderwärts, etwa noch im heutigen Italien durch die Tarantella, in Tanzbewegungen dem Werben um eine Schöne Ausdruck zu geben. Dergleichen Tänze mochten sich besonders zur Ausgestaltung von Hochzeitsfeierlichkeiten eignen. Als die relativ ältesten Niederschläge solcher Werbetänze aber liessen sich etwa — wo wäre hier Gewissheit zu finden? — ansehn: Stück 66 *Vaſnachtſpil vom Münch Berchtolt*, Stück 67 *Der alt Hannentanz*, Stück 70 *Die Vaßnacht vom Werben ümb die junckfraw*, Stück 103 *Dy ſyben rarb*. Die ersten drei bilden mit dem ebenfalls alten Stück 68 *Des Entkriſt Vasnacht* und dem jungen Stück 69 *Der Baurn rug Vaſnacht* eine Gruppe in der ersten Partie der grossen Münchner Handschrift Cg. 714 in 4^0 (= M). Stück 103 hebt sich scharf aus seiner Umgebung von Nürnberger Stücken im zweiten Teil derselben Handschrift heraus.

Stück 66 reimt nur alte Diphtonge mit alten, neue mit neuen, ausser 576 8 f. *ſpinnredlain* (so schreibt M): *allain*. Unreine Reime sind *pflegen* : *leben* 571 24 f. *petragen* : *haben* 575 26 f. *gehaben* : *tagen* 572 12 f. *wegen* : *geben* 577 12 f. *ſtroſack* : *gemach* 573 24 f. *löffel futer* (Löffelbehälter s. DWb.) : *multer* 576 11. 573 11 lese ich *ain gſchiſſen dümpel vars* (: *ars*) und verweise dazu auf Braut N. S. 13, 2 nebst Zarnckes Anmerkung. Allerdings weist Schmeller *Dumpelvas* = „Röhr-

> Au milieu de nostre souper
> vismes venir une morisque,
> laquelle sans rien deschamper
> se montra gorgeale et frisque:
> c'estoit une chose authenticque
> de voir leur gracieux deduict,
> et en moult belle rhetorique
> alloyent disant ce qui s'ensuit.

(Duméril aaO. S. 92 N. 7). — Ein englisches Schwertkampfspiel von St. Georg aus Sandys Christmas Carols S. 174 findet sich bei Duméril I, 428 ff., vgl. dazu Pröhle Weltliche und geistliche Volkslieder und Volksschauspiele. S. 245.

fass" aus Dr. Minderer 1620 nach (BWb. ² 510). Die Formen *loßent* (572₅), *merckent* (473₁₃) als 2 Plur. Imp., die M sonst nicht kennt, stammen offenbar aus der Vorlage. Es lässt sich schwer entscheiden, ob sie hochallemmanisch war oder aus bairisch-österreichischer Alpengegend stammte. Zum Bairischen passt besser *feylant* (578₁₁) = *vâlant*. Möglicher Weise gehört das Stück also noch zu den Tyroler Dramen, denen es inhaltlich ganz fern steht.

Das Metrum hat noch die alte Manier: fehlende Senkung, fehlender Auftakt sind häufig; besonders die Namen am Versschluss sind mit zwei Hebungen ohne Senkung gemessen: *Pérchtòlt, Fürngrìll, Schérrdàrm* u. s. w., auch *háckſtòk* u. a. Von den Reimen können einige nach dem Schema 3ˣ gelesen werden; aber Schema 4‿ überwiegt, und so mag an den betreffenden Stellen nur mit fehlendem Auftakt zu lesen sein. Viele Verse sind überladen.

Der Schluss 578₂₀ ff. giebt sich als späterer Zusatz in M zu erkennen. Ich glaube aber, dass sowohl 578₂₀ — nur auf die eine Zeile bezieht sich Kellers „diss" in der Anmerkung zur Stelle — als 578₂₇ ff. von derselben Hand herrühren. Die Abweichung von 578₂₇ ab ist zu unbedeutend und lässt sich etwa durch Ermüdung des Schreibers erklären. 579₃ f. ist nicht rot wie Keller angiebt, sondern nach rotem Schlussschnörkel (etc.-Zeichen) mit etwas schwärzerer Tinte wiederum von derselben Hand hinzugefügt. Vermutlich war die Vorlage zerlesen und nicht ganz vollständig. M fand später noch ein Stück und setzte zu, bemerkte aber, dass der Schluss fehlte, und fabrizierte endlich selbst einen Schlussvers.

Doch ist das Ende überhaupt merkwürdig abgekürzt, so dass M einen wohl schon in der Vorlage verstümmelten Schluss gekürzt haben wird. Es kommt zu einer schlimmen Prügelei, bei der dann der Arzt eine Rolle spielt, wie in den Tyroler Dramen. Irgend jemand zerbricht den Spiegel, den der Bräutigam der Braut geschenkt hat. Die Stelle 578₂₀ ff. erhellt sich durch die Deutung die Keinz, Münchener Sitzungs-Berichte 1888 II, 314 ff. und Sievers Beiträge 15, 567 f. der Geschichte von Frideruns Spiegel bei Neidhart von Reuenthal gegeben haben. Unser Stück steht offenbar unter dem Einfluss von 'Metzen Hochzeit' oder Wittenweilers 'Ring'. Die Hochzeitsgeschenke sind ganz ähnlicher Art. Der '*alt Nudune*' 575.29 begegnet auch in Metzen Hochzeit 31 f. Doch ist es ein auch sonst beliebter Name, der aus der Heldensage stammt; vgl. W. Grimm HS³ 111 (= ¹91). Auch direkte Kenntnis der Neidhart-Legende wird anzunehmen sein. Der Mönch Perchtold soll die Braut 'credenzen', d. h. beglaubigen in Bezug auf ihr weibliches Geschlecht. Das hat natürlich den pikanten Beigeschmack des '*praegustare*'. Auch mag die Sage von der vergifteten Jungfrau hineinspielen. Jedenfalls darf man nicht einfach mit den Brüdern Grimm DWb. II, 639 das Wort durch „untersuchen" wiedergeben. Der Prozess läuft auf eine Verhöhnung der Bauern durch den schlauen Mönch hinaus, der eine ähnliche Rolle spielt wie der Neidhart der Legende, z. B. in Wittenweilers 'Ring'. Der Name aber dürfte eine Reminiszenz an den grossen Predigermönch Berthold von Regensburg enthalten: denn dieser wurde mit Neidhart in Verbindung gebracht, wie das grosse Neidhartspiel zeigt. Dort 431 6 ff. hält Bauer Hebenstreit Neidhart für den Bruder Berthold. Offenbar ist es eine Erinnerung an den Aufenthalt Bertholds von Regensburg in Österreich, der ins Jahr 1263 fiel (Seemüller zu Ottokar Vers 897 32 ff.). Damals war Neidhart schon tot; aber man sieht wie die Sage die Figuren beider zusammenrückte. Wie den einen konnte sie auch den andern zum zynischen Bauernfeinde karikieren.

S t ü c k 67 würde den Reimen nach recht wohl nach Nürnberg gesetzt werden dürfen. Aber die Verstechnik ist die ältere, wenn auch nach dem Schema 4⌣. 586 8.). 587 11- 18 sind gleich (45) 348 21 f. bezw. 348 13- 20; aber diese Verse stehn dort nur in D nicht in BM, und da das Stück in DB mit lauter fremdem Gut interpoliert ist — (45) 345 24- 348 11 = (94) 731 19—733 31,¹ — so wird auch aus unserm Stück ent-

---

¹ Vgl. ferner (45) 344 1 f. ~ (42) 323 26 ; (45) 344 14 ~ (109) 859 6 ; (45) 345 4 f. ~ (36) 274 8 f. . (43) 335 1 f. . (97) 750 22 f. ; (45) 345 21 f. ~ (85) 698 16 f.; (45) 349 29—32 ~ (85) 698 31 —699 1 ; (45) 350 16—19 295 20· 21 · 24 . 296 1 ; (45) 350 28 ~ (95) 736 17 ~ (109) 857 14 ; (45) 350 3 f. ~ (87) 707 15 . (88) 713 12.

lehnt sein. Die Rede des Ausschreiers, die auf Nürnberg
deuten würde (s. u.), unterscheidet sich schon durch die
schwereren Taktfüllungen zu sehr von dem Übrigen und muss
als Zusatz gelten.

In Stück 70 sind die Reime *angefechen* : *ftechen* 614₁
(aber *neen* : *überfehen* 618₆ f. [fehlt in QXV]), *feligew* : *erfrew*,
vgl. *Ebraw* : *getraw*, nicht Nürnbergisch. *gegeben* : *derweyen*
620₁₀ f., *wern* : *werden* 618₂₇, *worn* = *worden* 619₂₂ dürften
aber in bairisches Sprachgebiet weisen. Die Verstechnik ist
ähnlich wie in 68. Nach Franken scheint 612₄ zu weisen.
Allein abgesehen davon, dass wohl auch anderwärts Franken-
wein getrunken wurde, fragt sich, ob die Rede des Einschreiers nicht Zusatz ist. Ein Hürnhaim (620₂₁) liegt im
bayerischen Schwaben bei Wallerstein (Nördlingen). Galle
oder Gall und Eberau kann ich nicht nachweisen; die Orte
dieses Namens, die Rudolphs Ortslexikon anführt, kommen
schwerlich in Betracht.[1]

Auf Berührungen zwischen Stück 103 und einem
Spruchgedichte in Lassbergs Liedersal 1, 453–158, bei Myller
III, XXIV ff. hat Bartsch, Germania 8,38 ff., hingewiesen.
Es lässt sich aber nicht sagen, wie viel der Bearbeiter hin-
zuthat, da das Fastnachtspiel auf einen vollständigeren Text
zurückgreift, als ihn Myller und Lassberg bieten. Von einer
Papierhs. des XV. Jhs. in Wolfenbüttel 16. 17. Q. Misc. scheint
K. H. Hermes in v. d. Hagens Germania 7, 131 zu sprechen;
das Gedicht wird wohl noch häufiger abgeschrieben sein. Das
bei Lassberg Fehlende fehlt auch im Fastnachtspiel; sonst
schliesst sich dies näher an Myllers Text. Auch in den
Versen, die das Spruchgedicht nicht hat, ist die Reim- und
Verstechnik die ältere. Auch hier wage ich über die Heimat
nichts zu entscheiden.

Beide Stücke 70 und 103 (doch wohl nicht nur ihre
Quellen) wurden in Tyrol benutzt und bearbeitet, wahrschein-

---

[1] Auf die Ähnlichkeit in der Charakteristik der Handwerker hier
und in geistlichen Spielen, besonders den wörtlichen Anklang von
618₁₃ ₁₅ an Innsbr. Auferst. bei Mone Altteutsche Sch. 120. V. 394 ff.
Erlau IV. V. 162 f. macht Lier, Studien z. Gesch. d. Nürnb. Fastnachtsp.
I, 31 Anm. 1 aufmerksam.

lich erst zur Zeit des Nürnberger Einflusses, wie der jüngere Versbau zeigt, sodass das Stück über Nürnberg nach Tyrol gekommen sein wird.

QXIV ist kunstvoller komponiert und hat etwas mehr Handlung bekommen als 103: die Aufeinanderfolge der Farben ist dieselbe; nur ist Grau zwischen Schwarz und Blau eingeschoben. In dem damit locker verbundenen Stück XV, wie V. 552 und 629 zeigt, sicher in den bairischen Alpen (Tyrol) entstanden, wozu auch die Reime stimmen, entsprechen sich mit Versen aus St. 70 ganze Partieen und einzelne Zeilen:

(70) 614$_{11}$ f. - QXV 526 f.
(70) 614$_{13-16}$ (17) - QXV 536 - 539 (540)
(70) 614$_{17}$ f. - QXV 544 f.
(70) 616$_{27}$ f. - QXV 144 f.
(70) 616$_{29}$ f. - QXV 150 f.
(70) 616$_{31-33}$ - QXV 152—154
(70) 617$_{3-10}$ - QXV 158 - 165
(70) 617$_{12}$ f. - QXV 166 f.
(70) 617$_{14}$ f. - QXV 172 f.
(70) 617$_{17-21}$ - QXV 178 - 187
(70) 617$_{23}$ f. - QXV 189 . 188
(70) 617$_{30}$ f. - QXV 196 f.
(70) 618$_{7}$ - QXV 200
(70) 618$_{3}$ = QXV 202
(70) 618$_{4-6}$ - QXV 204 - 206
(70) 618$_{8}$ f. - QXV 219 f.
(70) 618$_{15}$ - QXV 222
(70) 618$_{16}$ - QXV 210
(70) 618$_{17-21}$ - QXV 252 - 256
(70) 618$_{25}$ f. - QXV 262 f.
(70) 618$_{27}$ f. - QXV 270 f.
(70) 618$_{30}$—619$_{5}$ - QXV 299 . 298 . 300 - 307.
(70) 619$_{7}$ f. - QXV 310
(70) 619$_{9}$ f. - QXV 314 f.
(70) 619$_{32}$—620$_{1}$ - QXV 718—720
(70) 620$_{3}$ = QXV 722
(70) 620$_{5-9}$ (10) - QXV 725—727 (728)
(70) 620$_{10}$ - QXV 730
(70) 620$_{13}$ f. - QXV 835 f.

Die Annahme, dass Stück 70 und QXV aus einem gemeinsamen Original geflossene Bearbeitungen seien, ist abzulehnen. Auch die beiden Stücken gemeinsamen Verse sind in QXV dem jüngeren Habitus des Ganzen angepasst. Das weist allein schon auf eine sorgfältig überarbeitende Hand. In Stück 70, für sich betrachtet, zwingt nichts an Überarbeitung zu denken. Wir haben eine kleine, nicht sehr inhaltreiche, aber doch in sich abgeschlossene Handlung, die sich auf den Schluss hin zuspitzt. 619,9 f. sagt die Jungfrau:

> Ich pin ftoloz vnd feuberleich
> Ich hoff, ich vind meinen gleich.

Entsprechend ist QXV 24 f.:

> Den ich pin zart vnd feuberleich.
> Ich hoff, mir kum noch mein geleich.

Darauf antwortet in Stück 70 unmittelbar der Schreiber 619,12 f.

> Nu hie an junckfrau mynnikleich,
> Mich dünckt, ich fey eur gleich.

Und er täuscht sich nicht: die Jungfrau nimmt ihn an, sodass zum Schluss der Ausschreier mit Recht sagen kann (620,13 f.):

> Man red hin oder her,
> Den frauen lieben die fchreiber,

an die alten übermütigen Vagantenlehre gemahnend:

> Clerus ſcit deligere
> Virginem plus milite (Carmina Burana no. 55, 1) —

„Es geht nichts über einen stolzen Schreiber", wie das Volkslied übersetzt.

Dieser Zusammenhang ist in QXV zerstört. Die erste Stelle ist beziehungslos geworden, da hier erst eine Reihe anderer Bewerber auftreten, ehe der Schreiber sich meldet; die zweite fehlt ganz; die dritte ist etwas anders gewendet, und die letzte hat als

> Red von im hin oder her,
> Frau Venus liebt der Schreiber (858 f.)

im Munde eines überflüssigen Bauern markante Stellung und gnomische Bedeutung eingebüsst.

QXV hat seinerseits Beziehungen zu QXI, einem Stück, das der Schicht mit stark dialektischen Reimen angehört, und das man als eine andere Bearbeitung von St. 70 fassen kann.

Wie dort der Comes (XI 625 ff) so wird in QXV der Ritter abgewiesen (XV 65 ff.) seines unhäuslichen Lebens wegen. Wie in QXI die Amasia Rustici (257 ff.), so erscheint in QXV das Weib des Bauern auf der Bildfläche (XV 598 ff.), um ihren Ungetreuen zu reklamieren. Hier wie dort bleibt der vorletzte Bewerber — in XI der Comes in XV der Bauer auf dem Plan, um zu sehen, wer nun kommt und triumphiert. Dort der Comes (XI 723 f.), hier der Ritter (XV 753 ff.) fordern die Entscheidung durch Zweikampf; nur dass in QXV Frau Venus interveniert. Ob QXI von QXV abhängt oder umgekehrt, ist nicht zu entscheiden.

Vielleicht legte die Übertragung des Vorgangs von Stück 70 auf Frau Venus ein Stück wie 32 nahe, wo der Wettbewerb der Narren um der Narrheit Krone vor Frau Venus dargestellt wird. Unser Stück XV hat wohl direkt oder indirekt weiter auf Gengenbachs 'Gäuchmatte' gewirkt, wo ebenfalls die verschiedenen Stände um Frau Venus buhlen. Frappant ähnlich ist die Bauernszene: auch in der Gäuchmatte macht die erzürnte Bäuerin ihren sauberen Mann ausfindig 1190 ff., ein Motiv das im Grunde aus Stücken wie 3, 4, 5 stammen wird. Dass Frau Venus in XIV XV mit ihrem Hofmeister auftritt, erinnert an Hans Sachsens Hofgesinde der Venus (Fastnachtspiel 2).[1] So ergeben sich Beziehungen nach vorwärts und rückwärts.

Endlich ist (70) 6134–9 in dem tyrolischen Stück XVIII kopiert, einer weiteren Nachbildung, die sich nur insofern unterscheidet, als die Vertreter der verschiedenen Stände sämtlich Glück haben, sodass der Dichter notwendig mehr als eine Jungfrau brauchte, und sich derselbe Vorgang viermal sehr gleichartig und langweilig wiederholt; nur zum Schluss ist etwas Abwechselung hineingebracht. Der Vater, der seiner Tochter die Wahl überlässt (89 f.), wird aus „König Veiel" (St. XI) stammen (vgl. XI, 72 f.). Aus QXV stammt wohl, dass der

---

[1] Dass Hans Sachs durch Gengenbach beeinflusst sei, wie ich früher annahm (vgl. Drescher Studien zu Hans Sachs I 31 f.), ist nach den Bemerkungen von Bächtold Geschichte d. deutschen Litteratur in der Schweiz S. 279 f. nicht mehr zu halten. Das Umgekehrte ist der Fall.

Student Priester werden sollte (XVIII 284 ff.; XV 737 ff.); dass man ihm die *konschaft* nicht erlaubt, habe ihn vertrieben. 203 f. = VIII 624 f.; auch XVIII 330 f. vergleicht sich mit dieser Stelle wie mit VIII 640 f. (332 f. = VIII 642 f.) Die letzte Partie mit dem vorwitzigen Töchterlein, das absolut einen Mann haben will, erinnert etwas an „der Witwe und ihrer Tochter Fastnacht" St. 97.[1]

2. FASTNACHTFEIER UND FASTNACHTSPIEL.

Eine Hochzeit steht im Hintergrunde in Stück 70 (vgl. 620₂₀) und in Stück XVIII (658). Auch wenn die Einladung nur scherzhaft gemeint ist, darf man sich hier des *Ludus folatiofus exercendus tempore nuptiarum vel carnis brevi* (Q 115) erinnern. In Stück 66 ist die Sache nur ins Lächerliche gezogen nach dem Muster von Metzen Hochzeit und so der Typus geschaffen, den ich als „Hochzeitmachen" bezeichnen will. Stück 58 reiht sich unmittelbar an, und Folzens Stück 7 macht den Beschluss. Ursprünglich war wohl diese Klasse von Spielen wirklich für Hochzeiten bestimmt; sie ging dann in der grossen Kategorie der Fastnachtspiele auf, als ein Nebenflüsschen, das sich mit einem grossen Hauptstrom vereinigt hat.

Auch für die Fastnachtfeier dürfen die Fäden, die vom Tanz zum Fastnachtdrama führen nicht übersehen werden. Wenn die englischen Fassungen des *Conflictus veris et hiemis* als Freuden des Winters Steckenpferdchen und Moreskentanz nennen (*the hobby horse and the morris-dance*), so denken sie an Lustbarkeiten der Fastnacht. In den Verfügungen des Nürnberger Rats wird noch im 16. Jahrhundert unter '*Faßnachtfpil*' jede Art der Fastnachtbelustigungen verstanden. Kunstvolle Tänze werden in Nürnberg zur Fastnacht produziert. Den Messerschmieden ist, wie uns Chroniken und Ratsverfügungen belehren, das Privileg des Schwerttanzes

---

[1] Vgl. auch EI. EI 30 f. — (70) 614₁₄ f. — XV 536 f.

eingeräumt. Noch im 17. Jahrhundert heisst es zur Fastnachtzeit:

> Das ist das Ersam Handwerck,
> die Meßerschmidt in Nürnbergk.
> die werden da mit Jungen vnd Alten
> wiederumb ihren Schwerdt Tanz halten,
> alhie in Nürnberg der Statt,
> der Ihn von einem weyßen Rath
> auff Ihr bitt und begehren, wüfl,
> wiederumb zugesaget ist.

(ZfdA. 34, 178 f.).

Und dieselben Messerer finden wir im 16. Jahrhundert in Nürnberg eifrig bemüht, zur Fastnachtzeit das Drama zu pflegen, vgl. Vierteljahrschrift f. Litteraturgeschichte 3, 28 ff. das scheint auf einen inneren Zusammenhang zu deuten, kann freilich auch Zufall sein. Als verschiedene Sprossen aus einer gemeinsamen Wurzel müssen jedenfalls die verschiedenen Arten der Fastnachtbelustigungen aufgefasst werden.

Unsere vergleichende Sittenkunde und Mythologie ist noch längst weder zu so sicheren Resultaten noch zu so sicheren Prinzipien gelangt, um die Entstehung der Fastnachtfeiern völlig erklären zu können. Man darf den Blick nicht lediglich auf ein Land richten. Allenthalben finden wir die Karnevalsfeier, früh bezeugt und ihrer ganzen Form nach sicher heidnischen Ursprungs. Aber was war es eigentlich für eine Art Feier oder Lustbarkeit? Und zu welcher Zeit fand sie ursprünglich statt? Man ist rasch bei der Hand gewesen mit der Erklärung, es sei ein altes Frühlingsfest gewesen. Damit ist recht wenig gesagt. Wie kam man dazu den Eintritt des Frühlings zu feiern? Und gar im Februar oder März, während doch in Deutschland erst der mächtige Mai den Lenz an seiner sicheren Hand herbeiführt?

Die Herleitung des Namens Karneval von *carrus navalis*, dem Schiffswagen, der zur Feier der wieder eröffneten Schiffahrt herumgefahren sein soll und den man dann mit dem in Tacitus' Germania erwähnten Isiswagen in Verbindung bringt, ist ganz sicher verfehlt. Das französische Wort *carnaval* kann nur aus dem Italienischen entlehnt sein, wegen des anlautenden *c* statt des *ch*, das lautgesetzlich lateinischem *c* entsprechen müsste. Im Italienischen aber ist *carnovale* die ältere und lautgesetzliche Form, in der *ov* aus *ev* entstand, wie in *dovere* (lat. *debere*), *indovina* u. a. (siehe schon de Berger Commentarius de personis, vulgo larvis et mascheris, Frankfurt und Leipzig 1723, pg. 8 f. Cap. I § 1). *carnevale* mit *e* ist in Anlehnung an *carne* wieder eingeführt. Die Erklärung legen mittellateinisch *carniprivium* (später *carnisprivium*), *carnelevamen*, *carnelaxare* (italienisch *carnelasciare*, woraus *carnasciale*, *carnascialare* entstand) nebst dem Gegensatz *carnicapium* nahe. Diese sind früh belegt (12. 13. Jh.), wie ein Blick in Du Canges Glossar zeigt, sodass sie für junge volksetymologische Bildungen zu halten, reine Willkür ist. Italienisch *il carnevale* ist also entweder Komposition aus *carne* 'Fleisch' und *il vale* 'der Abschied' (Diez Etymol. Wörterbuch [5] 362) oder aus *carnelevale* für *carnelevamen* entstanden, vgl. spanisch *carnestolendas* (Scheler Dictionnaire étymologique franç. [3] 90a).

Es ist freilich nicht zu leugnen, dass eine gewisse Verwandtschaft zwischen den Sitten der Maifeier und den Fastnachtgebräuchen besteht. Offenbar sind die Sitten verschiedener Jahreszeiten nicht so streng auseinanderzuhalten, wie man gemeiniglich annimmt, weil sie psychologisch denselben Ursprung haben. Mit Recht hielt schon Weinhold in seinem Programm 'Über die deutsche Jahresteilung' (Kiel 1862, S. 9 dergleichen Übertragungen der Bräuche etwa von der Mitsommerfeier auf das Pfingstfest für wahrscheinlich. Auch ist kaum anzunehmen, dass in den einzelnen Ländern der Christenheit sich die Feier des Karneval völlig unabhängig entwickelt habe. Wie in einzelnen Gepflogenheiten, so kann auch in Bezug auf die zeitliche Festlegung eine Beeinflussung stattgefunden haben. Die Kirche wirkte normierend durch die strenge Innehaltung der Fastenzeit, was ein Vor- oder Rückschieben altheidnischer Feiern in der Jahreszeit zur Folge haben konnte. Verschiedene heidnische Feste — verschieden wenigstens in den verschiedenen Ländern der Christenheit — können zusammengefallen sein. So lange der Ausdruck *Spurcalia* des *Indiculus superstitionum* und der Name 'Spörkel' für den Februar nicht einmal sicher gedeutet sind, tappen wir im Dunkeln.

Erklärt hat man eine solche Sitte erst dann, wenn man den psychologischen Zwang aufdeckt, dem sie entsprungen ist. Hier kann sichs nur darum handeln die Richtung zu gewinnen, in welcher die Erklärung liegen wird. Was speziell Deutschland angeht, so erinnert nach allen Zeugnissen, die wir besitzen, — vgl. für den Ausgang des Mittelalters insbesondere Sebastian Franck Weltbuch 51ᵃ (D. Myth. ⁴ I 522) — die Fastnachtfeier in manchen Stücken an das Totenfest, zur Zeit der Wintersonnenwende, der Rauhnächte, der alten zwölf Schalttage des Jahrs der Indogermanen. Es wurde geopfert und geschmausst, wie Fastnachtkrapfen und Wein bis auf den heutigen Tag darthun, und dabei Johannisminne getrunken, vgl. Fastnachtspiele 1672₈, 488₁₉ u. ö. Und es war ein Reinigungsfest. Es endete — darauf deuten die bestehenden Sitten — mit einem Austreiben der bösen Geister, dem θυραζε κηρες derartiger Reinigungsfeste (vgl. Erwin Rhode Psyche 219). Man öffnete die Fenster und die Thüren; die Besen setzten sich in Bewegung, um mit dem winterlichen Staub auch allen Verderben und Krankheit bringenden Spuk hinauszutreiben, der sich etwa im Hause festgesetzt. Man liess Funken sprühen und feurige Räder sich drehen: denn notwendig war in diesen Tagen die Luft von Spuk voll[1] und Feuer das beste Schutzmittel, wie man denn auch in den Sonnwendnächten zur Befreiung von allem Schadenbringenden durch die Funken sprang.[2] *Quod medicamenta non sanant*

---

[1] Vgl. Rolandslied ed. Grimm 204, 1: *der tiurel hât ûzgesant sîn gesuarme und sîn her.*

[2] Über ähnliche alte Fastnachtsitten in Frankreich und Italien — *dies focorum* (schon 1251), *dominica brandonum* (1266. 1304) — s. Du Cange Glossarium latinitatis medii aevi s. v. '*dies*', '*brando*'. Vgl. auch unter '*flambellum*'. Auf der Quinisexta oder trullanischen Synode zu Konstantinopel im Jahre 692 waren schon unter den Überresten des heidnischen Altertums verboten worden: das Feiern der Kalenden, der Bote (zu Ehren des Pan), der Brumalien (zu Ehren des Bacchus), die Versammlungen am 1. März, die öffentlichen Tänze der Frauen, die Verkleidungen der Männer in Weiber und umgekehrt, das Anziehen

ferrum sanat, quod ferrum non sanat ignis sanat. Tylor (Primitive Culture 2, 181 ff.) und Herbert Spencer haben uns das Verständnis dieser Sitten gelehrt. Es begreift sich auch, dass man an manchen Orten eine symbolische Figur, den Fastnachtbutzen vor den Ort führte, ihn verbrannte, ins Wasser warf oder voller freundnachbarlicher Gesinnung über die Grenze schaffte. Das ist der Inbegriff alles Übels, den man auf diese Weise los werden will, wie die Juden ihren Sündenbock in die Wüste trieben.

Es wird der „Tod" ins Wasser getragen.

Heut ist Mitfasten,
Wir tragen den Tod ins Wasser, wohl ist das,

singen die fränkischen Bauernmädchen. Vgl. D. Myth. [4] II, 639 ff., wo die Gebräuche zusammengestellt sind. Freilich ist meist zum heiteren Spiel geworden, was einst die Scheu vor den unbekannten Mächten hervorrief, die in des Menschen Leben gewaltsam eingreifen. Sehr bezeichnend ist, was Sebastian Frank von der verschiedenen Aufnahme berichtet, welche zu seiner Zeit die den Fastnachtbutzen Umtragenden fanden. Von etlichen wurden sie freudig bewillkommt und mit dürren Hutzeln, Milch und Erbsen gelabt und gespeist; von andern, *„die es für ein anzeichen zukünftigs tods halten, übel empfangen, und von ihren hofſtatten getrieben mit ſcheltworten und etwan mit ſtreichen"*. Jene stehen dem Brauch frei und fröhlich gegenüber; bei diesen haftet noch ein Rest abergläubischer Furcht. Anderwärts freilich hatte die Sitte den letzten Rest des Finstern längst eingebüsst als „Winteraustreiben". Der Winter: das war ja einst die todbringende Jahreszeit, und die symbolische Figur des Todes hatte sich unwillkürlich in die des Winters gewandelt. Dem Winter aber wurde leicht der Sommer gegenübergestellt als die freundliche Macht, die ihn überwindet. (Vgl. D. Myth. [4] II,

---

tragischer, satyrischer und komischer Masken, die Anrufung des Bacchus. Ebenso wird ferner verboten, an den Neumonden vor den Wohnungen oder Werkstätten Feuer anzuzünden und darüber zu springen (2 Könige 21, 6). Hefele, Konziliengeschichte 3². 338. Vgl. auch Du Cange Glossarium med. Graecitatis s. v. πυρκαίον.

629 ff.) So bildete sich ein Jahreszeitenmythus schon zu einer Zeit, die vor unseren genauen Nachrichten über die germanischen Stämme liegt; aber sicherlich erst sekundär. Die verschiedenen Stämme, mehr noch die einzelnen Individuen stellten sich der älteren oder jüngeren Auffassung je nach Gemüts- und Verstandesbeschaffenheit verschieden gegenüber. Man kann keinen grösseren Fehler begehen, als wenn man den alten Germanen, dem individualistisch gegliedertsten aller Völker, eine strenge Gleichartigkeit mythologischer Anschauung zuschreibt. L. Uhland hat in seiner nie genugsam zu lobenden feinfühligen Art die Bräuche und Spiele weiter verfolgt, die aus dieser Vorstellung eines Kampfes zwischen Winter und Sommer entsprangen. (Schriften zur Geschichte der deutschen Dichtung und Sage 3, 17 ff.) Das sind aber nur Blüten, über die man nicht vergessen darf, nach den Wurzeln der Pflanze zu graben.

Wenn man einst an die Macht feindlicher Dämonen glaubte, so begreift sich auch, weshalb man bei den Umzügen, die zu ihrer Austreibung zur Fastnachtszeit veranstaltet wurden, maskiert ging, wie man das auch zur Zeit der Rauhnächte offenbar that, meist in Tierfelle vermummt[1]. Man fühlte sich auf diese Weise sicherer. Die Dämonen sollten die Menschen nicht erkennen, vielleicht auch für ihresgleichen halten und deshalb verschonen. Nur so erklärt sich das Schembart- oder, wie man in Niederdeutschland sagte, das „Schodüvel" laufen[2].

Zwar fand in Nürnberg, der einzigen Stadt, über die wir genügend unterrichtet sind, der erste „Schembart" erst 1449 statt. Aber die Art, wie die Chroniken von der Ein-

---

[1] Die zahlreichen Belege für diese Vermummung in Tierfelle bei den Germanen und andern Völkern sei es zu Weihnachten am 1. Januar oder im Februar findet man am bequemsten zusammengestellt bei Du Méril, Histoire de la Comédie ancienne I, S. 75 ff. in den Noten.

[2] Omekens Kirchenordnung in Soest bestimmt: *Van der predike im vastelabende, welcker tidt ock im winachten, ein Erbar Radt wil verbaden und gewarunet hebben idermenniklliken nicht in larren noch vordecktes antlats schodüwel tho lopen, de örertreders behechlickes willens na gelegenheit straffen, horerie, ander laster und vorrederie, so vele mögelick, tho rarhöden* (Jostes, Daniel von Soest, S. 135, Anm.).

führung dieser Schaustellungen sprechen, zeigt zur Genüge, dass sie damals gleichwohl nicht erfunden oder von auswärts eingeführt wurden. Die Metzger sind, so heisst es, bei einem Aufstand der Handwerker gegen den Rat diesem treu geblieben: sie erhalten die Erlaubnis, sich eine Gunst auszubitten, und bitten um die Gewährung des Schembartlaufens. Es ist klar, dass ihnen nur ein langgehegter Wunsch in Erfüllung ging, und das Jahr 1449 nur das Datum ist für das Offiziellwerden einer uralten Sitte, die der Rat bisher ungern gesehen, aber nicht ganz hatte unterdrücken können. In ähnlicher Weise sehen wir etwa in demselben Nürnberg hundert Jahre später das Theaterspielen die staatliche Konzession erhalten. (Vgl. Vierteljahrschrift f. Litteraturgeschichte 3, 28 ff.) Rasch gestaltete sich nun das Nürnberger Schembartlaufen zu einer prachtvollen Schaustellung um. Wir besitzen Abbildungen in den sogenannten Schembartbüchern (Nürnberg, Stadtbibliothek, Königliche Bibliothek in Berlin Mss. germ. 442 fol. u. a.), die im 17. Jahrhundert auch gedruckt wurden.[1] Die Schembartläufer tragen hier wertvolle Kostüme, meist mit Schellen bedeckt und mit einer Kapuze versehen. Die Gesichter sind auf den Bildern frei. Es wäre möglich, dass das nur auf den Abbildungen der Fall ist, um die Männer erkennen zu lassen. Denn diese Schembartläufer waren vornehme Patrizier, und ihre Namen werden zum Teil überliefert. Es mag aber auch sein, dass das Verhüllen der Gesichter in Wirklichkeit in Abnahme gekommen war. Aus welchem andern Grunde wohl, als weil die Eitelkeit der Besitzer prächtiger Kostüme im Spiel war? In der Rechten tragen die Schembartläufer ein sogenanntes Schembartröhrlein, einen Feuerkolben, der mit Wintergrün bekleidet ist, um daraus Schüsse oder Raketen abzufeuern. Das ist eine moderne Erfindung, um den für alle derartigen Feste obligaten und ursprünglich mit der Idee des Festes engverknüpften furchtbaren Lärm zu verstärken. Die grüne Umkleidung des Röhrleins aber deutet darauf, dass es ursprünglich ein Zweig oder Besenreis war, mit dem man den Tod

---

[1] Reproduktionen einzelner Figuren z. B. bei Flögel-Ebeling, Geschichte des Grotesk-Komischen.

austrieb[1], eine Sitte, die auch die Griechen kannten, wenn sie im homerischen Hymnus den Herakles bitten, die ἄται, den Zweig schwingend, zu verjagen. Die linke Hand der Männer aber umfasst einen Speer, der oben durch einen Querbalken umgebildet ist zur Kreuzesform, also, deutlich genug, eine Waffe nicht nur, sondern eine unwiderstehliche Waffe sein soll gegen höllische Zauberwesen.

Denn unter dem Einfluss des Christentums musste sich die Vorstellung ausbilden, dass es heidnische Mächte seien, die man sich bei dieser Gelegenheit vom Halse schaffte, Teufel und Teufelsgesinde, deren Gewalt mit der eigenen Sündhaftigkeit stand und fiel. Dem Teufel, der Welt und der Fleischeslust sagte der Christ mit Eintritt in die Fastenzeit Valet: das ist die ernste Seite des Carnevaledicere, mit der sich die Kirche befreunden konnte. Auf der anderen Seite genoss man doch gern die verpönte Weltlust am letzten Tage noch in vollen Zügen mit all ihren Süssigkeiten. Unwillkürlich leistete die Kirche selbst mit ihren Gnadenmitteln so laxer Auffassung Vorschub. Denn das Christentum musste bei rohen Gemütern, die immer in der Majorität sein werden, wo sich Massen zusammenfinden, das Gefühl der Sicherheit wecken, das ursprünglich die ausgelassene Lustigkeit des Karnevals erzeugte. Es liegt in der Natur des Menschen, sich über den machtlosen Gegner zu moquieren und von der Furcht rasch in ironische Verspottung überzugehen[2]. Der gefürchtete Erbfeind der Menschen erscheint einem übermütigen Geschlecht als der dumme Teufel, der eine mit leisem Grauen gemischte Heiterkeit erzeugt. Frühzeitig mögen übermütige Patrone das Schembartlaufen benutzt

---

[1] Henr. Lubertus Fastnachtsteufel p. 9 (= D. Myth.⁴ II 642 Anm.) spricht davon, dass die Kinder „lange mit grünem Laub bewundene Stecken tragen" bei den märzlichen Umzügen. Ähnlich ist es bei den Slaven. Doch kommen auch andere Bräuche vor.

[2] Ein hübsches Beispiel bringt Tylor Primitive Culture 1, 423: In Borneo the Dayates, when they have caught an alligator with a bait, hook and rope, adress him with respect and soothing till they have his legs fast, and then mocking call him „rajah" and „grandfather".

haben, um in ihrer Vermummung mit dem Aberglauben der Menge ihr vergnügliches Spiel zu treiben [1]. In den Nürnberger Aufzügen sehen wir sie in tierischen Umhüllungen mitlaufen oder als Teufel, wilde Männer, indianische Weiber verkleidet, um namentlich Frauen und Kinder zu erschrecken. Diese einzelnen Gestalten repräsentieren uns ein älteres Stadium des Schembartlaufens. Jene kostbar gekleideten Patrizier haben den Pomp italienischer Aufzüge in Venedig oder Florenz oder Rom gesehen und suchen ihn nachzubilden, alte Sitte zeitgemäss ummodelnd. Aber bei diesen einzelnen Gestalten tritt das alte Heidentum noch charakteristisch hervor: sie tragen auf den Nürnberger Bildern statt des Kreuzesspeers eine Geerstange mit einem Hufeisen [2]. Freilich spielt man im 15. Jahrhundert nur Heidentum und malt, wie man zu sagen pflegt, den Teufel an die Wand. Denn ein anderes ist das Aufkommen, ein anderes der Fortbestand einer Sitte. Wo ein Brauch zur Erheiterung der Menge dient, pflegt er sich, ohne dass man sich seiner Entstehung bewusst wäre, unendlich lange zu halten. Als im Jahre 1886 zur fünfhundertjährigen Jubelfeier der Universität Heidelberg ein grosser Festzug veranstaltet wurde, durfte auch das „Höllengepösel" nicht fehlen.

In der Skizze der Fastnachtfeiern würde jedoch ein wesentlicher Zug mangeln, wenn wir nicht einer Figur gedächten, die mit den Fastnachtbelustigungen bis auf den heutigen Tag aufs Engste verbunden erscheint. Als man anfing — mit dem gegen Ende des Mittelalters zunehmenden Rationalismus — die menschlichen Sünden und Gebrechen weniger als Eingebungen der Hölle zu verdammen denn als Narrheiten zu verspotten, konnten auch in die Fastnachtsprozessionen an Stelle der Teufel die Narren eindringen, die dem gutbürgerlichen Menschenverstande vertrauter wurden als die mit

---

[1] Gelegentlich konnte dergleichen schlecht bekommen. 1499 erstach ein Mädchen einen sie neckenden Burschen (der doch wohl vermummt war) und entschuldigte sich nachher vor Gericht, sie habe keinen Menschen sondern ein Gespenst getötet (Flügel-Ebeling S. 300).

[2] Über Eisen als Schutz vgl. Bastian, Der Mensch 2, 265, 287, 3. 204, Tylor, Primitive Culture 1, 127.

mystischem Schrecken umwobenen Dämonen der Hölle. Die
Narren sind mit der verhüllenden Kapuze nichts als die
Zwillingsbrüder der Teufel, wie denn P. Paris wohl mit
mit Recht das französische *arlequin*, italienisch *harlekino*
etymologisch aus einem niederdeutschen *hellekîn* 'Teufelchen'
ableitet. *Hellequin, Hielequin, le maisnie Hierlekin* entspricht
unserem „wütenden Heer" (D. Myth.⁴ II, 785 und Du Méril,
La Comédie ancienne II, 141 Note 4¹). Wieder sehen wir
Fäden von einer Nation zur andern hinübergehn. Nun er-
scheint auch die symbolische Figur für das Übel, das man
zu Fastnacht austreibt, im Narrenkleid. Und wenn uns ein
Narr begegnet, der kleine Närrlein im Bauch hat, so liegt
ursprünglich genau dieselbe Vorstellung zu Grunde wie bei
dem Wurm mitsamt den neun kleinen Würmchen im alten
Zauberspruch (MSD. No. IV, 5). Hans Sachs und Thomas
Murner knüpfen, ohne es zu wissen, an uralte mythologische
Vorstellungen an. Die Illustration zu dem Kapitel des „grossen
Lutherischen Narren", das die Überschrift trägt *„warumb der
groß nar in einem ſchlitten iſt vmbgefiert worden"*, (Blatt Cjb,
bei Balke S. 23) zeigt ein Fastnachtbild. In Nürnberg wurde
seit 1475 ein Wagen beim Schembartlaufen mit herumgeführt,
„Hölle" genannt, mit irgend einer Figur, die dann in oder
mit der Hölle verbrannt wurde. 1475 war es ein Drache,
1508 ein riesiger Mann im Narrenkleid, der kleine Närrlein
frass; 1516 erscheint ein alte Weiber fressender Teufel; 1501
dient als Hölle ein grosser Narrenturm, 1506 ein Narrenschiff
(Schembartbücher). Dem ausgebreiteten Sinn für die Fast-
nachtlustbarkeiten verdankt die deutsche Litteratur des 15.
und 16. Jahrhunderts die Vorliebe für den Narren. Sebastian
Brands „Narrenschiff" ist nichts anderes als die allegorische
Ausdeutung einer Fastnachtfeier im grossen Stile: ein litte-
rarisches Narrenaustreiben. Das Schiff, dessen Erklärung
Zarncke (Einleitung zum Narrenschiff S. LIII ff.) doch nicht

---

¹ Vgl. auch Du Méril a. a. O.: On appellait autrefois Chappe
d'Hellequin la draperie cachant la Gueule de l'enfer, lorsque la
toilée était leve, et sans aucune autre raison qu'une tradition plus ou
moins intelligente, celle qui cache le haut des decors s'appelle Man-
teau d'Arlequin.

völlig gelang, entspricht dem Wagen, auf dem in Nürnberg
der Fastnachtbutz ausgeführt wurde. Stromanwohner wie die
Basler mögen von vornherein sich als Transportmittels lieber
eines Schiffes bedient haben, das man dann nicht verbrannte,
sondern den Wellen überliess zur Fahrt in unbekannte Ferne
— in Narragoniam. Das erscheint mir plausibler als die
Anknüpfung an den carrus navalis, an die mancher
denken möchte. Bei der altgermanischen Totenbestattung
finden wir ja auch neben dem Verbrennen der Leichen ihre
Aussendung zu Schiff, wo es die lokalen Verhältnisse nahe-
legten (Weinhold, Altnordisches Leben S. 479). Bei Murner
sitzt der Narr auf dem Schlitten, vgl. Brant NS. c. 54 γ *Der
ghört wol off den narren schlytt*. Anderwärts mochte man
dem Fastnachtnarren einfach einen Strick um den Hals winden
und ihn fortschleifen (*narrenseyl*, vgl. Zarncke a. a. O.,
S. XLIX). Im 16. Jahrhundert wurde dann der Narr in der
Litteratur durch den Teufel verdrängt (vgl. Osborn, Die
Teufellitteratur des 16. Jahrhunderts, Berlin 1893 = Acta
Germanica XII, 3, Einleitung): das bedeutet eine anti-
rationalistische Wendung in der Litteratur.

An die Aufzüge schlossen sich in Nürnberg und wohl
auch anderwärts Tänze an, die in mimische Handlungen aus-
liefen. Der stehenden Sitte der Fastnachtfeiern bedurften
die Ansätze zum weltlichen Drama, um einen festen Ver-
einigungspunkt zu gewinnen. Dass die Typen der Umzüge
in den Dramen wieder erscheinen, ist leicht zu verstehen:
daher die Teufel und Unholden in Stück 56, das ich in
diesem Zusammenhang nun wieder berühre; daher in den
späteren Nürnberger Stücken die Narren. Dass Fastnachtgebräuche dramatisch verwertet wurden, versteht sich ebenfalls leicht. Ein interessantes Licht fällt von hier aus auf
Stück 54. Da ist in der Tötung des Tanawäschel, der das
Volk das verflossene Jahr über geplagt hat, noch etwas von
dem alten Sinn der Fastnachtfeiern erhalten: Vernichtung
des Verderben bringenden Dämonen.

Den Beginn wirklicher Fastnachtdramen werden wir
etwa in den Beginn des 15. Jahrhunderts zu verlegen haben.
Aus Niederdeutschland haben wir schon früh Nachrichten

über die Existenz eines wirklichen Fastnachtdramas. In Lübeck existierte es schon 1430, und die Titel, die wir von den Aufführungen der Lübischen Zirkler haben — bequem zu übersehen bei Goedeke I² 476 — lassen auf ziemlich ausgebildete Stücke in sehr früher Zeit schliessen: das Gericht Salomos, der Asinus Vulgi, Judicium Paridis, Amicus und Amelius werden schon in den ersten dreissig Jahren dramatisiert. 1462 und 1470 wird in Lübeck etwas von einem alten Weib und den Teufeln, die zusammen fechten, aufgeführt, also ein Stück ähnlich dem Stück 56 der Keller'schen Sammlung. Den Zusammenhang mit dem „Schodüvellopen" aber beleuchtet der Umstand, dass Aktion und Aufzug als Ausdrücke für Fastnachtspiel gebraucht werden. Und die dürftigen Überreste, die wir von dem niederdeutschen Drama aus dem 15. und 16. Jahrhundert besitzen, zeigen, dass auch hier eine Form herrschte, die für die Nürnberger Fastnachtspiele charakteristisch ist und den Zusammenhang mit dem Schembartlaufen vor Augen stellt: die Manier der Revuen.

Sinnvolle Aufzüge erfreuten sich gegen Ende des Mittelalters internationaler Beliebtheit. In Frankreich waren Tableaux vivants schon zu Anfang des 14. Jahrhunders beliebt — bewegte aber Anfangs stumme Bilder, die also wahrscheinlich im Tanzschritt an dem Beschauer vorbeizogen. (Vgl. Ebert, Entwicklungs-Geschichte der französischen Tragödie vornehmlich im 16. Jahrhundert, Gotha 1856, S. 21 f., 37 f.) In Deutschland mögen derartige Aufzüge im Tanzschritt etwa nach Art unserer Kostümpolonaisen seltener vorgekommen sein; ganz unbekannt waren sie nicht. In Wittenweilers „Ring" spricht der Spielmann mit einem Blick auf die halbverrückten Bauern, die Tanzmusik verlangen:

> Ob ich joch nu gar trunken pin,
> So fein fou trawen auch nicht lär.
> Darumb ift es es mir nicht fwär
> Ze pfeyffen hin ein narrenvart,
> Won feu verflend es auch ein fart

(165₁₃—166₁). Der Tanz der Bauern soll also einer Narrenprozession gleichen. Vielleicht ist schon an Fastnachtaufzüge gedacht. Es musste naheliegen, namentlich wo das Kostüm der Verkleideten an sich nicht ganz verständlich oder je sinnvoller der Aufzug war, die Einzelnen durch ein Verslein erklären zu lassen, was sie vorstellten. So konnten etwa für eine Einkleidung in verschiedenen Farben die alten Verse über die Bedeutung der Farben benutzt werden, und wir müssen der Stücke QXIV. XV in diesem Zusammenhang noch einmal gedenken. In Frankreich giebt es für diese Art der Erläuterung von Tableaux vivants ein klassisches Beispiel. Nach Seelmanns überzeugenden Ausführungen (Jahrbuch des Vereins für Niederdeutsche Sprachforschung 1891 XVII, 1 ff.) war die älteste Danse macabre im 14. Jahrhundert eine Art Drama, richtiger gesagt ein lebendes Bild, das nach dem Muster des gesprochenen Dramas verständlicher gemacht wurde durch Worte, die den Mitwirkenden in den Mund gelegt waren. Von Frankreich aus fand der Totentanz freilich zunächst nicht als Drama Verbreitung, sondern als Gemälde mit erläuternden Versen: das lebende Bild war wieder zum Gemälde erstarrt, um gelegentlich von neuem belebt zu werden. Eine Fastnachtrevue mit erläuternden Worten aber war wohl das obszöne *Jeu des Cents Drutz*, gegen das um 1327 der Bischof von Pamiers, Dominique Grima, ein altes Verbot erneuerte [1].

Eine Parallelentwicklung liegt auch bei den italienischen

---

[1] Statutum antiquum.

Dampnamus autem et anathematizamus ludum cenicum vocatum Centum Drudorum, vulgariter Cent Drutz, actenus observatum in nostra dyocesi, et specialiter in nostra civitate Appamiensi et villa de Fuxo, per clericos et laycos interdum magni status; in quo ludo effigiebantur prelati et religiosi graduum et ordinum diversorum, facientes processionem cum candelis de cepo, et vexilis in quibus depicta erant membra pudibunda hominis et mulieris. Inducbant etiam confratres huius ludi masculos juvenes habitu muliebri et deducebant eos processionaliter ad quendam quem vocabant priorem dicti ludi, cum carminibus inhonestissima verba continentes. Cum ergo predicta nullo modo deceant nostri temporis honestatem interdicimus dictum ludum in toto et in parte sub pena excommunicationis quam contra talia presumentes ferimus in hiis scriptis canonica monitione premissa. (Travaux pratiques d'une conférence de paléographie à l'Institut catholique de Toulouse, Toul. 1892, p. 72, abgedruckt von L. Delisle Romania 22, 274 f.).

Maskenzügen klar zu Tage. Da treten z. B. die von den Frauen betrogenen Liebhaber auf und erklären:

> L' alte voftre bellezze ci ha ingannati (*sic!*)
> Donne vaghe e corteſi,
> A dirvi che noi fiam tutti ingannati u. s. w.

Und nach einander erscheinen dann *reverendi frati, monachi ardenti, ſavi dottori, cavalieri, donne amoroſe* und *pollaſtroni*. Jeder sagt sein Sprüchlein her, und der Schluss lautet:

> Ma fe con vero amore
> A' voftri fidi amanti
> Farete alcun favore
> V'amano tutti quanti.

(Dieci cauti carnascialeschi di diversi autori tratti da manuscritti e non più stampati Lucca 1864). Ähnlich lassen Rosenplüt und Folz in Nürnberg eine Reihe „Buhler" aufmarschieren. Bekannt ist der grossartige Aufzug der Toten nach Art der gemalten Totentänze, der in Florenz 1433 veranstaltet wurde und bei dem die Toten sprachen:

> Morti fiam, come vedete:
> cofi morti vedrem voi.
> fummo già comi voi sete;
> voi sarete oome noi.

(Vasari Opere Firenze 1852, III, 55—57).

Erleichtern konnte in Deutschland die Ausdeutung von Fastnachtrevuen der Umstand, dass die Revue als litterarische Form schon längst beliebt war. Heinzel und Scherer haben sie von Heinrich von Melk an verfolgt. So wird verständlich, dass diese Manier, die eigentlich die undramatischste ist, obgleich keineswegs die älteste, im Fastnachtspiel ungemein beliebt wurde. Je mehr indessen das Fastnachtspiel Wurzel fasste, desto mehr mussten doch die anderwärts reichlich vorhandenen dramatischen Elemente ausgenutzt werden. Gerichtsverhandlungen hat Rosenplüt in ungeschickter Weise auf die Revueform gepfropft, wohl eher beeinflusst durch die Prozessualallegorien, die seit Konrads von Würzburg 'Klage der Kunst' im Schwange sind, als durch das Spiel von Rumpolt und Mareth. Die Form des Conflictus findet Anwendung auf das Drama. Es wird, was ja sehr naheliegend war, der Wettkampf zwischen Sommer und Winter zum Drama verarbeitet (QXVI vgl. oben S. 74 Anm.). Es wird auch der Streit zwischen Salomo und Morold (von Folz) dramatisch verwertet (Stück 60). Die Form des Frage- und Antwortspiels findet Eingang in einer Bearbeitung des Traugemundliedes (ebenfalls von Folz: Stück 63). Die Form des ἀοριστύς — ich übernehme mit Le Jeanroy, L'origine de la poésie lyrique en France, den Namen als Bezeichnung für ein ausgeführtes Liebesgespräch mit Abtrumpfen des Liebhabers von Tyrtäus — weiss sich Hans Sachs in Anlehnung an Folz zu Nutze zu machen (Fastnachtsp. 4).

Nürnberg ist der eigentliche Schauplatz für diese Entwicklung der Fastnachtsrevuen.

IV.
NÜRNBERGER FASTNACHTSPIELE.

1. ÜBERLIEFERUNG.

Die Handschriften 𝔄 𝔅 ℭ 𝔇 D E F K M N P R W X Y enthalten Nürnberger Stücke. Von diesen ist, wie oben ausgeführt, 𝔄 und ℭ in Schwaben entstanden; D weist nach Mitteldeutschland; oder, um es vorsichtiger auszudrücken, sie zeigt eine im wesentlichen mitteldeutsche Orthographie. Es begegnen keine *å*; für *p* im Anlaut ist in der Regel *b* eingetreten. Der Umlaut ist meist unbezeichnet; *aw au, ew eu eü* sind neben einander gebraucht. Vielfach sind *-e* am Schluss unnötig angefügt; vielfach sind die Konsonanten verdoppelt.

Die übrigen Hss. darf man — ohne dazu gezwungen zu sein — nach Nürnberg setzen; jedenfalls zeigen sie gemeinbairische Sprache[1].

Die ältesten sind ℭ und W, letztere die bekannte Weimarer Minnesingerhs. F (vgl. Lachmann, Walther v. d. V. S. VIII, Des Minnesangs Frühling S. IV), die man in die erste

---

[1] Dass K nach Augsburg gehöre, wie Euling, 100 noch ungedruckte Priameln, S. 12 und Lier, Studien z. Gesch. d. Nürnberger Fnsp. I, 4 Anm. 5, meinen, weil sich hier eine Geschichte vom Ursprung der Stadt Augsburg befindet, ist ein übereilter Schluss. Bei Bl. 108 beginnt mit den Fastnachtspielen eine andere Hand. Die Sprache dieser Partie ist nicht Augsburgisch wie die der vorhergehenden.

Hälfte des 15. Jhs. zu setzen pflegt, die aber doch bald nach der Mitte des Jahrhunderts entstanden sein muss. Sie haben zwei sehr deutlich geschiedene Hände geschrieben, von denen ich die eine α, die andere β nennen will. α reicht von Bl. 1 bis Bl. 106^b, 109—119^b. Diese Partie (I) gehört zusammen, und es ist lediglich durch ein Versehn des Buchbinders ein Doppelblatt der Hand β eingelegt: 107—198^b, so dass dadurch ein Lied Friedrichs von Hausen unterbrochen wird. Dieses Doppelblatt (IIa) enthielt Sprüche, von denen der zweite ebenfalls durch die Blattversetzung unterbrochen ist. β fährt damit fort 122—127^b (II^b). Hier wird von 125^b ab Fastnachtspiel 40 mitgeteilt, das ebenfalls unterbrochen und auf dem wiederum versetzten Doppelblatt 120—121^b (II^c) fortgesetzt wird. β hat hier bis 120^b geschrieben. Noch auf dem untern Raum derselben Seite fährt α fort mit Stück 19. An 121^b schliesst sich 128 bis Schluss (II^d). Also:

I: α. II β (Stück 40) + α (Stück 19).

Da α, der die Minnesänger abschrieb, β fortsetzte, ist er entweder gleichzeitig oder jünger. β erinnert etwas an die früher ℔ genannte Hand, ist aber sicher nicht mit β identisch. α schrieb auf lose Doppelblätter. Ein paar Verse von Stück 19 (Keller 168, 2—9 Mitte) waren (offenbar zuerst) auf Bl. 148 geschrieben; das Blatt mag dann verlegt worden und durch Bl. 131 ersetzt sein; später wurde Bl. 148 wieder verwertet, nachdem die Stelle durchgestrichen worden. Textlich ist das ohne Belang. Ich notiere es, weil Kellers Angaben unklar sind (S. 1440—1443). Wα und Wβ geben noch (wie ℔ häufig) durchweg lateinische Überschriften, kürzen auch noch zahlreicher ab.

X (jetzt signiert Q 566) und Y (jetzt Q 565) sind Sammelbände von sehr verschiedenen Händen. Daraus, dass X Bl. 80^b die Jahreszahl 1483 steht, durfte also Keller für die Abfassung des hier überlieferten Stückes 78 — Keller schreibt zweimal versehentlich 79 (S. 1076. 1457) — nichts schliessen.

M (jetzt in einem neuen Einband) besteht aus drei älteren Particen 1—284, 289—384^b, 385—490. Die Stücke der letzten Partie heissen im Register (nicht *Schneper*, wie Keller

S. 1381 angiebt, auch nicht *rasnacht/piele Schnepers*, S. 1082, sondern kurzweg) *Schnepers*. Von einer beträchtlich jüngeren Hand (etwa zweite Hälfte des 16. Jhs.) ist eingetragen Bl. 284ᵇ—287 Stück 116. Der Abdruck der Stücke aus M in fürchterlich „normalisierter" Orthographie, ist überaus liederlich und von Fehlern wimmelnd [1].

Im Übrigen vgl. die Beschreibungen Kellers im 3. Bande seiner Ausgabe, für F Anzeiger f. d. Kunde d. deutschen Vorzeit 6,327 ff., für E Schnorr, Archiv f. Litteraturgesch. 3, 1 ff.

Nächst D und 𝔄 sind wohl die verschiedenen Sammlungen von 𝔅 (und auch 𝔇?) die jüngsten Handschriften schon der Schrift nach. Natürlich darf man das auf Bl. 202ᵇ hinter Stück 40 von 𝔄 geschriebene Datum 1486 zunächst nicht in der Weise, wie Keller es thut, für die Datierung der Stücke 1—40 verwerten.

II. LOKALE BEZIEHUNGEN.

Nürnbergische Heimat ist nun für die folgenden Stücke mit Sicherheit aus den lokalen Beziehungen zu erschliessen (vgl. auch Lier, Studien z. Gesch. der Nürnberger Fnsp. 4, Anm. 2).

1. 𝔅 I Folz nennt sich als Verfasser (s. u.)
2. 𝔅 I. Gostenhof (37ᵇ), Nürnberger Vorort, jetzt Stadtteil, Fischbach (35₂₂), Fischmarkt (36ₐ), Kornhaus an der Frauengasse (36₁).
5. 𝔅 I. Altenperg ist ein Weiler 9 km wsw. von Nürnberg unweit der Rednitz, schon nicht mehr im Reichsgebiet; die Loe, Wetzendorf, Obernpuch sind sämtlich Dörfer oder Weiler, ziemlich direkt nördlich von Nürnberg gelegen, am Weitesten entfernt Obernbuch (etwa 9 km). Furt ist Fürth.

7 𝔅 I 𝔄, Drucke *e h o*. In *e h o* 𝔄 nennt sich Folz als Verfasser (s. u.)

8ᵇ (s. u.). 𝔅 I. 78ₐ ff. wird ein Dorf an der Pegnitz, oberhalb des Spielorts erwähnt. Gemeint ist wohl Wörth.

---

[1] Für grammatische und orthographische Forschungen sind daher die Fastnachtspiele in Kellers Ausgabe absolut unbrauchbar.

9ᵇ (s. u.). ꝶI. Erlestegen (im Reim zu *fregen* 96₃₂) ist ein Dorf und Schloss, ³/₄ Meilen nordöstlich von Doos an der Pegnitz gelegen. (Zur Rede des Ausschreiers gehörig, also nicht ganz sicher).

10. ꝶI. Erlestegen (: *fregen* 99₃₃); Schnilingen (100₁₅ = Schnygling 567₈, 785₃₁) liegt dicht bei Nürnberg. Pierntan (heute Birnthon) liegt eine Meile von Altorf, Wetzendorf (s. Stück 5) bei Doos. Der blaue Stern (102₆) lag (nach 735₂₃) am Frauenthor; der Säumarkt (102₉) ist ein Nürnbergischer Platz.

12. ꝶI. Poppenreuth (109₆) liegt etwa ½ Meile nö. von Nürnberg. Erlestegen (112₃₃), der blaue Stern (113₃).

18. ꝶI. Erlestegen (157₉), Reut (158₇). Die Fleischbruck (157₂₂) ist die heutige Fleischerbrücke (157₂₂).

23. ꝶI. Tuchscherergasse (211₆)?

31. ꝶI. QXIII. Pegnitz (255₂₄). Halbwachsen (so zu lesen 256₈), eine bekannte Nürnberger Familie, nach der noch heut das Halbwachsen-Gässlein benannt ist. Nicht in QXIII s. u.

37. ꝶI. Der Bischof von Bamberg (zu dessen Diözese Nürnberg gehörte)?

38. ꝶI. Drucke *a w* (s. Goedeke MA 980 ff.). Folz nennt sich in den Drucken.

42. ꝶ D K M Bischof von Bamberg (320₇)? *hundsgaſſen* 328₂₇ = *kerergaſſen* D, kenne ich nicht.

43. ꝶ. Folz nennt sich.

44. ꝶ. Druck *w* (s. Goedecke MA. 980 f.). Folz nennt sich in dem Druck.

58. ꝶIV. Aus den vorkommenden Ortsnamen 514₂₉ ff. ist die Herkunft des Stückes nicht sicher zu erschliessen. Vielleicht sind es, wie gewiss die 517₄.₁₄ vorkommenden, scherzhafte Bildungen. Eine Kotgasse (514₃₀) giebt es in Nürnberg, die heutige Brunnengasse, die ihre Berühmtheit dem Umstande verdankt, dass hier Hans Sachsens ältestes Wohn- vielleicht Geburtshaus stand. Schinling oder Schuiling (514₂₉) könnte Schnigling meinen. Laussenpach (514₃₁

= Lautenbach. Weiler bei Hersbruck?) ist mir unbekannt. Von den Schalkhausen (515₂), die Rudolphs Ortslexikon ananführt, möchte man am Ehesten noch an das nicht ganz 3 km von Ausbach gelegene Pfarrdorf denken. Der Galgenmühlen (515₁) giebt es und gab es wohl recht viele, darunter auch eine bei Ansbach. Bei Nürnberg liegt ein Galgenhof, heute Vorstadt; zu dem mag wohl in alter Zeit auch eine Mühle gehört haben. Also ganz unsichere Spuren. Über die Verstechnik s. u.

61. ℔. Rotenpach (543₁) entweder Röthenbach 1M. sw. von Nürnberg unweit der Rednitz oder Rottenbach zwischen Wendelstein und Feucht. St. Moritz (543₁₆), Obstmarkt (543₂₁).

65. M. Schnygling (567₈).

67. M. Tumpach (592₁₁) an einer stereotypen Stelle, wo sonst gewöhnlich bis *suntag* steht; am besten ist wohl an das Dorf Oberdombach zu denken, nach Rudolph 1 Meile westlich von Nürnberg am linken Ufer der Rednitz gelegen. Unsicher, weil in der Rede des Ausschreiers.

80/81. M. Fispach (660₃₅.)

85. M. *Halßprunner hof den wil man uns verleihen* (699₆₂). Der Heilsbronner Hof ist noch bis ins 17. Jh. das beliebte Lokal für dramatische Aufführungen.

89. KM. Erlenstegen (718₂₅); schöne Brunnen (717₃₄).

98. M. *Bey dem frawentor czum ploben Stern* (753₂₃).

104. M. Erleinstegen (785₆), Schuigling (785₃₁), Wetzendorf (786₂₃), Pirntan (787₂₃)

106. N. Der „schöne Brunnen am Markt" (818₁₆). Pirntan (818₃₅).

108. D. Pegnitzhecht (858₁₅).

112. Druck *f*. (QXX). Im Druck nennt sich Folz.

120. Druck *b*. fischpach (Nachtr. 13₃).

Somit hat besonders die Handschrift ℔ eine grosse

Anzahl von Stücken, die mit aller Sicherheit nach Nürnberg zu setzen sind[1].

III. DIALEKT.

Weiter führt die Betrachtung der dialektischen Verhältnisse. Natürlich wird sich gegen eine solche Untersuchung geltend machen lassen, sie gebe keine sicheren Resultate; namentlich ermögliche sie nicht recht Nürnberger von etwa Bamberger Stücken zu scheiden; aber da wir nur von Nürnberger Stücken wissen, von Bambergischen aber nicht, so wird man diesen Einwand vernachlässigen dürfen. Ferner habe ich im Voraus folgendes zu bemerken. Es ist schon bei den österreichischen Stücken darauf aufmerksam gemacht worden, dass sich nur zum Teil das grobdialektische *oa* findet. Ebenso schrieben die Nürnberger Dichter keineswegs das, was man Nürnberger Dialekt zu nennen pflegt, sondern folgten einer gemeinbairischen Tradition, nicht bloss in der Schrift, sondern in der Sprache. Das geht aus Folgendem hervor.

1. (36) 275,17 findet sich der Reim *perſau : genau*. Wenn er richtig überliefert ist — und ich wüsste nicht, was uns berechtigen sollte, ihn anzuzweifeln und etwa *perſon-ſchon* einzusetzen —, so wäre er ein äusserst interessantes Zeichen für gar mancherlei. Im heutigen Nürnbergischen Dialekt — ich schöpfe abgesehen von eigener oberflächlicher Kenntnis im Wesentlichen aus Grübels Gedichten und Frommanns Grammatik dazu, der ich in der Transskription folge, ist mhd. *ô* zu *àu* geworden (Frommann § 14), auslautendes *n* abgefallen (Fr. § 70): *perſau* ist eine regelrechte Nürnbergische Form. Daraus wird man folgern dürfen 1) dass unser Stück nach Nürnberg gehört, 2) dass der Übergang von mhd. *ô* > *àu* im Nürnbergischen schon ins 15. Jahrhundert spätestens zu setzen ist, dass man also (in den Kreisen, wo sich der Dialekt ungestört entwickelt hatte) schon damals wie heute: *bràut, ràut* (rot),

---

[1] Auch der scherzhafte Ortsname Trippotrill (38) 303,9 in einem Teil der Hss. = Treffentrüll (99) 739,35 wird nach Nürnberg weisen. Grübel gebraucht Drippsdrill, nach Frommanns Glossar ein scherzhafter Name für einen Ort, den man nicht nennen will.

làu[n], ſtåußn u. s. w. sprach. Man schrieb also, dem gemeinen Bairisch entsprechend, in Nürnberg im 15. Jahrhundert nicht unbeträchtlich abweichend vom Dialekt. Gewisse Volksklassen (die mehr oder weniger Gebildeten) sprachen auch anders. Frommann versichert, was ich nicht kontrollieren kann: „Der Laut dieses *au* (*àu* aus *ô*) unterscheidet sich ursprünglich von dem des vorigen *au* (*âu* < *â*), und auch heute noch kann man in den untersten Schichten der Einwohner Nürnbergs diese Verschiedenheit wahrnehmen, die jedoch in der höheren Umgangssprache gänzlich verwischt ist." (§ 14 a). Danach kann man nicht umhin anzunehmen, dass schon im 15. Jahrhundert die Reime *prot* (*bràut*) : *hot*, *hat* (*hâut*), *ſtoßen* (*ſtåußn*) : *loßen*, *laßen* (*lâußn*) u. s. w. ungenaue Reime waren. Ihre überaus häufige Verwendung, die sie geradezu mit zu einem Charakteristikum Nürnbergischer Stücke macht, kann sich nur aus gemeinbairischer Tradition erklären. Reime wie *malen* (*màuln* neben *mʻuln* nach dem Gemeinbairischen auch heutzutage) : *verdoln* 241,171 (was heute *rᴣduln* wäre) beweisen, dass man im Nürnberg des 15. Jhs. auch in der Aussprache nach Anweis der Schrift dem gemeinen Bairisch zu folgen bestrebt war. Auch andere Thatsachen dienen lediglich, diese Folgerung zu bestätigen. Ich habe auf die Bindung von *ai* (mhd. *ei*) und *ei* (mhd. *î*) in den Nürnberger Stücken aufmerksam zu machen (*au* : *ou* d. i. mhd. *ou* : *û* vernachlässige ich aus mancherlei Gründen). Auch das ist niemals bis auf den heutigen Tag ein dialektisch reiner Reim gewesen (mhd. *ei* = nbg. *a*). Weil man aber in der Schrift *ei* und *ai* zu mischen begonnen hatte, wurden sie auch in der Aussprache der Gebildeten zusammengeworfen. Selbst für so durchaus volkstümliche Dichtungen wie die Fastnachtspiele gab es also eine Art Litteratur- und Gemeinsprache, die über dem Dialekt stand, den der eingesessene Nürnberger, der Bauer von Gostenhof oder Wörth mit seinesgleichen sprach, und der von dem heutigen Dialekt keineswegs so sehr verschieden gewesen sein kann.

2. Stück 21 (das kleine Neithartspiel, wie ich es zum Unterschied von dem grossen, Stück 53, nennen will) vermag ich dialektisch nicht mit Sicherheit nach Nürnberg zu setzen.

Im Gegenteil scheint manches von Nürnberg abzuführen. Mit
Dingelfingen (194 20) wird doch wohl die heutige Stadt Dingol-
fing an der Isar, nordöstlich von Landshut, gemeint sein,
sodass man zunächst an niederbairische Heimat zu denken
hätte. Es liesse sich verstehen, dass das österreichische
Neithartspiel im 15. Jh. hierher gebracht, hier nachgeahmt
wurde und von hier nach Nürnberg vordrang. Die Reime
lehren nicht viel. *ei* und *ai* werden gebunden.

rain : *Laurein* 197 19 f.

Aber 195 21 f. ist gereimt:

gruen : *fchuen*.

Es liegt ja nun zunächst der Verdacht an sogenannte
„umgekehrte Schreibung" nahe. Weil man, wie dies in
Mitteldeutschland nicht selten, *grön* sprach, aber noch *grün*
schrieb, habe man dem Auge zu Liebe für *fchön* auch *fchün*
eingesetzt. Es liessen sich zur Not auch in 195 21 f.:

Ritter, wie dunkelt du dich als kun?
Wie, ob ich dich allein beflun?

die Reimworte als *kön* : *beflcen* fassen. Aber wahrscheinlicher
ist doch *beflun* = *beflünd*, und damit fällt die Möglichkeit
gruen, *fchuen*, *kün* als *grön*, *fchön*, *kön* zu fassen. Auch ist
der Übergang von mhd. *üe ü* zu nhd. *ö* (nach v. Bahder,
Grundlagen d. nhd. Lautsystems S. 187 ff.) lediglich mitteldeutsch, und nach Mitteldeutschland kann man unser Stück
nicht gut verlegen. Der Reim *grün* : *fchün* findet sich in
unsern Fastnachtspielen noch dreimal:

(70) 614 14 f. Ich gib euch hutzeln dürr und grün,
Wann jr feyt gemayt und fchün.

QXV, 536 f. Ich geb euch ßch kloczn durr und grün:
das thet ich von wegn eur fchien.

E I, 30 f. ich wolt ir auch thann gar fchwen
vnd wolt ir geben hutzen dwrr vnd grwen.

Die Stücke sind auch sonst nicht unabhängig von einander;
wir haben es also mit einer tradierten Formel zu thun, die
von der Heimat der einzelnen Stücke unabhängig sein kann.
Ferner Germania III 316 in einem Meisterliede in Regens-

bogens blauem Ton aus Cod. Pal. 392, geschrieben zu Augsburg im 15. Jahrhundert:

Ain Kranz von röten rofen fchien
Gebunden fein mit feide grien.

Auch in Prosa in Augsburger und besonders Nürnberger Quellen: Städtechroniken (Augsburg).

Für Nürnberg kann trotzdem kein Zweifel sein, dass die sonderbare Form, die so gut wie gar keine Beachtung gefunden hat, dem Dialekt angehört. Grübel braucht *fchöi*, „dessen Aussprache", erklärt Frommann (Grübel's Sämtliche Werke, Nürnberg 1857, III 234 § 17a), „dem Einflusse des Hochd. nachgegeben hat". Denn mhd. *oe* ist bei Grübel *äi*. Dagegen lässt sich *öi* direkt nur auf mhd. *üe* oder *ie*, vor Nasal auch auf mhd. *ê* zurückführen. Vermutlich war ein mhd. *fchüen* weiter verbreitet, nicht auf Augsburg und Nürnberg beschränkt. Die Wörterbücher und Abhandlungen über bairische Dialekte, die ja zunächst in Frage kommen, lassen nicht recht erkennen, wie weit die heute üblichen Formen auf mhd. *fchüen* zurückgeführt werden müssen. Schöpf, Tyrolisches Idiotikon 643, führt *fchiä* neben *fcheä* an (aber: *greä, greī, grüeä* S. 217); in den Sette communi begegnen *fchie, fchiä, fchuä, fchuen*; lusernisch sagt man *a fchiena roas* neben *a fchôna roas* (Zingerle Lusernisches Wb. 50; aber *grüeä!* S. 50).

Die grammatische Erklärung der Form stösst auf Schwierigkeiten. Schon Isidor 5, 35 hat *fcuoni*, und es liegt zunächst nahe an die alte Doppelheit zu denken, wie man sie jetzt gewöhnlich für *goumo : gnomo* annimmt. Vgl. darüber J. Schmidt, Zeitschr. f. vgl. Sprachforschung 26, 1 ff.; Noreen, Urgermansk judlära S. 19 und besonders Streitberg, Die germanischen Comparative auf *ōz* S. 9 ff. Aber andere Entsprechungen von ahd. mhd. *uo* und *ou*, *o* vor Nasal, darunter allerdings viele unsichere, bringt S. Singer, Beitr. 11, 299 bei. Eine hierher gehörige Form ist wohl auch *Struompüechl* (53) 425s. Mhd. *ſtrům* ist am besten als die md. Entsprechung eines obd. *ſtruom zu fassen, und nhd. *ſtrom* kann daraus gerade so gut entwickelt sein wie aus mhd. *ſtrům*.

Ferner wird ein mhd. *huon, *hüenen als Nebenformen zu *hôn, hoenen* vorausgesetzt durch bairisches *hüenen* (Schmeller BWb[2]), von *hinnen* 'wiuseln' besser zu trennen. Nürnbergisch begegnet *hünen*: (3) 40 25 *Wenn eins das ander nit so hünet* (: *unkunet* — was heisst das?)[1]. Dafür braucht aber Hans Sachs *heunen*, und das kann als regelrechte Entwicklung aus *hüenen aufgefasst werden, wenn man annimmt, dass im Dialekt *üe* schon zu Sachsens Zeiten ebenso zu *oi* diphthongiert war wie *ô* zu *au*. —

In den mit Sicherheit nach Nürnberg weisenden Spielen sind nun folgende Reime besonders häufig:

1) Die Form *fregen* : *Erlesteyen* (9b) 96 34 f. (10) 99 33 f. (12) 12 33 f. (18) 157 9 f. (89) 718 24 f. (104), 785 7 f. : *gepflegen* (18) 154 30 f. : *wegen* (31) 257 10 f. Die Form *fregen* ist ein Hauptkennzeichen Nürnbergischer Stücke.

2) *a* : *o*.

sinagog : *frog* (*fray*) (1) 5 8 f. (1) 33 17 f., : *plog* (*plag*) (1) 26 30 f.

frogen (*fragen*) : *gelogen* (3) 68 8 f., : *überzogen* (43) 333 12 f.

von : *gan* (1) 15 34 f.; *darvon* (*darvan*) : *gan* (37) 281 14 f. 282 1 f., : *ergan* (106) 806 24 f., : *han* (31) 257 9 f. (43) 354 5 f., : *than* (106) 806 30 f., : *getan* (42) 326 2 f., : *verstan* (106) 808 24 f.; *verstan* : *von* (106) 809 14 f.; *darvon* : *dran* (42) 322 14 f., : *an* (44) 338 14 f. (106) 815 5 f. : *entran* (43) 322 27 f.

an : *person* (31) 252 6 f., : *ton* (42) 324 4 f.

gan : *than* (67) 581 14 f.

han : *gethan* (67) 583 6 f., : *schon* (43) 334 38 f., : *person* (106) 800 8 f. 806 10 f.

tan : (*tôn*) *lan* (= *lôn*) (18) 158 29 f. 35 f., : *gestan* (104) 782 22 f., : *man* (65) 568 33 f.

man : *person* (106) 800 33 f.

verstan : *Babilon* (106) 815 15 f.

got : *hat* (*hot*) (1) 5 19 f. 10 24 f. 10 35 f. 14 21 f. 16 6 f. 20 25 f. 23 14 f. 26 7 f. (106) 797 5 f. 802 20 f. 810 9 f. 813 6 f. 815 19 f.

---

[1] Die Hätzlerin 2, 13, 98 hat *hün* = mhd. *hæne* (Adj.).

hat (hott) : tot (tod) (1) 6,95 f. (106) 806,29 f. 810,24 f. (8ᵇ) 80,14 f., : *drot (trot)* (1) 21,28 f. (37) 279,21 f. (106) 818,27 f., : *not* (106) 797,3 f. (37) 279,26 f., : *ſpott* (38) 285,26 f., : *verſpott* (106) 808,26 f. (: *hauſsrott* (67) 590,4 f.).

ſtāt : tot (1) 16,22 f., : *yot* (106) 802,32 f.; *yot : verſtet* (l. *verſtat*) (106) 801,1 f.

drat : kot (43) 333,8 f., : *Hebenſchrot* (61) 585,3 f.

geſoten : geproten (104) 787,12 f.; *proten : peſchnoten* (104) 787,18 f.; *verſchroten : geraten* (65) 569,29 f.

tode : genade (8ᵇ) 78,26 f.

groſs : Molkenfroſs (10) 98,31 f. 99,10 f.; *Molkenfroſs : ſchoſs* (10) 98,10 f.

haſt : erloſt (61) 588,21 f.

loſs : arſspoſs (89) 715,22 f.

ſtoſsen : laſsen (18) 157,26 f. (31) 256,33 f. (108) 851,24 f., : *verloſsen* (1) 9,9 f. : *geluſsen* (3) 41,12 f.

groſchen : loſsen (laſsen) (12) 110,2 f.

war : vor (67) 581,30 f., : *durfor* (106) 806,12 f., : *tor* (1) 12,4 f. (65) 570,6 f.

geporn : wôrn (105) 805,18 f., : *jaren* (1) 5,31 f.

geoffenbart : gehort (42) 322,14 f.

noch : rach (1) 17,4 f.

nach : zoch (108) 854,26 f.; *darnach : hoch* (1) 22,29 f.

no (= nâch) : alſo (7) 69,11 f.; *alſo : darno* (106) 806,19 f.; *no : o* (43) 335,30 f., : *ſtro* (44) 340,29 f.

3) Konsonantische Differenzen.

a) *rd : r. were : erde* (8ᵇ) 85,9 f.

ld : l. ſtall : pall (= pald) (43) 332,25 f.

b) Guttural am Ende: *da : darnach* (106) 811 f., : *darna* (1) 28,27 f.; *darna : Ketzora* (1) 29,2 f. — *zwer (zwerch) : her* (38) 287,18 f. (Vgl. unter 1.)

c) *bevalch : ſchalch* (Vgl. *Kalchreuth*, Name einer Nürnbergischen Ortschaft) (18) 155,25 f.

küeſtrick : mich (43) 346,10 f.

hab : tag (8ᵇ) 79,11 f.; *gelauben : augen* (8ᵇ) 81,31 f.; *haben : ſagen* (67) 587,21 f.

d) *Rubenkorp : mort* (67) 590,9 f.

e) Differenz eines -*n* in unbetonter Silbe.
meile⟨n⟩ : ereile⟨n⟩ (37) 27₈₂₂ f.
ſite⟨n⟩ : dar mite (61) 582₅ f.
f) *dinge : ſinger* (10) 99₁₄ f.

Man darf auf Grund der gleichen Reime auch die sämtlichen Stücke der genannten Handschriften mit Ausnahme der schon vorher herausgehobenen nach Nürnberg weisen. Eine Abweichung zeigt nur Stück 58, das schon mit seiner Verstechnik aus den übrigen herausfällt und z. B. kein *than* (*thon*) im Reim zeigt, sondern *thun* (: *ſun* 512₂₃ f., 26 f., 513₃₅ f.); ferner *gen : neme* (58) 513₂₀ f. u. a., viel gröbere Ungenauigkeiten, als die Nürnberger kennen. Als „Hochzeitmachen" schliesst es sich an die berührten auswärtigen Stücke inhaltlich an.

IV. ROSENPLÜT.

Nun kennen wir als Nürnberger Dichter Rosenplüt und Folz, und beiden pflegt man seit Gottsched Fastnachtspiele zuzuschreiben. „Eben in dem Jahre, sagt Gottsched, als Mahomed der II. Constantinopel eroberte, d. i. 1452, giengen in Deutschland schon allerley Fastnachtspiele im Schwange. — Ich sage dieses nicht aus Mutmassungen, sondern habe Beweise davon in Händen. Zu Nürnberg lebte damals ein Dichter, der sich Schnepperer Hans Rosenplut, d. i. Rosenblüte, nannte, und von welchem ein ganzer Foliant voll geschriebener Gedichte vorhanden ist. Die Kenntnis derselben habe ich dem berühmten Herrn Pastor Vetter zu danken, der sie mir vor einigen Jahren zu eigener Einsicht und beliebigem Gebrauche mitgeteilet hat. Unter andern fand ich darin sechs Fastnachtspiele, die dieser Dichter zum Gebrauche seiner Mitbürger in Nürnberg aufgesetzet hat". (Nötiger Vorrat S. 11 f.). — Dass die Fastnachtspiele der Dresdner Hs. D, die Gottsched benutzte, von Rosenplüt sind, beruht zunächst lediglich auf einer Tradition. Eine neuere Hand gab dem Kodex den Titel „Rosenpluet" mit Bezug auf den Hauptinhalt. Ob alle Spruchgedichte von Rosenplüt herrühren, bedarf erst einer Untersuchung. Ausser Rosen-

plüt werden in der Handschrift selbst Rosner oder Rösner
und Hans der Schwätzer als Dichter genannt.

Auf Grund irgendwelcher Tradition beansprucht auch
M auf seinem modernen Einband, Fastnachtspiele Rosenplüts
zu enthalten. Hier aber liegt die Sache für Rosenplüts
Autorschaft auf den ersten Blick noch ungünstiger. Die
erste Hälfte der Spiele ist, wie bemerkt, im Register
Vaſnacht Spil überschrieben, die zweite *Schnepers*. Man hat
fast den Eindruck, als ständen beide Worte im Gegensatz,
und als sei in *Schnepers* ein Plural zu suchen. So hat vielleicht
Schmeller gedacht (vgl. Wendeler, *De preambulis* 1, 28).
Doch daran ist schwerlich zu denken. Will man darin einen
Namen sehen und annehmen, dass es für *Schneper* oder
Schneper's verschrieben sei, so ist — zugegeben, dass
Schneperer eine Bezeichnung Rosenplüts ist — die notwendige
Annahme, dass M sämtliche dieser Bezeichnung
folgenden Stücke für Rosenplütisch (so Wendeler S. 29 Anm.),
die vorhergehenden aber, von denen 74, 75, 78—81 bisher
mit mehr oder weniger Sicherheit Rosenplüt zugeschrieben
wurden, für Nichtrosenplütisch hielt.

Es bleibt also nichts übrig, als eine eingehende Untersuchung
zu veranstalten oder, von dem relativ Gesicherten
ausgehend, zum Unsichern fortzuschreiten.

1. **Rosenplüts gesichertes Eigentum.**

Wir haben eine Reihe von Spruchgedichten, bei denen
uns die Verfasserschaft Rosenplüts durch die Handschriften
sicher bezeugt ist. Es sind die Folgenden:

I. Geistliche Gedichte.

1) *Die Turteltaube.* D 139—140[1], F 371, L 12[2].

2) *Unserer Frauen Schöne.* D 153, L 18 (mit
dem Anfang *Götliche ſelge juncfrau ſchön, Durchleuchtig*

---

[1] In D steht S. 134 die neue Überschrift *Vnnſer frawen wappenrede*. Aber, dass die vorhergehenden Verse *So heb ich großer ſunder grob Einfeltiglich an dein lob* nicht den Schluss eines Gedichtes bilden, bedarf keines Beweises.

[2] L bezeichnet im Folgenden stets die Rosenplüt-Hs. der Leipziger Universitätsbibliothek.

funn allr himeltrön, von mir zum Unterschied von dem in D unmittelbar vorhergehenden Gedicht bezeichnet als UFSchön II.).

3) *Auf die Welt.* D 408, abgedruckt ZfdA 32, 436 ff.

4) *Von der Beichte.* D 7, F 146, M 258ᵇ; abgedruckt bei Keller 3, 1098.

5) *Der Priester und die Frau.* D 30, F 266ᵇ, L 1, R 45 (gekürzt).

II. Politische Gedichte.

6) *Ein Spruch von Böhmen* (1427). D 176, F 60; abgedruckt von R. v. Liliencron, Histor. Volkslieder I No. 61.

7) *Von der Hussenflucht* (1431) D 165, F 64ᵇ, Cod. pal. 525, 147ᵇ, Cgm 1136 fol. 790; abgedruckt von R. v. Liliencron, Historische Volkslieder I. No. 68.

8) *Ein Spruch von Nürnberg* (1447). D 90, F 49, *f* Einzelhandschrift des Germanischen Museums, *g* Einzelhandschrift der Nürnberger Stadtbibl. Fol. 16/17 ff., *h* Miscellanband der Bibl. Williana VII, 158, *i* Lochners Hs., *k* Cod. Bai. 1800ᵃ in München, *l* Germ. Mus. 5341, *m* Msc. germ. Berl. 503 fol. 5339. 4⁰, *x* Druck vom Jahre 1490, German. Mus. 5340; abgedruckt von Lochner, Nürnberg 1854.

9) *Vom Krieg zu Nürnberg* (1450). D 111; abgedruckt in Reinhards Beiträgen zu der Historie des Frankenlandes (Baireuth 1760) 1, 225, in Canzlers Quartalschrift 3, 7, 27, von Lochner Nürnberg 1849, R. v. Liliencron, Historische Volkslieder I. No. 93.

10) *Lied von den Türken (Von den armen Gecken)* (1459). D 363, L 57ᵇ; abgedruckt von Liliencron, Histor. Volkslieder I No. 109.

11) *Auf Herzog Ludwig von Baiern* (1460). D 238; abgedruckt von Liliencron, Histor. Volkslieder I No. 110.

III. Sonstige ernste Gedichte mit moralischer Tendenz.

12) *Der König im Bad.* D 1, F 326, L 34, R 48, Cgm 319⁴, 57, Cgm 713⁴, 40, Drucke in Weimar, Hamburg, Nürnberg.

13) *Von der Kaiserin zu Rom.* D 47, F 182, P 129, R 1, Karlsruher Hs. 156^b, t (= Druck in Tübingen); abgedruckt Keller 3, 1139.

14) *Der kluge Narr.* D 3, L 60, Handschrift der Wiener Hofbibliothek 3214, 185, d (= Druck der Wiener Hofbibliothek); abgedruckt in Canzlers und Meissners Quartalschrift (1783) I, 51 ff., Göz HSachs 3, 177, Wagners Archiv (1873) I 213 ff.

15) *Vom Müßiggänger.* D 13, Druck der Königlichen Bibliothek zu Berlin; abgedruckt Keller 3, 1152.

16) *Lob der fruchtbarn Frau.* D 38, F 193^b, L 6.

17) *Die 15 Klagen.* D 266, F 300, K 150, Y 9, Druck in der Königlichen Bibliothek zu Berlin; abgedruckt von Goedeke, P. Gengenbach S. 403.

18) *Vom Brünnlein. (Die drei Ehefrauen).* D 402, Schluss auch F 17^b; abgedruckt ZfdA 32, 441 ff.

19) *Die Woche.* D 20, F 358, Cgm 713^4, 130.

20) *Die sechs Ärzte.* D 81, F 176^b, M 279.

IV. Schwänke.

21) *Der Knecht im Garten.* D 104, F 113, L 36, Cgm 713^4, 120, Giessener Hs. (lückenhaft, vgl. ZfdA 9, 171), H (= Liederbuch der Hätzlerin Bl. 225), Ausgabe von Holtaus S. 290^b, Bamberger Druck von 1493 (Goedeke Gdr.^{2} I, 328); ferner abgedruckt Bragur 5, 1, 78, Göz, HSachs 3, 170.

22) *Vom fahrenden Schüler.* D 207, F 31^b, L 50, Giessener Handschrift, h (= Druck in Hamburg).

23) *Die Wolfsgrube (Von dem Edelmann und dem Pfaffen).* D 219, F 122, Y 22^b, Giessener Hs., Valentin Holls Hs. 77^b; abgedruckt von Keller, Erzählungen aus altdeutschen Handschriften S. 365.

24) *Der Hasengeier.* D 226, Giessener Hs.

25) *Die Tinte.* M 276; abgedruckt Keller Fnsp. 3, 1186.

26) *Von einem Barbierer.* F 18, Cgm 713^4, 146, Valentin Holls Hs. Bl. 72, Cgm 5919^2, 274, British Museum

Add. 24, 946 fol. Bl. 151 (vgl. Bächtold, Die deutschen Hss. im Brittischen Museum S. 113 No. 21); abgedruckt Keller, Erzählungen S. 426.

Das sind im Ganzen 26 Gedichte, die sich bis auf die beiden Letzten samt und sonders in D überliefert finden, sodass D diejenige Handschrift ist, die am meisten sicher von Rosenplüt herrührende Dichtungen hat. Denn in allen genannten Dichtungen ist der Name Rosenplüt am Schluss durch den Reim bezeugt:

1) auf *güt*:

>Des helff vnns got hie mit feiner güt.
>Das hat geticht der Rofenplüt.

(König im Bad). —

>Da helff vnns got hin mit feiner güt.
>So hat geticht Hanns Rofenplüt.

(Wolfsgrube). —

>Das geb vnns herr dein vetterliche güt.
>So hat geticht hanns Rofenplüt.

(Beichte). —

>Du hilff vns durich dein werde güt,
>Fraw. Amen, fpricht der Rofenplüt.

(Turteltaube). —

>und durich deines heiligen geiftes güt.
>So hat geticht Hanns Rofenplüt.

(Hussenflucht). —

>Des bite ich dich herre Jhofu crift
>Durich deine vetterliche güt.
>So hat geticht Hanns Rofenplüt[1].

(Böhmen). —

>Des pit jch dich herr Jhefu Crift
>Durich alle deine vetterlich güt.
>So hat geticht Snepperer Hanns Rofenplüt.

(H. Ludwig). —

>Vnd muß verfweigen fein vetterlich güt.
>Die clag füret hanns Rofenplüt.

(15 Klagen). —

Das Er awßteylt fein ewige güt.
So hat geticht Snepperer Hanns Rofenplüt.
(Brünnlein). —

Das gibe vns herre durch alle dein güt.
So hat geticht Snepperer Hanns Roßenplüt.
(Welt). —

Damit man verfchult gottes güt
So hat geticht Hanns Rofenplüt.
(Tinte). —

2) im Reim auf *hüt, behüt*:

Damit wir ewiglichen werden behüt.
Alfo hat geticht Hanns Rofenplüt.
(Woche). —

Vor den vns got ewiglich behüt.
So hat geticht Hanns Rofenplüt.
(Ärzte). —

Das fie got ewiglichen da anfchawen,
Vnd er fie hie vor allem leyt behüet.
So hat geticht der Rofenplüt.
(Lob der fruchtbarn Frau). —

So bis herr unfer aufhaltender fchilt,
Der vns vor allem übel pehüt.
So hat geticht Hans Rofenplüt.
(Müssiggänger). —

Davor vns got all wöll pefchützen
Vnd ewig mit fein gnaden pchüt.
So hat geticht Hans Rofenplüt.
(Kl. Narr). —

Das got alle frum frawen vnd man behüt.
So hat geticht Hanns Rofenplüt.
(Knecht im Garten). —

Das er vns leib vnd fele behüt
Vnd mit feinem fride woll zu uns keren.
Amen fpricht Snepperer Hanns Rofenplüt.
(Krieg zu Nürnberg). —

Dorumb fie tag und nacht wol hüt.
So hat geticht der Rofenplüt.
(Kaiserin zu Rom). —

3) im Reim auf *müt*:

 Er flahe jn dann, das es in müt.
 So hat getioht der Rofenplüt.

(Spr. v. Nürnberg). —

4) im Reim auf *gemüt*:

 Er danckt in allen peyden
 So fere awß feinem gantzen gemüt.
 So hat geticht Hanns Rosenplüt[1].

(Fahrende Schüler). —

 Der krenckt feinen fyn vnd fein gemüt
 Das hat geticht Hanns Rofenplüt[2].

(Hasengeier). —

 Als leg ich mein erznei darnieder,
 Wan fy tet krenken mein gemüt.
 Das hat geticht Hanns Rofenplüt[3].

(Barbierer). —

Der Umlaut ist in den Handschriften (ich zitiere hier, soweit möglich, nach D) in der Regel nicht bezeichnet; doch geht aus der Gesamtheit der Stellen hervor, dass wir den Namen des Dichters als Rosenplüt anzusetzen haben. Wenn es am Schluss des Gedichts vom Priester heisst:

 Wer frauen eret vnd priefter fchonet,
 Der fleuhet vor der helle glut.
 So hat geticht der Rofenplut,

so haben wir auch hier mit Umlaut *glüt : Rofenplüt*. Der alte umgelautete Genitiv der *i*-Deklination ist bewahrt. Etwas abweichend von dem gewöhnlichen Schema lautet der Schluss in UFSchön II (nach D):

 Hilff das wir dort nicht werden auswürffling
 Durich dein große, erwürdige gut.
 Fraw des pit jch dich Hanns Rofenplüt,

---

[1] l. *Alfo fprach d' fchwler gut*. Über die Lesart von Y siehe unten S. 129.
[2] Giessener Hs. *So lift vns der fchreiber wol gemut*.
[3] Die beiden letzten Verse stehen nur in der Regensburger Handschrift.

> Wann alle fünder zu dir hoffen,
> Laßo deiner gnaden tür flen offen.
> Hilff vuns abgrafen der fünden famen:
> Wer des begere, der fprich Amen.

Auch am Schluss des Liedes von den Türken ist die übliche Formel variiert:

> Wann eins und vier, fünff und newn man fetzet,
> fo wirt der fenfen jr fcharrten ausgewetzet,
> das fpricht Hanns Rofenplüt.
> herr Adler beftellet eben,
> das man wol zuhüte.

Wer eins von diesen Gedichten Rosenplüt absprechen will, hat den Beweis dafür zu erbringen. Wie man sieht, sind sie zum Teil mehrfach überliefert. Nach der Zahl der Handschriften und alten Drucke ordnen sie sich wie folgt: in 10 Vorlagen ist überliefert: *Der Spruch von Nürnberg*; 9: *König im Bad*; 7: *Knecht im Garten*; 6: *Kaiserin*; 5: *Schüler*, *Wolfsgrube*; 4: *Kl. Narr*, *Barbierer*, *Klagen*, *Priester und Frau*; 3: *Turteltaube*, *Ärzte*, *Beichte*, *Fruchtbare Frau*, *Hussenflucht*, *Woche*; 2: *UFSchön II*, *Türken*, *Müssiggänger*, *Hasengeier*, *Spruch von Böhmen*, *Brünnlein*, 1: *HLudwig*, *Krieg zu Nürnberg*, *Welt*, *Tinte*.

Dazu kommt ferner ein Fastnachtspiel, in dessen Schlussversen Rosenplüt von zwei Handschriften als Verfasser genannt wird, nämlich Stück 100, wo es in FP heisst:

> Das im keiner fein weid abfretz
> Spricht [fchreibt meifter F] hanns Rofenplüt an der letz.

Die Verse fehlen freilich in den beiden andern Handschriften, die das Stück überliefern, D und M. Auch ist klar, dass die Gewähr für Rosenplüts Verfasserschaft hier nicht so sicher ist, als in Dichtungen, wo der Name im Reim steht. Immerhin haben wir das direkte Zeugnis zweier Handschriften für Rosenplüts Autorschaft und mindestens eine Art von Tradition in den beiden andern ebenfalls für Rosenplüts Autorschaft. Es wird darauf ankommen, ob gewichtige Gründe dagegen sprechen.

2. Zweifelhaftes.

1. Ein Schwanken zeigt die Überlieferung bei einem Gedichte, als deren Verfasser bald *Hans*, bald *Rofner* genannt wird; zwischen *Johannes* und *Rofner* schwankt die Überlieferung bei einem zweiten, bei einem dritten wird ausser *Hans Rofner, Hans der Swetzer* auch *Hans Rofenplüt der Swetzer* genannt.

1) *Vom Einsiedel.* D 64, F 38, L 77^b, R 39 (von V. 241 ab), Cgm 713^4, 228^1 (= *m*). Die Handschriften weichen in der Dichtung stark von einander ab. Ich stelle den Schluss V. 465—470) unter Benützung aller Handschriften folgendermassen her:

> 465 du fchöpfer aller planetn und himeln
> und menfchen, die auf erden wimeln,
> die all fein gfloffen aus dein gnaden,
> hilf uns in deiner freuden gaden,
> drin all geft gwinnen lulles fet!
> 470 fpricht Hans in feiner wappenred^1.

D hat im letzten Vers *der Rofenplüt*, F *rößner*, R *roßner*, m *Rofener*. Ich gebe, zunächst ohne präjudizieren zu wollen, der Lesart von L den Vorzug, weil sie am besten in den Vers passt und die Erfahrung lehrt, dass die Dichtungen des 15. Jahrhunderts durch die Überlieferung in metrischer Beziehung nicht verbessert, sondern verschlechtert werden, woraus der methodische Grundsatz folgt, dass unter gleichwertigen Lesarten die metrisch beste zu bevorzugen ist. Ich will aber nicht verschweigen, dass L hinter dem Namen eine Rasurlücke hat, in der indessen weder *Rofenplüt* noch *roßner* gestanden haben kann.

2) *Vom Frauenkrieg (Der Kindbetthof).* L 68, Valentin Holls Hs. Bl. 69; abgedruckt Keller, Erzählungen S. 177. Schluss nach Val. Holls Hs.:

---

^{1} 465 f. fehlt m . 465 *allr*] fehlt vor *planeten* DR — DR *u. aller h.* — L *himel* — 466 R *eff* — 467 m *laß vns icht widerfaren der pöfen geift fchaden* — RL *find* — R *dein'* — 468 L *ons mit dein' gnaden* — D *frewde*, m *frawen* — F *ynaden* — 469 m *geift*, F *fele* — m *luft ftet* — 470 L *hanß*, D *der Rofenplüt*, F *rößner*, R *roßner*, m *Rofener*.

> Von frawen würdt mancher betört,
> Der maint, man müg in nit betriegen,
> Spricht Rößner in feim frawen kriegen;

in L, wo das Gedicht dem von Einsiedel unmittelbar folgt:

> Der meint jn niemanz wetrig
> Sprich Johannes* jn fein frawen krieg.

„Der Name ist gänzlich ausradiert, die Lücke aber zu klein, als dass ein so langer Name wie Rosenplut dagestanden haben könne" (Euling, Germania 32, 162 Anm.). Ist auch hier zu lesen: *Spricht Hans in feinem frauenkrieg?*

Bei dem Fehlen äusserer Sicherheit werden innere Gründe entscheiden müssen. Falls die Handschriften mit *Roßner* Rosenplüt meinen, so fragt sich ob ihm nicht auch folgendes Gedicht zuzuschreiben ist.

3) *Von den Handwerken.* D 194, F 390^b, L 53, P 131, Cgm 713⁴, 127; abgedruckt Keller 3, 1135. Der Schluss lautet nach Cgm 713:

> Die lügen find war und nit ein mer
> Alfo redt hans der fweczer.

L *hanß der fchwetzer*, D *Hanns Rofenplut der Swetzer*, P *Das fagt vns hanns Roßner*. Der Vers scheint ein *Alfo redt Hanns der Snepperer* nahezulegen. F weicht ganz ab.

2. Ausserdem haben Keller (3, 1077 ff.) und andere für 'Rosenplüt diejenigen Gedichte in Anspruch genommen, die dem *Schnepperer* zugeschrieben werden. Die äusseren Gründe dafür sind folgende:

I. Die Handschriften geben dem Dichter Hans Rosenplüt den Beinamen „Schnepperer" nämlich:

1) D in folgenden Gedichten: *Vom Kriege zu Nürnberg* (Amen *fpricht Snepperer Hanns Rofenplut*), *Von Herzog Ludwig von Baiern* (So hat geticht Snepperer Hanns Rofenplut), *Brünnlein* (So hat geticht Snepperer Hanns Rofenplut), *Welt* (So hat geticht Snepperer Hanns Roßenplüt). Es ist keine Frage, dass hier das Wort *Snepperer*, das, wo mehrfache Überlieferung vorliegt, in den andern Handschriften fast stets fehlt, aus metrischen Gründen als Zusatz betrachtet werden muss: nur das kann fraglich sein, ob der Schreiber von D

oder der seiner Vorlage nicht doch vielleicht gut unterrichtet
war, wenn er Rosenplüt mit dem sonst *Snepperer*, Schnepperer genannten Dichter in Verbindung setzte.

2) In der Handschrift Y lautet der Schluss von Rosenplüts Erzählung vom fahrenden Schüler:

> Vnd ging do mit frolichem gemüt
> Sprich Schneprer Rofenn Plutt,

was auf ein *Spricht Sneperer Hans Rofenplüt* zurückzuführen
scheint, während die andern Handschriften ein:

> So hat getieht Hans Rofenplüt

voraussetzen.

3) In L findet sich am Schluss des Liedes *Von den
Türken* (hier *Von den armen jecken* genannt) Bl. 60 die Notiz:

> Hans Rofenplut den man
> Anders nenet hans fchneper.

II. Die Handschrift P (Blatt 97 ff.) schreibt ein weiteres
Gedicht „Hans Rosenplüt dem Schnepperer" zu: *Von einem
Pfarrer der fünfmal ſtarb*. Schluss:

> Alfo hat der pfaff den tot
> Genomen nach der weiber ler
> Hanns Rofenplůt der fchnepperer
> Thůt vns die abentheůr verjehen
> Got laß vns allen wol gefchehen.

Auf diese Stelle wird sich der (späte) Eintrag auf Blatt 1
der Handschrift P stützen: Rhythmi vet. germ. circa finem
sec. XV vel initium XVI a Johanne Rosenplut dicto Schnepperer compositi. In der Handschrift Y, die das Gedicht
ebenfalls bringt (Blatt 2 ff.), lautet aber der Schluss abweichend:

> Alfo hat der pfaff den funfftenn tot
> Gelidenn nach der weyber lere
> Hanns Zapff zue Nürnberg Barbiror
> Thut euch die abenthewer vorgehenn
> Got laß vnns allen wol gefchehenn.

Die Sache liegt demnach so, dass durch die Handschriften
DYP dargethan wird, dass schon früh eine Tradition bestand,
derzufolge Hans Rosenplüt und Snepperer identisch sind.

Diese Tradition kann richtig, sie kann auch falsch sein. Wenn sich beweisen liesse, dass das Gedicht *Vom Pfarrer Rosenplüt* zum Verfasser hat, so wäre damit zugleich wahrscheinlich gemacht, dass sich Rosenplüt selbst als „*ſnepperer*" bezeichnet hat. Die Untersuchung muss angestellt werden; innere Gründe haben zu entscheiden. Es entsteht dann die weitere Aufgabe, die dem Schnepperer sonst noch zugeschriebenen Gedichte auf ihre Verfasserschaft zu prüfen. Es sind das die folgenden:

1) *Disputatz eines Freihet mit einem Juden.* F 83, P 69; abgedruckt Keller 3, 1115. Schluss:

> Hiemit wil ichs got lan walten
> Vnd auch davon nit ſagen mer
> So hat getieht hans ſchnepperer.

2) Das Lied *Die lerch und auch die nachtigal.* D 264; abgedruckt Keller 3, 1113. Schluss:

> Der dieſes liedlein hat getieht,
> Das vnns die warheit geyt,
> Der trinckt vil lieber wein dann waſſer,
> Vnd hets der pabſt geweyht.
> Hanns Snepperer iſt er genantt
> Ein halber bydermann:
> Der in ein großen Swatzer heiſſt,
> Der thut kein ſunde daran.

3) *Die Klage des Wolfes.* F, Cgm 713⁴, 195 ff., Cgm 270², 40ᵇ ff., Cgm 379⁴, 96ᵇ ff., Cgm 5929², 210 ff., D 185 ff., R 33 ff., Cod. pal. germ. 253, 184ᵇ. Verschiedene Verfasser werden genannt; von Cgm 713 und F Schnepperer. Letzter Druck Wagners Archiv 388 ff.

4) *Vom Studenten in Prag.* F 333ᵇ—336ᵇ. In Cgm 5919² ist Schmicher als Verfasser genannt, in Cgm 713⁴, 43 ff. der Teichner.

Ferner werden dem Schneperer zugeschrieben eine Reihe von „*Klopfans*":

5) *Des Snepprers an klopfen* R 57ᵇ; und eventuell

6) die Faſtnachtspiele der Handschrift M von Blatt 385 an, weil sie im Register *Schnepers* heissen.

3. Da D eine grosse Anzahl sicher Rosenplütischer und einige vielleicht Rosenplütische Dichtungen enthält, so muss die Frage auftauchen: wie weit ist die Tradition richtig, die ihm auch den Rest der Handschrift zuschreibt? In Betracht kommen:

1) die grosse Masse der Priameln, die gemeinhin Rosenplüt ohne Weiteres zugeschrieben werden;
2) die Weingrüsse;
3) *Der Bauernkalender.* D 258, F 413^b;
4) *Unser Frauen Kranz* (*Unser Frauen Schöne* 1). D 140, F 382, M 239;
5) *Die Stiefmutter und die Tochter.* D 199, W 149, Hätzlerin ed. Haltaus S. 305; British Museum Add. 24, 946, 133 (vgl. Bächtold, Deutsch. Hdschr. S. 111);
6) *Von dem Spiegel mit dem Peche.* D 214, L 87^b, Giessener Hs., Cgm 713^4, 54; abgedruckt Keller 3, 1176 ff.; vgl. Hs. Karlsruher Hofbibl. No. 481, Bl. 42^b abgedruckt Erzählungen S. 471;
7) *Von dem Maler zu Würzburg.* D 232, F 28, L 40, Giessener Hs., Cgm 713^4, 124; abgedruckt Keller 3, 1180 ff.;
8) *Ein Spruch vom Pfennig.* D 290, L 61, R 27^b, Cgm 713^4, 52; abgedruckt Keller 3, 1183 ff.;
9) *Die meisterliche Predigt.* D 371, P 153, Druck der Hamburger Bibliothek; abgedruckt Keller 3, 1185 ff.;
10) Die Erzählung von den drei Nonnen D 407;
11 und 12) zwei obscöne Gedichte D 407^b und 411^b (nicht von der Hand herrührend, die den Hauptbestandteil von D geschrieben hat);
13) Fastnachtspiele No. 100 (siehe oben), 42. 96. 41. 88. 49. 39. 46. 108. 109. 19.

3. Hans Rosenplüt und Hans Rosner.

Eine methodische Untersuchung müsste so vorschreiten, dass sie zunächst auf Grund der gut bezeugten Gedichte vom Verfasser ein Bild zu machen suchte und dann die minder sicheren auf ihre Autorschaft prüfte. Den ersten Teil der Aufgabe kann die ausgezeichnete biographische Skizze Roethes in der Allgemeinen deutschen Biographie 29, 222 ff. ersetzen. Eine kritische Ausgabe von Rosenplüts Spruchgedichten, die ich vorbereite und nach der ich hier bereits die meisten Spruchgedichte zitiere, wird das Material, das Roethes Ausführungen zu Grunde liegt, für Nachprüfung künftig bequem überschauen lassen. Auf kleine Nachträge, die ich allenfalls zu bieten hätte, kommt es hier nicht an; ebenso wenig darauf, dass ich im Ganzen über Rosenplüt als Menschen und als Dichter weniger günstig urteile als Roethe.

1. Von den zweifelhaften Gedichten betrachte ich zuerst das vom „Einsiedel". Roethe hält es mit Recht für Rosenplüts sicheres Eigentum (ADB 29, 271). In der Anlage des Ganzen und den Einzelheiten der Darstellung finden wir Rosenplüts Manier wieder.

Wir können zunächst die manieriert süssliche Naturschilderung des Eingangs ablösen und für sich betrachten. Sie erinnert an die Eingänge der Gedichte „Vom Priester und der Frau" und „Das Lob der fruchtbaren Frau".

Vgl. die Anfänge:

Eins. 1 f. Eins tags da ging ich vor der funn,
da pgegent mir groß freud und wunn.

Fruchtb. 1 f. Eins tags fpazirt ich aus nach freud:
da kom ich auf eine grüne heid.

Priest. 1 f. Sich fügt eins tages, das ich mult
fpaciren aus nach freuden lult.
da kom ich in ein au, die grünet[1].

Freilich kommt nicht alles auf Rosenplüts Rechnung; vieles ist stereotyp. Auch hat Folz Rosenplüt in dieser Beziehung direkt nachgeahmt, ja ausgeschrieben, und ich bemerke ausdrücklich, dass manches, was ich hier für Rosenplüt notiere, sich ebenso bei Folz in der „Historie vom Römischen Reich" findet.

[1] Vgl. auch Frauenkrieg 1 f.
Eins tags fpacirt ich aus nach lult:
hin in ein haus ich mich verdult.

Noch Hans Sachs liebt derartige Schilderungen und lässt die
Welt wie in einem zierlichen Guckkästlein erscheinen.
Miniaturmalerei ist es, was wir auch bei Rosenblüt finden.
Die Natur ist in Bewegung. Sie wird belebt, aber nicht als
Ganzes. Ein Kribbeln und Krabbeln von tausend kleinen
Wesen. Die Blümlein kriechen *mit kreften* aus der Erde
(Eins. 14). Die Sonne feilt — welch zierliches Geschäft! —
an den Veilchen herum (31), sodass ihre Häuptlein sich
teilen (32). Sie richtet sich in die Höhe, schlichtet den
Pflanzen ihre *pletlein*, zieht ihnen den Thau ab, sodass sich
die Blütlein biegen (42 ff.). Ähnlich im „Lob der frucht-
barn Frau". Manch schöne Blume wirft dort ihr falbes
Häutlein ab (6), manch blühendes Blättlein *fledelt* (13);
manche süsse Blüte guckt hervor aus ihrem Kästlein. Ähn-
lich in „Priester und Frau". Die Pflanzen sind dort im
Widerstreit begriffen und suchen den Karfunkel an Glanz,
Kameen und Perlen an Weisse, den Saphir an Bläue, den
Rubin an Röte zu übertreffen u. s. w. Ihre '*gipfellein*'
'*entgenzen*' sich von *fruchtpar warmer funnenwerm* (17). Der
Wind schüttelt sie: sie senden Süssigkeit her. — Allerhand
Getier belebt in „Priester und Frau", im „Lob der Frucht-
baren" Erde und Luft. Ähnlich auch im „Einsiedel". Die
Bienlein suchen den Honig.

Vergleiche Eins. 18 ff.:
>maug cleines pinlein umb fie warb (um die Blumen),
under ir plütlich es fich fmog,
das honigfaumen [1] daraus fog u. s. w.

mit Priester 36 f.:
>die (Thautropfen) fie (Würmlein) fo lindielich penaßen,
davon fie honigrinnen vaften ....

Pr. 45 f.:
>den pinlein fie des hungers püßten
mit iror füßen faffes rinnung.

Fruchtb. 25 ff.:
>ir pletlein warn fo merklich g'edert.
darauf maug junges pinlein fledert

---

[1] Vgl. Ärzte 178 *das heilig honigfaumen*.

und weidnet in irm plünden töllkin
und fucht darin feins leibes köfllein.
nach feinem füßen hong es nafcht,
pis das es feinen hunger abwafcht.

Die honigsuchenden Bienlein spielen auch sonst eine Rolle z. B. UFSchön II. 98 ff. Wie in 'Priester und Frau' die Pflanzen, so suchen sich im 'Einsiedel' die Vögel gegenseitig zu übertreffen: der grüne Sittig und der Galander singen külmlich untereinander (53 f.): die Nachtigall *hetzt* mit ihrem scharfgewetzten Zünglein alle Vögel (56 ff.) Im 'Lob der Fruchtbaren' giebt es ein ganzes Konzert. Der Galander spielt aus *b mollis* (69); die Nachtigall giebt den Takt an (75) u. s. w. Im 'Priester' überstimmen die Vögel mit ihren Tönen *fchalmeien, portatio und orgeln Vnd flötn und pfeifen aus dem fack* (78 f.). Das Treiben der gesamten Natur ist auf den Preis Gottes des Schöpfers gerichtet[1]. Vgl. 47 f. von den Blumen:

und neigten da auf flammes fpur
dem fchöpfer aller creatur.

Im Lob der Fruchtbarn 37 ff. geben die Blüten

zeugnis auf irn halmen
der [großen] weisheit des himlifchen Salmen (Salomon).

Vgl. auch Eins. 35; ferner Fruchtb. 80 ff. von den Vögeln

damit fie all fchön lop erputen
mit mangem meifterlichen flücklein
dem, der in zu fpeis fchuf die mücklein.
dem dankten fie mit füßem gefen
dem oberflen fchöpfr aus irn helfen

Vgl. auch Priest. 85 f.

Dem Sinn für das Kleine und Kleinste in der Natur entspricht die Vorliebe für Deminutive. Vgl. *plüdel, plüdlich* (Eins. 15. 19), *löckel* (15), *tröpfel, glöckel* (16), *pinlein* (18),

---

[1] Es wäre eine dankbare Aufgabe, diese Art der Naturbetrachtung in der Poesie, für die Brockes als das typische Beispiel gilt, rückwärts zu verfolgen. Weder Hans Sachs noch Rosenplüt dürften dabei übergangen werden.

pletlein (26. 44. 46), *hauptlein* (32), *zunglein* (57). So begegnen im 'Brünnlein' ZfdA. 32, 445 die Deminitiva: *pränlein, eftlein, neftlein, eylein*: in 'Priester und Frau': *plümlein* (5. 50), *plütlein* (11), *gipfellein* (16), *töftlich* (21), *kölblein* (30), *würmlein* (32), *zweiglein* (33), *köpflich* (35), *tröpflich* (36), *fumerröglein* (39), *pletlein* (20), *pfetlein* (21), *eftlein* (57), *neftlein* (58), *vöglein* (66), *tierlein* (23); in der 'Fruchtbaren Frau': *krentlein* (5), *heutlein* (6), *feftlein* (9), *fcheftlein* (10), *fumerröglein* (10), *dönlein* (11), *crönlein* (12, *pletlein* (13), *eftlein* (15), *keftlein* (16), *päfchlich* (20), *kemlein* (23), *ftemlein* (24), *piulein* (26), *töftlein* (27), *küftlein* (28), *fchöpflein* (33), *tröpflein* (34), *pertlein* (35), *fwertlein* (36), *örlich* (37), *rörlich* (38), *prüchlein* (57), *püchlein* (58), *fleglich* (68), *fwänglein* (77), *zünglein* (78), *ftücklein* (81), *mücklein* (82). Vereinzelt auch UFSchön 11 und sonst.

Verwandt ist ferner die Vorliebe für das Adjektiv *füß*: Eins. 5 *all in des füßen meien zeit*, 18 *all von des füßen taues farb*, 42 *mang füße* (FD *fchöne*) *notn aus femitön*, 69 *aus vogels kel mang füßen pramen*, vgl. Priester 36 *von feuchtigung füßen tans tröpflich*, Fruchtb. 107 *recht fam ein ros von füßem tau*, 11 *und primt davon mang füßes tönlein*, 79 *mang füße notn in einer minuten*; Blümlein (ZfdA. 32, 445) *drin man die füßen noten vint*; vgl. ferner Priester 44 f. *mang füßer wint fie* (die Blumen) *du erfchädelt, das fie fo zuckerlich her füßten*, 47 *mit irer füßen faffes rinnung*, 69 *mang füß geflimpten vogels hals*, 70 *du freut ich mich irs füßen fchalls*, 73 *die hort ich nu fo füß ergellen*, 75 *und für den füßen harpfen griff*, Fruchtb. 9, UFSchön 11 98 *mit füßen feftlein*, 16 *mang füße plüt*, 41 *durch füßen nebel*, 53 *mang füßen wirbel*, 57 *fo füße pröchlein*, 68 *die drofchel mit irm füßen fleglich*, 75 *fo füßen tact*. Ebenso *füßlich*, *füßiglich*: Eins. 13 *die alfo gar füßiglich ruchen*, 50 *da hort ich vögel* [*fo*] *füßlich fingen*, 59 *und ließ die noten* [*fo*] *füßlich clingen*, vgl. Blümlein *du pei plüt mancher poum fo füßlich*, Fruchtb. 4 *die aus der erdn fo füßlich praft*, 50 *fo füßlich zwitzern*.

Über das ganze Gedicht sind Rosenplütsche Eigenheiten verstreut. Der Vergleich von Lilien und grünem Klee mit Smaragd und weissem Kristall (V. 36 ff.) entspricht Rosenplüts Vorliebe für Edelsteine. So müssen in 'Priester und Frau' *karfunkel* (V. 7), *gamahin, orientisch perlich* (12), *saffir* (13), *rubin* (15), *serpentin* (25), der *edel stein crisolitus* (53) zu Vergleichen herhalten. Der Sinn für den Gesang der Vögel entspricht Rosenplüts von Roethe hervorgehobenem Verständnis für Musik. *sittig, galander, amsel* und *nachtigall* werden genannt; im 'Brünnlein': *droschel, amsel, lerch, nachtigall*, im 'Lob der Fruchtbaren': *lerch, droschel, galander, amsel, nachtigall*. Ihre Thätigkeit erscheint als ein Wettsingen nach Art der Singschulen. Im 'Brünnlein' gleicht die Musik einem regelrechten Konzert. Musikalische Termini werden auch im 'Einsiedel', wenn auch entfernt nicht so verschwenderisch wie anderwärts verwertet. Vgl. Einsiedel 65 *die huben das cantum an gemein* mit Fruchtb. 63 *die discantirtens in irm cantum*, Brünnlein *mit solchem cantum* (Hs. *tantum*) *sie sich regt, Das alls mein trauren mir empfiel*, Spr. v. Nürnberg 279 *in choris cantum kan er außen*, 282 *in gmessen cantum mit der zal*. Mit Einsiedel 40 ff.:

> daran die cleinen vöglein geuchten,
> das es erhall im wald so schön,
> mang süße notn aus semitön

vergleiche Fruchtb. 51 f.:

> mit semitoni aus dem re
> schöpften sie aus der quintense,

Brünnlein *mit faber dönn aus gravibus, . . . mit primi tön aus elami*, Spr. v. Nürnberg 265 ff.:

> mit contra tenor faberdon,
> mit primi toni tenorirt er,
> aus elami so sincopirt er u. s. w.

Die Vögel werden in derselben hyperbolischen Weise gepriesen wie im Spruch von Nürnberg der blinde Musiker Konrad Baumann; vgl. Eins. 51 f.:

> was die musica ie mocht pgreifen,
> des kundens sweglen vnd auch pfeifen

und Spr. v. Nürnberg 260 ff.:

> dem hat got follich gnad getan,
> das er ein meiflr ob allen [meiflern] ift.
> der tregt in feiner linnen lift
> [die] mufica mit irm füßen ton,

276 ff.: *das tregt er alls in feinr memorja* ... *und was für mufica wirt gfchatzt*; vgl. auch Fruchtb. 41 ff.

Was den Hauptteil anlangt, so finden wir, dass die Tendenz des Gedichtes zu der in echten politischen Dichtungen Rosenplüts verfochtenen stimmt.

Rosenplüt ergreift das Wort für die Armen und Unterdrückten. Er hat Mitleid mit den Schwachen. Im 'Spruch von Nürnberg' rühmt er ganz besonders auch die Fürsorge für die Elenden. Auch den Sündern, die Rosenplüt als Kranke betrachtet, wohlzuthun, darin gipfelt der Rat des 'klugen Narren'. Die soziale Not geht dem Dichter zu Herzen. In gleicher Weise wie im 'Einsiedel' klagt er über alle Welt in den '15 Klagen', beleuchtet er die Schäden des heiligen römischen Reiches deutscher Nation in dem 'Türkenliede' oder dem Gedicht auf die Hussenflucht. Er geht streng ins Gericht selbst mit dem Kaiser; vgl. 115 ff.:

> der keifer fürt das oberft fwert
> und doch zu zeiten nicht rechts gert,
> wie wol all recht foltn aus im fließen,
> damit er folt die fürften pgießen u. s. w.

Bitter klingt der Vorwurf gegen die Fürsten 119 ff.:

> das recht das habens an die want,
> (die) warheit taug gen hof nit mer;
> fchand und laftr ift worden er!
> wa lebt ein fürft nu hie und dort,
> dem one wandel fte fein wort?
> . . . . .
> alfo fein fürsten und ir adel
> pehenket mit der fchanden wadel.
> ir wapenfchilt und ir pavefen
> in grechtigkeit hat nimer wefen:
> das hört man die frumn herolt clagen,
> die türrn der warheit nimer fagen,
> wan man fie zu hof nu ausjagt.

Fast gleichlautend Klagen 205 ff.:
>Den herolt hort man auch nu clagen,
>der gtürr der warheit nimer fagen,
>frumm armut müß fich fmign und fmücken,
>treue und warheit ge auf krücken ....

Unwillkürlich wird der Dichter bei solchen Klagen derartig bewegt, dass ihm die rhetorische Frage einströmt, die sonst in seinem Stil nicht eben häufig ist. Vgl. Einsiedel 122 f. (*wa lebt ein fürft...?* [1]). Klagen 215 (*helt man das recht?*). Er klagt über schlechtes Gericht, über schlechte Münze (Eins. 126, Klagen 217). Bedrückung der Armen. Die zum Schwert gesegnet sind, um die zu bewältigen, *die unrecht teten witwe und weifen* (135) *rauben jetzt felbft*, heisst es im Einsiedel. So wird in den 15 Klagen gesagt, dass *witwe und weifen* (77) sich beschweren, dass sie nirgend Hilfe finden.
>das fwert das fie pefchirmen folt,
>das fei ganz erroft in der fcheiden

(88 f.), vgl. Einsiedel 138: *das recht fwert haben fie verlorn.* Der Geistlichkeit wird neben andern Fehlern Strebertum und Vetternwirtschaft vorgeworfen (250 ff., vgl. Klagen 100 ff.). Auch die Gemeinen werden getadelt. Ich greife nur einzelnes heraus.
>Die zucht die hat fich von fraun gzogen,
>keufchheit von jungfraun fleuget,

heisst es im Türkenlied 27, 2 f., vgl. Einsiedel 384 f.
>'die' frauenzucht ift ganz vermifcht,
>und jungfrauer ift gar verfwunden.

Auf das jüngste Gericht wird drohend hingewiesen, wie Rosenplüt auch sonst sich das jüngste Gericht gern in der Phantasie ausmalt; vgl. Spr. v. Nürnberg 174 ff. Im 'Türkenlied' wird der Antichrist unsinnig gescholten, dass er jetzt nicht kommt, was Reinmar von Zweter vorgebildet hatte (vgl. Roethes Reinmar von Zweter No. 133. 134.).

Rosenplüt hat einen grossen Respekt vor den Gelehrten und gestattet sich ein gewisses Prangen mit der eigenen recht bescheidenen Gelehrsamkeit. Ähnliche Reihen von

---
[1] Vgl. des Türken Fastnachtspiel (39) 296,11 *Wo lebt einer, der ein folchs außreut?* 296,12 *Wo ift einer der das als abplatt?*

Namen wie Eins. 152 ff., durch die lehrhafte Dichtung des 14. Jhs. beliebt, auch bei HSachs üblich, finden sich Spr. v. Nürnberg 132 ff., HLudwig D iicxlv f., LdFruchtb. 139 ff., UFSchön II 268—281, Kaiserin 10—19, 272—286. Octavianus (Eins. 156) stammt aus der Kaiserin. Ähnlich wie hier wird auch Kais. 35 ff. auf den Weltfrieden und Christi Geburt unter seiner Regierung angespielt. Wie hier 157 ff. wird dort 18 die Bibel zitiert für etwas, das gar nicht darin steht, sondern der Legende entstammt. Hier wie dort begegnet überdies der Reim *keifer : reifer*

Eins. 155 f.:
> und was der welt ein gtreuer reifer (*in weifer*)
> recht fam Octavjanus der keifer.

Kais. 41 f.:
> ein pruder het derfelbig keifer:
> den fatzt er die weil zu eim reifer.

Vgl. auch Spr. v. Nürnberg 181 f. Und auch der *alrdurchlauchtigft keifer Sigmunt: der was ein folcher reifer*. Alexander (Eins. 152) wird auch Kaiserin 19 als mächtigster Herrscher angeführt. LdFruchtb. 142 wird auf die Alexandersage angespielt: *alle wunder — die Alexander fach durchs glas*. Josua wird Kaiserin 281, Beichte 104, Spr. v. Nürnb. 137 zitiert, in der 'Kaiserin' ebenfalls des Sonnenwunders wegen, an allen Stellen als *herzog* bezeichnet. An allen Stellen steht der Name im Reim:

Eins. 171 ff.:
> und darzu herzog Jofue,
> der zu der funnen fprach: 'nu fte!'
> die leucht im in der nacht zu ftreiten.

Kais. 281 ff.:
> erhör mein pitten und mein fle,
> als du teft dem herzog Jofue!
> dein macht der funnen lauf einhub.

Spr. v. Nürnb. 136 ff.:
> die frümften [juden drei] in der alten e,
> küng David und herzog Jofue
> und Judas Machabeus der dritt.

Beichte 102 ff.:
> den ſtock ſneid recht und hack die reben,
> ſo tregt er trauben [vil] größr und me,
> dan Kaleph und herzog Joſye
> trugen aus dem gelobten land.

Hektor erſcheint als Vorbild, auch HLudwig (Diicxlj):
> Wan er iſt milt und tugenteich,
> das er iſt Hector von Troy gleich,

ferner Spr. v. Nürnberg 141 ff.:
> [keiſer] Juljus der heiden [recht] urteil fant;
> Trajanus feinem richtr [die haut] abſchant.
> Hector von Troy der dritt frümſt [heiden] iſt,
> als man uns in der bibel [puch] liſt.

So bewegen wir uns im 'Einſiedel' ganz in den Kreiſen Roſenplütſcher Geſchichtskenntniſſe, St. Peter begegnet Welt 214, St. Georg Huſſenflucht 203. Nur St. Moritz, Hieronymus, Gregor werden ſonſt bei Roſenplüt nicht genannt. Aber St. Moritz beſaſs in Nürnberg eine bekannte groſse Kapelle.

2. Die Überlieferung des Gedichts 'Vom Frauenkrieg' entſpricht der des Gedichts vom 'Einſiedel' ſo vollſtändig, daſs man ohne die triftigſten Gründe beide Dichtungen von einander nicht wird trennen dürfen. In L ſteht das Gedicht 'Vom Frauenkrieg' unmittelbar vor dem vom 'Einſiedel'. Vermutlich ſtanden ſie ſchon in der Vorlage zuſammen. Auf Nürnberg als Heimat weiſt die Überlieferung auch in Valentin Holls Handſchrift; die Reime können den Nürnbergiſchen Urſprung nur beſtätigen. Roethe hat ſchon bemerkt, daſs das Gedicht des von ihm für den von Roſenplüt geſchiedenen Roſner aufgeſtellten Kriteriums der kurzen Verſe entbehrt. Die Metrik iſt vielmehr ganz die Roſenplütſche. Der erſte Vers entſpricht einem Roſenplütſchen Eingang. Vgl. oben S. 132. Im übrigen iſt die Roſenplütſche Manier zwar nicht ſo in die Augen ſpringend, wie beim 'Einſiedel', aber doch ebenfalls kaum zu verkennen.

Die Einführung erinnert an den 'Schüler'. Der Dichter verſteckt ſich unter der Ofenbank, wie ſich der Schüler in einem Stadel verſteckt und beobachtet von ſeinem Schlupfwinkel aus alles, was ſich im Zimmer vollzieht. Elf Frauen

passieren gleichsam Revue mit den Ansichten über ihre
Männer. Es wird dann eine Mahlzeit arrangiert. Rosenplüt hat sehr viel Sinn für die Freuden des Schmausens.
Vgl. Schüler, Tinte 18. Die Unterhaltung ähnelt der
im 'Brünnlein'. Sie dreht sich um geschlechtliche Dinge,
für die allerhand Tropen verwertet werden, wie Rosenplüt dergleichen liebt. Die Klage der Wirtin (Erz. 180, 1—22) entspricht inhaltlich der Klage der ersten Ehefrau im 'Brünnlein'
10—46. Sonst versteht der Dichter im 'Frauenkrieg', der zwischen
Tadel und Lob der Ehemänner abwechselt, nicht so gut die
einzelnen Reden von einander abzuheben. Im 'Brünnlein' sind
deutlich Trinker, Spieler, Buhler als die drei Typen schlechter
Ehemänner unterschieden. Das 'Brünnlein' ist jedenfalls ein
spätes Gedicht Rosenplüts — der Dichter sagt von sich
selbst, ihn habe das Alter getroffen (122). Nichts scheint
mir gegen die Annahme zu sprechen, dass wir im 'Frauenkrieg' eine frühere Behandlung desselben Gegenstandes haben.
Es begegnet wenigstens ein direkter Anklang, der deshalb
wichtig ist, weil es sich nicht um eine blosse Entlehnung
handelt:

Frauenkr. 145 f.:
    Das treib wir dan in großer eil,
    pis das ein altman gieng ein meil.

Brünnlein 107 f.:
    Und macht dan eins mit phender eil,
    pis das ein krebs wol kröch ein weil (l. meil).

Vgl. ferner Frauenkr. 154 ff.:
    Was folt ich gutes von im fagen,
    fo ich hab keins von im gefehen?

mit Sp. v. Böhmen 207 ff.:
    Wie folt ich dan die fürften preifen?
    ir lop das wolt ich geren weifen:
    fo han ich keins von in gefehen.

Eine Kleinigkeit, die zu Rosenplüt stimmt, ist es auch, wenn
Frauenkrieg 310 (Erz. 185 24) als Dauer des Minnespiels angegeben wird *pis das der mesmer tut frümeß leuten*, vgl.
Tinte 41:
    und dienet ir da auf den knien,
    pis das man metten ward anziehen.

Wie so oft bei Rosenplüt folgt auch hier auf oft bedenkliche Reden der moralische Beschluss. **Rosenplütsche Bilder begegnen.** So liebt Rosenplüt Vergleiche, die hergenommen sind von Reinigen, Abwaschen, Ausspülen. Wie es Ärzte 146 heisst: *Hab wir mit peicht uns rein geſwanket* oder Beichte 44 *das ſoltu vor dem prieſtr ausſwanken* oder Woche 180 f. (von Maria):

<blockquote>
Alls peichten kund herz nie ſo klar ſwanken,
Als was ir reinen keuſchheit veſlein,
</blockquote>

so ist Frauenkrieg 175 (Erz. 181 37) das Bild gebraucht: *mein trauren tut er mir verſwenken*. Rosenplüts **Vorliebe für Hyperbeln** (Roethe, ADB 29 a. a. O.) finde ich wieder in 70 ff. (Erz. 177 ff.): *Möcht ich es alles han durchſunnen* ...

Von einzelnen **Wendungen** Rosenplüts notiere ich:

loben für: Frauenkrieg 196 (Erz. 182 4) *das lob ich für harpfen und pfeifen*, womit sich vergleicht Fruchtb. 193 f.:

<blockquote>
darumb ich fruchtpar weiber preiſe
für alle frucht im paradeiſe,
</blockquote>

Fruchtb. 231 ff.:

<blockquote>
für aller ſüßer orgel ſtimm
für palſam, golt und auch für gimm
lob ich die wunniglichen ſchar.
</blockquote>

Vgl. auch Priester 72—75. Auch dass Rosenplüt *lieben für* gern verwertet, darf herangezogen werden z. B.: Fruchtb. 121 f.: *ſie liebet mir zu aller friſt für alles das auf erden iſt*. Kais. 3 f.: *das im got liebt für alles das, das auff ie gſach und munt ie gʼaß*.

ſchein geben: Frauenkrieg 9: *Ir antlitz gab ſo lichten ſchein*; vgl. Eins. 460: *Du gap dein parmung milden ſchein*; 289 *ſein imfel geit dan lichten ſchein*. Einzelne Vokabeln finden sich auch anderwärts bei Rosenplüt. Zu Frauenkrieg 360 (Erz. 186 36): *So gedächtet ir: du feige haut*, vgl. Knecht 153: *ja zwar, du pöſe feige haut*, wo die Wendung allerdings aus der Quelle stammen wird, vgl. Kellers Erz. 295 22 f.:

<blockquote>
wol auff ir vngezogen braut!
went ir irr, vbel feige haut?[1]
</blockquote>

---

[1] Vgl. auch die Bearbeitung des Gedichts vom „Pfaffen mit der Schnur" in Val. Holls Hs. = Erz. 328, 14 f. *Du entrews weib vnd feige haut, Ich hett dir wol ains beſſern traut* und „Vom Pfaffen mit der

Zu Frauenkr. 143 (Erz. 181 6) *underſturz*: vgl. Klagen 217: *gut münz hat underſturz genumen*. Ein Lieblingswort Rosenplüts ist *ziln*: Frauenkrieg 140 (Erz. 181 3) *wenn ich im unden hab gezilt* (:*ſpilt*); vgl. Kaiserin 81 *wie ſie im auf den turn möcht ziln* (:*ſpiln*), 85 *da gaps im auf den turen zil* (:*vil*), Wolfsgrube 7 *das ſie eim pfaffen zu ir zilt* (:*ſchilt*) u. ö.

Freilich dergleichen kann sehr täuschen. Auch der Spruch 'von dreyen Mannen, die ob ihren Weiben klagen' von Hans Schneider (Kellers Erz. 188 ff.) zeigt direkte Anklänge an den 'Frauenkrieg'. Vgl. dort 189 36 f.:

> Wann ſy zu lang iſt auß geweſen
> Vnd ich ir thu ein pſalter leſen u. s. w.

mit Frauenkr. 282 f. (Erz. 184 35 ff.):

> Vnd ſpricht: wo biſt ſo lang geweſen?
> Vnd thutt mir dann ein pſalter leſen.

Aber Hans Schneider schreibt Rosenplüt auch sonst aus. Vgl. 191 9:

> Schiltt ich ein maß, ſy fluch ain ſuder

und Klagen 22:

> Schelt er ein maß ſo fluchs ein ſuder [1].

Der eheliche Konflikt wird bei HSchneider ähnlich geschildert wie im 'Brünnlein'.

(189, 1 f.:
> So gib ich ir ain alte kappen:
> Darmit ſo hebt ſich aber klag.

Reuſe Erz. 359, 25 f. *Vnd ſprach: wo biſtu böſe hut? Du rngetrnwe pfaffenbrut!* Die erste Stelle aber wird wohl Rosenplütsche Reminiszenz sein: das Gedicht stammt jedenfalls aus dem Kreise der Rosenplütschen Schule (vgl. auch 327, 14 *wie ſie einen het gezilt*). Der Reim *faſt* : *erlaſcht* 326, 1 f. deutet vorerst auf einen Schwaben als Verfasser. In F 164—176ᵇ wird Hans Auer als Verfasser genannt, der vielleicht mit dem Christian Auer identisch ist, dem R die 'Wolfsklage' zuschreibt. Vgl. C. Wendeler, Wagners Archiv 404 ff.

[1] Zu vergleichen ist ferner HSchneider 188, 18 f. *Vnd waz ſich einer may bedenken Daz will mein fraw nun an ſich henckenn* und 'Die Meiſterliche Predigt' 11 f. *Vnd was der edel[man] kan erdenken, Das will der paur als an ſich henken*, was für die Verfasserschaft der 'Predigt' mit in Betracht kommt. Vgl. unten.

vgl. Brünnlein 66 f.:
> So geyt er mir dann ein clingsor
> und spricht zu mir: so hin die feigen.)

Ebenso benutzt er 191₅ ff. das Gedicht vom zornigen Weibe, Hätzlerin S. 219, V. 52 ff. Er ist indessen ebenso wie Claus Spaun, der mit seinem 'Spruch von einem der wollt ein Doktor werden' (Kellers Erz. 334 f.) ebenfalls zu Rosenplüts Schülern gehört, wie er denn der Schreiber einer Handschrift sein wird, die Rosenplütsche Ged. enthält (s. oben S. 4. 9), von Rosenplüt durch seinen augsburgischen Dialekt bequem zu scheiden. Vgl. die Reime *auch : schmach* (189₁₂ f.), *raff* (d. i. *rauf*)*:straff* (190₁₉ f.). Davon findet sich im Frauenkrieg keine Spur: denn wenn 183₁₃ *gaffen* statt *gaufen* (DWb. IV, 1, 1542 ff.) im Reim zu *verkauffen* steht, so kommt das auf Rechnung des Schreibers. Auch *lust: entuscht* (185₃₇ f.) deutet nicht auf einen schwäbischen Dichter. Vgl. Wolkenstein 443 ₂₀ *prustlin an prust — frisch getust*. So darf man in Verbindung mit der Thatsache, dass Hans Schneider Rosenplüt auch sonst ausschreibt, die Benutzung des Frauenkriegs durch diesen Dichter eher für als gegen die Rosenplütsche Verfasserschaft in Anrechnung bringen.[1] Von Hans Schneider dürfte übrigens auch der verwandte Spruch 'von einer Frauen und ihrer Maid, wie sie mit einander tagten', herrühren, der in V. Holls Handschrift das Datum 1524 trägt (Kellers Erz. 122 ff.). In ganz ähnlicher Weise wie im Spruch 'drei Mann' schildert der Dichter, wie er ein Gespräch belauscht. Die Einleitung ist ganz knapp; er geht rasch in medias res, während im 'Frauenkrieg' ähnlich wie in anderen Rosenplütschen Zwisten die Situation breiter ausgemalt wird. Für Schneiders Autorschaft spricht der Reim *schmach : auch*. Vgl. Erz. 223₆ f.:
> Es ist euch weder schand noch schmach.
> Fraw, schweigt, es ich werd reden auch.

---

[1] Nachweislich ausgeschrieben ist Rosenplüt auch von dem anonymen Dichter des Spruchs 'Vom Bürger im Harnisch' Keller, Erz. 197 ff., wo gleich die beiden Anfangsverse den Anfangsversen des 'Hasengeier' entsprechen.

mit 'Von dreien Mannen' Erz. 189ₙ f.:
>Vnd fagt von feiner frawn auch
>Vnd fprach: nun hab ich fohand und fchmach.

ferner 2032₂₂ *Nun bin ich worden wol fo hen* (d. i. *hǎne*) und 190₂₁ *Domit macht man die weiber hen.* Zu 221₉ *Do ward uns abenteuer bekandt* vgl. Rosenplüt, Schüler 44 (F und Giessener IIs., Druck h) *hubfch abenteur wurdn im pekant.* Auf Augsburg, wo Schneider zu Hause war (ADB 32, 121) scheint die Nürnbergische Dichtung früh ihren unmittelbarsten Einfluss ausgeübt zu haben. Später unterstützten die Singschulen den litterarischen Konnex. Gerade der Typus des 'Brünulein' hat Nachahmung gefunden; indessen nötigt uns das noch nicht, Rosenplüt den 'Frauenkrieg' abzusprechen.

3. Das dritte Gedicht, bei dem die Überlieferung zwischen Hans Rosenplüt und Hans Rosner schwankt, ist das Gedicht von den Handwerken. Hier liegt die Sache für Rosenplüts Verfasserschaft sehr viel ungünstiger. Roethe spricht es ihm mit Entschiedenheit ab. Es ist kein Originalwerk, sondern in der ersten Hälfte die Bearbeitung eines älteren Gedichtes. Vgl. Bartsch Germania 8, 41 ff. Es hat nichts von Rosenplüts Art an sich. Die Fassung von Cgm 713⁴, 127, die bei Keller 3, 1135 ff. publiziert ist, zeigt eine Reihe kürzerer Verse: teils sind nur drei Hebungen vorhanden, teils sind Senkungen ausgelassen. Das widerspricht, so viel wir sehen können, Rosenplüts Verfahren bei Bearbeitungen. Allerdings liegt in F ein Text vor, der von dem bei Keller abgedruckten stark abweicht, die Verse in anderer Anordnung bringt und in metrischer Beziehung Rosenplüts Manier näher steht. Vgl. etwa Keller 3, 1136 V. 18 ff.

>So kan ich auß einer haußdiern
>Mit höffenlfohen fachen
>Ein fchönes fräulein machen

und F 391ᵇ Mitte

>So kan ich aus einer haufdirn
>mit gar höffenlfchen fachen
>ein hübfch weydölichs fräulein machen.

Ganz von der Hand weisen liesse sichs nicht, wenn jemand die Hypothese verträte, dass Rosenplüt sich in früheren Bearbeitungen enger an seine Originale gehalten, später eine modernere Metrik angestrebt und zu diesem Zweck seine älteren Sachen neu durchgesehen habe, wie die Fassung der 'Handwerke' in F zeige. Ich sehe aber nichts, was sich zu einem Beweis dieser Hypothese beibringen liesse. Die zweite Hälfte des Gedichts von Keller 3, 1137 V. 20 ab ist selbständige Arbeit, hat aber auch gar nichts Rosenplütisches an sich. Mit 1138,15 *das heißt man petteln jenfeit Reins* lässt sich allenfalls Spiegel im Pech 116: *als man den jenfeit Reines tut* vergleichen. Hans Ramingers Gedicht 'Von der Armut' hat ein paar oberflächliche Anklänge und führt uns vielleicht in die Gegend, wo wir den Bearbeiter zu suchen haben. In F lautet der Schluss ganz abweichend:

[394ᵇ]   So han ich auch langzeit nach haufrat gedacht
       Vnd hett drei federn zufamen pracht
       Vnd wolt mir machen ein pëtlein:
       Do kam ein cleines vogelein
       (Ich mein es fei ein fperck geweft),
       Es furt fie heim in fein vogelnëft.
       Allfo würd ich beraubt meiner federwot,
       Noch lig ich auf dem ftro frü und fpot.
       Ich wil darumb nit verzagen
       Vnd wil noch dem glück nach Jagen.
       Wenn yczunt ein' heut od' morgen reicht,
       Eins andern tags villeicht von Jm weicht,
[F 395]   Das er wurd alfo arm als ich:
       Darumb fo höf ich tegelich,
       Got thu mir ⟨kund⟩ die gnade fein.
       Das wer etlichem ein fchwere pein,
       Der mir dennoch guts unt' die augen feit.
       Ging es mir wol, es wer im leit.
       Das ficht man Nu in der welt vmblauffen,
       Wölt jr fein mer haben, fo wert Jrs kauffen.

Zu dem Schlussreim vergleiche Meisterliche Predigt 167 f.:
       Ich wolt ein juncfrauzüglein faufen
       das mir ped augn müftn überlaufen,

Maler von Würzburg 135 f.:
       fo wolt ich trinken unde faufen,
       das mir die augn über müften laufen.

Resultat: Rosenplüts Autorschaft ist unerweislich, das Gedicht apokryph. Aber das ist mir allerdings in hohem

Grade wahrscheinlich, dass der Schreiber von P gerade so gut wie der von D bei unserm Gedicht, wie die von F und R beim 'Einsiedel' und wahrscheinlich der vom 'Frauenkrieg' in Valentin Holls Handschrift, unter Hans Rosner niemand anders als Rosenplüt verstand. Darauf führt der Umstand, dass P ebenso gut wie DFR die deutlich erkennbare Absicht hatte, Rosenplütsches Gut zu sammeln. Es besteht die Möglichkeit, dass er sich selber so genannt hat. Doch ist ebenso gut möglich, dass der Name gemacht ist, um in den Schluss von Gedichten, die den Reim — *er* boten, wenn auch nicht den Namen Rosenplüt selbst, doch einen Anklang daran hineinzugeheimnissen. Dann wäre wohl unser Gedicht der Ausgangspunkt geworden für die Einführung des Namens Rosner auch in den 'Einsiedel'. Dass wirklich ein von Rosenplüt verschiedener Hans Rosner oder Rössner der Bearbeiter des Spruchs von den 'Handwerken' gewesen sei, wie Roethe ADB 29, 273 annimmt, ist sehr zu bezweifeln. Zwei Gedichte, die Rosner zugeschrieben werden, sind nachweislich Rosenplüts Eigentum. Ein Spruch, der kein Originalwerk ist, wird in einer einzigen von vier Handschriften einem Rosner zugeschrieben, unter dem diese Handschrift offenbar Rosenplüt versteht: darauf hin einen Dichter Rosner anzusetzen, scheint mir nicht erlaubt. Allerdings giebt es einen Rosner, aber nicht in Nürnberg, und dass er die 'Handwerke' bearbeitet, ist sehr unwahrscheinlich. *Rosner der clein Mann*, der 1474 oder bald darauf ein Gedicht auf die Judenpredigt zu Regensburg machte (abgedruckt Fastnachtspiele, Nachlese 305 ff.), war sicher eine Regensburger Lokalgrösse, die vielleicht nichts gemacht hat als jene — auch wenn man der Überlieferung recht viel Schuld beimisst — herzlich schlechten Verse. Die Überlieferung hält ihn von dem Überarbeiter der 'Handwerke' ganz getrennt. Irgend welche Verwandtschaft des Stils mit dem selbständigen Teil der 'Handwerke' findet sich nicht. Dass er kurze Verse gemacht hat, verfängt nicht, denn der Bearbeiter der 'Handwerke' liess kurze Verse nur stehn. Seine eigenen sind weit besser im Sinne des 15./16. Jhs. als die von Rosner, dem kleinen Mann, der der ausgesprochenste Dilettant ist.

4. Hans Rosenplüt und Hans Zapf.

Es handelt sich weiter um das Gedicht 'Vom Pfarrer, der fünfmal starb'. Als Schwankgedicht ist es zu vergleichen mit Rosenplüts Gedichten 'Der Knecht im Garten', 'Vom fahrenden Schüler', 'Die Wolfsgrube', 'Der Hasengeier', 'Die Tinte', 'Von einem Barbierer'. Sehr spärlich findet man hier überall die Rosenplütschen Bilder und Vergleiche, die für ihn in den ernsten, namentlich den geistlichen, politischen und lehrhaften Dichtungen sehr bezeichnend sind [1]. Es handelt sich zum Unterschied von diesen Rosenplütschen Gedichten diesmal nicht um eine Bettszene. Das Gedicht ist handlungsreich; es wird resolut erzählt. Wie bei Hans Rosenplüt, Hans Folz und Hans Sachs schreitet die Handlung gelegentlich mit 'erſt' fort (85). Kleine Stockungen und Wiederholungen sind nicht vermieden. Rosenplüt liebt z. B. in zwei parallelen Versen einen Sinn zu variieren. Vgl. Pf. 16 ff.

   das ſie des lochs nem eben war
   und im da riete, wie er tet,
 = das im der ſtifel würd vernet,
 = das er nit lang darauf dürft peiten.

Vers 18 oder 19 wäre nach dem Vorhergehenden strenggenommen entbehrlich, ebenso an folgender Stelle einer der beiden Parallelverse:

Pf. 45 ff. wie ſie dazu ein ſin pedocht,
 = das man den pfaffen vom weg precht,
 = das niemant innen würd der tat.

Aus sicher Rosenplütschen Gedichten lassen sich leicht Parallelen beibringen; ich zitiere nur eine, wo die Periode etwas abweichend gebaut ist, Hasengeier 121 ff.:

   das ſie ſchrei: 'herr nu brunzet auch,
 = e das mich töten werd der gauch;
   kein peſſer hilf mügt ir mir geben,
 = e das er mir gar nem mein leben.

---
[1] Dieser Mangel an „frappant Rosenplütschen Zügen" (Roethe ADB 29, 230) wird einen doppelten Grund haben: 1) dass der Dichter durch seine Vorlage beeinflusst war, 2) dass wir es mit Jugendwerken zu thun haben, in denen die Manier Rosenplüts noch nicht so stark ausgebildet war wie später.

Rosenplüt liebt es, beiläufig von den Affekten seiner Personen zu sprechen, insbesondere die Versicherung einzuschalten, dass sie froh werden über einen guten Rat, den glücklichen Ausgang einer Angelegenheit. Vgl. Pf. 275 *der mesner war des rates fro* (: *do*)[1] mit Kaiserin 310 *da freut sie sich erst und wart fro* (Kaiserin 306 *erst freut sie sich und wart frolocken*), Tinte 71 *do wart sie fro, da sie es fant*, Knecht 93 f. *der knecht tet nach den worten do… und war fro.* Rosenplüt liebt es, Zwischenfragen einzuschieben: Pf. 170 *die frau die sprach: wie ist das kumen?* Pf. 11 *das er gedacht: wie macht sich das?* (womit auch wohl zu vergleichen ist Frauenkrieg Erz. 178,16 *(iedacht ich wol: es will sich machen)*.[2]

Nicht alles, was man für die Charakteristik von Rosenplüts Manier geltend machen kann, ist gleich beweiskräftig; bei der Schwierigkeit, Rosenplüt von seinen Nachahmern zu scheiden, fallen unscheinbare Kleinigkeiten, die den Charakter des Zufälligen an sich tragen und deshalb nicht nachgeahmt werden können, besonders ins Gewicht, um zu zeigen, dass wir es wirklich mit Rosenplüt und keinem andern zu thun haben. Dahin rechne ich die Beobachtung, dass bei Rosenplüt stets mit einem Scheit geschlagen wird, nicht etwa mit einem Stock oder Prügel. Vgl. Pfarrer 146 *e ich euch treff mit einem scheit*, mit Knecht 116 f. *du solt im seinen palg mit einem großen scheit zutreschen*. Haseugeier 134 kommt die Magd gelaufen *mit ein scheit*, um den Pfaffen zu verprügeln. Beim Aufstehen wird ein Licht „aufgeschlagen". Pf. 219 *dan das sie pald ein licht aufflug*, vgl. Tinte 48 *da slug er pald* (lies zaulich) *auf ein licht.* Für das Läuten der Kirchglocken wird der Ausdruck „anziehen" gebraucht: Pf. 269 *und ziehen danach frümeß an*; vgl. Tinte 42 *pis das man metten an würd ziehen.*

Rosenplütsche Wendungen begegnen: *eben war nemen:* Pf. 16 *das sie des lochs nem eben war* (so in Y)[3]; vgl.

---

[1] Freihet 239 *der rede warn die cristen fro* (: *do*); 29 *die cristen die warn der red fro* (: *do*); 312 f. *da viengn die cristen an zu lachen Vnd warn der tagait alle fro.*

[2] Allerdings auch bei Folz 'Von einem Köhler', Keller 3, 1245,26 *Vnd denct: was will sich do erst machen?*

[3] Freihet 196 *des nam der freiheit eben war.*

Schüler 44 *daſſelb der ſchüler eben ſach*, 48 *daſſelb das ſach der ſchülr auch eben*, Barbier Erz. 427 14 *wolt ir mein anders warten eben*, Schüler 91 *merk mein wort eben*; mir wird etwas bekannt = ich erlebe etwas: Pf. 42 f.

> wan im pei allen feinen jaren
> nie folcher kumer wart pekant.

Schüler 44, F Giess. Hs., Druck *h*:
> hübfch abenteur wurdn im pekant.

Pfarrer 210 *die frau ſprach* 'ich pin ſein nit weis'. vgl. Einsiedel 223 *ich ſprach: 'vatr, des pin ich nit weis'* (wo vielleicht auch zu lesen ist: *'vatr, ich pin ſein nit weis'*, wodurch der Vers nach der Rosenplütschen Metrik besser gebaut wäre) —: *ſich vergehen* oder *vergahen*[1] Pf. 85 f.:

> erft wart der paur erzürnet recht.
> in großem zorn er fich verjecht,

vgl. etwa Barbierer Erz. 434 4 f. (10 f.):
> und fprach: 'das laß euch nit verfmähen (B verfmehen)
> zur nächften thund euch nit vergachen (vergehen)'.

Vgl. ferner Pf. 159 f.:
> Ach, liebes weib, rat wie ich tu

und Barbier Erz. 428 13:
> Sy fprach, rat, lieber meifter, wie ich thue,

Pf. 103: und las dir darumb gar nit g r a u f e n
und Schüler 118:
> der fchuler fprach: 'das dir icht graus',

Pf. 104: wes ging der narr dan da umb m a u f e n?
und Wolfsgr. 75:
> drumb las uns lenger dahie maufen (F laußen),

Pf. 79: als das ir mir mein habrn a b f r e t z t
und Klagen 34:
> die fretzen teglich ab ir weid.

Die Reime haben, da der einfache Stoff keine Veranlassung gab, Fremdwörter oder seltene Bildungen anzubringen, nichts Bemerkenswertes. Es finden sich keine Reime,

---
[1] Rosenplüt wechselt zwischen *nehen : nahen*, *fregen : fragen*, *verfmehen : verfmahen*, *vergehen : vergahen*.

die Rosenplüt nicht zuzutrauen wären, nur wenige, die sich nicht aus anderen Gedichten belegen liessen. Schwieriger ist der positive Beweis, dass die Reime wirklich von Rosenplüt stammen. Für Reime wie *hant* (*zehant*) : *pekant* : *want* : *vant* : *gewant*, *ſchaden* : *gaden* : *geladen*, *tür* : *für*, *leben* : *geben*, *ſach* : *ſprach*, *got* : *ſpot*, *ſchauen* : *frauen*, *an* : *pegan*, *ſagen* : *clagen* u. a. lassen sich mit Leichtigkeit Belege bringen, auch wenn man sich nur auf die anderen Schwankdichtungen Rosenplüts beschränkt, aber sie beweisen noch nicht viel. Beachtenswerter ist schon ein Verspaar wie 225 f.:

> da gunds den pfaffen recht anſehen
> und wart da zu ir ſelber jehen

im Vergleich mit Schüler 21 f.:

> der pfaff der wart in krumbs anſehen,
> der ſchüler wart zur frauen jehen.

Vgl. auch Schüler 109 f.:

> der pauer wart zum ſchüler jehen:
> 'lieber, wie gern wolt ich in ſehen',

weiterhin Frauenkr. Erz. 181 17 ff.:

> was ſolt ich gutes von im ſagen,
> ſo ich hab keins von im geſehen?
> in ganzer warheit wil ich jehen.

Pfarrer 157 f.:

> und fragt in, was im wer geſchehen.
> da wart er wider zu ir jehen.

Knecht 175 f.:

> daſſelb das wolt er aus ir ſpehen.
> die frau wart ſam aus zoren jehen.

Oder ein Verspaar wie 227 f.:

> und hub da frümeß an zu ziehen.
> da kamn die paurn und pgunden knieen.

im Vergleich mit Tinte 41 f.:

> und dienet ir da auf den knien,
> pis das man metten wart an ziehen

Man beachte ferner etwa den Reim *geleit* : *pereitt* in Pf. 7 f.

> Vnd het ſich ganz darzu pereitt
> und ſporn und ſtifal angeleit.

Tinte 77 f.:   da es nacht wart, da man fich leit.
              die frau fich auf die fart pereitt.
Barb.Erz.430₂ f.: da ich mein erzuei het percitt
              und fie fich hett zu mir geleit.

Unbefangene Betrachtung wird nach alledem zwar Rosenplüts Manier nicht sehr markant ausgeprägt finden, aber dafür auch nichts, was ihr widerspräche. Ich trage keine Bedenken, das Gedicht Rosenplüt zuzusprechen und der Überlieferung in P Recht zu geben. In Y ist der Name getilgt worden, ähnlich wie beim fahrenden Schüler L die Schlusszeile in *Alfo fprach der Schüler gut* verändert hat. Vielleicht ist *Hans Zapf der barbierer* in Y eine equivoke Anspielung des Dichters selbst oder des Schreibers auf Rosenplüts Gedicht von einem Barbierer. An Hans Folz den Barbierer darf keinesfalls gedacht werden. Von dessen viel beweglicherer und unruhigerer Art zu erzählen, hat das Gedicht gar nichts an sich. Während es z. B. zu Rosenplüts Stil gehört, dass er möglichst jedem Satz sein eigenes Subjekt gibt und selbst, wo er mit *und* oder *oder* verknüpft, das Subjekt des ersten Satzes durch das Pronomen wiederholt (*und er da* —), so bringt im Gegensatz dazu Folz möglichst viele Sätze unter ein Subjekt und drängt dadurch die erzählten Ereignisse mehr zusammen. Vgl. z. B. *Von einem Köler* (Keller 3, 1246₁₈ ff.):

    Der paur machtz kurtz und ließ fein tzawen,
    Faſt ir beid tzöpf und warff fie nider,
    Czoch fie am tennen hin und wider
    Pfropfft fie mit feuften und mit füffen
    Vnd fprach u. s. w.

Ferner neigt Folz auch dort, wo er noch am ruhigsten erzählt, stärker zu Exklamationen und rhetorischen Fragen. Wenigstens ein 'Gott geb', schlüpft ein vgl. Erzählungen 239₁₀. Auch die Metrik und Reimtechnik im 'Pfarrer' ist nicht die Folzische. Folz reisst z. B. durch den Versschluss syntaktisch eng verbundene Worte auseinander (Köhler 1245₄ ff.):

    Mancherley halben darumb fie |
    jr meid ward fragen was doch die |
    Wort jres mannes hetten gwelt.

Das thut Rosenplüt im allgemeinen nicht, und auch im 'Pfarrer' kommt dergleichen nicht vor.

5. Hans Schnepperer und der Schmieher.

1. Gehört das Gedicht vom Pfarrer in der That Hans Rosenplüt zu, so war sicher, dass er sich selbst der „Schnepperer" genannt hat. Dem Schnepperer schreibt die Überlieferung zunächst die Disputatz eines Freihets mit einem Juden' zu. Ist Rosenplüt der Verfasser? Ich glaube die Frage aus innern Gründen mit „ja" beantworten zu dürfen. Die ganze Erzählungsart gleicht der Rosenplütschen.

Der Fortschritt der Handlung wird bei Rosenplüt gern mit der Wendung gegeben „als die Zeit zu nahen begann":

Frauenkr. 27 (Erz. 178 2):
do es dem mitten tag ward nohen.
Freihet 34: und da die zeit herzu ward nahen.

Es wird gern mit „Noch" angeknüpft, um einen Gegensatz anzudeuten.

König im Bad 49:
Noch treip der küng mit in fein fpot
Freihet 186: Noch weiß ich nit, wer an fol heben.

Rosenplüt liebt es, eine Reihe von hypothetischen Sätzen präambulierend aneinander zu reihen. Das frappanteste Beispiel für diese oft angewandte Manier ist Turteltaube 25 ff. Vgl. ferner etwa Spruch von Nürnberg 189 ff., UFSchön II, 144 ff., Kaiserin 181 ff. (Keller 3, 1143 38 ff.). Wir finden sie auch Freihet 152 ff.

Sehr liebt Rosenplüt Vergleiche, die von ländlicher Arbeit hergenommen sind; namentlich die Verarbeitung des Korns zu Mehl wird zu allerhand Vergleichen verwendet. Der Dichter will das Lob der himmlischen Turteltaube *drefchen aus feins mundes ftadel* (Turteltaube 18), *dein flegel drafch nie auf lerm ftro*, heisst es im Müssiggänger 168 (Keller 3, 1156 25) von Christus.

und drafch mit irer zungen flegel
fo manches andechtigs gepet,

heisst es von der Kaiserin 428 f. (1149 5 f.). Vom Prediger wird Ärzte 100 f. (1085 2s f.) gesagt, er

> trifcht aus mit feinr zungen flegel
> den criften vierundzweinzig garb.

Der *eren korn wird ausgedrofchen* (HLudwig), *heil* wird aus der *eren veld* gedroschen (Woche 252). In obszönem Sinn wird das Bild vom Dreschen in den Fastnachtspielen viel verwertet. Gutes und schlechtes Mehl werden geschieden. Das Mehl, die Hülsen und die Kleie soll der Beichtende den Beichtiger sehen lassen, wenn er seines Herzens Thor aufschliesst (Ärzte 133). Meiner Ehren Mehl würde zu Kleie, würde es durch euer Sieb gesiebt, sagt die Kaiserin zu dem bösen Bruder des Herzogs (Keller 3, 145 17). Der Acker der Welt trägt nur böses Getreide, heisst es in dem Gedicht auf die Welt 38 ff., daraus man solche Kleie macht, dass die Seele drin gequält wird. Häufig ist die Scheidung des guten Getreides von *fpreuen* und *vraßen* vgl. Brünnlein:

> und hat dann unten gar ausgtrofchen
> und pringt mir dann erft heim die fpreuen
> fo muß ich an den vraßen keuen.

Die zahllosen Parallelen zu dieser Stelle, namentlich aus den Fastnachtspielen hat Euling, Hundert noch ungedruckte Priameln S. 23 f. noch nicht vollständig zusammengetragen. Hier wird das Bild auf das dogmatische Gebiet übertragen. Freih. 16 f.:

> ob euer glaub fei eitel kern
> on alle fraß und fpreuen.

Der Vergleich der Dogmatik mit einem Tümpel ist ebenfalls so charakteristisch für Rosenplüt, dass er allein schon auf seine Verfasserschaft führen könnte.

Freih. 152: fölt wir die tümpfel all durchwaten,

vgl. Beichte 61 von den Todsünden:

> und wat aus den fibn tümpfeln tief!

und Turteltaube 20 f.:

> wan ich fo feichten furt wil waten
> in deines tiefen lobes tümpfel,

ferner HLudwig *feinr ern tümpfel wird nimr ausg'öft*, Woche 78: *will du deinr fünden tümpfl ausöfen*, andrerseits HLudwig *und wat nicht aus der warheit furt*, UFSchön II, 124 *davon die drei do in fie wulen*.

So wird die Gnade mit einer Lache verglichen (UFSchön II 244), wie anderwärts (Einsiedel 397, Kr. v. Nürnberg 4) einem Teich. Die Gottheit wird einem Weiher verglichen Priester und Frau 100. Nicht durch so genaue entsprechende Stellen zu stützen, aber ebenfalls in Rosenplüts Richtung liegend ist ein andres Bild für den Glauben.

> Freih. 104 ff. das iederman mocht fehn mit rue
> und auch von wort zu wort ⟨da⟩ hören
> urſprünglich⟨en⟩ aus welchen rörn
> der prunn des glaubens kem gefloſſen.

So wird wohl Maria der heiligen Gottheit Rinne genannt, in der Gott herabfleusst aus dem Thron (UFSchön II 216 f.).

Rosenplüt liebt, wovon man sich leicht überzeugen kann, das Hendiadys (Freih. 49 *den großen kumr und auch die ſwer*, 84 *kein raſt noch ru*). Eine ihm besonders geläufige Verbindung ist Freih. 205 *mit großer fle und auch mit pet*, vgl. Klagen 82 *ſo helf nicht weder fle noch pet*, Spr. v. Nürnberg 326 *dafür helf weder pet noch fle*, Spr. v. Nürnberg 63 *kumt man mit pet für die, mit fle*. Überhaupt ist das Wort *fle* bei Rosenplüt beliebt: Turteltaube 189 *mit deiner gnediglichen fle*, Einsiedel 35 *daran ſie all hetten ir fle*, Einsiedel 377 *dem wuchrer peut man große fle* u. a. Freilich ist auch dieses Reimwort kein sicheres Kriterium; vgl. z. B. Folz, Fastnachtspiele (1) 1 23 f.:

> Des leßt die alt und die neu e
> Euch kunden hie mit großer fle.

2. Bei dem Lied „die Lerch und auch die Nachtigall" spricht zum mindesten nichts gegen Rosenplüts Verfasserschaft. Als Dichter eines strophischen Liedes tritt Rosenplüt ja auch mit dem 'Türkenlied' auf. Eine drastische Frische ist dem kleinen Gedicht eigen, die sich recht wohl mit Rosenplüts Charakterbild verträgt. Zu der Wendung *dafür lob ich* vergleiche man das oben S. 142 zum 'Frauenkrieg' bemerkte. Mit der Wendung: *Man lobet uns der ſeiten clang, die alſo ſüßlich clingen* darf man zusammenhalten:

Spr. v. Nürnberg 186:
> das daucht in ein füß clingend leit.

HLudwig:
> das ift mir ein füß clingend feit.

Woche 213 f.:
> eins icclichen (f. ieden) fünder reu und leit
> ift vor got ein füß clingend feit.

Kaiserin (Keller 3, 1143 27 f.):
> kein feit mir nie fo füß mocht clingen,
> als wan man eur zu gut gedenkt.

3. Eine der schwierigsten Fragen, die C. Wendeler, Wagners Archiv 388 ff. und Roethe, ADB 32, 31 verschieden beantwortet haben, ist die nach dem Verfasser der 'Klage des Wolfs im Hag'. Die Handschriften gehen in Bezug auf die Fassung des Textes und die Benennung des Verfassers völlig auseinander. Nur Cgm 713⁴ und F nennen als Verfasser den Schnepperer, die Hss. Cgm 270², Cgm 379⁴, Cgm 5919² und D den Schmieher, entweder ohne Vornamen (Cgm 5919), oder als Peter (Cgm 270, Cgm 379) oder als Heinrich (D), R Christian Auer, Cod. pal. germ. 253, 184ᵇ (nach Bartsch, Die deutschen Handschriften der Universitätsbibliothek Heidelberg S. 143) Cunrat Juncreuter. Nur eins scheint mir mit Roethe gegen Wendeler sicher zu sein, dass kein Originalgedicht Rosenplüts vorliegt. Wenn Wendeler das Gedicht schon dem „Inhalte" nach sehr Rosenplütisch nent, so wüsste ich sonst keinen Vergleichspunkt zu finden, als dass Rosenplüt auch allerhand Klagen gedichtet hat. Aber redende Tiere treten bei ihm sonst nicht auf. Vielmehr reiht sich das Gedicht ein in die Tierfabeln der Strickerschen Schule. Im Einzelnen lässt sich nicht der leiseste Anklang an Rosenplütische Dichtungen finden. Direkt gegen Rosenplüt spricht, dass in der Wolfsklage, wie sie Camillus Wendeler aus der Überlieferung herzustellen versucht hat, Verse mit und ohne Auftakt wechseln, während in echten Dichtungen Rosenplüts der Auftakt, so viel ich sehen kann, obligatorisch ist. Die Verse sind auch zu leicht für Rosenplüt; das heisst: es begegnen zu wenig dialektisch verkürzte Worte. Selten

ist bei Rosenplüt die Trennung des Objekts vom Verb durch den Versshluss wie hier gleich V. 2 f. *ſack | kauflent*; nicht bei Rosenplüt zu belegen ein Ausdruck wie *gepurt* im Sinne von mhd. *lip* als Vertretung des Personalpronomens (4 *wie edel iſt ewer gepurt*, 23 *ich pin ein armutſelige gepurt*). Es begegnet auch keines der von Rosenplüt gern verwandten Reimwörter wie *nahen, nehen, fregen, jehen*; *hant* steht nur zweimal im Reim (einmal 163 an unsicherer Stelle). Die Form *biſcholf* im Reim zu *wolf* (V. 44, vgl. Mhd. Wb. I. 16 f.) möchte ich Rosenplüt nicht zutrauen. Was aber mehr ins Gewicht fällt, 119 f. steht *kaufen* im Reim zu *wafen* (C. Wendeler *koffen : woffen*), was sich Rosenplüt nicht gestattet. *gen* und *ſten* sind im Reim gemieden; von *lân* sind nur kontrahierte Formen gebraucht: das deutet auf einen schwäbischen Verfasser. So scheint mir auch ausgeschlossen, dass etwa eine Rosenplütsche Bearbeitung eines älteren Gedichtes vorliegt.

Was den wahren Verfasser anlangt, so ist schwer ins Klare zu kommen. Konrad Jungreuter scheidet jedenfalls aus der Zahl der Konkurrenten aus, da sein Name in der Heidelberger Handschrift nicht einmal recht in den Reim passt. Die Mehrzahl der Handschriften scheint für den Schnicher zu sprechen. Doch ist zu bemerken, dass Cgm 270 und Cgm 379 (beide aus Augsburg stammend), was überhaupt für die Überlieferung der kleineren Dichtungen des 14. und 15. Jahrhunderts nicht unwesentlich, nur bisher nicht recht beachtet ist, in ihrer Hauptpartie auf eine gemeinsame Quelle zurückgehen. Die älteste Partie von Cgm 379 besteht nämlich aus Blatt 12—107 + 154—156, woran sich weiter 108—147, als von derselben Hand herrührend, anschliesst. Davon enthält zunächst Blatt 14—91 dieselben Gedichte in derselben Reihenfolge wie Cgm 270, 43—124. Es fehlen nur die beiden Gedichte Hans Ramingers *Ein Spruch von der Natur* (auch V. Holls Hs. 79 [1] und Hätzlerin ed. Haltaus

---

[1] In Valentin Holls Hs. steht in unmittelbarer Nähe des Ramingerschen Gedichtes ebenso wie in Cgm 270 und 379 der Spruch des Teichners *Stück idlich eid* u. s. w. Die Gruppierung der Gedichte in

S. 287), *Von der Armut* und das Peter Groningers von St. Sebastian (Cgm 270, 50—59), die wohl als zu langweilig vom Schreiber von Cgm 379 fortgelassen wurden. Diese Handschrift hat dafür als erstes Gedicht der ganzen Partie ein Gedicht *De curia Romana* halb lateinisch, halb deutsch mit dem beliebten Halbvers *Roma caput mundi* als Anfang (Bl. 12—14), das in Cgm 270 als zu kirchenfeindlich fortgeblieben sein wird, und ausserdem Bl. 92—94 allerhand Kleinigkeiten, die ebenfalls noch der gemeinsamen Vorlage entstammen werden und an die sich ein burlesker Liebesbrief anschliesst, den Cgm 270 erst auf Blatt 214 bringt. Man darf danach wohl für Cgm 379 die der gemeinsamen Vorlage entstammende Partie wenigstens von Blatt 12—95 rechnen. Wenn aber weiterhin Cgm 270 unmittelbar vor der gemeinschaftlichen Partie und Cgm 379 unmittelbar nach der gemeinschaftlichen Partie die 'Wolfsklage' bringt, so wird es nicht zu kühn sein auch hier noch die (oder doch wenigstens eine) gleiche Vorlage anzunehmen. So reduziert sich also die Zahl der Handschriften, die für den Schmieher plädieren. Indessen spricht doch die relativ alte Überlieferung für ihn und ausserdem die Überlieferung seiner Vaterstadt; denn er war vermutlich ein Augsburger. Namentlich, wenn die Vermutung richtig ist, dass die 'Wolfsklage' schon in der aus Cgm 270 und 379 rekonstruierten älteren Sammelhandschrift stand, so rücken wir mit der Überlieferung noch vor die Mitte des 15. Jahrhunderts, da sich am Schluss der eben ausgehobenen Partie von Cgm 379 (Bl. 147ᵇ) die Angabe findet, sie sei 1454 entstanden; „*z finitus ē iſte liber ī feͥia qūta pᵍ feſtū Scti felicͭ mris Anno dnj milleſio qᷓqzgeſſio ᵠto . m . k. tūc q̄ ī augusta.*" Einem Augsburger ist der Reim *kauffen : waffen* sicherlich zuzutrauen, wenn auch im Übrigen innere Gründe für Schmieher fehlen, denn was wir sonst von ihm besitzen, sieht etwas anders aus.

---

den verschiedenen Handschriften ist oft von Wichtigkeit für die Entstehung der Handschriften, um die sich die Litteraturgeschichte noch mehr wird kümmern müssen als bisher geschehen.

Denn Cgm 5919 bringt und zwar unmittelbar nach der 'Wolfsklage' ein Gedicht von den Erlebnissen eines Studenten in Prag (der Esel in der Kiste), das hier ebenfalls dem Schnicher zugeschrieben wird (Kellers Erz. 306 ff.), in F aber wiederum dem Schnepperer und Cgm 713[4], 47—45[1] dem Teichner.

4. Verwandtschaft mit Rosenplüt in der Stilisierung des Ganzen und in einzelnen Ausdrücken ist bei dem 'Studenten in Prag' zunächst zu konstatieren. Vgl. 307,10 *an das pett fchleichen*, 306,18 *das nam der ftudent eben war*, 307,16 *Vnd wolt fy laffen fehen eben*. Zu 307,8 f.:

> Der fludent gedacht in feinem mutt
> Ich hoff, mein ding das wer gutt,

ist zu vergleichen Spiegel im Pech 97 f.:

> der knecht der fprach zu ir: Demut,
> und tuftu das, dein ding wird gut.

Andrerseits treten bei dem Text in Cgm 5919 deutlich Spuren des schwäbischen (Augsburger?) Dialekts hervor, z. B. die Reime *entfchlaffen : lauffen* (Erz. 306,22 f.), *auch : gach* (307,13 f.), *ftraffen : lauffen* (309,10 f.). Wendeler nimmt an, dass Schnicher ein Rosenplütsches Gedicht überarbeitet habe, das in F noch intakt erhalten sei. Aber die Abweichungen sind zu minimal, als dass wir hier von Original und Überarbeitung reden könnten. Auch hat sich Wendeler nicht die Frage vorgelegt, warum denn gerade der Text in F Original sein müsse. Merkwürdiger Weise fehlen nämlich in dem Text, den F und auch Cgm 713[4] geben, die beiden dialektischen Reimpaare 307,13 f., 309,10 f. Die zweite Stelle fehlt überhaupt, die erste ist anders gewendet. Die Stelle 306,22 f. stimmt in Cgm 713 zu Cgm 5919 und scheint nach Wendelers Angaben — ich habe die Handschrift nicht zur Hand — auch in F gleichlautend zu sein. Wäre der Text von Cgm 5919 lediglich eine Überarbeitung des Schnicher, so ergäbe sich die merkwürdige Thatsache, dass er sich bestrebt hätte, dialektische Reime in den Text zu bringen, während

---

[1] In einer Partie, die von der, welche die 'Wolfsklage' bringt, ursprünglich geschieden war.

doch die umgekehrte Annahme, dass derartige Reime durch irgend jemanden, dessen Dialekt sie widersprachen, herausgebracht worden sind, ungleich mehr Wahrscheinlichkeit für sich hat[1]. So steht die Sache für Rosenplüt schlecht, ebenso für den Teichner, und die Annahme, dass wir es mit einem schwäbischen (Augsburger?) Nachahmer Rosenplüts zu thun haben, ist die naheliegendste. Ein solcher scheint der Schmieher in der That gewesen zu sein. Der obszöne Spruch „vom Reiben", der Cgm 379⁴, 108—110 und Cgm 1020, 52 ff. steht und den ihm kein Konkurrent streitig macht, zeigt dieselben Eigenheiten des Reims. Vgl. Cgm 379, 109:

> Da kam die eptiflin gelauffen
> und wolt das nondlin darumb ftraffen,

Bl. 110: Ich kan des nachtz nit entfchlaffen,
hiet ich gellt, ich wolt ein kauffen.

Auch ist nicht zu übersehen, dass der Anfang des Gedichts 'Vom Reiben':

> Hört jr und welt ir es bedagen,
> Ich wil vnß dies von reiben fagen,

zu dem Anfang des Studenten in Prag nach Cgm 713 stimmt.

> Wolt ir fweigen vnd betagen,
> Von hubfcher abenthewr fagn
> Wil ich euch manigfach[2].

Dass hier nicht Cgm 5919 (*Wendt ir horen manige fach*) und F (*Wolt ir hören ein wunderlich fach*) das Ursprüngliche haben, leuchtet ein. Das Reimwort *betagen* bot den Anstoss. Hs. L, die das Gedicht ebenfalls (fragmentarisch) bietet, beginnt aus demselben Grunde *Ir heren were es ewch nit leidt Das ich euch von hubfche abentheuer feit* u. s. w. So kommt auch von dieser Seite für Schmiehers Ansprüche auf den 'Studenten' Bestätigung, wenn auch zu Rosenplüts Gunsten nicht verschwiegen werden soll, dass der 'Student' in Cgm 713

---

[1] Wie ich beiläufig bemerke, ist in Cgm 713 auch 307, f. anders gewendet.
[2] Vgl. auch Kaufringer Cgm 270, 364 *Ich may lenger nit gedagen Ain abentúr muß ich fagen.*

unmittelbar hinter Rosenplüts 'König im Bade' steht. Der Teichner ist offenbar lediglich des Schlussreims wegen zum Verfasser gemacht, ebenso wie er in dem Gedicht *Vom Ritter mit der Roßhaut* z. B. in Cgm 270, 64 f. = Cgm 379, 27 f. Hans Raminger verdrängt hat (vgl. V. Holls Hs. Bl. 71 = Kellers Erz. 201) und wie ihm wohl massenhaft fremde Dichtungen zugeschoben wurden. Im Übrigen vgl. über den Schmieher Roethe ADB 32, 30 f.

Nun ist weiter für den Schmieher charakteristisch, nach dem verhältnismässig gut überlieferten Gedicht 'Vom Reiben' zu schliessen, dass er seine Verse mit und ohne Auftakt baut. Das stimmt recht gut zu der 'Wolfsklage'. So mag er in der That der Dichter sein.

6. Anonyme Spruchdichtungen.

Es kann nicht meine Aufgabe sein, jede einzelne Priamel auf Rosenplüts Verfasserschaft hin zu untersuchen: dass eine ziemlich beträchtliche Anzahl ihm gehört, ist ohnedies nicht bestritten. Auch die Weingrüsse und Klopfans wird ein Herausgeber unter Rosenplüts Dichtungen aufzunehmen haben, nicht ohne hier ein schwächeres dort ein stärkeres Fragezeichen zu machen.

Den „Bauernkalender" dürfen wir Rosenplüt mit derselben Sicherheit zuschreiben wie das Lied „die Lerch und auch die Nachtigall". Es geht im selben Tone (dem Hildebrandston). Sexuelle Dinge werden berührt wie so oft bei Rosenplüt mit Verwendung von allerhand Metaphern. Zu 8 *und ſterken uns das hirn* vgl. Freihet *Und aß und trank und ſterkt ſein hirn*. Wie hier die Namen Heinz und Conz und Metz zur Exemplifizierung verwendet werden (17. 19), so dient Klagen 42 *junkherr Cunrad* als Quidam.

Von den übrigen grösseren Gedichten der Handschrift D trägt am Unverkennbarsten die Zeichen Rosenplütschen Ursprungs „Die meisterliche Predigt". Sie reiht sich den echten Gedichten moralisierenden Inhalts an.

Wie in den '15 Klagen' die Stände passieren die Übelthäter Revue. Die Einleitung straft die Hoffart der „Gemeinen", über die auch Einsiedel 361 ff. geklagt wird. Vgl. Eius. 362 ff. *was nu tregt ⟨an⟩ der edelman, die cleider koſtenlich und zart, die ſneidt der purger auf der fart* und Predigt 11 f. *und was der edel[man] kan erdenken das will der paur als an ſich henken.* Auf das geschlechtliche Leben wird besonderes Gewicht gelegt. Wie im 'Brünnlein' wird über den Spieler Klage geführt, der sein Weib vernachlässigt. Dabei begegnet ein sterotyper Rosenplütscher Reim *taſchen : naſchen.*

Predigt 19 f.:

>und ſitzens zum wein und lern die taſchen
>und laſſn ein andern darzu naſchen.

Brünnlein 113 ff.:

>und ir umbs maul get leckn und naſchen
>dieweil raumt ſie im unten die taſchen.

Dann geht wie im 'Brünnlein' die Klage über den Trinker. Weib und Kind leiden Mangel, während er in Saus und Braus lebt, ist hier wie dort der Grundgedanke. Vgl. Predigt 27:

>und was im weip und kind [kan] erſparn,
>das leßt er [alls] durch die plaſon farn

und Brünnlein 12 ff.:

>wenn ich daheim die claen ſaug
>ſo ſitzt er dort und füllt ſein cragen
>und loſt mich unter [die] juden tragen
>Mentel ⟨und⟩ rock ⟨und⟩ kandl und ſchüſſel,
>daſſelb fert alles durch ſein drüſſel,
>und was ich an dem rockn erleck.

Zu Predigt 30 *und weil nit gdenkn:* 'es wirt ſich machen' vgl. oben S. 149.

In der Klage über die Nachtraben wird eine Nürnberger Lokalität gezeichnet, der Fischmarkt mit seinen Schragen. In der Klage über die Ehebrecher findet sich ein auch sonst von Rosenplüt gebrauchter obszöner Vergleich, einer von den vielen die ihm zu Gebote stehen.

Predigt 79:

fo tuts im pald fein efel ein,

vgl. Hasengeier 24 f.:

das fie im auch fein efl eintet[1].

Mit der Episode des Bezahlens Predigt 74 ff., vgl. Tinte 13 ff. Die Klage über die Winkelwirte finden wir sonst in Rosenplüts Spruchdichtungen nicht. Wohl aber ist Bauernkalender 17 von den Winkelwirten die Rede, bei denen Heinz und Kunz zu Weihnachten ihre *wampenfeck* füllen, und Klagen 33 ist von den Winkelweibern die Rede. Auch in der 'Predigt' finden wir Verwertung von Personennamen zur Bezeichnung eines Quidam. Wenn sich der Dichter der 'Predigt' als Strafe das Kastrieren mit echtem Behagen ausmalt, so finden wir darin Rosenplüts wenig erquickliche Art. Der buhlerische Pfaff in der 'Wolfsgrube' wird zur Strafe kastriert, der im 'Hasengeier' muss sich infolge der erlittenen Verletzungen kastrieren lassen. Die mit Behagen gegebene Schilderung der männlichen Geschlechtsorgane findet sich etwa auch Schüler 154 ff. Die Kategorie derer, die in der Kirche schwatzen, kommt zwar sonst bei Rosenplüt nicht vor; aber dieselbe Art der Aufzählung wie bei den durchgehechelten Frauen von Nr. 1 bis 20 ist vielfach bei Rosenplüt anzutreffen, vgl. z. B. 'Frauenkrieg'. Wenn zuletzt die Knaben, die den Maiden in ihr *fleifchgadem prechen*[1] abgekanzelt werden, so wiederholt der Dichter damit eigentlich nur, was er vorher gegen die Ehebrecher gesagt hat. —

Aus moralischen Bedenken darf man Rosenplüt jedenfalls den „Maler zu Würzburg" nicht absprechen, in dem ich Rosenplüts Art ziemlich deutlich ausgeprägt finde: Rosenplüts Reim- und Verstechnik, seine Manier zu erzählen. Es wird ein buhlerischer Pfaff betrogen wie im 'Fahrenden Schüler', in der 'Wolfsgrube' und im 'Hasengeier'. Wir bleiben also ganz in der Sphäre, in der sich Rosenplüts Schwankdichtung auch sonst bewegt. Wenn das Ehepaar den Pfaffen auf eine wenig Schamgefühl verratende Art in

---

[1] Zahlreiche Parallelen finden sich in den Fastnachtspielen.

die Falle lockt, so ist doch die Moral hier nicht laxer als anderwärts. Denn das ist das Widerwärtige an Rosenplüts ganzer Persönlichkeit, dass das, was Rosenplüt als lobenswert erscheint, eine brutal äusserliche Sittlichkeit ist. Er hat keine einzige Persönlichkeit geschildert, die sich innerlich mit Abscheu von dem abwendete, was er selbst als Sünde betrachtet — auch die fromme Kaiserin thut das nicht: sondern ein äusserliches Wohlverhalten schwebt ihm einzig und allein als Ideal vor. Ist man nicht zu *warer tat* (Schüler 35) gekommen, so ist die Sünde nicht geschehen. Ist aber wirklich einmal diese Grenze überschritten, so wäscht schliesslich doch noch die Beichte den Russ von der Seele ab und auch nach dem thätlichen Vergehen bleibt ein Trost: *die peſte puß iſt nimer tun*[1]. Es ist genau der Standpunkt, dessen Unsittlichkeit Luther so tief empfand. So darf uns gar nicht wundern, dass Rosenplüt für die Schlangenklugheit der Malersfrau nur Anerkennung hat, weil sie es versteht, die Sünde selbst zu meiden, aber doch die klingende Frucht der Sünde einzuheimsen.

Allerdings ist die Erzählung keine Erfindung Rosenplüts. Aber auch die Wahl eines Stoffes ist allemal für den Wählenden in irgend einer Weise charakteristisch. Der Stoff ist weitverbreitet (vgl. R. Köhler, Germania 18, 44 ff.) und auch in Deutschland schon vor Rosenplüt dichterisch behandelt. Ein Stückchen von Rosenplüts Quelle ist in der Karlsruher Hs. Nr. 408 erhalten und in Kellers Erzählungen S. 173 ff. abgedruckt, ein anderes aus Cod. pal. germ. 341 von Bartsch, Germania 18, 41 ff. publiziert. Bartsch berechnet das ganze Gedicht auf 238 Verse — Rosenplüts Gedicht hat nur 136 —: Anfang und Schluss sind uns erhalten. Rosenplüt verfährt auch sonst kürzend in Schwankerzählungen, wie man sehen kann, wenn man das Gedicht 'Vom Knecht im Garten' vergleicht mit dem Gedicht 'Von dem Schreiber'

---

[1] Vgl. z. B. Fastnachtsp. (40) 311₂₂. (19) 166₂₄ f. u. ö. Brünnlein 128 f. *Alle waſſer die ſei ſo rein nit wefcht Als nimer tun und frum im alter.* Vgl. auch Hasengeier 154. 169. Wolfsgrube 143 f.

in der Karlsruher Hs. 408, 123ᵈ (Kellers Erz. 287 ff.), das wohl die Quelle war. Die Veränderungen sind dort allerdings einschneidender als im 'Maler'.

Hier ist die Handlung vom Rhein (Erz. 173₆) nach Würzburg verlegt und der Pfarrer zu einem Würzburger Domherrn geworden. Das darf nicht dazu verleiten, das Gedicht Rosenplüt abzusprechen und einem Würzburger Dichter zuzuschreiben. Dass die Maler von Würzburg allgemein berühmt waren und der lockere Lebenswandel der Würzburger Domherrn weit über das Weichbild der Stadt bekannt war, hat M. Hermann, AnzfdA 15, 14 f. hervorgehoben, der das Gedicht ohne hinreichende Gründe Folz zuteilte, aber seine Ansicht selbst zurückgezogen hat (AnzfdA 18, 17 f. Anm. 2). Darin mag der Grund für die Lokalisierung liegen, die Rosenplüt sonst nicht kennt. Etwa Bamberg, zu dessen Diözese Nürnberg gehörte, zum Schauplatz zu machen, war wohl zu gefährlich, da sich die beleidigten Bamberger Domherrn beschwerdeführend an den Nürnberger Rat hätten wenden können. Das Buhlen um die Malersfrau wird in der Bearbeitung kürzer und plumper gestaltet. Ohne Umschweife geht der spätere Dichter aufs Ziel zu. Während es Erz. 174₇ heisst:

> Nu zwank in die mynn dar zu,
> Daß er fpet und fru
> Warpp mit feinem fynne
> Vmb die malerinne u. s. w.

ist daraus in der Bearbeitung geworden (Maler 15 f.):

> Und pulet heimlich oft umb fie,
> das fie in ließ zwifchen ir knie.

Rosenplüt pflegt dergleichen stets sehr deutlich zu sagen, ohne jede Verhüllung. Vgl. z. B. Hasengeier 22 ff.:

> und pulet umb fie frü und fpet
> das fie im auch fein efl eintet.

Tinte 7 ff.:
> der münch der pulet umb ein weip
> und warp fo fer um iren leip,
> das fie ein nacht neur pei im leg,
> das er eins folchen mit ir pfleg u. s. w.

Während in der Vorlage gesagt wird, dass der Pfarrer der
Malersfrau auf der Gasse und in der Kirche nachging, ist
in der Bearbeitung ein Moment des Werbens sofort herausgegriffen, und der Domherr sagt seine Absicht so plump
heraus, als handle es sich um die erste beste Buhldirne.
Maler 15 ff.:

> Eins tags wolt fie zu metten gan,
> der probſt kom zu ir auf die pan
> und grüſte fie gar minniglich
> und ſprach: 'ich wolt euch machen reich,
> das ich ein nacht folt pei euch ligen,
> und weſt ich neur dass pleib verſwigen,
> ich wolt euch geben ſechzig ſchock
> und darzu kaufen mantl und rock.

Man vergleiche die entsprechenden Verhandlungen im 'Knecht',
in der 'Tinte', in der 'Kaiserin', um hierin die rohe Art,
mit der Rosenplüt dergleichen anfasst, wiederzuerkennen.
mantl und rock als Versschluss begegnet auch Tinte 88. —
Auch das Folgende, die Unterredung zwischen den beiden
Eheleuten über die Bemühungen des Buhlers ist in der
Bearbeitung gekürzt. Während die Vorlage ziemlich ausführlich über Zeit und Ort der Unterredung berichtet, heisst
es in der Bearbeitung nur (27 f.):

> die frau gar zaulich (Hs. *pald*) hinheim lief;
> den iren man fie zu ir rief.

Die Verse klingen an an andere Rosenplütische:

vgl. Pfarrer 97 f.:

> zu feiner frauen er hin lief:
> gar heimlich er ir zu ihm rief.

Pfarrer 155 f.:

> feinr frauen er auch pald aufrief:
> die faumt fich nit, fie zu im lief.

Tinte 83 f.:

> hin zu der tür aus er da lief:
> fein prüdern er da zu im rief.

Dagegen scheint mit dem Moment, wo das alte Gedicht
leider abbricht, zunächst ein erweiterndes Verfahren einzusetzen. Abweichend ist die Art, wie der Pfaff zu der Frau

ins Haus kommt. Während er sie in der Vorlage deshalb
von neuem anredet, sendet sie hier eine Magd zu ihm, wie
die buhlerische Frau in der 'Wolfsgrube' eine Magd aus-
sendet, als der Pfaff zu lange ausbleibt. Eine Zeitbestim-
mung fehlt nicht.

    Maler 49 f.:

> dass in hieß kumen, e er eß,
> und auch des geldes nicht vergeß;

    vgl. Wolfsgrube 11 f.:

> wenn man des nachtes plies die horn,
> fo˙ folt er fleichen durch das korn[1].

    Während im alten Gedicht der Pfaff gleich in das mit
Bildern verzierte Schlafgadem geführt wird, die Überraschung
durch den Mann also sehr schnell vor sich gegangen sein
wird, hebt in der Bearbeitung erst ein behagliches Schmausen
an. Die ganze Situation entspricht ziemlich genau der im
'Schüler'. Die Frau *ſtößt ein hünlein an den ſpiß* (56),
vgl. Schüler 49 *ein ypraten hun ſtak an eim ſpiß*. Es wird
gegessen und getrunken, Maler 59 f.:

> und aßn und trankn und lebten wol,
> der probſt der ward da freuden vol.

    Vgl. Frauenkrieg 97 f. (Erz. 179₃₁ f.):

> der wein geviel in allen wol
> drumb wurdens alle freuden vol.

Wir können dagegen etwa Folz' „Kaufmann zu Basel" (Erz.
228 ff.) halten, wo auf die Überraschung keineswegs derartig
vorbereitet wird. Es heisst einfach: es begab sich an einem
Mittag, dass der Kaufmann geritten kam.

    Die Art, wie schliesslich dem überlisteten Pfaffen zur
Flucht verholfen wird, ist ebenfalls der im 'Schüler' ange-
wandten entsprechend, was zunächst nur für die Stoffwahl
ins Gewicht fällt. Wer am 'Schüler' Behagen fand, der
konnte ja wohl auch den 'Maler' überarbeiten. Doch finden

---

[1] Vgl. Spiegel 91 f.: als umb die erſten hanenkret,
    fo wers nit zu frű noch zu ſpet,

sich auch hier wieder charakteristische Abweichungen des jüngeren Gedichts vom älteren. Der Pfaff muss sich nackt abziehen und wird mit Ölfarbe bestrichen. Das scheint eine Erfindung des Bearbeiters zu sein und entspricht dem Bestreichen des Pfaffen mit Russ im 'Schüler'. Im Vorbild wurde er vermutlich nur nackt an ein Kruzifix gehenkt, wie in dem französischen Fabliau, auf das Köhler hingewiesen hat. An die Stelle des Christusbildes, das der Pfaff repräsentieren soll, ist in der Bearbeitung ein Götzenbild getreten. Das deutet nicht nur auf ein stärkeres Einwirken der Antike auf Kunst und Kunsthandwerk, wie es ja thatsächlich im 15. Jahrhundert statt hatte, sondern mehr noch darauf, dass der Bearbeiter ein kirchlich frommer Mann war, der sich eine solche Blasphemie nicht gestattete. Das stimmt ganz zu Rosenplüt, der fortwährend auf Christus und die Jungfrau Maria hinweist. Denn dass dem Pfaffen die Strafe droht, kastriert zu werden, machte sich Rosenplüts schmutzige Phantasie zu Nutze.

Zu 102 *Der probſt erſchrack, das er erpleicht* vgl. Schüler 147 ff.:

    der paur erſchrack, das er ward heiß,
    das er viel nider in den kreis
    und das er ward gel und auch pleich.

Hasengeier 138:

    die frau erſchrack, das ſie wart rot.

Bedeutungslos ist, dass im Original der Maler ein Messer verlangt, um die partie honteuse zu entfernen, in der Bearbeitung ein Beil, was auf weniger guter Kenntnis der Schnitzkunst beruht, beachtenswert aber wie sehr der Bearbeiter die Situation zu Witzen benutzt, die jedem Schamgefühl Hohn sprechen. Ganz ähnliche Scherzchen gestattet sich der Bauer im 'fahrenden Schüler'; im 'Maler' nimmt aber auch die Frau daran Teil. Mutternackt flieht schon im Vorbild der erschreckte Buhler heim wie der Pfaffe im 'Schüler' und, wie auch das buhlerische Weib in der 'Tinte" nahezu nackt heim eilt. Eine Erfindung des Bearbeiters ist es, dass die klägliche Situation des Überlisteten zu einer neuen Erpressung benutzt wird. Man vergleiche damit die Erpressungen des fahrenden Schülers und des Dieners im 'Hasengeier', um Rosenplüts Art wiederzuerkennen. Auf einem Missverständnis des Verses

> Habt uf, mir louft min bilde hin

in der Vorlage, vielleicht auf dem Schreib- oder Lesefehler *hebt auf* wird es beruhn, wenn es Maler 107 f. heisst:

> werft ab prücken und fteg,
> die götzen laufen mir all weg,

was übrigens nicht zu Würzburg passt, wo über den Main keine „Stege" gingen, wohl aber zu Nürnberg, das auch seiner vielen Brückchen wegen wohl mit Venedig verglichen werden konnte [1].

Die Schlussverse des 'Malers von Würzburg' sind nahezu gleichlautend mit denen der 'Predigt' (In F und der (Giess. Hs. fehlen sie). Vgl. auch oben S. 146.

Maler 131—136:

> Nu hat die abenteur ein end.
> würd mir der wein hie in mein hend,
> fo wolt ich trinken unde faufen
> das mir die augn müftn überlaufen.

Predigt 165—168:

> nu hat mein predigt gar ein end.
> würd mir das trinkfas in mein hend,
> ich wölt ein jungfrauzüglein faufen,
> das mir ped augn müftn überlaufen.

Ähnlich aber lautet allerdings auch in einem der spätesten Sterzinger Spiele, Nr. XXV *die zwen Stendt*, niedergeschrieben 1535 und, wie es vorliegt, jedenfalls nach dem Auftreten Luthers entstanden (vgl. 166 f.), der Schluss einer Freihartspredigt 237 ff.:

---

[1] Gerade diese Verwechslung würde wohl dagegen sprechen, mit Roethe ADB 29, 230 noch ein verlornes Mittelglied zwischen Rosenplüt und das ältere Gedicht einzuschieben. Weder Roethe noch Herrmann scheinen die Bartschische Publikation beachtet zu haben.

> Hie mit fey mein fpruch albie vollendt.
> War mir ein trinck gfchirr ein dj houndt.
> Ich wolt ein Junckfrau trincklc sauffenn,
> das mir dj augen muefften vberlauffen.

Dafür, dass es eine bewusste Reminiszenz an Rosenplüt ist, scheinen indessen die folgenden Verse zu sprechen mit dem Reim *guet* : *bluet* (statt Rosenplüts *güt* : *-plüt*):

> Nun lieben herren und froind, nembt zu guet:
> das fchenkht euch hanß leberwurft das edel bluet,
> das wenig gwingt und vill verthuet,

wozu man dann aber auch weiterhin den Schluss der Rede des Freihartsbuben im Spiel vom Reichen Mann und Armen Lazarus halten muss (Schweiz. Schausp. I V. 159 f.): *Damit ſo hand von mir für güt Spricht bhalt kein gelt, des edel blůt.* Auch in der Leipziger Rosenplüthandschrift L Blatt 136[a] begegnen die Verse wieder als Schluss eines kleinen Scherzgedichtes, über dessen Verfasserschaft sich nichts wird ausmachen lassen, weil es sehr zerstört überliefert ist:

> Das hat ein end.
> Wurd dem haußfrein der wein ju die hend,
> So wolt er drincken vnd fauffen
> Das jm die augen muften vber lauffen.

Wenn also auch diese Verse nicht zu einem direkten Beweis für Rosenplüt zu benützen sind, so scheint mir doch sonst so viel für ihn zu sprechen, dass er für den Verfasser gelten darf. —

Roethe hält für glaublich, dass der „Spiegel im Pech" ein Werk Rosners sei, dem das Gedicht *Von dem Knecht Herolt* in der Karlsruher Hs. 481, 42[b] (Kellers Erzählungen S. 471) als ältere Quelle zu Grunde läge. Da diese Karlsruher Handschrift die Quelle zu Rosenplüts 'König im Bade' (Bl. 156[b]) und zum 'Maler von Würzburg' enthält, so liegt die doppelte Vermutung nahe, dass wir 1) hier in der That die Quelle zum 'Spiegel' vor uns haben und dass 2) wiederum Rosenplüt der Bearbeiter ist. Ganz in Rosenplüts Art sind die Metaphern *rauhe tafchen* (22), *das under gadem* (117), *das heimliche gemach* (109), *ſpiß* (114), *ſper* (118), Rosenplütisch der Ausdruck *zaulich* (59, 61) den die Handschriften meist durch *zeitlich* ersetzt haben. Mit Vers 69 *da ruft im zaulich dar die frau*, vgl. Wolfsgrube 80: *ir meid ſie zaulich zu ir rief*. Rosenplütisch ist die Wendung *Im haben mein große ſünd verſmacht* (54 von Gott), vgl. Klagen 222 *die ſtück all got größlich verſmahen*. Sehr häufig ist bei Rosenplüt die dem Turnierwesen entnommene Wendung *Ich pger der ſtangen* (123) im Sinne von „ich bin besiegt". Vgl. z. B. Kl. Narr 151 *der herr der ſprach: 'ich pger der ſtangen'*, Turteltaube 24 *Drumb ſo pger ich, juncfrau, der ſtangen*. Rosenplütisch ist auch die Wendung *aus ſchern* vom Mädchen, das den Buhlen abfahren lässt (138); der Vergleich mit der Thätigkeit des Barbierers begegnet häufig; *trucken ſchern* bedeutet geradezu „abtrumpfen", z. B. Spr. v. Nürnberg 122 wird von jedem Feinde Nürnbergs gesagt, er würde gern etwas unternehmen, *forcht er ſich nit ror truckenſchern*.

Das Gedicht vom 'Spiegel', wie es die Rosenplüt-Handschriften überliefern, hat einen zweiten Teil, der in der Karlsruher Hs. fehlt. An eine Fortdichtung Rosners „aus eigenen Mitteln" denkt Roethe. Unterscheidet sich nun dieser zweite Teil dem allgemeinen Charakter nach oder in stilistischer Beziehung vom ersten? Ich wenigstens bin nicht instande auch nur den leisesten Unterschied wahrzunehmen, was doch möglich sein müsste, wenn wir es mit den Werken zweier Verfasser zu thun hätten. Sehr deutlich hebt sich z. B. der zweite Teil des Gedichts 'von den Handwerken' ab; es ist ein unorganischer Bestandteil, eine äusserlich angeflickte Fortsetzung. Hier aber rundet sich erst durch den zweiten Teil, die Rache der Magd, die saftige Geschichte in der rechten Weise ab. Ohne den zweiten Teil haben wir es mit einer blossen Schmutzerei zu thun; mit ihm kommt uns wenigstens das ästhetische Vergnügen am Sieg der List über die Gewalt zu Hülfe. Angenommen Rosner sei der Verfasser des überarbeiteten Gedichts 'von den Handwerken und auch des 'Spiegels im Pech', so hätte er sich das eine Mal als Überarbeiter sehr ungeschickt, das andre Mal sehr

geschickt benommen, er hätte sich das eine Mal gar nicht,
das andre Mal ausgezeichnet in Gedankengang und Manier
des ursprünglichen Dichters eingelebt; er hätte ferner das
eine Mal den älteren Bestand in metrischer Beziehung gar
nicht auf das Mass seiner eigenen Dichtungen zu bringen
verstanden, das andere Mal ganz brillant. Mir scheint es
nicht gerechtigt, mit solchen Widersprüchen zu operieren bei
Konstruktion einer dichterischen Persönlichkeit, von der wir
sonst, wie ich schon oben (S. 147) bemerkt habe, gar nichts
wissen. So zerflattert das Phantom Rosners.

Lassen wir die Frage nach dem Verfasser des 'Spiegels
im Pech' zunächst unentschieden, so entstehen doch Bedenken
in Bezug auf das Verhältnis zum Gedicht *Von dem Knecht
Herolt*. Beide Fassungen stehn sich — abgesehen von dem
Fehlen des zweiten Teils in der Karlsruher Hs., das aber
doch recht wohl auf einer Auslassung beruhen kann und
beruhen wird — ungleich näher als die ältere und jüngere
Fassung vom 'Maler' und vom 'König im Bade'. Die
Hauptdifferenz ist eine metrische. Das Gedicht *Vom Knecht
Herolt* (a) hat durchgehends kürzere Verse als das 'Vom
Spiegel im Pech' (β). Die Reime sind grossenteils dieselben.
Hält man die Verse gegeneinander — das wird künftig in
bequemer Weise möglich sein, wenn meine kritische Ausgabe
vorliegt — so erkennt man leicht, dass die längeren
Verse den kürzeren gegenüber durchaus nicht den Eindruck
machen, als seien sie auf ein Prokrustesbett gestreckt worden.
Die Verse in a sind ganz unregelmässig gebaut, die in β
sehr regelmässig, nämlich mit vier Hebungen und stetem
Wechsel von Hebung und Senkung, sobald man sich nur
die Mühe giebt den Text methodisch aus allen Hss. herzustellen
und die Wortkürzungen, die Rosenplüt sich stets in
Einklang mit seinem Dialekt gestattet, auch hier zulässt.
Nun ist aber die Annahme, dass kürzere Verse Zeichen
höheren Alters seien doch nur ganz im allgemeinen zutreffend,
keineswegs jedoch auf jeden Spezialfall anwendbar. Und
jedenfalls ist es ungleich leichter, lange regelmässige Verse
in kurze unregelmässige zu verwandeln als umgekehrt.
Rosenplüts und anderer Dichter des 15/16. Jahrhunderts

Verse haben so reichlich eingestreute Flickwörter, dass man mit Leichtigkeit hier und dort etwas fortlassen kann, ohne den Sinn wesentlich zu schädigen. Gerade die Rosenplüt-Überlieferung zeigt, dass ebenso gut verkürzt wie zugesetzt wurde, je nach der Individualität der Schreiber. So neigten z. B. die Schreiber von L, der Giessener Hs., von Cgm 713⁴ mehr zu Auslassungen, der von D oder seine Vorgänger mehr zu Erweiterungen. Für den Schreiber der Karlsruher Hs., der zumeist ältere Gedichte abschrieb und den Klang der kürzeren Verse im Ohr hatte, ist es ganz begreiflich, dass er ein kürzendes Verfahren einschlug. Er hat auch archaistische Schreibung verwendet z. B. *z* statt *s* oder *β* in *daz, waz* (auch als Verb); er schreibt *fruewe* (: *zue* Erz. 471 25), *paidew* (471 21), was alles für die Sprache des Dichters noch nichts beweist.

Nun begegnen allerdings auch stärkere als bloss metrische Veränderungen. Es stehen in α Verse, die in β fehlen und umgekehrt. Doch besteht ein ähnliches Verhältnis auch zwischen den verschiedenen Handschriften von β selbst. FLD Giessener Hs. Cgm 713⁴ gehen auch unter sich derartig auseinander, dass wir bei näherer Untersuchung finden, dass nicht nur zwei Rezensionen α und β zu unterscheiden sind, sondern drei, repräsentiert durch die Karlsruher Handschrift (I), durch F und die Giessener (II), durch L, D und Cgm 713⁴ (III). Wir müssten nicht nur eine einmalige, sondern eine doppelte Umformung annehmen und zugleich auch eine konsequente Annäherung an Rosenplüts Art.

Folgende Stelle mag das Verhältnis der drei Rezensionen zu einander beleuchten.[1]

---

[1] Kleine Abweichungen der einzelnen Handschriften von einander bleiben unbeachtet.

I (Karlsruh. Hs. 47322 ff.)	II (F Giessener Hs.)	III (DL Cgm 7134.)
Da gieng der wirt dar und wolt nemen war, waz der djrne waz geschehen. er begond ir zwyschen die beyn fehen: da fach er ein fewr jnnen in dem fpiegel brynnen. *da greiff er mit der hant dar und wart auch viel fchier gewar, das der magt ein fpiegelglaß für die fcham gemacht was. er fprach: habe danck, herolt, seit fye nicht thuen wolt, das du fie haft verpicht; wie hart wir fein erfchrickt,* das sollen wir alfo verklagen. ich will dir für ware sagen: *auff mein trewe, dyemual, es wer dir zweirnot als guet,* du hettest jn laffen mynnen: wann es wirt wachffen begynnen nahent vndt ferren, vor frawen und vor herren, und ervert ez ein fchreiber, eyn alfo wonderlich mere, der begond etwas darauß machen, daz fein die leute werden lachen.	Der wirt lief auch gehlingen dar und wolt des wunders nemen war, wie feiner dir(e)n wer gefchehen. da wart er zwifchen die pein fehen. *er fprach: hab danck, mein knecht Herolt, da fie deinen willen nit tun wolt, das du jrs fo hübfchlick haft verpicht, das manche noch vor dir erfchrickt.* nu fprich ich es iedoch: Demut, es wer dir nahent zwir als gut, du heft fein willen hie gethan, als das du folch gefpött muft han.	Da kam gelaufen dar der man und wolt das wunder auch fehn an. *als pald als er da plicket dar da wart er alfo fnell gewar, das ir mit pech ein fpiegelglas für die fcham gepichet was. er fpruch: 'hab dank, mein lieber knecht!* du haft ein hübsch ftraf auserfpecht; darumb das fie dir hat verfacht, haftus zu großem gfpötte pracht.

Auf den ersten Blick könnte es scheinen, als gingen die Rezensionen II und III beide auf I zurück. Aber bei genauer Betrachtung des gesamten Textes stellt es sich heraus, dass Rezension II und III gegen I so oft zusammen-

stimmen, dass sie notwendig von einander abhängig sein
müssen. So haben z. B. Vers 21 ff. (nach meiner Zählung)
II und III die sehr auffallende und echt Rosenplütsche
Lesung:

> und fenkt sich nider (III sank fürn ofen) in die afchen
> und ließ do plecken¹ (II plehen) die untern tafchen,

dagegen I (472 2-5):

> und leyt sich für den ofen nyder.
> alfo feit man uns fieder,
> daz die zu minne recht lack,
> und keyner gedeck nicht enpflag.

Rezension II und III sind präziser. Sie sagen das in
zwei Versen, wofür I vier braucht, darunter einen deutlichen
Flickvers 472 3. Ich möchte daher die Meinung vertreten,
dass I (die Karlsruher Hs.) geändert hat, dass I, II und III
auf ein Original zurückgehen, das I ziemlich stark verändert
und dem II, III vielfach noch näher stehn, vor allen Dingen in
metrischer Beziehung. Und zwar sind bei den Änderungen
von I gerade Eigenheiten herausgebracht wurden, die für
Rosenplüt charakteristisch sind. Um ein weiteres Beispiel
zu wählen: in I (Erz. 473 4 ff.) heisst es:

> Da gieng die wirtin dar
> Vnd wolt nemen war,
> Waz der dyrn were gefchehen.
> Sye begond ir zwifchen die beyn fehen,
> Da fach fie ein groß fewr jnnen
> In dem fpiegel prynnen.

Statt 473 7 heisst es im 'Spiegel' nach D und Cgm 713 mit
einem bei Rosenplüt sehr beliebten Reim *da fie nu zu ir
wurde nehen*. Man sieht nicht recht ein, weshalb der Bearbeiter den unanstössigen Reim *gefchehen : fehen* verändert
haben soll, während sehr wohl zu begreifen ist, dass das
Rosenplütsche *nehen* statt *nahen* Schreibern anstössig sein
konnte, denen die umgelautete Form ungeläufig war.
Auch denen von FGiess.L war sie anstössig; denn sie
lesen ähnlich wie die Karlsruher Handschrift *Vnd wart ir*

---

¹ vgl. Fnsp. 100, 763 2,: *wenn fies in feiner hand fehn plecken*.

auch (fehlt F Giess.) *zwiſchen die pein ſehen.* Der Vers kehrt 437 25 wieder und schon 472 29 stand eine ähnliche Wendung. Wer nicht *nehen* für das Ursprüngliche hält, muss also annehmen, dass sich nicht etwa schon in einer gemeinsamen Vorlage für die sämtlichen Handschriften der Rezensionen II, III, auch nicht einmal in der für sämtliche der Rezension III, sondern erst in der für D Cgm 713⁴ die Rosenplütische Wendung eingeschlichen hat. Dann wäre also gar dreimal ein Schüler Rosenplüts, der sich in seinen Stil eingelebt hatte, über das Gedicht gekommen. Ich halte das für unwahrscheinlich. Auch in den beiden folgenden Versen kann ich nicht umhin, die Lesung der jüngeren Handschriften für das Ursprüngliche zu halten:

> da ſach ſie in dem ſpiegel auch
> prinnen ein feur und reuchen (D *reichen*, Cgm 713 *richen*,
> L *riechen*) rauch.

Das Wort *reuchen* mochte den Schreibern Anstoss bieten. F (Giess.) haben:

> da ſach ſie in dem ſpiegel ein feuer
> und einen rauch (Giess. *ain rauchen*) gar ungeheuer.

Die Karlsruher Hs. wiederholt nur 472 30 f.

An andern Stellen würde wenigstens eine konsequente Verbesserung vorliegen von der Karlsruher Hs. zur Vorlage für FGiess. und weiter zur Vorlage für DL Cgm 713. Vgl. Erz. 473 16 ff.:

> Dye frauwe ſprach ymmer mer:
> 'Lieber wirt, gee her
> Und ſchaue das gröſt wonder hie'.

FGiess.: Die frau rief irem man auch dar:
> 'Kum her, mein lieber man, nim war
> Des allergröſten wunders hie'.

DL Cgm 713:
> Da ruft (D *rieff*) im zaulich (L *zeitlich*) dar die frau:
> 'Kum her, mein lieber man, und ſchau
> Des allergröſten wunders hie'.

Offenbar ist die letzte Fassung sozusagen die originellste. Die Karlsruher Hs. hat den trivialsten Reim und hat ein deutliches Flickwort dazu nötig, um ihn herzustellen. Der Reim *dar* : *war*, den FGiess. hat, kommt wenigstens gleich noch einmal vor (V. 77 f. = Erz. 473,28 f.). Auch ist schon von anderer Seite darauf hingewiesen worden, dass die Karlsruher Hs. mit ihren Vorlagen ziemlich frei verfuhr. Für den Spruch „Von dem Pfaffen mit der Schnur", dessen älteste Behandlung von Herrant von Wildonie herrührt (ed. Kummer No. 11, Gesamt-Abenteuer II, 337), hat Wendeler, Wagners Archiv 408 vermutet, dass die in der Karlsruher Hs. erhaltene Fassung (Erz. 310 ff.) nichts als eine Bearbeitung der Bearbeitung ist, als deren Verfasser sich in F 164—176^b Meister Hans Awer nennt. Allerdings bleibt zu untersuchen, in welcher Beziehung der Verfasser jener Form der Erzählung 'Vom Pfaffen mit der Schnur', wie sie die Karlsruher Hs. bietet, zum Verfasser der Geschichte vom 'Maler' in dieser Hs. steht. Sie zeigen einiges Verwandte in der Technik. Die Art der Verhandlung zwischen Frau und Pfaff ist ganz ähnlich. Bemerkenswert ist, dass es hier wie dort heisst: *Die red ich nu kurzen wil* (319,14), *Die red ich kurzen wil* (174,21). Auch bei dem Gedicht „Von dem Zwetzler (oder Zwatzler)" darf die Fassung der Karlsruher Hs. Bl. 112^c (Kellers Erz. 401) nicht einfach als die Vorlage für die Fassung in Y 38 (Erz. 407) angesehen werden. Bei dem Gedicht „Von dem Streit zwischen dem Zagel und dem Gold" ist die Fassung der Karlsruher Hs. 194^e (Erz. 435) noch fragmentarischer als die ebenfalls verstümmelte, aber doch besser erhaltene in Cgm 5919, 258^b (Erz. 437).

Was wieder den 'Spiegel' angeht, so will ich immerhin die Möglichkeit nicht unbedingt ableugnen, dass das Gedicht immer sorgfältiger und sorgfältiger überarbeitet wurde, namentlich wenn man annimmt, dass der Dichter selbst an seinem Werke feilte; aber für den, der die Handschriftenfabrikation des 15. Jahrhunderts kent, ist diese Möglichkeit doch keine Wahrscheinlichkeit.

Es ist nur selbstverständlich, dass sich auch Stellen finden, an denen die Karlsruher Hs. sicher das Ursprüngliche bietet und die andern Hss. zum Teil verschieden geändert haben, so 473,19 (*das gröst wonder hye*) *Daz got auff erden nye begye*, wofür FGiess. haben: *Das got auf erden nie gelie*, offenbar weil ihnen die Form *begie* nicht recht geläufig war, DL Cgm 713 aber: *Das du haſt vor* (fehlt Cgm 713) *geſehen* (D *du vor geſehen haſt*) nie. Wie man sich indessen auch das Verhältnis von Rezension II und III zu I vorstellen mag, so darf für die Überlieferung doch nicht übersehen werden, dass sich, abgesehen von dem Fehlen der Rezension I auch für den 'Maler von Würzburg' die Handschriften ganz in derselben Weise gruppieren, sodass wir annehmen dürfen, dass die Handschriften beider Gedichte auf dieselben beiden alten Vorlagen zurückgehn, die für uns F und die Giessener Hs. einerseits, LD Cgm 713 andrerseits repräsentieren. Diese Gleichartigkeit der Überlieferung verbietet uns sie zu trennen, und ohne die schwerwiegendsten Gründe den 'Maler' einem andern Verfasser zuzuschieben als den 'Spiegel'. Aber auch im 'fahrenden Schüler' findet sich, sehr deutlich ausgeprägt, eine Sonderstellung von F Giess. gegen DL (Druck *h* scheint eine dritte jüngere Rezension zu repräsentieren); ähnlich auch im 'Knecht im Garten', und in der 'Wolfsgrube', wo zu F und der Giessener Hs. (soweit letztere das Gedicht giebt) noch Y tritt im Gegensatz zu D. Im 'Hasengeier' stehen sich wenigstens G und D mit stark abweichenden Lesungen gegenüber. Das alles deutet darauf hin, dass diese 6 Gedichte, die innerlich, was man auch für Unterschiede heraustifteln mag, entschieden verwandt sind, eine gemeinschaftliche Textgeschichte haben und einst in zwei alten Handschriften vereinigt waren, aus deren einer F Giess. Y, aus deren anderer LD Cgm 713 geflossen sind. Wahrscheinlich gehören sie zu Rosenplüts ältesten Dichtungen.

Dass das Gedicht „Mutter und Tochter" Rosenplüt gehöre, wage ich nicht mit gleicher Sicherheit zu behaupten. Das Mädchen benimmt sich wie die Frau im 'Barbierer'. Sie sucht einen, der ihr ihr *ſenen püſſen künd* (Hätzlerin 305 12) vgl. Barbierer, Erz. 427 12 *Meiſter, macht Ir mir den kumer nit piſſen?*; vgl. auch Knecht 47 ff. *Ich hab ein frumen eling man, Der mir ein ſolchs wol püſſen kan* (Sie leidet, wie Rosenplüt das anderwärts ausdrückt am „Nachthunger" vgl. Roethe, ADB 29, 226). Die Mutter übernimmt die Rolle des Arztes.

> Die mûter fprach: mein liebes kind,
> als ich an deiner weis empfind,
> der maytumb dir gar nahent leit. (?)

(Hätzlerin 305 12 ff.) vgl. Barbierer, Erz. 428 f ff.:

> o wie pald ich da empfandt
> was derfelben frauen was!

Die Lehren der Mutter stimmen zu dem Verfahren der Frau im Hasengeier 30 f.:

> wan sie neur lieb het zu den mannen,
> die in dem peutel waren fwer.

Der arme Edelmann wird verschmäht. Vgl. Hätzl. 306 25 ff.:

> Weft ich das er hett pfennig vil,
> So ließ ich nit, ich gab im zil (vgl. oben S. 143),
> Was er aber ein fölcher man
> das er wolt zalen vf porg,
> fo zelt ich im ein widerforg u. s. w.

Wie die Mutter rühmt, sie habe es verstanden ihre Opfer zu rupfen:

> Heimlich ich in der tafchen fucht·
> was ich vand, was im verloren.
> ich hab manigen vßgefchoren.

(Hätzlerin 306 50 ff.), so klagen die Eheweiber bei Rosenplüt über die Buhlerinnen.

> wann er ir obn im pufen fteckt
> und um das maul get leckn und nafchen,
> dieweil fo raumpts im untn die tafchen.

(Brünnlein 111 ff.). Über den Ausdruck *aus fchern* vgl. oben S. 171.[1]

Zu Hätzlerin 57 f.:

> Ich ging barhaupt und fchweig
> Vnd löfet pfennig vß der neig.

vgl. Brünnlein 99 ff.:

> Wenn sie dan im mit trüber neig
> Den durft gelöfcht die fnöd, die feig.

---

[1] Vgl. auch noch Welt 409 f. *O werlt, du pofer, karger wirt, Wie gnau dein fcharfach ungwetzt fchirt*, Klagen 74 ff.: *fein meffer vil geneuer fchirt ... Dan ie kein fcharfuch neu gewetzt* (Knecht 56: *kein fcharfach nie fo wol gefneit*).

Zu Hätzlerin 71 f.:
>Wann in was der peutel lär,
>So waren fij mir gantz vnmär.

vgl. Hasengeier 151 f.:
>Wer leicht und ring im peutel ift,
>Der wirt gefürt zu langem frift.

Zu Vers 92 f. (nach D):
>Soloh pfenwert und fauers pier
>Die fol man geben von der hant,

vgl. Wolfsgrube 85:
>Dieweil die pfenwertkauf künn fein.

Roethe ADB 32, 99 vermutet, dass unser Gedicht denselben Verfasser habe wie der Spruch „von einem Mönch" der aus Cgm 5919 bei Keller Erzählungen 242 ff. abgedruckt ist, und als dessen Verfasser sich *Hans Schneperger* nennt. Es liege der Verdacht sehr nahe, dass die Handschrift mit ihrem *hans fchneperger* den bekannten Dichternamen Hans Schnepperer meinen. Sollte es wirklich anzunehmen sein, so ist doch Rosenplütsche Autorschaft, an die übrigens auch Roethe nicht glaubt, für den 'Mönch' abzulehnen. Abgesehen davon, dass sich gar keine Anklänge an Rosenplüts Dichtungen finden lassen, ist er für Rosenplüt viel zu gewandt erzählt. Wo verstände dieser so knapp zu rekapitulieren wie Schneeperger Erz. 249 10 ff.:

>Sagt im alle ding wider und für,
>Den garten vnd die hinter thür,
>Manglung des mans, pach, lind vnd venfter,
>Dar durch das liecht wurdt han fein glenfter
>Vnd wy etc. — ?

Vgl. auch 249 27 ff. — Dagegen halte man etwa die schwerfällige Rekapitulation im 'Knecht'. Auch die bewegte Apostrophe an die Liebe am Schluss des Gedichtes möchte ich Rosenplüt schlechterdings nicht zutrauen. Die Gewandtheit und Frische des Vortrags scheidet das Gedicht auch sehr merklich von dem langweiligen Spruch 'von Mutter und Tochter'. Was Roethe zu der Vermutung gleicher Verfasserschaft brachte, ist wohl der Umstand, dass in beiden Gedichten sich die Buhlerin der List bedient, einen Schwamm

auf den Kopf zu binden, dessen herabfliessende Tropfen die
Thränen ersetzen müssen. Es ist das ein Zug, den der Verfasser des Spruchs von einem Mönche nicht seiner Quelle
(Decameron 3, 3) verdankt. Er wird ihn eben einfach aus
dem Gedicht 'von Mutter und Tochter' übernommen haben.
Von dieser Seite aus erhebt sich kein Widerspruch gegen Rosenplüts Verfasserschaft des Gedichts 'von Mutter und Tochter'.
Mit dem Gedicht „vom Pfennig" verhält sichs ganz
ähnlich wie mit dem 'von den Handwerken'. Es ist die
Überarbeitung eines älteren Gedichtes, dessen Metrik im
Wesentlichen gewahrt ist. Dass der Überarbeiter Rosenplüt
gewesen sei, ist durch nichts zu beweisen.

Rosenplüt entschieden absprechen möchte ich auch das
erste der beiden in D überlieferten Gedichte „von unserer
Frauen Schöne" (UFSchön I). Es nimmt allerdings eine
sehr merkwürdige Stellung ein. Es findet sich eine Fülle
ganz entschieden Rosenplütscher Bilder und Vergleiche, Rosenplütscher Wendungen, wie sie namentlich in UFSchön II, der
'Turteltaube', in 'Frau und Priester' und im 'Lob der fruchtbaren Frau' begegnen. Selbst ein so auffallender Ausdruck
wie die Bezeichnung Gottes als *götlicher weifer Salomon* (238)
kehrt wieder; vgl. Fruchtb. 39 f.:

> Und gaben zeugnus auf iren halmen
> Der [groffen] weisheit des himlifchen Salmen.

Vgl. ferner König im Bade 280 f. von Maria:

> Du angefigende Judith,
> Du überpietende fchön Hefter;

ebenda 276 *Aufhaltrin des hellifchen Phaaron* (d. i. des
Teufels). Aber Rosenplüt pflegt sonst nicht Verse mit weiblichem Ausgang und nur drei Hebungen unter männliche
und weibliche vierhebige Verse zu mischen. Vgl. schon den
Anfang:

> Götlicher geift der herzen kranz,
> Der fünder pavefen und glanz
> Du höchfte kron der ere,
> Götlicher tugend fphere.

An Textverderbnis lässt sich bei der Häufigkeit mit
der die dreihebigen Verse auftreten, und bei der sonstigen
Beschaffenheit des Gedichts nicht denken. Auch überschreitet

das eingestreute Latein wenigstens um etwas das Mass dessen,
was Rosenplüt sonst leistet. Der Reim *streuen : frauen* 231 f.
ist Rosenplüt auch nicht recht zuzutrauen. Hier scheint also
direkte Nachahmung Rosenplüts vorzuliegen und zwar ganz
bewusste, die an talentvolle Fälschung streift. Haben wir es
mit einem frühen Gedicht von Folz zu thun?

Die kleinen obszönen Gedichte, die D weiterhin bringt,
dürfen wir Rosenplüt absprechen und für Nachahmungen erklären. Es kommt wenig darauf an: denn sie machen den
Eindruck von Improvisationen und würden auf alle Fälle der
übrigen Masse Rosenplütscher Produktionen gegenüber in
zweite Linie rücken. Auch würde hier der Rahmen der
Untersuchung unnötig erweitert werden, wenn wir uns auch
ausserhalb des in der Handschrift D Überlieferten mit zweifelhaften Rosenplütschen Gedichten beschäftigten, da es sich
lediglich darum handelt, für die Beurteilung der Fastnachtspiele einen haltbaren Unterbau zu gewinnen [1]. Und nun zu
diesen.

7. Rosenplüts Fastnachtspiele.

a. *Stück 100.*

Dafür das Stück 100, das ihm, wie wir sahen, von
zwei Handschriften (FP) zu, von den andern wenigstens nicht
abgesprochen wird, wirklich Rosenplüt gehört, spricht die
Art der Aufzählung, zunächst die Vorliebe für bestimmte
Zahlen. Man kann diese im 'Spruch von Nürnberg' (etwa
70 ff.), aber auch in andern Rosenplütschen Dichtungen beobachten. Im 'Krieg von Nürnberg' werden Truppenzahlen
und ähnliche Daten sehr genau gegeben. Damit vergleiche man
Stück 100. Es soll ein Turnier stattfinden. Der König Artus
will ein Pferd verschenken, das 52 Mark Goldes wert ist
(762,18); es trägt eine Decke, bestickt mit 100 Perlen (762,20)
und an der Stirn mit 100 Diamanten besteppt. Die Königin

---

[1] Über Rosenplüts angebliches 'Memorial der Tugend' (Keller 3,
1081. 1152), das in Wahrheit mit dem 'Spruch von Nürnberg' identisch
ist (Dresdener Hs. M 50ᵈ), vgl. Archiv f. Litteraturgesch. 9, 441 ff.

verspricht als zweiten Preis ein Halsband mit vier Edelsteinen (763 6), deren jeder 100 Karat an Gewicht haben soll (763 12). Dem dritten Kämpfer soll ein Schwert werden, dessen Scheide 1000 Nobel wert ist (763 19); der Fauste soll einen jährigen Esel mit 1000 Schellen haben, jede 10 Lot schwer u. s. w. (765 17 ff.). In Rosenplüts Art ist auch die geographische Aufzählung vgl. Sp. v. Nürnberg 192 ff. 231 ff., Rosenplütisch ferner die Aufzählung von Edelsteinen vgl. Kaiserin 195 ff. u. a. Bei Rosenplüt begegnen auch sonst Worte wie *angutzen* (z. B. Tinte 49), *fchmutzen* (UFSchön II 156), *plecken* (Spiegel 22). Nach Creizenach, Geschichte des neueren Dramas I, 430 wird das Stück in die Zeit zwischen 1430 und 1440 gehören: „denn mit dem Herzog Schwidrial von Reussen (761 21) kann kein andrer gemeint sein als der Grossfürst Swidrigiello von Litthauen, der gerade in dem gegebenen Zeitraum die Aufmerksamkeit Westeuropas auf sich lenkte".

b. *Die Stücke der Dresdener Handschrift und Verwandte.*

Von den übrigen in D überlieferten Stücken 42. 96. 41. 88. 49. 39. 46. 108. 109. 19 stehen die Mehrzahl unter sich deutlich in einem Konnex, indem einzelne Verse und ganze Partieen in mehreren Stücken begegnen.

Von Stück 39 begegnen Verse in der Rede des 17. Bauern von 45; aber nur in einem Teil der Hss. (s. u.). Mit Stück 99 hat 39 die Rede des Ausschreiers in JSM gemeinsam; in den andern Hss. hat diese Rede Verwandtschaft mit der in Stück 19, die wiederum auch mit Stück 40 Ähnlichkeit hat. Sie ist aber in Stück 19 nur durch DW überliefert. Beachtenswerter ist also ein schwacher Anklang an St. 108, ein zweiter zugleich an 40. 88. 109. 108 hat Berührungen (die sich nicht direkt als Entlehnungen kennzeichnen) mit 40. 42. 19. 102 ferner auch mit der 'meisterlichen Predigt'. 40 zeigt Berührungen mit 88. 42. 19. 41. 87. 102. 86 K; 88 mit 41. 87. (43 Folz); 109 mit 41. 92. 95 (45); 42 mit 27. 116. 97 (45). 46. 19; 41 mit 95. 109. 86; 19 hat keine Anklänge von Bedeutung; 102 zeigt einen schwachen Anklang an 87; 87 zeigt einen Anklang an die 'meisterliche Predigt'; 86 dagegen enge Berührung mit 59 = 95 und einen Anklang an 30. (Die Berührung mit 93 beruht wohl auf Entlehnung dieses zusammengestohlenen Stückes); 92 zeigt Berührung mit 99. 116; 95 = 59 hat weiter keine Berührungen (denn 93 wird entlehnt haben). Auch 27 ist ohne Anklänge von Bedeutung; ebenso 46. 116 erinnert an 93. 97 zeigt einen Anklang an St. 36 (Fragment). Die Stücke 39. 108. 40. 88. 109. 42. 41. 19. 102. 87. 86. 92. 95. 59. 27. 46. 93 gehören also einem gemeinsamen Kreise an, das heisst:

Handschrift D giebt uns ein Bild von dem dramatischen Wirken Rosenplüts und seiner Nachahmer. Sie zeigt zugleich, dass der Kreis zu erweitern und auch aus den übrigen Handschriften Material mit Vorsicht herangezogen ist. Leicht ist es Rosenplütsche Verse, Einfälle, Phrasen, Bilder als solche zu erkennen. Rosenplüt schreibt sich selbst aus. Aber mit seinem Eigentum haben auch andere nach Belieben geschaltet. Es kann nicht zweifelhaft sein, wenn wir die Stücke, wie sie uns in den Handschriften vorliegen, betrachten, dass viele stark zerspielt sind. Kleine Gesellschaften zogen in Nürnberg herum und schnitten sich aus alten Dramen fortwährend neue zurecht für ihre Bedürfnisse. Neue Stücke waren leicht zu dichten für den, der dies und jenes der älteren mitgespielt, die Verse auswendig gelernt und einen hübschen Schatz im Gedächtnis behalten hatte. So entstehen Dichtungen von Männern, die ich als Rosenplüts Schule bezeichnen will. Als methodische Grundsätze für die Erkennung von Rosenplüts eigenen Dichtungen werden sich folgende aufstellen lassen: ein Stück darf desto mehr Anspruch darauf erheben, für Rosenplüts Eigentum gehalten zu werden, 1) je besser oder verständiger es komponiert ist; denn es ist selbstverständlich, dass der, welcher mit eigenen Einfällen arbeitet, sie verständiger verwertet, als der, welcher fremde benutzt; 2) je grösser die Summe neuer origineller Wendungen ist im Vergleich zu den auch sonst verwerteten, vorausgesetzt natürlich, dass sie sich mit dem Bilde vertragen, das wir von Rosenplüt haben; denn es ist selbstverständlich, dass der eher das Bedürfnis fühlen wird, wieder Neues hervorzubringen, der überhaupt einmal Neues geschaffen hat, als der, welcher vom Überlieferten lebt. Auch darf man die Wiederbenutzung Rosenplütscher Wendungen verschieden beurteilen. Die Wiederkehr einer seltenen Wendung spricht eher dafür, dass der Dichter selbst es ist, der sie von Neuem benutzt, weil sie andern weniger leicht im Gedächtnis haften bleiben musste als — sei es vom Dichter, sei es von andern — öfter wiederholte Kraftstellen. Ferner darf man auch auf grössere oder geringere Ausdehnung der Überlieferung und das Alter der Handschriften ein Gewicht legen.

Politische Stücke.

Aus der grossen Masse der Stücke hebt sich zunächst Stück 39 heraus als sicher Rosenplüt gehörig. Es dient der Verherrlichung Nürnbergs wie Rosenplüts 'Spruch von Nürnberg' und 'Krieg von Nürnberg'. Selbst der Türke geniesst den Schutz der freien Reichsstadt, und vergebens möchten ihn seine Feinde antasten. Vgl. Spr. v. Nürnberg 377, wo es von den Nürnbergern heisst:

Ir ere hat noch nie gehunken.
Wie übel man in ie hat [nach]gſprochen[1],
Noch hans ir figel [noch] nie zeprochen
Und nie an keim ir gleit zudrumt.

So rühmt sich der Vertreter Nürnbergs in Stück 39, niemand, auch nicht der Kaiser, werde das Geleit zertrennen. Zum Ausdruck *Es müßt im neun mal werden zu ſauer* vgl. Spr. v. Nürnberg 158 *Kein fürſt ward gein in nie ſo ſaur*. Im Übrigen entspricht die Tendenz des Stückes ganz der von Rosenplüts sonstiger politischer Dichtung. Wie im 'Lied von den Türken' erscheint die Türkengefahr als Strafe für den politischen und sozialen Jammer in Deutschland. Der sonst streng kirchliche Dichter stellt sich einen Augenblick auf den Standpunkt der Türken: in der Türkei herrschen nicht die Übelstände, die Deutschland und die Christenheit quälen. Dieser Standpunkt ist nicht ganz so befremdlich, wie es auf den ersten Augenblick scheint. Durch das zunehmende Interesse für die Reiselitteratur neigte die Zeit

---
[1] Vgl. (39) 291,11 Darumb fol in niemant ubel ſprechen.

dazu, sich die Länder der Heidenschaft utopistisch vorzustellen. Bei Johann von Mandeville, den Rosenplüt gewiss kannte, heisst es vom Lande des Chans zu Cathay: *In dem Land ist gut Fried und recht Gericht, Mörder und Diebe, und wer unrecht thut, Den tödtet man bald* (Ausgabe von 1697 S. 164, vgl. auch Seite 141. 192)[1]. Das klingt an das an, was von den Türken bei Rosenplüt gesagt wird. Der Türke will vor allen Dingen *guten frid und sun machen* (289 10). Der klagende Ruf nach Frieden geht hindurch durch Rosenplüts politische Dichtungen. *In frides gart wechst glück und seld*, heisst es Spr. v. Nürnberg 398 ff.

> wo unfrid ist da haglts und schaurt,
> ein ieglich creatur die traurt,
> wan es in fride sucht sein speis.

Über den mangelnden Frieden jammert der Dichter Türken 29, 1, Klagen 220. Darum wird Einsiedel 155 ff. Octavianus gerühmt als ein Kaiser des Friedens. Auch (39) 297 8 f. begegnet der für Rosenplüt bezeichnende Reim *keiser : reiser*:

> Ich pin ein pot vom römischen keiser
> Zu dir du vnglaubiger weitreiser.

Vgl. oben S. 139. Wie von Octavianus in der 'Kaiserin' so wird von dem türkischen Kaiser gerühmt, dass er fromm sei und darum ein so grosser Herrscher.

Kaiserin 1 f.:

> Zu Rom da saß ein Keiser mechtig,
> Der was gen got so gar andechtig u. s. w.

(39) 290 17 f.:

> Unser hoher fürst ist reich und mechtig
> Und ist gen seinem got andechtig.

Kaiser, Fürsten und Adel trifft die Anklage des Dichters, gerade wie im 'Einsiedel' und den 'Klagen' auch. Wie der Pfarrer klagt (Klagen 153 ff.):

> Wucher, epruch und swer neu tetz
> Die ding man nimer für sünd schetz
> . . . .
> Hoffart (und) spil und meineidswern
> Der künnr keins auf der kanzl erwo n,

---

[1] *Der groß chan* wird bei Rosenplüt zitiert Spr. v. Nürnberg 86.

so werden hier unter den neun Stücken, die Gott an der
Christenheit rächen will, genannt (293 23 f.):

> Ir hoffart, wuocher und ir eeprechen.
> Das vierd ift ir meineid fchwern,
> Das folten die oberften haupt in wern
> . . .
> Das achtent neu zöll und fchwär dätz,
> Davon man famlet haimlich fchätz.

Wenn so neun Stück aufgezählt werden, so vergleiche
man ähnliche Reihen etwa im Spr. v. Nürnberg 225 ff. *Sibn
fprach in aller criftnheit fein*, 297 ff. *Fünf heilig ftet find in
der welt*, Türken 25, 1 *Dreu ding die wolln wider got fich
viern* u. s. w. In ähnlicher Weise wie in Stück 39, aber
ohne direkte Zählung fasst Klagen 205 ff. der Herold das
Sündenregister der Zeit zusammen, und wie es dort am
Schluss heisst:

> Die ftück all got größlich verfmahen (V. 222),

so hier:

> Das will in got nicht überfehen (264 19).

Klage über die ritterlichen Räuber begegnet 289 16 ff. vgl.
Einsiedel 132 f.; 296 11 wird über die Untreue der Menschen
gegeneinander geklagt (vgl. Klagen 208), 296 12 über *bös
müntz* (vgl. Klg. 217), 296 13. 19 über falsche Richter und
ungetreue Amtleute (vgl. Klg. 211 f.). Die rhetorische Frage
begegnet 296 17, 296 22 vgl. oben S. 138. Wie im 'Einsiedel'
V. 157 die Bibel zitiert wird, so hier „die Bücher": 293 9
Wir haben gelefen in den puochen. Dass die Hohen die
Niederen verschmähen (294 11), erscheint als eine schwere
Sünde, wie Einsiedel 208 von Christus gerühmt wird: *Und
het die armen nit verfmecht*. Den Pfaffen wird 296 17 vorgeworfen, dass sie *hohe roß reiten*, wie Eins. 247 geklagt
wird, dass *wer nu ftark ift und wol geriten* am ehesten ein
Bistum erlange. — Wie im 'Türkenlied' verlegt sich Rosenplüt aufs Prophezeien. Er giebt sich den Anschein astrolo-
gischer Kenntnisse: 294 19 ff. vgl. Türken 19 und auch Ärzte
61 ff. Wie in den 'Türken' spielt Rosenplüt mit Zahlen.

Vgl. Türken 18, 1 ff.:

> Da eins [und] vier dreu und eins man fetzet,
> Da wart der ar von der euln gletzet
> Und treip in auf ein ecke.

Türken 39, 1 ff.:
> Wan eins [und] vier fünf und neun man fetzet,
> So wirt der fenfu ir fcharfn ausgwetzet.

und (39) 294 15 ff.: [1]
> Wann eins und vier und fünf und fechs
> Ir datum wirt, fo kumt daus es
> Und ftraft fes zing umb die neun ftück.

Das heisst: es wird für das Jahr 1456 mit versteckten Worten eine Revolution in Aussicht gestellt; denn *taus es* ist das gemeine Volk, *fes zing* der Adel; vgl. Krieg v. Nürnberg 105 ff.:

> Da vierzehn hundert [und] fünfzig jar,
> Nach Krift gepurt das datum was,
> Da macht got fein gnad offenbar,
> Das taus es vor fes zink genas

und Liliencrons Anmerkung (Hist. Volkslieder I, S. 429).

Wenn in sprüchwörtlichen Redensarten Bilder aus dem Tierleben verwertet werden, 295 1 f.

> Wan wer einen fuchs wil fahen bald,
> Der hetz in nicht in dicken wald,

so vergleiche man die Verwertung des Tierlebens namentlich im 'Lied von den Türken'.

Auch an die nichtpolitischen Gedichte Rosenpüts finden sich Anklänge. So ist 291 19 *Du fechft nit fifch in difem bach* zu vergleichen mit Knecht 40 ff.:

> Noch fag ich dir zwar du wirfft fel
> Du fechtft nit fifch in difem fe.

292 7 *Du wirft dich anders felbft in ein wolfgruob fellen* ist wohl eine Art Anspielung oder Reminiszenz an das Gedicht 'von der Wolfsgrube'.

„*Das ift dem adel ein große fchant*" — dieser Vers aus Stück 39 (288 18) kehrt in Stück 78 (646 28) wieder. Beide Stücke sind nicht von einander zu trennen. Rosenplüt ist unzweifelhaft auch der Verfasser von Stück 78, das

---
[1] nach MXB.

weniger klar und eindringlich dieselbe politische Weisheit predigt wie Stück 39. Der Reichsstädter redet, der Proletarier. Die Klage der Armen soll, wenn auch nur im Schauspiel mahnend ans Ohr von Pabst und Kaiser dringen, die flehentliche Bitte: Herr gieb Frieden. Wie vom türkischen Kaiser gesagt wird, er wolle *machen guten frid und ſun*, so wollen Papst, Kaiser, Kardinal und König, Fürsten, Bischöfe, Grafen, Ritter und Knecht in Stück 78 *all ſach ſchlecht machen*: mit melancholischem Doppelsinn setzt der Dichter hinzu: *geſchicht das, ſo müg wir alle wol lachen*. Es wird nicht geschehen, ist der Sinn des Stückes; eine müde Verzweiflung am heiligen römischen Reich thut sich kund. Einer klagt über den andern; aber keiner der Herrschenden verzichtet zu Gunsten des allgemeinen Besten. Es ist der traurige Ton der 'fünfzehn Klagen', den wir auch hier wieder vernehmen. Wie anders später bei Hans Sachs, wenn die Stände Revue passieren! Der kennt keine Verbitterung, und wenn er gescholten hat, fliegt um seinen freundlichen Mund rasch wieder ein Lächeln und sein Beschluss lautet immer wieder: Die Welt ist doch gut trotz aller Schäden. Ein Ritter klagt in Stück 78 im Namen der Armen dem Papst über die streitsüchtige Geistlichkeit. Der Papst wendet sich an den Bischof und verlangt Rechtfertigung. Der beruft sich darauf, dass sie es den Fürsten gleichthun müssen, um ihre Stellung zu wahren. Die Fürsten also sind Schuld; und die geistliche Gewalt, der Papst, wendet sich durch einen Vertreter, den Kardinal an die weltliche Gewalt, den Kaiser, und bittet um Abstellung der Übel.[1] Laut dringt

---

[1] Im Stück, wie es vorliegt, erscheint der König als Mittelsmann zwischen Kardinal und Kaiser. Es berührt wunderlich, dass in einem Stück, das die Verhältnisse des heiligen römischen Reichs so scharf beleuchtet, ein vom Kaiser, geschiedener König angenommen wird. Ich vermute, dass an den drei Stellen, wo das Wort *kunig* steht, *kanzler* zu lesen ist. Dann entsteht ein sehr genauer Parallelismus. Wie der Kardinal die Geschäfte des Papstes führt, so der Kanzler die des Kaisers. Sie stehen auf gleicher Stufe (643₄ lies: *Daz der kanzler und cardinal*). An den Kanzler, seinen Kollegen, wendet sich der Kardinal (644₂ *Hört, herr kanzler, es geht euch an*), damit er mit seinem Herrn die Mittel zur Abhülfe der Übelstände beraten soll, wie es denn seiner eigenen

die Klage ans Ohr des Herrschers; einer der Fürsten (*der herzog*) wird als Friedensstörer direkt bezeichnet. Er beruft sich darauf, dass er seine Ritter und Mannen beschützen müsse; der Friede mache Bauern und Städter zu üppig. Vergeblich wirft *der dem kaiſer des ſchwert vortregt* ein, noch nie habe Friede einem Lande Unglück gebracht — er spricht die Wahrheit, wie auch sonst bei Rosenplüt die frommen Herolde die Vertreter der Wahrheit sind —: der niedere Adel, vertreten durch den Ritter, stimmt dem kriegerischen Fürsten bei:

> ſolt es allweg frid bleiben,
> die pauren würden den adel vertreiben.

Der Krieg allein ist dem Adel nützlich. Es ist doch wohl derselbe Ritter, der 642 15 ff. gesprochen hat, obgleich dort die Überschrift der Handschriften *der erſt Ritter* anzudeuten scheint, dass mehrere Ritter auftreten. Erst dadurch schliesst sich das Stück zu einer vollendeten Satire zusammen. Die ganze Bitterkeit der Stimmung wird deutlich: der welcher zuerst das Wort für die Unterdrückten führte, wird ihr Gegner in dem Moment, wo er sich selbst bedroht sieht. Auf ihm bleibt die Anklage haften, die im Namen der Armen einer der ausserhalb der Stände steht, der Narr, schleudert. Es ist ein „kluger Narr" wie Rosenplüt in seinem Spruchgedichte den klugen Narren zum Vertreteter weiser Lehren gemacht hat. Kein Zweifel, dass er selbst sich gern in die Person des Narren hineindachte, indem er selbst sich als der Ungelehrte, der Autodidakt, der Plebejer fühlte, der doch den Schriftweisen und Hohen seinen Rat nicht vorenthielt. Hat er sich aus ähnlichen Empfindungen heraus auch als *Snepperer*, als *Swetzer* bezeichnet? Die Worte des Narren verhallen; er erntet übeln Dank: so verzweifelt der Dichter an der Wirkung seiner eigenen Worte.

Anklänge an verwandte Rosenplütsche Dichtungen fehlen

Aufgabe und der Würde des Kaisers entspricht (644,8 f. *Das ſolt ein kanzler beſtellen wol : Ain keiſer rechtes helfen ſcholl*). Und so geschieht es denn auch.

auch hier nicht. Wenn der Papst die Bischöfe fragt, wie
sie dazu kämen, ihre Schafe zu *ſchern* (vgl. oben S. 171):

Aus welcher ſchrift wolt irs bewern? (643₇),

so ist daran zu erinnern, dass auch der Einsiedel dem Kaiser
vorhält, wie sein Thun nicht mit den Lehren der Geschichte
und der Bibel im Einklang sei.

Eins. 152: hat er von Alexander gleſen ...?

Eins. 157: wenn er die bibel het geleſen ...

Eins. 166: wan hörens leſen die gſchrift ...?

Wenn dem Bischof vorgeworfen wird, dass er seine Schafe
thut *rauben und brennen* (643₈), so wird auch im Einsiedel
287 von dem kriegerischen Domherrn, der zum Bischof gewählt wird, prophezeit, er werde im Lande *raubn und prennen*.
Vgl. (78) 643 12 ff.:

Eur inſel von ſtahel glitzen;
Eur ſtab hat eine ciſeneſpitzen

mit Einsiedel 289 ff.:

ſein imſel geit dan liechten ſchein;
ein eiſenhut von ſtahel fein,
und für den ſtap ein ſcharpfes ſper!

Wenn der Bischof sich darauf beruft, dass ihm die Fürsten
„ein", d. h. zur Erlangung des Bistums, geholfen haben, so
vergleiche man damit, wie Einsiedel 243 ff. ausgeführt wird,
wie zum Bistum gelangt,

wer nu ſtark iſt und wol geritten
und in dem lande wol pehauſt
und hat freund, drob den armen grauſt.

Aus dem Kaiser sollten *all recht fließen*, heisst es Einsiedel
117; ebenso Stück (78) 644, 9 f.: *ein kaiſer rechtes helfen
ſchol*. Wie der mythologische Einsiedel den Kaiser anklagt
(149 ff.):

das iſt z erparmen,
wan die not get übr die armen,

so mahnt der Kanzler (647 19 f.):

Herr der kaiſer, das lat euch erparmen,
Lat uns zu hilf kumen den armen!

Wenn der Ritter schliesslich, um nur das noch anzuführen, tadelt 646 15 f.:

> Der paur wil als der purger gan,
> Der purger als der edelman,

so halte man dagegen die Klage über die *Hoffart der gemein Einsiedel* 358 ff.

Kleine Handlungen.

An diese politischen Stücke reiht sich eine Gruppe Rosenplütscher Spiele, die ebenfalls eine kleine Handlung enthalten und mit gutem Bedacht, wenn auch ohne besondere Frische und mit sehr mässigem dramatischem Geschick aufgebaut sind. Bereits in W überliefert, daneben in BD ist Stück 19. Es hat einen moralischen Anstrich und soll die Bewahrung der ehelichen Treue verherrlichen. 160 24 f.:

> Man fol auch fromm efrauen kronen,
> Die wol benugt an iren eemannen.

Der moralische Standpunkt ist dabei der, den Rosenplüt sonst einnimmt. Die geschlechtlichen Dinge werden mit der auch sonst bei Rosenplüt herrschenden Roheit aufgefasst. Auch hier die reichen Metaphern, die Rosenplüt für dies Gebiet zur Verfügung stehen. Nicht um einen innerlichen Kampf des sittlichen Strebens gegen die Leidenschaften handelt es sich: der Sittlichkeit ist genug geschehen, wenn die Frau durch äussere Umstände, den Zuspruch einer treuen Magd, vor der ehelichen Untreue bewahrt wird. Vgl. oben S. 164. Wir haben trotz der Kürze des Stückes eine Reihe lose mit einander verknüpfter Szenen. Die Ehefrau hat ihren Mann im Verdacht, *er het in fremden fcheuren gedrofchen* (110, 11 vgl. oben S. 153 f.). Er leugnet ab; ein Bote kommt und meldet, dass sein Bruder eine Nonne geschwängert habe. Das deprimiert ihn (162 22 f.):

> Mancher fragt nach fachen mit fle (s. oben S. 155):
> Erfert er es, fo tut es im we.

Offenbar geht er in sich. Dann beginnt der zweite Teil. Er reitet aus. Eine Kupplerin naht der Frau; auf die Mahnung der Magd hin bleibt sie standhaft und empfängt ihren heimkehrenden Ehemann mit Freuden (164 24):

> Hauswirt, fich freuen all mein glider u. s. w.

Vgl. damit Tinte 32 f.:

> Und fprach: 'es traurtn all mein glider,
> Wan ich forcht fer, ir würdt mir felen.

Der Ehemann ist misstrauisch, lässt sich aber beruhigen; auf *aller fwetzer klaffen* bittet ihn die Frau nichts zu geben — *und zich man mich mit münchen und pfaffen* (vgl. Brünnlein 26 *Und pult ich juden, münchn und* (IIs. oder) *pfaffen*). Die Moral lautet (166 26 f.):

> Die größte puß ift nimmerthun:
> Die macht zwifchen uns frid und fun.

Vgl. oben S. 164 und zu 166 27 auch (39) 269 10. Im Übrigen wird es unnötig sein, die Parallelen zu häufen.

Ebenso hat Stück 46 überliefert in PD♉♈ eine Handlung. Man könnte die Moral auf den Vers des 'Spiegels im Pech' bringen: *Einfeltigr has hat ein fuchs gfangen*. Wir haben gleichsam 4 Szenen: erste Szene zwischen dem Edelmann und dem Bauern, der nie eine Lüge spricht. Der Edelmann vertraut seinem Bauern einen Bock an. Zweite Szene: Edelmann und Frau: die Frau macht sich anheischig, jenem den Bock abzugewinnen und ihn zur Lüge zu bringen. Die dritte Szene ist eingeschoben, um den Zuschauer über die Zeitdifferenz zwischen dem Vorhergehenden und Folgenden hinfort zu helfen. Der Edelmann fragt drei Statisten nach ihrer Meinung über den Ausgang der Sache. Vierte Szene: Edelmann, Frau, Bauer. Die Frau hat den Bock gewonnen; aber sie triumphiert nicht, da der Bauer nicht lügt, wie sie erwartet, sondern verrät, dass sie ihre eigene Ehre dafür geopfert hat. Für Rosenplüts Autorschaft spricht nicht bloss, dass (46) 356 20 f. = (42) 327 14. 13 und 357 19 f. = (16) 136 23 f. = (41 M) 319 18 f.; ihm gehören auch die obszönen Bilder und Vergleiche 354 15, 356 16 ff., 357 5 ff., die sich anderwärts ähnlich, wenn auch nicht völlig gleichartig finden. Auch das Bild 354, 1 *So will ich yen zu richten mein fchragen* ist in Rosenplüts Art. Vgl. Wolfsgrube 83 ff. wo die Gunst der Frau mit einem Kramladen verglichen wird. Innerhalb der Sphäre von Rosenplüts

Kenntnissen liegt die Aufzählung der durch Weiber geäfften Männer, Aristoteles, Salomon, Sampson, die übrigens stereotyp ist, vgl. Roethe, Zu Reimar von Zweter, Spruch 103. Vgl. auch Welt 138 f.:

> Ariſtotiles nie ſo kunſtreich wart,
> Wenn er noch lebt, er würd geefft.

Aristoteles heisst *der hoch doctor* (354 15), wie Ärzte 70 der *doctor Ipocreis*, 96 *doctor Plinjus* als Autoritäten genannt werden. Man vergleiche wie Rosenplüt im 'Einsiedel' und der 'Kaiserin' biblische und historische Exempla anbringt.

Gerichtsszenen.

Weiterhin haben wir in dem Kreise von Stücken, die deutlich mit Rosenplütischem Material arbeiten, eine Reihe von Gerichtsszenen. Sie haben unter einander die Ähnlichkeit, dass es sich um geschlechtliche Dinge handelt; wo Strafen beantragt worden, sind sie von phantastischer und abgeschmackter Greulichkeit. Ein paar sorgfältiger gearbeitete Stücke heben sich heraus, um die sich Verwandte gruppieren: Stück 40, 41, 42.

1. Am frühesten überliefert, nämlich ausser in andern Handschriften ebenso wie Stück 19 in der relativ alten Handschrift W ist Stück 40, das „Hofgericht". Die Klage der Ehefrau über ihren Mann stimmt inhaltlich zu der Klage der Ehefrauen in den '15 Klagen', im 'Brünnlein' und im 'Frauenkrieg'. Auch was in Stück 19 die Frau ihrem Manne vorwirft, ist verwandt: der Mann trage das „Nachtfutter" aus und gehe zu andern Frauen „naschen". Die Schöffen sagen ihre Meinung über dies Vergehen. 307 23 f. ist schon als Rosenplütisch notiert (s. oben S. 154). Unter den vorgeschlagenen Strafen ist natürlich die des Kastrierens (309 25. 310 11). Aber auch den Vorschlag, dass der Missethäter *ſiben mal an die türken geſtreit* (307 14) wird man bei dem Dichter des Türkenliedes und des Spiels vom türkischen Kaiser begreiflich finden. Zu dem Vorschlag, dass er *achtmal mit ſcharpfen glenen gereit* (307 15), vgl. Woche 141 ff. von Christus:

> Dank im feins kempfens und feins ſtreitens
> Und feins nacket und ploß glenreitens,
> Da er ſcharpf mit Longinus rant.

Als Moral ergiebt sich (311 22 = 312 5) *die größte pus ist nimer tun.* Auf diese Weise entsteht zwischen den Eheleuten *frid und fun* (311 23 = 312 4 vgl. (39) 289 10). Stück 87 und 88 bewegen sich in denselben Bahnen. Sie sind beide im Grunde nichts als ein Abklatsch von Stück 40; Verse aus Stück 40 begegnen wieder; sie sind ganz in Rosenplüts Manier gehalten. Stück 88 in DM überliefert, darf man ihm noch am Ehesten zutrauen. Gab es dort ein „Hofgericht", so giebt es hier ein „Landgericht". Wie dort ist Ehebruch das Delikt; aber nicht der Konflikt zwischen zwei Gatten wird abgehandelt, sondern ein Bauer beklagt sich, dass ihm einer seine Hausehre geraubt habe. Über die Strafe soll das Gericht beraten. Das geschieht in ähnlicher Weise nur etwas schematischer als in Stück 40. Ganz konsequent werden bei dem Landgericht nur Ritter und Knechte befragt (710 6 f.), während in den übrigens gleichen Versen des Hofgerichts (306 7 f.) der Richter sich öfters auch an die anwesenden gelehrten Juristen (*ir doctor*) wendet. Im Übrigen ist (88) 709 4 f. ~ (40) 305 5 f. vgl. auch (41) 314 6 u. a.; (88) 709 7 f. ~ (40) 305 9 f.; (88) 710 11 f. ~ (41) 317 15 f.; (88) 712 22 f. ~ (40) 310 10 f. (42) 327 21 f., (41) 319 5 f., (88) 713 23 f. = (40) 312 24 f. Mit 711 2 vgl. (40) 308 6 und (39) 300 3 f.; mit 711 8 vgl. meisterl. Pred. 63. Der Rosenplütsche Reim *nafchen : lafchen* begegnet 710 9 f. Ein Rosenplütsches Bild ist es, wenn die Ehre mit einem Schild verglichen wird, der in Stücke bricht (710 11 f.), vgl. Eins. 179. 352 f., Tinte 4.

Wenn 711 27 ff. in einem ausgeführten Vergleich geschildert wird, wie jemand mit seinem Beil in einen schönen Baum haut, so ist daran zu erinnern, dass Rosenplüt Hussenflucht 53 ff. einen Vergleich hat von einem Prior, der in einem Kloster zimmern soll und dem der Abt sein scharfes neugewetztes Beil in einen Stein haut. Die Sätze sind auch in syntaktischer Beziehung ähnlich aufgebaut.

Stück 87 FKM ist noch schwächer und bedient sich zum Teil derselben Verse wie Stück 40 und 88. 705 15 f. = (40) 306 7 f.; 705 22—29 = (40) 310 13—20 (allerdings nur KM), 705 31 f. = (88) 712 7 f., 706 3 f. ~ (88) 712 30 f.;

706 19—21 - (88) 712 11—13, 707 20 = (88) 713 5; 707 29 f. -
(88) 713 14 f. Vgl. ferner 706 11 f. mit (40) 307 15 f.; 707 1
vgl. (40) 309 25 u. ö., 707 14 : (40) 307 14, 707 25 : (40) 310 10 f.
u. ö. 707 26 f. = Meisterl. Pred. 105 f.

Frauen klagen über Frauenschänder. Der einzig neue
Gedanke gegenüber 40, 88 ist, dass ein Fürsprecher auftritt.
Wäre Rosenplüt der Verfasser, so hätte er sich in wahrhaft
kläglicher Weise bis zur Erschöpfung seiner Produktionskraft
ausgeschrieben. Wir haben keinen Grund ihm das zuzutrauen,
und dürfen wenigstens Stück 87 einem Nachahmer zuschieben.

2. Stück 42, durch die reiche Überlieferung in 𝔄DKM
— 𝔄 bildet eine Gruppe für sich — als ein beliebtes Stück
gekennzeichnet, zeigt einen ähnlichen Stoff wie 40 in etwas
anderer Form. Statt eines Hofgerichts, bei der die Schöffen
Urteil sprechen erhalten wir ein geistliches Gericht (Chorgericht) vor dem Official des Bischofs von Bamberg, zu
dessen Diöcese Nürnberg gehörte. Statt eines Ehepaares
treten deren drei auf. Die Klage ist dieselbe wie in Stück
40: die ehrbaren Frauen beschweren sich, dass ihnen ihre
Männer das „Nachtfutter" austragen. Wie (40) 306 31 f. wird
320 17 f. darauf hingewiesen, dass im alten Testament Steinigung
auf Ehebruch stand. Rosenplüt beruft sich gern auf *die alte e.*
Vgl. Einsiedel 378 f.

Ganz regelrecht ruft der Büttel die beklagten Ehemänner
auf. Er droht mit des Pabstes Bann. Es werden Namen
genannt, während sich sonst die Dichter von Fastnachtspielen
so gut wie nie zu solcher Individualisierung aufschwingen.
Auch wird weiterhin ein Ansatz zur Charakteristik der einzelnen Paare gemacht. Dem ersten Mann ist sein Weib zu
jung; dem zweiten zu kränklich, um die ehelichen Rechte
in vollem Umfang geltend zu machen; die Frauen remon-
strieren dagegen. Es geht nicht streng schematisch: eine
kleine Steigerung ist vorhanden, insofern der Dichter mit
dem dritten Paar seinen Haupttrumpf ausspielt. Es handelt
sich nicht um einen Ehebruch: die Ehe der beiden jungen
Eheleute ist vielmehr noch gar nicht vollzogen worden. Der
Offizial soll entscheiden, ob ein Scheidungsgrund vorliegt und
wer der schuldige Teil ist; zu diesem Zweck werden die

ehelichen Szenen erörtert. Es liegt doch etwas Humor in der Charakteristik des über Gebühr naiven Ehemannes und der über Gebühr aufgeklärten Frau. Eberhart Blumenthal berühmt sich in seiner Unerfahrenheit, dessen was ihm zum Vorwurf gemacht wird. Die Gabe, sich eine solche Gerichtsszene lebendig vorzustellen, zeigt sich immerhin, wenn Blumenthal offenbar ganz verschüchtert, im Gefühl der gekränkten Unschuld, womöglich mit Thränen in den Augen auftritt:

> Hort, lieber her der official,
> Wie kume ich an fölliche zal? u. s. w.

(323, 26 f.). Rosenplüts stark angefaulte, aber nicht abzuleugnende Phantasie thut sich kund. In Bildern und Vergleichen wird gesprochen. Dem Mann, der die Jugend seiner Frau fürchtet, wird mit einem Bild geantwortet: *Die haut ift junc, frifch, aber zeh* (322 7). Wenn er sich eine übel angebrachte Enthaltsamkeit auferlegt hat, so muss ein Vergleich die Antwort geben (322 8 f.):

> Ainer der uber Rein ift gefaren,
> Den ubel durft und waßer wil fparen,
> Ift der niht ain rechter gauch?

Die Bilder und Vergleiche, in denen das Ehepaar Blumenthal sein eheliches Leben enthüllt, entbehren bei aller Unerquicklichkeit nicht der Originalität.

Man halte dagegen Stück 102, überliefert in FM, das Handschrift M direkt mit Stück 42 in Beziehung setzt, indem sie dies den „alten Official", jenes den „neuen" nennt, und man wird einen schwachen Abklatsch finden. Was, das Stück für sich genommen, zunächst einen originellen Eindruck machen könnte, findet sich auch anderwärts, namentlich in Stück 42. Wieder haben wir drei Ehepaare, die vor dem Offizial erscheinen; aber statt der lebendigen Freiheit herrscht die starre Schablone. Die erste Ehefrau klagt, dass der Mann die Nacht in der Kneipe zubringe. Die zweite, dass er zu andern Weibern laufe. Die dritte, dass er des Nachts wie ein Stock im Bette liege. An dritter Stelle hätten wir also wieder das Ehepaar Blumenthal in verblasstem Abdruck. Der Ehemann ist nicht naiv: er bringt die schwächliche Ausrede vor: seine Frau sei zu zänkisch, während beim zweiten Ehemann auch hier wie in Stück 42 die Entschuldigung lautet, die Frau sei kränklich. Während in Stück 42 das letzte Ehepaar versöhnt wird und nur die beiden Ehebrecher aufs Neue vorgeladen werden, wird in Stück 102 für alle drei das Urteil aufgehoben [1].

Mit Stück 102 ist Stück 108 nahe verwandt, das nur in D überliefert ist. Neben Anklängen an Stück 40 finden sich solche an 39, 42, 102. Wieder drei, die sich in geschlechtlicher Beziehung vergangen haben. Sie sind vor das geistliche Gericht nach Bamberg geladen — 851,13 ff. vgl. (42) 320,7 ff. —, aber den Anklägern in ein Haus entronnen, wo nun die Gerichtsszene vor sich geht: eine etwas unwahrscheinliche Einführung. Wo der Richter herkommt, ist nicht ganz klar. An die Stelle der drei Ehefrauen sind drei männliche Ankläger getreten. Neben einem Ehebrecher, der zu den Winkelwirten schleicht und in dessen Ausrede wieder das schwache kranke Weib aus Stück 42 und 102 figuriert, treten diesmal zwei Junggesellen auf, von denen der eine einer Dirne die Ehe versprochen hat, die aber inzwischen ein Pfaffenkind zur Welt gebracht hat, der andere angeklagt ist, ein Mädchen geschwängert zu haben. Man sieht der Versuch, etwas Neues zu erfinden, ist ziemlich kläglich ausgefallen: eine neue Idee zu haben, ist dem Verfasser noch allenfalls gelungen; zur zweiten reichte die Erfindungsgabe nicht recht hin. Soll man wirklich Rosenplüt diese Flickarbeit zutrauen? [2]

Selbständiger in der Erfindung ist die Gerichtsscene von Stück 27, das nur in D überliefert ist. Es unterscheidet sich von den erwähnten Stücken dadurch, dass es viel dezenter gehalten ist. Ein Ankläger will von seiner Frau geschieden sein. Statt der Frau sprechen drei Antworter. Weshalb drei,

---

[1] (102) 771,4 f. - (40) 305,17 f.; 771,8 f. - (19) 167,14 f., (40) 307,23 f., (108) 852,29 f.; 772,26 - (87) 707,18.

[2] (108) 851,9 f. vgl. Pred. 62; 851,13 vgl. (42) 320,8; 852,9-11 - (42) 322,19-21; 852,16 - (42) 327,9; 852,17 - (42) 327,15; 852,23 f. - (19) 167,16 f., (40) 307,23 f., (102) 771,19 f.; 853,11 vgl. (102) 772,7; 854,11 - (40) 311,11; 854,18 - (39) 302,13; 855,6 vgl. (101) 771,33.

ist nicht recht klar. Stellen von Stück 42 sind übernommen: 235 ₅—₈ = (42) 321 ₁₁—₁₇. (42) 322 ₇—₉ ist 235 ₁₃ ff. ausgeschrieben und erweitert.

> Ir haut ift junc, fi ift aber zee;
> Aber der uber Rein ift gefaren,
> Den durft und wil das waffer fparn
> Vnd hungerig in eim obstgarten feß
> Vnd vor faulheit kein Apfel eß
> Vnd danach hunger vnd durft wolt clagen,
> Wer wolt im das in gut dar fchlagen?

Sonst findet sich nichts was an Rosenplüt erinnert. Die Häufung der Adjective 236, 14 ff. erinnert noch eher an Folz. Ausserdem ist *epfel effen* die einzige Metapher für geschlechtliche Dinge im Gegensatz zu den vielen Rosenplütschen, die auf die Rechnung von Folz zu setzen ist vgl. (7) 72 ₉.

3. Eine dritte Klasse von Gerichtsszenen wird repräsentiert durch Stück 41. Die reiche Überlieferung in ᴴDFKM — ᴴ bildet eine Gruppe für sich gegen DFKM — hebt dieses Stück wieder aus den übrigen heraus. Ein Jüngling tritt vor das geistliche Gericht und er bittet *mit großer flee* (315 ₂ vgl. oben S. 155) ihm zu sagen, wann er heiraten solle. Zehn Doktoren (Ratherren M, Juristen D) antworten 319, 6 f. - (40) 310, 10 f. ᴴWMK, (42) 327 ₂₁ f. ᴴMKD. 317 ₁₂ f. - (86) 701 ₂₇ f. Der Reim *zeitig : geitig* findet sich auch Turteltaube 57 f. Zu 317 ₁₇ f. vgl. Frauenkrieg 105. Zu 317 ₁₉ f. vgl. Wolfsgrube 9 f.:

> drein man nit folchen fperen fticht,
> davon man felten awe fpricht.

Das Ausschütten der geographischen Weisheit 318, 2 ff. stimmt zu Rosenplüts Art.

Stück 41 ist von QV benutzt worden:

(41) 314 ₁₅—₁₈ - QV 101—104
314 ₁₉—315 ₂ - QV 107—110
315 ₄—₇ - QV 169—172
315 ₁₁—₁₈ - QV 179—186
316 ₁₃—₂₀ = QV 243—250
318 ₂—₉ DKM = QV 193—200
319 ₂—₇ - QV 259—264
316 ₂₂—317 ₂ - QV 273—278
319 ₁—₁₂ - QV 299—302

In demselben Verhältnis steht Stück 42 zu Q II (von Vers 37 ab), das seinerseits auch aus dem Spiel von Rumpolt und Mareth entlehnt hat (1—8 = Q VIII 130—137) und ein paar Verse auch mit QV gemein hat (23—26 - QV 131—134, 27—30 - QV 137—140). Es sind in Q II nur, um das Revueschema etwas zu unterbrechen, Väter und Mütter mit ein paar Reden, Zwischenfragen des Offizials u. s. w. eingeschaltet, so dass in diesem Sinne selbständig sind 59— 68. 77 f. 82—96. 100—103 f. 109—121. 134—144. 161—170. 227—244, und alles von 249 an.

Eine Art Gegenstück zu Stück 41 ist Stück 97. Es gehört nicht bloss zu den Stücken Rosenplütscher Schule, sondern ist Rosenplüt ganz wohl selber zuzutrauen, weil es doch bei aller Ähnlichkeit mit Stück 42 eine gewisse, wenn auch bescheidene Selbständigkeit bewahrt. Nur der Umstand, dass es nur in KM überliefert ist, kann stutzig machen. Diesmal wird weder ein Hofgericht noch ein Chorgericht abgehalten, sondern ein Rat, in dem der Bürgermeister mit seinen Ratherren entscheidet. Ein junges Mädchen will einen Mann; ihre Mutter findet sie zu jung. Neben alten Rosenplütschen Vergleichen für den geschlechtlichen Verkehr — mit 749 $_{25}$ ff. vgl. (42) 326 $_{14}$ ff.; mit 748 $_2$ ff. vgl. (40) 307 $_{19}$ f. u. a. 747 $_{11}$ vgl. (40) 311 $_{11}$. (42) 326 $_{24}$. (46) 356 $_{23}$ — finden sich neue, im selben Stil gehaltene. Das ist immer ein Zeichen der Originalität. 747 $_6$ ist gleich (42) 322 $_7$, (27) 235 $_{15}$; 745 $_9$ f. - (42) 324 $_{11. 16}$; zu 750 $_{22}$ f. vgl. 274 $_8$ f. 335 $_1$ f. 345 $_4$ f., zu 747 $_{24}$ - (87) 705 $_{20}$ (88), 710 $_{15}$.

An diese Gerichts- und Beratungsszenen schliesst sich ferner an eine Schulszene, ein „Actus" (Stück 84). Ein junger Meister verlangt von älteren Belehrung darüber, warum man die Frauen so liebt. Auch Stück 84 möchte ich Rosenplüt durchaus zuschreiben. Der Gedanke, gelehrte Meister zu einer Beratung zusammentreten zu lassen, musste ihm sehr nahe liegen, da er sich gern auf gelehrte Autoritäten beruft, auf *aller weisen lerer hent* Turteltaube 32, auf die „Doctoren": *All doctor möchten [mich] nit pas gleren* Kl. Narr 154, *All doctor in der erzenei* Ärzte 18 (Keller 3, 1083 $_{16}$), *die zwelf himlifchen doctor* Turteltaube 35, *das heilig gticht der zwelf doctor* Beicht 108 (Keller 3, 1101 13) auf die Schriftweisen und Hohen Ärzte 27 (1083 27), Kl. Narr 138, die *zwelf weisen, die heiligen apostel, Cristus poten* Ärzte 108 (1085 36 ff.). Das Stück ist gut komponiert, und namentlich wenn man die Folge der Reden in F, das nur 693 3—11 ausgelassen hat, zu Grunde legt, kommt eine wohl überlegte Steigerung heraus. Der erste Meister (693 13—20) behauptet, Reichtum der Frau erzeuge die Liebe, der zweite (693 21—29) vornehme Geburt, der dritte (693 3—11, wohl hier einzuschalten) schöne Kleider, der vierte (692 21—693 2) angenehmes Wesen, der fünfte (693 31—694) schöne Gestalt; der sechste setzt *ein fach die es alles befchlewßt* (694 6 ff.):

<blockquote>
Es ift naturlich, das dy man
Große lieb zu frawen fchüllen han.
</blockquote>

Diese Berufung auf ein Naturgesetz findet sich bei Rosenplüt auch sonst:

Türken 27 4 ff. Es ist natürlich, das der greif
<blockquote>Den kefer übermeget.</blockquote>

Sie ist sogar ein Zug in dem Charakterbild dieses widerspruchsvollen Mannes, der nicht übersehen werden darf. Auch Rosenplüt zeigt uns, nur in wenig erfreulicher, aber darum desto drastischerer Weise, das Ringen des Naturalismus der neuen Zeit und der mystisch-scholastischen Bildung des Mittelalters. Sein grobgesunder Menschenverstand lässt sich imponieren von den scholastischen Autoritäten, sein derbsinnliches Begehren wird niedergehalten, nicht überwunden durch die kirchliche Moral. Deshalb hat man von ihm so oft den Eindruck eines scheuen Hundes, der fortwährend nach verbotener Speise schnappt, aber durch die Peitsche des Herrn abgehalten wird, sie zu ergreifen. Einen vollen und tiefen Klang hat seine Poesie nur da, wo er klagt und anklagt: denn die Schäden seiner Zeit, die hat er tief empfunden.

Auf die Reden der Meister dankt der Jüngling und höflich dankt ihm wieder einer der alten Meister. Dieses doppelte Danken begegnet ähnlich auch in Stück 16, das wie ich vermute, ebenfalls von Rosenplüt herrührt. 694 21 f. begegnet Rosenplüts beliebter Reim *tafchen : flafchen*:

<blockquote>
Recht fam ein gürtel zu einer tafchen
Und eben als ein zapf für ein flafohen.
</blockquote>

vgl. (16) 135 s *Recht als ein zapf in ein faß.* Die Berufung auf des Papsts Bann (694 31) findet sich bei Rosenplüt (42) 324 10 u. ö.

Endlich sind diesen Gerichtsszenen zwei Stücke anzureihen, in denen die Fastnacht vor Gericht erscheint: Stück 72 M und 73 KM. Sie scheinen, unvollkommen, wie sie sind, mit dem Material eines verlorenen Stückes gearbeitet zu sein.)72) 624 4—11 ist nahezu völlig gleich (73) 629 13—20; vgl. auch 628 25. (72) 624 12 f. ~ (73) 628 10 f. (72) 625 3 f. ~ (73) 629 2 f. (72) 625 7—12 (73) 629 6—11. (72) 626 5 f. ~ 626 33 f. ~ (72) 629 26 f. ~ 630 9 f. In ähnlicher Weise stehen sich die ganz trümmerhaften Stücke 76 M und 77 M gegenüber, in denen der Fastnachtbrauch des Einsalzens der übrig gebliebenen Mädchen in irgend einer Weise behandelt wurde.

Revuen.

Schwieriger ist es bei den Revuen zwischen den Stücken zu scheiden, die von Rosenplüt selbst herrühren und denen die zwar mehr oder minder stark mit Rosenplütschem Versgut und Rosenplütschen Phrasen arbeiten, aber doch im besten Falle nur als Überarbeitungen Rosenplütscher Originalstücke gelten können.

Dem Anspruch verständiger Gestaltung oder origineller Gedanken genügen nur wenige der Revuen; die meisten könnten nicht zerfahrener sein. Man kann verschiedene Typen scheiden, die indessen nicht reinlich aus einander gehalten werden:

1) verschiedene Personen treten auf und monologisieren, ohne Rücksicht auf einander oder auf dritte Personen zu nehmen;
2) sie sind in Beziehung gesetzt
    a) zu einer führenden Persönlichkeit (einem Preisrichter, einer Preisrichterin),
    b) zum Wirt;
3) sie sind unter einander in Beziehung gebracht, insofern als jeder folgende auf die Rede des früheren Sprechers (die Reden früherer Sprecher) repliziert.

Typus 1 repräsentiert etwa Stück 45, das der Überlieferung nach in die erste Reihe rückt. Es ist in 𝔄𝔅𝔇M erhalten. Bauern treten auf und berühmen sich, wie meisterlich sie mit den Weibern „schimpfen" könnten. Sicherlich liegt ein Rosenplütscher Kern vor. Vgl. 343₁₅ *Alſo ſüßlich ſpilen wir auf der quintern.* 345₂₄—349₃₁ fehlen in M. Und mindestens ein Teil der Reden passt nicht zu dem Gedanken, eine Reihe sich rühmender Bauern auftreten zu lassen. 345₂₇—348₁₁ gehören in M zu Stück 94. In 𝔄𝔅𝔇 ist Stück 45 deutlich erweitert. 346₈—347₁₅ = (94) 732₁—733₅ gehören klärlich zusammen. Ein Bauer klagt, er könne sein Weib nicht befriedigen, zwei Nachbarn bieten ihre Hülfe an. Ebenso gehören 347₁₆—348₁₁ innerlich zusammen: ein stolzer Wittwer wünscht eine Frau; sein Nachbar empfiehlt ihm seine Magd. Möglich, dass sie in dasselbe Stück gehörten wie die vorhergehende Partie; auch M bringt sie (94) 733₆—₃₁ unmittelbar hinter ihr. Was folgt, schliesst sich ganz gut an. Der Sprechende hat von seiner Hausdirne behauptet, sie wäre ihm oft zu Willen gewesen. Darauf antwortet ein anderer *Ach ſchweig, du leugſt und haſt nit war.* Die Rede fehlt aber in M und wird aus Stück 67 stammen; denn 348₁₂—₂₀ sind gleich 588₁₁—₁₈, 348₂₁—₂₂ = 586₉. ₁₀. Auch 348₂₄—349₁₉ gehörten gewiss ursprünglich nicht zu Stück 45. Es treten zwei Bauern auf, die auf den Säumarkt gefahren sind. Aber die Reden schliessen nicht an einander an. Der zweite Bauer erklärt die Rede des ersten für erlogen; man weiss nicht recht weshalb; denn was er nachher behauptet, hat jener gar nicht bestritten. Es muss etwas von einem Mädchen geredet sein: *bei ir* 349₈ ist jetzt beziehungslos. Die Reden scheinen Trümmer eines Stückes zu sein, in dem die Einkleidung die war, es seien Bauern in die Stadt zum Schweinemarkt gekommen. Das Stück könnte von Rosenplüt herrühren. Mit 349₄ f.:

er iſt der wirdig, den man nent den ſtülein[1]:
er hat oft getan pei ir ein rülein.

vgl. Tinte 55 f.:

---

[1] Nach 343₂ hiesse der vierzehnte Bauer nicht *Stülein*, sondern *Vinsterwedel.*

und sprach zu ir: 'nu hin, mein püllein,
nu slaf dieweil und tu ein rülein.

Zu 348 30 vgl. 343 13. 349 12—18 stehen ziemlich wörtlich so auch (99) 754 13—20. 349 21 ff. könnten ganz gut in dem ursprünglichen Bauernspiel 45 gestanden haben; sie würden übrigens auch in das Spiel „die Bauern auf dem Säumarkt" passen: unter die Bauern ist auch ein verkommener Student gemischt. Da sie M fehlen, so ist darin wohl auch ein Zusatz der Rezension 𝔑𝔅𝔇 zu sehen. Auch 345 2—9 fehlen M. Diese Rede ist kürzer als die übrigen; auch war die Form, die Rede mit einer Zurückweisung der vorhergehenden Sprecher zu beginnen, wohl dem ursprünglichen Stück 45 nicht eigen.

Aber das Stück ist sicherlich nur erst aufgeweitet worden, nachdem es ursprünglich zusammengestrichen war. Die 17 Bauern, die in der Rede des Einschreiers auftreten, traten wohl einst wirklich auf. Wenigstens ein Teil der Namen ist Rosenplütisch und begegnet ebenso oder ähnlich auch in Rosenplüts Stück 40 (*Seutut*, *Lulhart*, *Votzpart*, *Muggenfist*, *Kalbsenter*, *Molkenpauch*, *Kerbenfeger*).

Stück 94, in M allein überliefert, ist übrigens auch nichts weniger als ein vollständiges und einheitliches Stück. Es fehlt zunächst die Rede des Einschreiers. Dann passen die Reden der ersten beiden Bauern nicht zum Folgenden. 732 1 ff. setzen ein Stück voraus, in dem Männer auftreten, die über ihre ehelichen Missstände klagen. Offenbar das Letzte ist erhalten. Ein Alter tritt auf, der ein junges Weib hat. Vermutlich handelte es sich vorher um einen Jungen mit einer alten Ehefrau. Man kann weiterhin annehmen, dass dem eine Partie vorausging, in der ein starker Mann über seine schwache Frau klagte u. s. w. Von ähnlichen Stücken unterschied sich das ursprüngliche Stück 94 dadurch, dass diese Angelegenheiten nicht vor Gericht abgehandelt, sondern mit guten Nachbarn besprochen werden, die ihren, natürlich möglichst zynisch gehaltenen Rat dazu geben (Typus 3). Den Reden der Ehemänner folgt dann schliesslich passend die Rede des Wittwers, der trotz der Erfahrungen der andern gern wieder zur Ehe greifen möchte. Dazu passt aber was auf S. 731 steht, sehr schlecht. 731 16 ff. ist von einer

Buhlgeschichte mit einer Müllerin die Rede. Das hat dem
Stück in M den Namen *Dj Vafnacht von der Müllnerin* ver-
schafft. 731 10 f.

<blockquote>
Das fie mir meinen efel ein folt thun
Vnd ließ mir die kotzen vor der thür hangen,
</blockquote>

ist ein RosenplütschesVerspaar (= Haseng. 24 f., s. oben S. 163),
aber eins von denen, die am leichtesten gestohlen werden konnten.
Wie die Interpolation in 45 𝔄𝔅𝔇 zeigt, ist die Verbindung
dieser Verse mit dem ursprünglichen Stück 94 schon relativ
früh eingetreten. (94) 731₁—₁₅ steht in K in Stück 86 hinter
702₁₀ (vgl. Keller 3 S. 1519). Der Anfang enthält ebenfalls
Rosenplütsche Verse:

<blockquote>
Mir het ein junge frau gezilt,
Sie wolt mir leihen iren fchilt,
Darein man mit ploßen fperen fticht,
</blockquote>

vgl. Wolfsgrube 7 ff.:

<blockquote>
das fie ein pfaffen zu ir zilt,
fie wolt im leihen iren fchilt,
drein man mit folchen fperen fticht u. s. w.
</blockquote>

Die Verse stehen auch (14) 124₂₅—₂₇. Auch 734₅—₁₄ bringt
K in Stück 86 hinter 703₁₄. Jedenfalls passen diese Verse
nicht in das Stück 94, zu dem nur 734₃ f. noch gehören werden.
Mit 734₉ f. ist Rosenplüt (40) 311₄ f. zu vergleichen, eine
Stelle die auch sonst begegnet.

Stück 86 zeigt wenigstens eine Einheitlichkeit. Männer
treten auf und klagen dem Wirt, warum sie noch nicht verheiratet sind (also Typus 2ᵇ). Die Anordnung ist systemlos.
Nach der Rede des Einschreiers in M sollen es 9 Männer
sein; es sind aber nur 8: auf den „andern" folgt gleich der
„vierte". Demnach scheint hinter 701 17 etwas ausgefallen
zu sein. Nach K sind es zehn; aber was von dem zehnten
in der Rede des Einschreiers, die hier entsprechend länger
ist (Keller 3, 1519), bemerkt wird:

<blockquote>
Der zehent hat ein fchöns weib ym hauß
Vnd get zu andern weiben nafchen auß
</blockquote>

stimmt nicht zu dem Grundgedanken des Stücks, uns eine
Revue von Hagestolzen vorzuführen.

701 27 f. sind Rosenplütische Verse vgl. (41) 317 12 f.; ebenso 702 29 vgl. (30) 248 29 f. und Hasengeier 16 *mit dem het sie ein eisn abgrant*. 703 1—9 = (59) 519 11—16 = (95) 736 4—9, (93) 728 11—16. Auch begegnen einzelne Rosenplütische Ausdrücke z. B. 701 11 f. 701 30. Auffällig ist 703 25 in der Rede des „Letzten": *Wir paid* kann sich nicht gut auf die beiden letzten Sprecher beziehen. So ist wohl auch dieses Stück, das man Rosenplüt wegen der Einheitlichkeit der Anlage von den kleinen Revuen noch mit am Ehesten zutrauen möchte, weder in Bezug auf Verszahl noch Anordnung intakt erhalten. —

Eine besondere Klasse des Typus 1 bilden die Narrenrevuen. Stück 109 ist eine Narrenrevue, die sozusagen eine Variation des Rosenplütschen Themas ist:

> So trink ich lieber wein dan sauers bier,
> So leck ich lieber honig dan wagnsmier

857 14 f., womit zu vergleichen ist (41) 316 24 f., (45) 350 28 f. und im Lied *Die lerch und auch die nachtigall* 5 3:

> der trinkt vil lieber wein dan wassr,
> und hets der pabst geweiht.

Die Verse begegnen ferner (95) 736 17 f. Ähnlich ist auch (92) 726 5. Neun Bauern treten im Ganzen auf. Nr. 2 bis 5 nennen ihre Namen und erklären, dass sie dies oder das einem andern meist recht zweifelhaften Vergnügen vorziehen. Bei den Übrigen müssen allerhand andre Schmutzgeschichten zur Aushülfe herhalten.

Auch 59, 95 und 93 variieren in derselben Weise weiter, wenn auch hier das Urthema nicht mehr ganz klar durchklingt.

Stück 59 und 95 sind eigentlich dasselbe Stück, das in 25 und M nur mit verschiedener Folge der Reden überliefert ist, M hat ausserdem ein Dutzend Verse mehr. Von einer einheitlichen Komposition ist nicht die Rede; die einzelnen Monologe fallen auseinander. Eine Schar von jungen Burschen und Mädchen sagen allerhand zusammenhangslose Einzelheiten, die eine sehr weltliche und fleischliche Gesinnung verraten. (59) 519 11—16 ist gleich (86) 703 4—11 KM.

Die eine Dirne erklärt, sie trinke *lieber wein dan pier* u. s. w.; eine andere lässt sich *gern die knaben an taſten* 737 72 f. (vgl. 729 8 f.); einer dritten ist ihr Buhle *ain wenig zu leppisch*. Kleine Unanständigkeiten werden vorgebracht. Stück 93, in KM überliefert, arbeitet ebenfalls im Wesentlichen mit demselben Versmaterial wie 59 = 95. Sechs Paare treten auf, wie es scheint. Zwar ist in den Überschriften nur von vier Paaren die Rede, dann heisst es *der fünft, der ſechſt* (K *Princeps*); aber die Rede des Ausschreiers verlangt im Ganzen vierzehn Personen und die lassen sich, wenn man Einschreier und Ausschreier mitzählt, auf die angedeutete Weise herausrechnen. Die ganze Gesellschaft ist in blau gekleidet, und die Reden machen den Anspruch, zu erklären: weshalb? In Wahrheit ist das aber nicht der Fall, und die Entstehung des Stücks ist hinlänglich charakterisiert, wenn man annimmt, dass eine Gesellschaft sich im Besitz von 14 blauen Kostümen befand und irgend jemand zu diesem Zweck aus altem Versmaterial rasch ein Stück zurechtschnitt. Dass dieser Jemand Rosenplüt selbst gewesen sei, ist ja an sich möglich: wir haben aber kein Grund ihm eine so dürftige Arbeit zuzutrauen, wenn auch der ganze Ideenkreis der Rosenplüts ist und ganz entschieden Rosenplütsche Phrasen begegnen. Vgl. z. B. 729 3 *Darümb jſt jugend eine ſüſſe clingende ſayt* (oben S. 156). Die Rede des Ausschreiers, der die des Ausschreiers in Stück 116 in der Form sehr nahe steht, vergleicht sich mit Aufzählungen wie in der Predigt V. 112 ff.

Verwandt in der Anlage ist Stück 92. Zehn Büsser, die nach *Maköcken* pilgern wollen, treten mitsamt ihren Frauen auf. Offenbar hat das zufällige Vorhandensein von Pilger- oder Büsserkostümen Veranlassungen zu dem Stück gegeben. *Maköcken* wird dasselbe fiktive Land sein wie (48) 367 28 *Akucken*, wohl eine Entstellung des französischen *Coquaigne*. Es berührt im ganzen noch etwas Rosenplütischer. Zu 724 16 ff. ist (14) 124 10 ff. zu vergleichen. 725 23 f. ist gleich Predigt 60 f. (Keller 3, 1159) 725 26—30 ist gleich (99) 755 9—13.

Denn Stück 99, überliefert in KM reiht sich hier weiterhin an. Man kann sagen, es werde das Thema variiert

Eines tags da kam ein fraw zu mir u. s. w. Büsser im Harnisch treten auf — eine neue Verkleidung, ohne neuen Inhalt: öde Buhlgeschichten werden aneinander gereiht.

Stück 116, in M und F ziemlich abweichend überliefert, repräsentiert wieder eine andere Form von Typus 1 der Narrenrevuen, die eigentlich auch schon auf Stück 109 eingewirkt hat. Für diese ist das Grundthema in den an Rosenplütische Priameln erinnernden Versen 1009 27 ff. zu sehen:

Wann das ich flaffen folt, fo wachet ich,
Wann das ich trauren folt, fo lacht ich,
Wann das ich kußen folt, fo peiß ich,
Wann das ich eßen folt, fo fcheiß ich.

Die beiden ersten Verse begegnen auch (92) 725 15, vgl. ferner 725 1 f. und Murner Narrenbeschwörung c. 50 *Ich weinet offt, fo ich folt lachen*. Narren treten auf und erzählen ihre Geschichte, d. h. was sie verrückt gemacht hat, natürlich Buhlereien. Eine Dirne (Venus?) führt sie am Seil, so dass man das Stück auch dem Typus 2ᵃ zurechnen könnte. Rosenplütsche Phrasen begegnen vgl. z. B. 1009 2 mit (42) 321 29. Die Rede des zehnten Narren (M) mit ihrer Aufzählung — auffälliger Weise von 15 Narren, während nur 10 auftreten! — erinnert an Rosenplütsche Aufzählungen wie die in der 'meisterlichen Predigt'. Der Reim *gaden : widerfaren* 1010 4 f. ist wohl Rosenplüt nicht zuzutrauen. (1010 15 f. ist mit F *geredt : rerzedt* zu lesen, ebenso 1010 26 f. *flihen : zihen*).

Eine etwas originellere Idee war es in Stück 50 (A), das gleich 105 (X) ist, Hausierer Revue passieren zu lassen, die ihre Waren ausbieten. Dem Kreis der Rosenplütschen Schule gehört das Stück mit den burlesken Bauernnamen — Kalbscuter begegnet bei Rosenplüt (40) 306 24, aber auch sonst —, mit seinen unanständigen Witzen, den beliebten Reimen *glunkern : junkern* (373 23 f.), *benafchen : tafchen* (375 1 f.), *zilen : fpilen* (375 13 f.) durchaus an; für Rosenplüt selbst spricht nichts. Ähnlich ists, wenn in den Stücken 98 und 101 Ärzte Revue passieren, wobei allerhand alte Scherze (s. oben S. 52 ff.) zur Verwendung kommen.

Der Typus 2ᵃ ist repräsentiert durch Stück 16, das in BKM erhalten ist. Wie in Stück 100 König Artus und sein Hof Preise ausgesetzt haben, so haben hier die Frauen ein

Kleinod ausgeworfen für den besten Liebhaber. Ich trage
kein Bedenken, das gut komponierte kleine Stück Rosenplüt
zuzuschreiben. Die Form *mein weip liebet mir für* wird
variiert. Der Letzte trägt den Preis davon, und der Chorus
der Männer spricht seinen Dank aus. Es ist nur in ironischer
Weise ausgeführt, was im „Lob der fruchtbaren Frau" ernsthaft behandelt wird. Vgl. dort 121 f.

> fie liebet mir zu aller frift
> für alles das auf erden ift.

Vgl. auch oben S. 142. Dass 135 17 ff. König *Davit* und
Berfabe (im Reim zu *me*, wie Rosenplüt *Jofue* mit Vorliebe im
Reim verwandte vgl. oben S. 139) und *Hefter die fchön königein*
zitiert werden, passt zu Rosenplüts biblischen Kenntnissen
und seinen sonstigen Zitaten. Wenn dem zehnte die Liebste
liebt für *nacket walgen In neffeln und fur igels palgen*, so
darf man das als Reminiszenz an den „Spiegel im Pech"
betrachten. Zu 135 27 *er liebet mir für roßeier effen* vgl.
Türkenspiel 295 21 f.

> das du fürbaß eitel efelsfoign muft effen
> und eir, die die bauren haben geleit.

Die Verse 133 17 f.

> Sußt mir vil pas im herzen mein,
> Dann rogent eß eitel honig darein

sind gleich Kaiserin 185 f. (Keller 3, 1143 32 f.).

Nur im Schlepptau dieses Stückes segelt Stück 74,
in M allein erhalten. Es heisst in M *Di Groß Liebhaber
vaßnacht* und ist schon durch den Titel zu Stück 16 in Beziehung gesetzt, das M *Daß gut liebhaber fpil* nennt. Nur
ist Stück 74 nicht gross im Vergleich zu Stück 16. Die
Idee des Konkurrierens um ein Kleinod ist aufgegeben; statt
10 Liebhaber treten nur sechs auf. Die Verse (16) 134 12. 16.
*Und liebet mir für part außreifen . . . Und liebet mir für
haut abfchinten* bilden gewissermassen die Ansatzstellen, aus
denen der neue Schössling herausgewachsen ist. 632 24 f. ist
eine Reminiszenz an Neidhart von Reuenthal 47 38 f. Nichts
nötigt gerade direkt das Stück Rosenplüt abzusprechen, nichts
aber ist andrerseits vorhanden, was seine Autorschaft besonders

wahrscheinlich machte. Die Reime *ſtrik : mich* 633₂ f., *be-ſchert : ſteet* 633₁₅ f., *muß ⸬puſch* 634₃ f., sind sonst bei ihm nicht zu belegen.

Dagegen gehört Rosenplüt sicher Stück 96 DFMR, das in der Anlage dem Stück 16, noch mehr aber Stück 84 nahe verwandt ist. Man könnte auch Stück 96 einen „Actus" nennen und den Gerichts- und Beratungsszenen anreihen. Was über das Auftreten der Meister zu Stück 84 bemerkt ist (s. oben S. 200), gilt auch für 96. Wie dort die Meister einem Jüngling Auskunft erteilen sollen, woher die Liebe zwischen den Geschlechtern komme, so bittet hier der Jüngling *mit großer fleh* (741₂₂ vgl. oben S. 155) ihn zu belehren über die Frage, wie man Frauen *mag ere erpieten* (741₁₉ R). Auch Stück 41 ist heranzuziehen, vgl. besonders 741₂₂ f. *Nu bite ich euch mit großer fle, Das ir mir ſagt, das ich verſte* mit (41) 315₆ ff. . . . *Ain urtail ſprecht, das er verſte, . . . Des pit ich euch mit großer pet.* Die Aufzählung der Autoritäten 740₇ ff. ist mit der Ärzte 64 ff. zu vergleichen. Dort findet sich die Manier des Zitierens, dass erst der Inhalt der Lehren dann der Name des Gewährsmannes angegeben wird (70 *Das ſagt der doctor Ipocreis*, 76 *Das iſt des Avicenna ſag*, 88 *Das hat Origenes ausgeſpent*, 96 *Das hat doctor Plinjus geſagt* : hier wenigstens 741₈ *Das hat der Konig Tholomeus funden*). Besonders auffallen muss, dass wie in Stück 16 und 84 die Zeremonie der Danksagung wiederholt wird (s. oben S. 201), sie hier sogar dreimal stattfindet. 744₁₆ ff.:

      Ir weiſen meiſter hochgelart,
      Ich dank euch ſer, auf dieſer fart,
      Das ir mich habt wol entricht usw.

klingen wörtlich an (84) 694₁₅ ff. an:

      Ir weyſen mayſter wol gelart
      Ir habt mir recht auf dieſer fart
      Beſcheyden das ich hab gefragt usw.

Wie in Stück 16 verehren die Frauen ein Kleinod. Dabei ist 745₃ = (16) 136₁₁; 745₅ f. = (16) 136₁₆ f. Auch hier begegnet 745₈ ff. eine den Versen Kaiſerin 184 ff. auffallend ähnliche Stelle, vgl. oben S. 209. Zu dem Ausdruck *mit ſcharffen glenen geriten* vgl. oben S. 194.

c. *Weitere Stücke Rosenplüts in* M⅔.

Ein zweiter Kreis von Nürnberger Stücken, der mit den eben genannten nur wenig Berührungen hat, aber doch genügend, um die Frage nahe zu legen, ob nicht Rosenplüt als Verfasser anzunehmen ist, wird gebildet durch die Stücke 47. 79. 75. 80 81. 17. Es sind sämtlich sorgfältiger gearbeitete Stücke mit einer Art Handlung, aber doch dem Revuetypus angenähert.

Stück 75 ist davon das interessanteste: eine bittere Satire auf den Ritterstand, der seinen Namen mit Schande trägt, wie sie dem Dichter der 'Hussenflucht' wohl zuzutrauen ist. Bei dem kleinen Land, das sich manchem Land (lies: *eurer haut?*) wiedersetzt, 636 a f. mag an Böhmen gedacht sein.

Der Anfang (75) 635 3-8 ist gleich dem Anfang von Stück 47 359 3-8, nur dass dort der Kaiser von *Schnokenlant* stammt statt aus *Kriechenlant*. Stück 47 ⅔ M scheint ebenfalls als Satire auf den Adel gedacht zu sein. Die Reden des 2—8 Ritters sind offenbar mit satirischer Absicht geschrieben. Aber die des 1. und 9. sind ganz salz- und harmlos.

47 und 79 gehören eng zusammen und haben jedenfalls denselben Verfasser. Beide sind frei erfunden und prunken mit allerhand geographischen Namen. Darauf beruht das einzige, was die Stücke vielleicht für die Zeitgenossen interessant machte. Sonst sind sie zwar anständig, aber ungemein langweilig. In beiden tritt ein Kaiser oder König von Schnakenland auf. In Stück 47 sollen eine Reihe von Männern angeben, weshalb sie zu Rittern geschlagen wurden. Zum Teil fällt einer dem andern korrigierend in die Rede, sodass wir also hier Typus 2ᵃ und 3 der Revueform vereinigt hätten. Die ganze Anlage des Stückes mit den fremdartigen Namen erinnert ganz an Rosenplüts Stück 100. Im Einzelnen wüsste ich allerdings nichts für Rosenplüts Verfasserschaft geltend zu machen, es sei denn das Auftauchen des Namens *Seydenſchwanz*, den Rosenplüt (42) 321 8 verwertet. Wenn der eine der Ritter seine Gesangsleistungen rühmt: *Ich kan tenor, dritt ſtym, diſchkant* (362 1), und der Kaiser

ihm sachverständigen Rat für die Erhaltung seiner Stimme giebt, so mag man sich an Rosenplüts Verständnis für Musik erinnert fühlen.

Stück 79 M bildet eine Art Fortsetzung. Mehrere Ritter kommen vom Hof des Königs von Schwabenland und klagen darüber, dass sie beim Turnieren auf die Schranken gesetzt, d. h. für ehrlos erklärt worden sind (vgl. Rüxner Turnierbuch Bl. xvij). Wir haben Typus 3 der Revueform ziemlich rein: einer fällt dem andern ins Wort und will, obwohl ein *socius malorum*, nicht zugeben, dass dem andern Unrecht geschehen sei. Es sind meist geschlechtliche Vergehen, die den Entehrten vorgeworfen werden; einer ist ein Wucherer. Der Narr epilogiert, und nach ihm spricht noch sehr überflüssiger Weise ein *Lapp, Heinz Narrolt*. Rosenplütisch ist die Wendung, der eine trage seiner Frau *die pfründ außem haus* (649 7. 16), vgl. (40) 305 18. 308 1. Sonst vermag ich einen bestimmenden Anhalt für Rosenplüts Autorschaft nicht zu gewinnen. Die Reime *ſtraſſen : taſchen* 651 2 f., *ſun : lon* 652 9 f., auch wohl *tochter : pfer* 651 35 f. machen sie zweifelhaft. Zu 653 15 vgl. (97) 748 29, zu 653 14 (17) 153 3.

Auch für die kleine Handelsszene, die Stück 49 bietet, und die ausser in D in DM überliefert ist, darf Rosenplüts Autorschaft wenigstens in Erwägung gezogen werden. Mit 371 16 *Und legt eur pfewart* (l. *pfenwert*) *wider ein* vgl. Wolfsgrube 85 f.

dieweil die pfenwortkauf künn fein;
der kramer wil fchier legen ein.

Rosenplüt war mit dem Artuskreis vertraut, wie Stück 100 zeigt. Dass es sich in beiden Stücken um Beschämung der Ehebrecher handelt, stimmt zu Rosenplüts Vorliebe für das Thema. Die Vorliebe für den Reim *verſchmehen : geſchehen* (654 7 f.), *verſchmehen : ſpehen* (655 11 f., 662 15 f.), *ſehen : verſchmehen* (660 21 f.), *verjehen = vergæhen : ſehen* (662 31 f. 671 32 f.), *jehen : geſehen* (671 23 f.), *jehen : geſchehen* (673 20 f.), *geſehen : geſchehen* (671 32 f. 676 13 f.) hat auch Rosenplüt. Zu 657 34 f.:

Wann du halt mir meine pfenbert tragen auß,
Der ich felber wol pedörfft in meym hauß.

vgl. oben S. 180, zu 673 24:

Darümb peger ich hie der llangen

vgl. oben S. 171. Die Metapher *den tham abyraben* 673 23, wäre Rosenplüt recht wohl zuzutrauen. Das Lob des reinen Weibes 677 13 ff. erinnert an das 'Lob der fruchtbaren Frau'. Es ist immerhin nicht viel, was für Rosenplüt spricht. Die Narrenepisode 673 28—675 16 hält Roethe, ADB 29, 232 für interpoliert. Ich kann ihm darin nicht beistimmen. Die kleine Retardation unmittelbar, bevor der letzte König, der König von Spanien, auftritt, der den Sieg über die andern gewinnt, weil er ein tugendhaftes Weib hat, obwohl er ein alter Mann ist, ist bei bescheidenen Ansprüchen ganz wirkungsvoll zu nennen. Im Hofstaat des Königs Artus auch einen Narren auftreten zu lassen, war ein recht naheliegender Gedanke. Hier ist also *Hannß Narrolt* (673 33) sehr viel passender als in (79) 653 11, und die Narrenepisode in Stück 79, wird erst durch die in Stück 81 eingegeben sein. Überdies dürfte gerade die Thatsache, dass der Narr den klügsten Rat giebt, mit für Rosenplüts Autorschrift verwertet werden, wenn man sich an sein Gedicht 'Der kluge Narr' und an Stück 78 erinnert. Eine Narrenepisode hat aber auch Stück 17.

Stück 17 25 ist sozusagen eine Verbindung des Artus- und Aristotelesspiels. Aus dem Artuskreis stammen die als Ehebrecher stigmatisierten Könige aus Zypern, Arragonien u. s. w. An die Stelle des König Artus ist hier der Soldan getreten; man denkt an den Türken vom St. 39. Verse des Artusspieles 80/81 begegnen auch hier, teils wörtlich, teils so ähnlich, dass zufällige Berührung ausgeschlossen ist:

(17) 138 12-14 ~ (80) 654 10-13
(17) 138 17 f. ~ (80) 654 16 f.
(17) 152 16 f. ~ (81) 674 10 f.
(17) 153 4 f. ~ (81) 674 31 f.

Vgl. auch (17) 144 11 f. mit (80) 657 32 f.

Stück 80/81 M gehören, wie schon Keller andeutet, zusammen. Es ist zu bemerken, dass die Hs. unmittelbar und ohne Zwischenraum nach Stück 80 fortfuhr. Die Überschrift D^s *lunetē matl* (rot) ist erst nachträglich hinter dem

Wort der *Außſchreyer* auf derselben Zeile eingeklemmt.
In M stand übrigens auch 360₁ und ₁₅ *Lauet*; an der ersten
Stelle ist es deutlich, an der zweiten ziemlich undeutlich in
Lanet verbessert. So [oder *Laueta?*] stand ursprünglich auch
665 ₁₂, das *u* mit schwarzer Tinte aber in *n* verbessert [des-
gleichen eventuell das -*a* angehängt]. Das erste *a* ist erst mit
roter Tinte in *u* verwandelt. Über das Verhältnis von
Stück 81 zum Meisterlied in Bruns' Beiträgen II 143 ff.
und in der Kolmarer Hs. hsg. v. Bartsch 373 ff. hat Warnatsch,
Der Mantel S. 74 ff. gehandelt. Fastnachtspiel und Meisterlied gehen zurück auf eine verlorene gemeinsame Quelle;
das Fastnachtspiel benutzte aber auch das Meisterlied vom
Horn (Bruns 139) oder eine ähnliche Version. Der Inhalt
von Stück 80 begegnet in einem Meisterlied, Germ. 5, 101,
auch Mones Anzeiger 8, 354. 378. Dort heisst der König
(oder die Königin) von *Asion*.

V. FOLZ.

Es sei gestattet hier die Resultate voranzustellen.
Folz nennt sich als Verfasser von Stück 1. 7. 38. 43. 44.
(s. Goedeke, Mittelalter 980) 112. Stück 60, in ℬ überliefert und ausserdem in etwas abweichender Gestalt bei
H. Stüchs in Nürnberg gedruckt wie Stück 112, hat im
Druck den Schluss: *Von der kurzweyl jetzund nit mer
Spricht Hanns Foltz Barwirer*. Auch Stück 120, das ebenfalls bei Stüchs gedruckt ist, darf man ihm mit Sicherheit
zuschreiben [1]. Ich glaube ferner, dass ihm auch 2—4. 8ᵃ. 8ᵇ
(s. u.) 20. 22. 32. 35. 37. 51. 55 und 106 ohne Bedenken,
vielleicht auch 31, zuzusprechen sind, und will zunächst
darauf hin seine Art zu charakterisieren suchen, ehe ich
auf Einzelheiten eingehe. Beachtenswert ist, dass diese
sämtlichen Stücke, mit Ausnahme von 106, das in N steht,
nur in ℬ und 𝔄 begegnen, nicht in den anderen Hss.

---

[1] Hans Stüchs druckte 1509—1531; vgl. K. Steiff, ADB 36, 715 f.

Revuen.

Folz geht offenbar von Rosenplüt aus. Die Narrenrevuen 32. 38. 43. 44 dürfen wir als die ältesten seiner Stücke betrachten. Sie zeigen noch sehr den Rosenplütischen Charakter. In der Metrik freilich unterscheiden sie sich. Folz baut seine Verse nach HSachsischer Art d. h. offenbar unter dem Einfluss der meistersingerischen Tradition (Achtsilbler), die er in das Nürnbergische Drama einführt. Nur 43 macht eine deutliche Ausnahme, wenigstens in der IIs.

Die Stücke 32 und 44 berühren sich, sodass sich folgende Partieen decken:

         (44) 338 8—15 = (32) 259 17—24
              338 19—26 = 259 26—33
              340 8 f. = 261 16 f.
teilweise: 340 2 f. ∼ 260 20 f.
              340 4 f. ∼ 261 14 f.

Nun hat es aber mit Stück 32 eine eigene Bewandtnis.

Es stimmt nämlich dort wieder manches zu einem anderen Folzischen Stück, nämlich Stück 38:

    (32) 258 6—11 = (38) 283 15—20
        262 7—14   286 8—15.

Der Inhalt beider Stücke ist derselbe. Venus ein Urteil fällend über eine Schar Venusnarren — wohl ein Vorbild für Gengenbachs 'Gäuchmatt' und Hans Sachsens 'Hofgesinde der Venus' (Fastnachtspiel 2). In beiden Stücken lautet der Urteilsspruch gleich: 'bleibt nur ferner im Venusorden wie Vater Adam, die antiken und biblischen Helden!' (zu 263 1 ff. vgl. besonders Frauenlob Spr. 141 = Regensburger, Kolmarer IIs. hsg. von Bartsch 81 24 und ferner Roethe zu Reinmar v. Zweter 103)[1] und: 'zieht nur ferner

---

[1] Bei Rosenplüt (14) 126 31 ff. - (17) 151 4 ff., Salomo und Sampson auch (46) 355 3 ff. Auch die Franzosen kennen das Register:
    Par femme fut Adam dessus,
    Et Virgile mosquez en fut,
    Ypocrasse en fut enerbez,
    Ssansson le fort deshonourez.

am Narrenseil!' Beidemale klingt auffällig an der Anfang von Kapitel 13 des Brantschen Narrenschiffs, das auf Gengenbach und wahrscheinlich auch auf Hans Sachs gewirkt hat:

> An meynem feyl ich draffter yeich
> Vil narren, affen, efel, geüch,
> Die ich verfür, betrüg vnd leych.
> Frow Venus mit dem ſtröwen ars
> Byn nit die mynſt jm narron fars u. s. w ;

wo *efghk* (nach Zarnckes Bezeichnung) *ſtröwen Loch : narrenjoch* haben. Dazu einerseits (38) 287 7 ff.:

> Seit mit eur pulſchaft fort ungheit,
> Und pit euch voln zů wünschen heil,
> Das jar zu ziehn am narrenſäil.

Auch lauten hier die Überschriften der Reden: *Der Erſt : Narr*, ... *Der Dritt : Eſel*, ... *Der Neunt : Gauch* u. s. w. Andrerseits bezeichnender (32) 263 15 f.:

> So ſagt mir, frau, ſeit ir es doch?
> Fraw Fenus mit dem ſtroem loch,
> Von der ich ſo vil han vernumen,
> Und kunt doch lang nie auf euch kumen?[1]

Den Ausdruck *Fraw Venus mit dem ſtröen Ars* hat auch Hans Sachs „Kram der Narrenkappen" (Folioausgabe 5, 406), wie Zarncke bemerkt hat, „sicher mit Anlehnung an Brant". Wie die Ähnlichkeit hier zu erklären, bleibe eine offene Frage; vor der Hand kommt es nur darauf an, dass gerade die Kombination der beiden sich entsprechenden Stellen von 32 und 38 zu Brant stimmt. Das ist sicher auffällig.

> Davit an fit fault jugement
> Et Sallemon fault teſtament.
> Femme chevalchat Ariſtote.
> Il n'est rien que femme n'aisotte!

(Hdschr. d. 15. Jhs. aus Épinale no. 189, mir aus Héron Oeuvres de Henri d'Andeli p. XLIII bekannt.)

[1] Vgl. Gengenbach, Gouchmat 375 ff.:
> Du alter narr, was ſtoſt du hie,
> Ich bitt dich drumb, nun ſag mir, wie
> Ich vff die gouchmat ouch mög küme,
> Von der ich hab ſo vyl vernumme.

Gleichwohl läge vielleicht die Annahme am nächsten, dass Stück 32 aus Folzischen Reminiszenzen entstanden sei; indessen bezieht sich doch (32) 260 20:

Ich pin ic auch ertrunken drin

zu deutlich zurück auf 258 6:

Die in ir pulſchaft fein ertrunken.

Es ist also Stück 32 vermutlich älter als 44, wo die erste und auch älter als 38, wo die zweite Stelle isoliert begegnet. Das Umgekehrte setzte wenigstens ein sonderbares Zusammentreffen voraus. Ein ebenso sonderbares wäre es, wenn Stück 32 auf dem Wege der Flickarbeit seine gegen die verwandten Stücke sehr viel gleichmässigere Komposition erlangt hätte. Mit Ausnahme des letzten, dreizehnten Narren, der Venus selbst, des Ausschreiers und eines, der sie alle nennt (aber 21! — späterer Zusatz?) haben alle Personen gleichviel Verse nämlich 8, während in den anderen Stücken, namentlich auch in Stück 44, die Zahl variiert. Vgl. dazu Lier, Studien z. Geschichte des Nürnbergers Fastnachtspiels (1889) 11. Ich halte also Stück 32 für älter; und da es unwahrscheinlich ist, dass ein namhafter Dichter wie Folz andere ausschrieb, so glaube ich, dass auch Stück 32, wie 44 von ihm herrührt. In Stück 32 erinnert übrigens auch 263 13 *Weicht ab, trett umb und laſt uns fur* nicht umsonst an Folz (1) 1 5 *Weicht ab, tret umbę und raumet auf.* Auch dass die ganze Rede des Ausschreiers in 32 wie in 38 lebhaft das Einerlei derartiger Abgänge durchbrechend, sich an Venus selbst wendet, ist ein origineller Zug, den man nur einem geübten Dichter zuzutrauen hat.

In Stück 44 fällt auf, dass in der Aufzählung 10 Narren gezählt werden (337 25), während mit Einschluss des Sprechers nur 9 auftreten. Ist etwas ausgefallen? Man sollte doch eigentlich annehmen, dass die Zuschauer bis 10 zählen konnten. Der erste Narr ist des *Piſchoffs hofnarr.* Welches Bischofs? Wenn man ein Recht hätte mit Max Herrmann (Anz. f. deutsches Altertum XV, 146) den Hauns Voltz, der in einem Aktenstück des Jahres 1461 als Diener des Bischofs Johann von Würzburg erscheint, mit unserm Dichter zu

identifizieren, so liesse sich an den Würzburger denken und
ein lustiges Hypothesengebäude konstruieren. Dann wäre
Stück 44 in Würzburg entstanden, vor 1479 (vgl. a. a. O. 145),
also wohl Stück 32 (und 38) auch und erst recht. In Würzburg in unmittelbarer Nähe des Bischofs hätten wir einen
Herd des Fastnachtspiels zu suchen u. s. w. Leider muss
ich schon die Berechtigung zu jener Identifikation anzweifeln[1].
Namensgleichheiten, namentlich bei einem so häufigen Vornamen wie Hans sind auch im 15. und 16. Jh. nichts sel-
tenes. In den Nürnberger Akten des 16. Jhs. begegnet sehr
zum Verdruss des Forschers mindestens noch ein gleich-
zeitiger Hans Sachs, ein höchst unwürdiger Namensvetter
des Dichters. Andrerseits wird durch Stücke wie (42) 320$_7$
der Gedanke an den Bischof von Bamberg, zu dessen Diözese
Nürnberg gehörte, näher gelegt. Vielleicht ist es gar eine
Anspielung auf Rosenplüts 'klugen Narren', wie 338$_{19}$ ff.
eine Anspielung auf den 'Spiegel im Pech' enthält und
339$_{28}$ f. auch ein Rosenplütsches Verspaar steht (vgl. oben
S. 162). Ob bei dem Ort Schroffenhausen an den Markt
(die heutige Stadt) Schrobenhausen an der Paar auf der
Linie Ingolstadt—Augsburg zu denken sei, ist mir zweifelhaft (so auch Lier a. a. O. 4, Anm. 2). Ich kenne im 15. Jh.
nur die Schreibung Schrobenhausen (mehrfach in den Städtechroniken). Wenn ja, so wäre darum das Stück noch nicht
etwa nach Ingolstadt zu verlegen. Hans Sachsens Schwank
vom „tollen Bauern von Schrobenhausen" (Tüb. Ausg. IX,
262) zeigt, dass sich die Bauern von Schrobenhausen ob
ihrer Tollheit eines weitgehenden Rufes erfreuten.

Wie stellt sich nun das Verhältnis von Folz zu Rosenplüt?
Folz zeigt bei aller Verwandtschaft mit Rosenplüt doch
von vornherein eine überlegene Gewandtheit im Erzählen
der öden Buhlgeschichten. Er liebt die Fragezeichen, die
kurze Rede:

(43) 352$_{35}$ ff. Ich klopf dran vnd fprach: Piftu do?
   Sich regt die fau vnd fpricht: Jo, jo!
   Wer froer dann ich? Und want fi wers u. s. w.

---

[1] Vgl. auch AnzfdA. 18, 146.

Ähnlich ist es, wenn (1) 26 25 f. eine kurze rhetorische Frage
gestellt und vom Sprecher gleich beantwortet wird:

> Das geficht Isaie hort wem?
> Ganz Juda vnd Jerufalem.

Reden und Gedanken dritter Personen werden in direkter
Rede gegeben. *Jetzt denkt fie:* ... (32) 259 20 *So fpricht
fi* (43) 332 16 vgl. 331 4. Auch die eigenen: *Ich dacht:* ...
(32) 259 32 *So dacht ich dann:* .... (32) 260 32. *Do fprach
ich* ... (43) 331 5 [1].

Auch die Rosenplütischen Eingänge varriiert er und
gestaltet sie lebendiger. Er lässt das Spiel ohne lange Vor-
rede beginnen und gestattet sich gleich eine dichterische
Fiktion: die eintretenden Schauspieler benehmen sich als
wären sie nur zufällig in das Haus geraten, in dem das
Spiel vor sich gehn soll:

(38) 283 3   Pox grint, ioh mein wir gen nit recht!
Get einher lieben freunt, und feoht!
Es ift nit meier Pilzans haus u. s. w.

Anderswo sucht er durch grobe Kürze zu imponieren und
die Aufmerksamkeit zu packen:

(1) 1 5 f.   Weicht ab! tret umbe vnd raumet auf,
Es man euch blüpfling überlauf!

(20) 169 4 f.   Schweigt ftill, vnd halt all die meuler zu!
Hort was man euch verkünden thu!

Anderswo wird der Wirt gleich als Schiedsrichter in die
Handlung hineingezogen. So bringt Folz dramatisches Leben
in die matten Revuen hinein.

Gerichtsszenen.

An die Revuen schliessen sich dann bei Folz wie bei
Rosenplüt Gerichtsszenen, die sich ebenfalls in charakteristi-
scher Weise von denen des Vorgängers unterscheiden.

---

[1] Das findet sich allerdings auch gelegentlich bei Rosenplüt.

Stück 112 steht auch Q XX, von Vigil Raber 1512 abgeschrieben, wo die überflüssige Rede eines *andern pauern* 959 27 fehlt. Vielleicht lautete der Schluss 959 28 f. ursprünglich:

>Habt yetz vergût. Zum negſten mer
>Spricht Folz von Nürmberg barbirer.

Das Stück ist für die Beurteilung des Verhältnisses von Folz zu Rosenplüt von Wichtigkeit und in dieser Beziehung höchst interessant. Nicht nur die ganze Idee stammt von Rosenplüt. Auch im Einzelnen finden sich Anklänge. 959 4 f.

>Ich ſprich, welch man ein ſchöns weib hat
>Vnd die zum pfarrer neſchen lat

vgl. (40) 307 10 f :

>Ich urteil, wer ein frauen hat
>Vnd zuo andern weiben auß naſchen gat.

Und doch ist Folz originell. Schon auf den ersten Blick unterscheiden sich die Folzischen Gerichtsszenen von den Rosenplütschen dadurch, dass die Urteilssprüche kürzer sind. Folz ist nicht so langatmig wie Rosenplüt. Dreierlei Klagen werden vorgebracht, bei den beiden ersten sprechen Kläger und Ankläger, Richter und zwei Schöffen; bei der letzten nur ein Schöffe — vielleicht ist etwas ausgefallen. Aber Folz bethätigt seinen Witz darin, dass er zwar dem ersten Schöffen so greuliche und abgeschmackte Strafen in den Mund legt, wie wir sie aus Rosenplüts Stücken gewöhnt sind, dann aber den zweiten einer gemeinschaftlichen lustigen Zecherei mit Kläger und Angeklagten das Wort reden lässt. Vgl. 957 16 ff.:

>Ir herrn, das wer ein leckerey!
>Ein anders urteil ich darbey:
>Wo wir zu negſt an einer zech ſein,
>Das ſie ein weck und vier maß wein
>Pringen und mit uns drein zechen —
>Ich weyß kein peſſer recht zu ſprechen.

958 11 f.:

>Ein dreck was kewſtu von dem ding!
>Ein anders ich dar bey für pring
>Und urtheil, ſo uns eins for dürft,
>Das ſie uns bayd ſchicken ir würft,
>Und bring yeder ein ſchweinen praten,
>Do well wir gûts zun ſachen raten.

So wirft ein keckes Weltkind der alten schwerfälligen Moralisiererei Rosenplüts den Fehdehandschuh ins Gesicht, gerade wie Folz als Lyriker in schneidiger Polemik den Meistersingern die Mahnung zuruft: *Thund nit in himel zilen!* (Mss. germ. Berl. 414. 4°, Blatt 269 ff., vgl. Vossische Ztg. 1890, Sonntags-Beilage No. 26). Für die Nürnberger, die sich bei den Worten des ersten Schöffen im alten seit Jahren gewohnten Rosenplütschen Fahrwasser wähnten, musste die neue Wendung im höheren Grade als für uns den Reiz des Überraschenden haben. So erreicht Folz auch eine höhere Stufe der Komik als Rosenplüt.

S t ü c k 102 ist ein Bauerngericht. Mit gutem Humor freut sich der Dichter der Bauerntölpel. Auch in dieser Beziehung hat er von Neidhart und seinen Nachahmern gelernt, wie er sich in der Lyrik als überzeugter Anhänger Neidharts bekennt. Dürfen wir nicht annehmen, dass die Gerichtsspiele, in denen Bauern als Kläger, Beklagte und Richter auftreten unter dem Einfluss von Stück 112 stehn? Freilich die feineren Pointen, über die Folz verfügt, stehen den Nachahmern nicht zu Gebote, während die groben Zoten der Rosenplütschen Schule lustig fortwuchern.

S t ü c k 10 erscheint als ein solcher Kompromiss zwischen Folz und Rosenplüt.

S t ü c k 18 ist damit verwandt. 18 (154) 4 f. == (10) 57 4 f.: 157 9 f. - (10) 99 38 f. Frettendrüssel (158 7) begegnet auch (10) 100 17.

Andererseits setzen Gerichtsszenen, die im Dialog so behend sind, wie S t ü c k 29 und namentlich S t ü c k 61, wenn man sie auch wohl nicht direkt Folz zuschreiben wird, bereits den Einfluss seiner dramatischen Technik voraus.

S t ü c k 51 ist eins von den weniger lebhaften Stücken der jüngeren Technik. Doch der Unterschied gegen 72 73 ist in die Augen springend. Dort eine einzige Frage, eine matte rhetorische:

> Was rechtz fchol ich darůmb fprechen?
> Ich wolt mich felber gern an der Faßten rechen.

629 26 f. vgl. 626 33 f. Hier eine ganze Reihe. Mit 383 24 f.:

> Sag, Fasnacht, wer ist schuldig dran?
> Niemant dan du, kan ich verstan.

vergleiche (1) 26 25 f. Lebhafte Schilderung des Fastnachttreibens in den Reden der klägerischen Anwälte; reichliche Anwendung der direkten Rede in Berichten:

382 22 ff. *Du weist doch Adam was ein paur, Und sprach zu uns allen:* ....: 383 35 f. *Wenn sie auf stan oder gen nider, Gedenkt ider:* .....; 384 2 f. *Das er erseufzt und denkt da mit:* ....: 384 35 *Und sprachen:* ....: 385 31 *Das manche spricht:* ....; 388 9 *Igklicher spricht:* .....: 388 10 *Und ich sprich werlich:* ....: 389 21 f. *Des ir mir nit kunt sprechen: Nein.* vgl. (1) 9 6 *Und vmb vns schreien: We, we, we!*

So verstehe ich auch 383 15 als „dort gicken sie und gecken sie: auweh! genug!" *gicken = stechen*, namentlich mit der Spitze des Zeigefingers, *gecken = vexare* (Schmeller, Bair. Wb. I² 883). Ausser der Reimbrechung beim Personenwechsel wird auch sonst das Enjambement verwendet:

380 18 ff. Do wirt dann mancher zu eim Lotten,
            Der dann die eigen tochter sein
            Beschlief, als sie waren durch den wein
            Entschemt.

Wir dürfen wohl Folz für den Verfasser halten. Ein Folzischer Fluch mit 'Potz' steht 387 14 (vgl. unten S. 226). Der Reim 381 25 f. *riemen : kemen* aber darf nicht abhalten, das Stück Folz zuzusprechen. Es ist offenbar zu lesen:

        Und schmitzen mit iren geiseln rumen,
        Das mancher vmb ein aug mocht kumen.

(*rumen* : (7) 74 25 *die Drucke*). Dass *schmitzen* ein Folzisches Lieblingswort ist, hat Stiefel, Herrigs Archiv 90, 3 bemerkt, wenn er den Reim *schmitzen : sitzen* für Folz in Anspruch nimmt. Er begegnet auch hier 386 19 f. Ebenso das nach Stiefels richtiger Beobachtung bei Folz viel verwendete Reimwort *remen* (: *klemen* 382 7, *zu semen?* 386 27).

Benutzung von Quellen.

Wo Folz seine Stücke unter Benutzung älterer Quellen gestaltet, erkennt er mit sicherem Blick, was sich für dramatische Behandlung eignet. Er strebt nach drastischen Effekten. Wie die Ironie liebt er den Wortwitz. Der schlagfertige Disput zwischen Salomo und Morolf zieht ihn an und er erkennt das dramatische Element (Stück 60). Auch die dramatische Behandlung des Traugemundliedes (Stück 63) werden wir ihm zutrauen dürfen. Das komische Missverständnis muss als ein unabsichtliches ein neues Motiv für das Arztspiel abgeben, das Hans Sachs später übernimmt. Vgl. auch (22) 206₉ f. Als absichtliches hat es Folz in einem Spruchgedicht (ZfdA. 8, 520) verwertet, das dann Hans Sachs in seinem vierten Fastnachtspiel kopiert hat.

Er liebt es, an den Scharfsinn der Zuhörer zu appellieren und deshalb darf man ihm auch Stück 22 das Spiel vom 'Kaiser und Abt' sehr wohl zutrauen.

Bei dem Pfalzgrafen am Rhein, der drei Fürsten überritten und auch zu Preussen gestritten hat (201₇ ff.), kann eigentlich nur an Friedrich den Siegreichen (1449—1476), den vielbesungenen Helden von Seckenheim, den bösen Fritz gedacht sein. Dass er gegen Preussen gekämpft habe, meldet die Geschichte freilich nicht. (Vgl. L. Häusser, Geschichte der rheinischen Pfalz I (1848) 129 ff.; K. Menzel, ADB 7, 593 ff.). Hier muss irgend ein Missverständnis untergelaufen sein, oder dichterische Phantasie hat zuerfunden. Wenigstens darf an das Datum der Seckenheimer Schlacht (30. Juli 1462) als Terminus a quo angeknüpft werden, und zwar als ziemlich entfernten wegen der sagenhaften Gestaltung (22) 203₂₁ = (20) 172₁₁.

Zweifelhaft bleibt, ob Folz Stück 37 zuzusprechen ist mit dem Rosenplätschen Lieblingsreim *schmutzen : ergutzen* (277₂₀ f.). Die Zank- und Prügelscene zwischen den Eheleuten spricht auch hier für ihn. Ähnlich steht es mit Stück 64, dem Spiel von den faulen Pfaffenknechten, einer Revue des Typus 3, über deren Quelle man W. Grimm,

Märchen III³ 233 ff.; Liebrecht, Germania II 246; J. M. Wagner in seinem Archiv 71 ff. vergleiche.

Besonders lebendig tritt uns Folzens dramatische Kraft in Stück 8 entgegen, dem Stiefel kürzlich eine Behandlung gewidmet hat (Herrigs Archiv 70, 1 ff.). Aber weder er noch sonst jemand hat erkannt, dass wir es in Wahrheit mit zwei Stücken zu thun haben. Ich nenne sie 8ᵃ und 8ᵇ und möchte beide für Hans Folz in Anspruch nehmen.

8ᵃ geht bis 78 4 und hat mit 8ᵇ nichts weiter gemein, als dass in beiden Stücken ein König auftritt, in 8ᵇ ein veritabler, in 8ᵃ nur der Kartenkönig. Denn das ist doch offenbar der

> kunik, nit reich, das wißt,
> Auß einem land, ich weiß nit wo,

der sich darüber beschwert,

> Das in manik spilman trit in das kot.

77 6–12 lassen darüber gar keinen Zweifel. Das Stück ist offenbar 78 4 zu Ende, und die Überschrift 75 2 f. passt nur für Stück 8ᵇ.

Dass das Stück aus Nürnberg stammen wird, zeigen die Reime. *ei* und *ai* werden gebunden: *fein : klain* 75 24 f.; *erzaigen : gefchweigen* 75 26 f.; *flaiß : weis* 76 6 f.; *feit : lait* 76 17 f. u. s. w.   *genoßen : moßen* 77 24 f.; *than : darvan* 77 27 f. stimmen zu Nürnberg (womit ich natürlich nicht gesagt haben will, dass dergleichen nicht auch anderwärts vorkäme). Die Verse sind, wenn man einige überflüssige *e* der Endungen tilgt, kleinere Zusätze desgleichen, regelrecht nach Hans Sachsens Weise. Nur 76 26–28 sind stark überladen. Vielleicht haben wir es hier aber mit einer Interpolation zu thun. 76 30 steht in der Handschrift:

> Herr konik, mich dunkt, es wol erwachßen
> In mir groß weißheit ....

Keller verbessert stillschweigend *erwachen*, um den Reim zu *machen* herzustellen. Vielleicht ist statt dessen V. 27 f. zu streichen und V. 26 zu ändern, so dass die Stelle von V. 23 an lauten würde:

> Dem wil ich freilich denen fein haut,
> Das er wurd fchreien alfo laut,
> Und wolt im fitzen auf der achfen. —

8ᵇ, das Spiel von den drei Brüdern, weist ebenfalls nach Nürnberg. 78 8 ff. wird ein Dorf an der Regnitz, oberhalb des Spielorts (Nürnberg) erwähnt. Gemeint ist wohl Wörth. Auch innerhalb des Stücks ist Verwirrung eingetreten. Manche Reden sind nur angedeutet z. B. 87 8. 10 f. Dass 87 11 ff. an das Ende gehören, hat schon Weinhold gesehen (S. 1485).

Reime: *ei* : *ai* mehrfach. *herrn* : *weren* (rd) 82 21 f., *worn* (rd) : *zorn* 84 15 f., *were* : *erde* 84 8 f., *genade* : *tode* 78 27 f., *tot* : *hot* (= *hat*) 80 13 f., *zwien* : *verdien* 81 22 f., *gelauben* : *augen* 81 31 f., *erzeigt* : *hinterliftigkeit* 81 32 f. Zweimal sind die Reime gestört: 85 10 und 79 13 sind Weisen. Vielleicht entsprach dem Vers 79 13:

79 16 Schweigt ftill ein weil mit eurem fpein,

und 79 15 ist Zusatz. Die Verse sind stark überladen. Man kann zu rekonstruieren suchen, z. B.:

> Ja, lieber herr, das wil ich [euch] fagen:
> Es ist ein jar gewelt [leicht] vor acht tagen,
> [So] Starb [uns] unfer vater, dem got genade,
> So hab ich werlein [fider] nach feim tode
> Seins guts nit umb ein har genoffen,
> Das mich oft [vaft] ubel hat verdroffen.
> D[a]rumb, lieber herr, feoht an mein fchaden,
> Damit ich fer bin uberladen
> Und feit mit fleiß an mich gedenken!
> Ich wil [euch werlein] ein kroben [vol] eier fchenken,
> [Und] Ein guts [frifch] pfunt puttern oder zwei,
> Das ich euch [dell] pas enpfolhen fei. U. s. w.

Vielfach freilich stösst man auf grössere Schwierigkeiten. Doch ist das Stück schon durch die Reimbrechung den kunstvolleren zugesellt, wozu der Inhalt stimmt, der eine kleine Handlung gut durchführt, sodass man billig zweifeln muss, ob dem Original eine so halsbrecherische Metrik eigen war, wie die Handschrift sie zeigt.

Vorschläge zur Textbesserung hat weiterhin Stiefel gebracht (a. a. O.), der auch als Quelle Steinhöwels Äsop (ed. Oesterley S. 223) nachgewiesen hat. Damit ergiebt sich als Terminus a quo etwa 1480.

Genreszenen aus dem Leben.

In ganz neue Bahnen aber lenkt Folz ein und thut, nur schwache Ansätze Rosenplüts benutzend, einen grossen Schritt vorwärts, indem er Genreszenen aus dem täglichen Leben in flotter Weise dramatisch zu gestalten sucht. Hier ist der überzeugte Naturalist in seinem Element und zeigt, dass er auch theoretisch über seine Kunst nachgedacht hat. Er sucht alles auf, was dazu dienen kann, den Dialog lebendiger zu gestalten.

Während bei Rosenplüt die einzelnen Sprecher ruhig ihr Sprüchlein herbeten und nur selten zu einander in direkte Beziehung gesetzt werden, folgt bei Folz Rede und Gegenrede manchmal in Einzelreihen. Er verwertet zuerst mit Bewusstsein den Stichreim beim Personenwechsel[1], was ihm dann sein Schüler Hans Sachs nachmacht. Wenn vielleicht zunächst lediglich der praktische Zweck, den Schauspielern das Behalten des Stichwortes zu erleichtern zur Anwendung dieses Kunstmittels geführt hat, so hat Folz doch sicherlich auch den dramatischen Wert empfunden. Vgl. auch M. Herrmann, Hans Sachs-Forschungen, Festschrift der Stadt Nürnberg 1894, S. 423 ff. Wahrscheinlich fallen die Stücke, in denen dies Kunstmittel zur Anwendung gelangt (2. 4. 5? 7. 8ª. 8ᵇ. 20. 35. 37. 51. 55. 60. 120) in eine spätere Zeit als 1. 3. 31. 32. 38. 43. 44. 112. Die Stücke sind schon aus diesem Grunde sicher Rosenplüt abzusprechen.

---

[1] Vgl. Rachel, Reimbrechung und Dreireim im Drama des Hans Sachs. Freiberg. Progr. 1870 und neuerdings Max Herrmann, Stichreim und Dreireim bei Hans Sachs und andern Dramatikern des 15. und 16. Jhs. Hans Sachs-Forschungen (1894) S. 407 ff.

Um den Wortwechsel lebhafter zu machen, verfällt Folz nicht selten ins Barsche und Rohe. Seine Personen fluchen in fürchterlicher Weise: *Pox grint!* (20) 173₁₄; (38) 283₅; 287₁₀; (44) 340₂₃. *Pox haut!* (4) 49₂₀; (7) 37₂ u. a. *Pox lung!* (7) 68₈. *Pox leichnam! Pox leichnams willen* u. a. (4) 50₆. ₁₀; 51₁₁. ₃₁; (7) 68₁₃; 69₁₁; (20) 187₁₁. *Pox fchwitz!* (38) 285₃₁ u. s. w. *Ins teufels namen* oder *aller teufel namen!* (3) 45₁₁; (5) 55₁₅ [1]; (60) 538₄. ₇. ₁₁. *In aller ritten namen!* (120) Nachtr. 1₁₂. *Da fchlag innig der teufel zu!* (20) 177₂. *Der teufel fchlah zu difen fchwenken!* (60) 538₂. *Ei nu muß fein der teufel lachen!* (55) 480₂₉. *Das euch der teufel hin fur!* (1) 30₂₈. *Das dich der teufel fchent!* (60) 524₁₀. *Das dich der teufel im fchandtrog wulg!* (3) 42₃₅; (5) 53₂₅; (31) 253₁₄. *Das der teufel verpfue dich!* (5) 55₁₆.

Ei du hellrigel und Lucifer!
Ei das dein fel dem teufel wer!
Der henker dich verprennen well!
Und das der rauch riech in die hell!

(37) 281₂₂ ff. — *Ei das dichs faldubel ange vnd der ritt! Ei hab dirs faldubel vnd fweig ftill! Ei das dich muß der ritt angen! Das dich der ritt fchütt* u. s. w. (2) 36₃; 37₁₁; (8ᵇ) 81₂₅; (5) 55₃₃; (60) 524₁₂. — *Das euch der ritt gefegen!* (60) 539₂₁. — *Schlach die hur das fie den ritten hab!* (120) Nachtr. 13₁₉. — *Hab dir drues vnd peulen! Habt euch die drues! Das euch drues vnd peulen ange!* u. s. w. (22) 203₄; (60) 539₁₀ u. a. — *Ei das dich verfchlint die erden!* (1) 177₂. — *Das dich die tefer muß erworgen!* (20) 55₂₅. —

Das dich drüs peuln vnd der ritt
Erwurg, und euch verfohling die erd
Vnd das ir all zu kappern wert! [2]

(20) 178₁₃ ff. Und vieles Ähnliche.

Als Frage: *Ei hat euch der teufel hereingetragen? Hat mich der teufel mit dir befchiffen? Hat euch der teufel*

---

[1] Ich zitiere hier auch Nachahmer, weil sie diese Manier deutlich von Folz gelernt haben.
[2] Nach (1) 30₂₂ ff. der 'gemeine Fluch'.

all aufgelennt (1) 30₂₅; (22) 203₂₁; (120) Nachtr. 1₁₂; (60) 539₅ und so weiter.

Rosenplüt hat nichts Ähnliches. Höchstens, dass ein Mal der Henker angerufen wird:

> Ach thut dy fchemlichen kron naher!
> Hat fie denn her pracht der geheind haher?[1]

Gern lässt es Folz zum Zank und zu wütenden Reden kommen, in denen dann ganze Register von Schimpfwörtern herausgesprudelt werden (vgl. (8ᵇ) 88₁₂ ff., 89₆ ff.; (3) 45₁₂ ff.; (31) 254₉ ff., 255₃ ff.). Auch hierin hat ihm Hans Sachs nachgeahmt, während bei Rosenplüt noch nicht einmal ein Ansatz begegnet. Wenn sich Narr und Närrin zanken heisst es bei diesem zahm genug *Awee Gütell! du groffe nerrin! — Awee, Hanßel! — Du pöfer unfeliger Hanßel! Du pöfer fchemlicher Hanßel* (17) 152₁₆; (81) 674₁₀, 674₂₆; (17) 153₅; (81) 674₃₂.

Bei dem Disput wird gern mit Interjektionen begonnen: *Ach! Ei! O!* Die Interjektion *Plau! = Wolan!* verstanden die Handschriften und Drucke nicht: (20) 185₂₃ steht *Plau*, (112) 959₁₄ *Plaut*. Vgl. dazu Zarncke, Narrenschiff CXXXVIII; Goedeke, Gengenbach 680 ff. (20) 186₃, ff. wird z. B. ein ganzes Füllhorn von Interjektionen ausgeschüttet. Aufforderungen: *Hör!* (*Hör Jud! — Mein Chrift!* 1 u. 106), *Sag an! Secht!*, die schon Rosenplüt braucht, werden ausgiebig verwertet.

Schliesslich werden die Unterredner mit Drohungen scharf gegen einander geführt: *Ja torft ich* .... (3) 44₂₂; *Ich torft euch fchier pede auf die meuler fchlahen* (7) 68₁₄; vgl. auch *Ich torft dir wol dein muter geheien* (35) 272₂₄; *Ich wolt dir fchier dein maul zuplenen* (55) 481₃₁. Ironische Wechselreden, in denen sich die beiden Zankenden mit 'lieber' titulieren und mit Vorliebe das Wort 'werlein' als Beteuerungspartikel gebrauchen — ein besonders Folzisches

---

[1] Der Teufel wird allerdings auch (64) 566₄ genannt. Ich möchte beinahe deshalb Rosenplüt das Stück absprechen.

und HSachsisches Wort[1] — führen dann zu Situationen, in
denen sich zwei eine Weile wie Kampfhähne gegenüber-
stehn, der eine wütend, der andere höhnend; der eine immerfort feige schwörend, er werde sich rächen, der andere
zynisch im Bewusstsein überlegener Kraft. Folz versteht dabei das Wirtshaus, in dem gespielt wird, als Szene zu be-
nutzen. Da tritt der Wallbruder auf und klagt über sein
Unglück (Stück 2)[2]; der Bauer fällt ihm ins Wort und
belehrt die Zuhörer, dass dies Unglück durchaus selbstver-
schuldet ist. Nach Vorbildern für diese Art der Anknüpfung
eines Disputs darf man nicht lang suchen; die Revueformen
des Typus 3 boten sie; aber Folz versteht es die Szene aus-
zuspinnen und höchst ergötzlich zu gestalten. Langweilig
wie Rosenplüt ist er nie. Oder er führt einen ehelichen

---

[1] Dies sonderbare Nürnbergische Wort erklärt sich zunächst als
Verhochdeutschung von dialektischem *werda* nach dem Muster von
liedla (Hans Sachs) u. a. *werla* aber geht zunächst auf *werlach* zurück,
vgl. *treulach* (in den Sterzinger Spielen), entweder direkt aus *werlaich
d. i. *werrliche* entwickelt oder nach dem Wechsel von *-ig* (*-ich*) und
-ag (*-ach*) aus *werlich* umgebildet.

[2] Zum Verständnis von 35,16 ff. zitiere ich aus einem „*getiht von
der kayfferlichen Reichsstatt Nürnberg, von dem Gebott vnd Satzung
eynßß Erbarn erlichen Ratt*" vom Jahre 1499 (Ms. germ. Berolin. Fol.
489 — nicht von Rosenplüt, aber dessen Lobspruch nachgedichtet):

Frauenhauß.] Gewinnet ein Ehemann falsch begirr,
     Der in ein folch luft fürnem,
     Inß hauß der Gemeynen frawen kem,
     Würdt er gefchehn [fo] von den knechten,
     So trifft in weder ftreitt noch fechten,
     Vngeftrafft kumptt Er nit herauß:
Vifchbach.] Ein pach fleüßt für daß frawen hauß,
     Mit gewalt Er in denfelben muß,
     Den knechten geben buß:
     Vierr Schilling vnd auch minder nicht.

Ist unter dem „lodernen Busch", aus dem die Knechte kommen, das
Zelt dieser Nürnberger Polizei zu verstehn?

Die Verse in Stück 2 sind ganz regelmässig vierhebig gebaut.
Leicht sich bietende Glättungen hat man natürlich vorzunehmen: 34_{12}
Ich wolt gen Och [fein] hinab an Rein. — 34_{20} (*ich wart*) *So naffer
auf derfelben fart* u. s. w.

Disput herbei, in den sich Schwiegereltern und Nachbarn einmischen (Stück 3). Ohne Schwierigkeit setzt er eine Reihe von verschiedenen Personen zu einander in Beziehung. Der Typus des bösen alten Weibes, vor dem der Ehekrüppel Angst hat, wird zu neuen dramatischen Effekten verwertet (Stück 4).

Ironie und Karikatur werden hier in gleicher Weise gehandhabt. Der Mann erscheint möglichst kläglich und bekommt auch trotz eines Helfers (4) die Schläge, die Frau erscheint furienhaft, schon in der Kleidung möglichst hässlich und verlumpt (31) 256 20 ff.

Lebhaft werden alle Umstehenden — Mitspieler und Zuschauer — in den Zank hineingezogen und ironisch oder ernsthaft zur Parteinahme aufgefordert:

> Ach lieben helfft im clagen dem armen! (4) 47 20
> Rat lieben herrn, wie ich im thue! (4) 48 26
> Schaut an lieben freunt schaut an!
> So treibt fie neur aus mir ir gehei! (4) 49 12 f.
> O helft lieben freunt! (4) 50 10. 15. 20
> O helfft lieben gefellen aus diefer not! (7) 73 15
> O lieben herrn halt fie neur veft! (7) 73 20.

Auch zur Versöhnung wird gern die Hülfe eines Freundes angerufen. Und mit Wein und Tanz wird dann das Gleichgewicht wieder hergestellt[1].

Von diesen ehelichen Szenen sind Stück 3 und 4 die originellsten und enthalten am meisten Folzische Eigenheiten. Stück 31, das im Sterzinger Spiel XIII eine Bearbeitung erfuhr, möchte ich ihm nicht mit gleicher Sicherheit zuschreiben. Es zeigt, auch was das Versmaterial anlangt, Beziehung zu Stück 3. 253 14 f. - (3) 42 34 f. Ferner ist Rosenplüts Brünnlein benutzt; vgl. 256 26–30:

---

[1] Von Rosenplüts Stücken scheidet die Folzischen denn auch noch eine Äusserlichkeit. Nirgends findet sich in sicher Rosenplütschen Stücken eine direkte Aufforderung zum Tanz, wie in 2, 3, 4, 5, 8b, 20, 22, 37, 43, 51, 55, 60, 106, 112 und in den tyrolischen Dramen, meist mit den Reimen *reien : erweien* (8b, 20, 51, 60, 106), *tanzen : umbher fwanzen, fpringen : erclingen* u. a.

> Er acht nit, das man ficht mein torin,
> Die fchwarz umbs maul ist, als ein morin,
> Das mir der pauch und pufem pleckt.
> Was ich die wochen am rocken erleckt,
> Verfauft er als am feiertag

mit Brünnlein 15—20

> Mentel (und) rock, kandel und fchüffel
> Daffelb vert alles durch fein drüffel
> Vnd was ich an dem rockn erleck.
> Er acht nit, ob mir der pauch pleck
> Vnd ob man mir feh an die törin,
> Die fwarz umbs maul ift als ein mörin.

Vgl. auch 257₄ ff. und Brünnlein 24 ff. Mit der Wendung *du haft ein pofe litz* (253 32) vergleiche *mit falfchen litzen* (112) 956 8 und (7) 73 21 *Der litz han ich nit an ir geweft.* Eine solche Wiederkehr eines Folzischen Ausdrucks bedeutet etwas mehr als die eines Rosenplütschen. Aber Folzens Manier scheint doch übertrieben bis zur Karrikatur in der Anhäufung der Schimpfwörter 254 9 ff.

Schon die zerfahrene Metrik, die man nicht durch Konjekturen bessern kann, führt darauf, dass Stück 5 nur ein Abklatsch von Stück 31 ist, der Folz nicht zugetraut werden darf. (5) 53 25 ff. ∽ (31) 253 14 f.; (5) 54 4 ff. ∽ (31) 253 15 f. (31) 256 20 ff. mit samt den aus dem 'Brünnlein' stammenden Stellen ist deutlich benützt für (5) 55 22 ff. --

Gern greift Folz auf ältere Vorbilder zurück und bildet die Arztszene (Stück 112) und das „Hochzeitmachen" (Stück 7) um. —

Beachtet man die Kunst mit der Folz es versteht, solche Szenen zu gestalten, so wird man auch bei Stück 35 an Folz denken.

Die kleine dramatische Handelsszene, die immerhin dramatisches und komisches Talent verrät, ist offenbar Fragment. Zum Schluss fehlt die übliche Schlägerei und Versöhnung. Auch sonst ist das Stück mangelhaft überliefert. Nach 271 6 fehlt eine Zeile, wie llKurz bemerkt (Keller 3 S. 1492); 272 13 ist *Der erft* zu tilgen: es spricht noch der Verkäufer, wie schon Keller notiert hat. Aber Zeile 272 16-19 begegnet ein Dreireim. 272 24 dafür eine Weise. Das hat sonderbarer Weise keiner der Gelehrten bemerkt, die nebst Keller im Anhang der Kellerschen Ausgabe (manchmal recht überflüssige) Verbesserungsvorschläge machten. Die Reime sind gestört und die Stelle 272 14 ff. so zu lesen:

> Der Ander.
> Peit! Do hab ich ein pofen gefehen!
> Er hat ein fcl, als fei er zin.
> Der Erft.
> Schweig! er ift gut vnd get gern hin. —
> Das ift xj — xij — das ift dreizehen.
> Der Ander.
> Peit freunt! wie ift den zweien gefchehen?
> Mich dunkt, wie fie fo kupfrein feien.
> Der Erft.
> Ich torft dir wol dein muter geheien,
> Ee ich dirs wechfelt nach dei[ne]m mut!

273 6 muss es dann heissen:

> Das fein xiiij (statt: xlj), vnd ij hatt [du] do!

Nur so kommen die 273 10 geforderten 20 Pfennig glatt heraus; dass vorher 22 gefordert waren, hat der Dichter entweder den Verkäufer absichtlich vergessen lassen, oder 271 14 ist auch fehlerhaft. 273 5 halte ich Kellers Konjektur (S. 1492) für richtig, streiche aber auch *mit*, das den Vers belastet.

Man darf dann weiterhin Stück 55 heranziehen, eine Szene, die die soziale Frage der Zeit streift, zwischen einem Bauern und einem Krämer. Der Bauer beneidet den Krämer und möchte gern so leicht wie jener Geld verdienen. Der Krämer rät ihm nach Niclashausen zu ziehn,

> Do gilt ein würfel wol ein ku,
> Ein hafelnuß gilt wol ein ei.

Gemeint ist Niclashausen, 1¼ Meile südöstlich von der Tauber. Es gab eine Zeit, in der ein Krämer wohl Geld dort verdienen konnte. Das war im Jahr der grossen Wallfahrt 1476,

Vgl. Barack Hans Böhm und die Wallfahrt nach Niclashausen (Archiv d. historischen Vereins f. Unterfranken 14) und Fickler Der heilige Jüngling zu Niclashausen (Badenia hsg. v. Bader Nr. 1, 1859). Aber die Erwähnung besagt offenbar mehr, als dass Niclashausen ein Ort sei, wo gut Handel treiben. Das ganze Stück mit dem Bauern, der aus seinem Stande herausdrängt und ein gutes festes Eigen für ein Phantom hingiebt, ist deutlich genug eine Satire auf die sozialistische Bewegung, die sich zu regen begann. Der Mann gehört nach Niclashausen, spottet der Krämer, wo sich die Werte so zu verschieben beginnen, dass eine Kuh nicht mehr gilt als ein Würfel, eine Haselnuss nicht mehr als ein Ei! Der Bauer im Spiel merkt die echt Folzische Ironie nicht, die die Zuschauer jedenfalls gut verstanden.

Politische Stücke.

Stück 1.

Das Stück leitet über zu Folzens Dramen mit politischer Tendenz. Folz nimmt freilich weit weniger Interesse an der Politik als Rosenplüt. Nur eins tritt hervor. Er ist überzeugter Antisemit und bringt seine Meinung kräftig zur Geltung. Stück 1 behandelt den Konflikt zwischen Kirche und Synagoge und knüpft damit an das mittelalterliche kirchliche Drama an. Die Arbeit von P. Weber „Geistliches Schauspiel und kirchliche Kunst in ihrem Verhältnis erläutert an einer Ikonographie der Kirche und Synagoge" (Stuttgart 1894) hat neuerdings verfolgt, wie dieser Konflikt in der pseudo-augustinischen *Altercatio Ecclesiae et Synagogae* zuerst behandelt, das ganze Mittelalter hindurch dramatisch und künstlerisch verwertet wurde. Die unmittelbare Quelle für Folz ist bisher nicht beachtet worden. Doch hat bereits Keller angemerkt, dass eine Abhandlung der Handschrift X (Weimar Q 566) Bl. 123 *Pharetra contra iudeos* „manchfach an St. 1 erinnert" (S. 1451). Sie ist vielmehr bis ins Einzelste benutzt. Man vergleiche 4 35 ff. mit dem Anfang.

X 123. *Ein gleichnus.* *Ein juckfraw des angeſichts
ſchon vnd wol geczirt was auf geſtign od' gangn von jericho (gen)
jeruſalē zu opfferu got dem herñ vnd in dem weg liff ir intgegñ
ein alte fraw mit einē geruczeltn angeſicht vnd dunckeln augen!
Derſelbn weg ' vnd namen fragt die inckfraw vnd ſprach.
Was iſt dein geſcheft vnd wo geſtu hin vnd wie heiſtu | Die
fraw antwort | Ich heys die Sinagog die jüdiſchheit vnd was
kumē jn ieruſalē zu opfferu dem herñ ein bock fur die ſund
vnd von dem ſchein ſein blod wordn mein augn auff ſehen in
die hoe ' hir vmb hab ich geirt ĩ d' wüſtūg on feuchtikeit des
waſſers ĩd hab nicht fundn den wey der ſtat der inwanūg.*

Die Jungfrau, fährt die Abhandlung, hier fort nimmt sich
barmherzig der Alten an und führt sie zu einem Felsen
(Christus), dem ein lebendiger Brunnen entquillt. Sie ruht
unter einem fruchtbaren Palmbaum, die alte Frau setzt sich
auf dürres Erdreich. Nachdem so nach beliebter Manier die
Szenerie geschaffen, beginnt der *Conflictus*, den die Kirche
beginnt:

[123ᵇ] *. . . du ſagſt du werſt kūmē ĩ ieruſalē das du
opffers dem herñ ei bock fur die ſund Nu iſt wiſſetlich daz
der bock ein ſtickents thier iſt | alſo ſtinckt auch dein opffer
vo' got Auch er geſprochn hat durch yſaia am erſtn capittel
u. s. w.* Im Fastnachtspiel wird Moses zitiert.

*Die ſinagog od' iudiſchheit. Wer biſtu Die mich
mit ſolchn kleffiſchen redn darſt ſchendn ' wa ich ein gebererin
bin der ppheten vnd patriarchen | vnd han erczohn ĩ mein' ſchaß
Die künig | Die ſamnūg d' criſtn. Ich bin die criſteliche
ſamnūg als ein demutige dinerin von dem herñ außerwelt jn
der die figur der pīarchen vnd weiſſagūg der ppheten erfult
ſin Aber du als die hochfartig küngin . vaſti . biſt vō dē kunig
d' himel v'ſmet vō der vppigkeit wegn deines vnglawbn jch als
die demutige heſſ bin aufgenumē ĩ den palaſt des kunigs |
u. s. w.*

Das Folgende weicht ab. In der 'Pharetra' werden
keine anderen Unterredner eingeführt. Synagoge und Kirche
führen den Streit allein. Auch der Gesang der Juden (79 ff.)
steht nicht in X. Erst von 822 ab = X 124ᵇ *Iſt ma liſt
jin Cezer mochor* folgt das Fastnachtspiel der Vorlage genauer.

Zitat und Gegenzitat bringt hier die Kirche selber vor; nur von Zeit zu Zeit greift die Synagoge ein: X 125 = 9 26 ff. *Bis hy her hab ich gefwigñ, vnd bin gedultig gewefñ* usw.; ebenda = 10 33 ff. *Waz v'wunderftu dich auch daz ich gefprochñ han* usw.; X 132 = 26 18 ff. *Dife alle fint gefprochñ woid' das x gefchlecht* usw. 12 31—13 1, 24 3 f., 24 12-26 weicht das Fastnachtspiel in der Beweisführung von der 'Pharetra' ab. Die Stelle 18 16—19 3, die auf die Türken anspielt, ist im Fastnachtspiel wohl eingelegt, um dem Ganzen einen etwas aktuelleren Anstrich zu geben. Im Übrigen ist dieses nicht viel mehr wenigstens bis 26 28 = X 132 als eine verkürzende Versifizierung.

Bei 26 28 bricht in X die 'Pharetra' ab. Dass das nicht der Schluss war zeigt eine andre, von andrer Hand stammende Partie derselben Handschrift X Bl. 187 ff., „eine ausführliche Abhandlung über die jüdische Dogmatik gegenüber der christlichen", wie sich Keller ausdrückt (S. 1452). Es ist eine andere nicht unwesentlich abweichende Rezension unserer *'Pharetra'*. Vieles ist gekürzt, weil der Schreiber offenbar grosse Eile hatte. Hier geht nun die Disputation weiter, und es sind im Wesentlichen die Juden die Angreifenden, die Christen die Verteidiger. Stellen, die das Fastnachtspiel direkt entlehnt hätte, finden sich aber nicht. Es scheint mir aber nicht unglaublich, dass X β, wie ich diese Version nennen will, gerade die 27 30 ff., 28 9 ff. entsprechenden Particen ausgelassen hat. Dass die Vorlage von Stück 1 noch einen zweiten Teil hatte, deutet auch 32 33 ff. die Bemerkung der Synagoge an:

> Wann itz in difem arguiren
> Sein wir allein worden gefragt.
> Zum nechften werd uns auch gefagt,
> Wes wir zu fragen haben mut.

Dazu 33 19 f.

Lieber haller, setzt der Schreiber von X β am Schluss hinzu, *jch habe faft geeilt vnd fer poeß gefchriben pittue mir daz nit verunclimpfen vnd wo ir eß nit leſſen konet So fchickt nach mir oppffere ich mich euch vnd all den ewren zw allen wolgefallen wegenn vnd potten allczeit rnvertroſſen.* Er hatte guten Grund, die Unleserlichkeit zu fürchten. Heutzutage, wo die schlechte Tinte total verblasst ist, ist es fast unmöglich, sein Geschmier zu entziffern. Sein Adressat ist offenbar einer der nürnberger Haller, sodass auch der Schreiber selbst zu Nürnberg gehaust haben wird. Das zeigt uns, welch lebhaftes Interesse die 'Pharetra' gerade in Nürnberg fand. Vermutlich war sie selbst in Nürnberg entstanden.

Wie gegen Ende des 15. Jahrhunderts sich der natürliche Hass der Handwerker gegen die gesteigerte knechtende Kapitalsmacht regt, die sich durch Versinsung („Wucher") und Spekulation namentlich in Lebensmitteln („Fürkauf") zu vermehren trachtete; wie dieser Hass sich besonders gegen die volks- und glaubensfremden Juden richtet, ist bekannt. Namentlich in den grossen Städten wie Nürnberg ist das der Fall. Auch die Gedichte der Folz und Rosenplüt atmen diesen Judenhass. Wir haben lange genug keine Judenhetze gehabt, heisst es in „des Türken Fastnachtspiel" ganz unverblümt.

(39) 296 15 Ir habt Juden, die euch mit wucher freſſen,
Die gar lang in gutem frid ſein geſeßen.

Es ist eine Plage der Zeit wie das schlechte Geld, die ungetreuen Richter und Amtleute, die streitbaren Pfaffen (Ebda.). Diese Klage wird im Juli 1498 gegenstandslos durch die Edikte König Maximilians, welche die Juden aus Nürnberg ausweisen. Alle nürnberger Gedichte und Spiele, in denen der Judenhass zum Ausdruck kommt, fallen also vor dieses Jahr. Es bildet nur den Abschluss einer weitgreifenden Bewegung. Überall in der christlichen Welt machen sich neben dem Ruf nach Gewaltmitteln Bekehrungsversuche teils wohlmeinender Theologen, sofern man Menschen wohlmeinend nennen kann, die gar nicht instande waren, der Denkart Andersgearteter gerecht zu werden, teils bornierter Fanatiker geltend. Es wimmelt von Disputationen, Predigten und Schriften, die zum Teil wieder in Disputationsform verfasst waren, wobei die getauften Juden von Johannes de Valladolid bis auf Pfefferkorn eine zweideutige Rolle zu spielen pflegen.

Im Mai 1478 sahen auch die Nürnberger ihren grossen Judenbekehrer. Es war ein Predigermönch Peter Schwarz, dem man im Freien, auf dem Spitalkirchhof, einen hohen Predigtstuhl gebaut hatte. Gleichwohl war der Zulauf und das Gedränge so gross, dass bei der ersten Predigt am Dreifaltigkeitstag ein Färberknecht ums Leben kam. Künftig redete er nur an Wochentagen aber nicht Samstags um der Juden willen. *Er predigt neur allain auß irn púchern*, berichten die Jahrbücher, *ebreifch, und leget es darnach alls teutfch auß, und er begeret all tag nach effen, mit in darnach zu difpotieren und argawiern, fie wollten fein aber nie tun und fprachen doch: er hat gut predigen, er fagt, was er wil, man redt im nichtz darein: foll wir aber darein reden, wir wollten auch rabi vinden, die es anders auß legten. und fchickten nach Vogelein jud gen Erlang, was ein rabi, der kom und wolt nit difpotiern. darnach prachten fie den gelertften maifter unter allen juden. fo er in vil landen was, von Beheim* [Ifaak von Prag]: *der kom und faget im zu, er wer fro, das er den munch gefunden het und er begeret von hertzen mit dem münch zu difpotiern. und der münch was ein koftlicher doctor, es wolt aber keiner mit im argawirn, da nam er einen brief, da pei warn offen notari, das fie in nicht befteen wolten.* (Chroniken deutscher Städte X [Nürnberg IV] 353 f.).

Die Predigt scheint auch keineswegs erfolglos geblieben zu sein, wie die Notizen über getaufte Juden in den Ratsbüchern des Jahrs erkennen lassen (Anmerkungen in den Städtechroniken), obgleich Müllner (und nach ihm Würfel[1] und Gräz) das Gegenteil versichert. Vielleicht dankt die 'Pharetra' den Predigten Bruder Peters ihre Entstehung. Sie will auf einen getauften Juden zurückgehen. Vgl. X 124: *dife irfal fint ro einē newē criften auß dem Talmut geczogen*. Wenigstens wird man nicht fehlgehen, wenn man das lebhafte Interesse, das sich für sie in Nürnberg regte, mit dem Auftreten des Mönchs in Zusammenhang bringt. Zwischen 1478 und 1498, oder da unsere Handschrift 1494 abgeschlossen wurde, zwischen 1478 und 1494 wird man unser Fastnachtspiel also ansetzen dürfen, wahrscheinlich bald nach 1478.

---

[1] Historische Nachrichten v. d. Judengemeinde in Nürnberg. 1755.

Wenn sich hier Hans Folz als Verfasser nennt, so werden ihm auch die verwandten Stücke 106 und 20 gehören.

Stück 106.

Die mangelhafte Versbehandlung kann nicht gegen Folz sprechen. N hat mehrfach Fehler:

799 21 *Ach gott* — es muss heissen *Auch gott*.
800 28 *außſprach* — muss heissen *anſprach*.
801 2 *verſteet* im Reim auf *gott* — lies *verſtat* (d. i. *verſtot*).
802 11 *erwern wibel* — lies *ewer wibel* (*bibel*).
802 12 *Theragrammathon* — lies *Tetragrammaton*.

Auch *fahstu* für *fast du* 810 21; die Reime *lere* : *her* 799 33 f., *ſchitt* : *nitht* 811 25 f., *darnach* (statt *darna*) : *da* 811 9 f. zeigen des Abschreibers Nachlässigkeit. So sind offenbar Randglossen in den Text geraten 808 32 ff.:

> Der Jüd ſpricht:
> Mein Criſt laß mich es auch verſton:
> Was ſagen die propheten [do]von?
>
> Der Criſt ſpricht:
> [Davit ſpricht:]
> 'Alles das mich geſehen hot,
> Hot mich verſmecht vnd mich verſpott'.
> [Iſaias ſpricht:]
> 'Vom haubt pis zu den füßen vnden,
> So iſt nichts ganzes an im gefunden,
> Vnd iſt vmb vnſer ſchuld geſchlagen
> Vnd hat alle vnſer ſünd getragen'.
> [Moiſes ſpricht:]
> 'Er wirt noch als ein lamp auf erden
> Hin zu dem tod gefüret werden'.

Und so noch eine Weile fort in tadellosen Versen. So lässt sich auch sonst unschwer bessern z. B. 801 26 ff.

> Ich las peſteen, Criſt, als du ſeiſt,
> Es ſei ein vater, [ein] ſun vnd [ein] geiſt.
> Wer iſt dann [der,] den[n] ir Jeſus nennt
> Vnd in auch für einen got erkennt?

> Durch was mag got ein menfch gofein?
> Heißt[u] in Meffias, [trauen fo] fprich ich: Nein![1]
> Wann Meffias ein [ploßer] menfoh neůr wirt,
> Vnd nicht got — d[a]ran ir Criften irt.

Eine chronologische Beziehung, die sich auch Lier (a. a. O. S. 6) aneignet, hat man aus 8152¹ f. ablesen wollen; die „ewige Gefängnis" der Juden habe mehr denn 1473 Jahre gedauert. Also sei das Stück 1473 oder 1474 aufgeführt worden. Wunderbarer Weise vergisst man dabei, dass Jerusalem im Jahre 70 n. Chr. zerstört wurde. Wer also die Gefangenschaft der Juden genau berechnete, käme auf 1544, woran natürlich nicht zu denken ist. Wer aber rechnet überhaupt so genau und bringt dabei einen so vagen Ausdruck wie *lenger dan* zur Anwendung? Wem fällt es etwa heutzutage ein zu sagen, das Christentum dauere länger „als 1894 Jahr", oder wieviel er nun herauszählt? Die Erwägungen über den Charakter von N führen für das Original von selbst auf die Lesung:

> Wann es nun lenger hat für war
> Gewert, dan vierzehenhundert jar.

Woraus sich natürlich weder 1401 noch 1471 als Abfassungszeit ergibt, sondern lediglich dass N (bezw. *N), 1473 niedergeschrieben, seine Vorlage für veraltet hielt und glaubte, um die Sache aktueller zu machen, müsse hier das Kalenderjahr eingesetzt werden.

Man wird nicht fehl gehen, wenn man das Stück ungefähr gleichzeitig mit Stück 1 ansetzt.[2]

Stück X 20.

Das Spiel in seiner ausgesprochenen und bis zur Widerlichkeit gesteigerten antijüdischen Tendenz erinnert stark an Stück 1 (Folz), auch darin, dass mit Vorliebe jüdisch und heidnisch gekauderwelscht wird. Die Verwertung des Narren erinnert etwas an den Hofnarren des Bischofs bei Folz (44)

---

[1] Vgl. (51) 389₂₁, auch (1) 9₆.
[2] Über die Quellen vgl. Lier a. a. O. 36, Anm. 3.

337 16, allerdings noch mehr an die klugen Narren von Stück 17, 79, 80/81. Gewisse Folzische Ausdrücke begegnen auch hier:

 170 13 Weicht umb, gebt ir zu sitzen flat,
 171 28 Weicht auß, tret vmbe vnd ruckt von flat
erinnern an
 (1) 15 Weicht ab, tret vmb vnd raumet auf,
 (32) 263 13 Weicht ab, tret vmb vnd laßt vns fur. u. a.

Auch hier der Folzische Fluch *Pox grint*, *Pox leichnam* zu Anfang der Reden. Die Urteilssprüche sind ganz in der geschmacklosen Weise Rosenplütscher Gerichtsspiele gehalten, die sie an Widerwärtigkeit womöglich noch überbieten. Vgl. z. B. 183 8. 10 mit (45) 350 31, (87) 707 18, (88) 713 12, (102) 772 15; 187 5 mit (18) 158 4 u. a. 172 11 ist wörtlich gleich (22) 203 22. In der fehlenden Rede des Ausschreiers stand vielleicht Folzens Name.

Als Terminus ad quem ergibt sich nach dem zu Stück 1 bemerkten aus dem Inhalt das Jahr 1498; da die Hs. aber 1494 abgeschlossen wurde, eben dieses Jahr. Das ist auffällig; denn erst 1494 wurde Philipp der Schöne Regent der burgundischen Lande, als sein Vater Maximilian regierender deutscher König ward. Terminus a quo ist 1486, da in diesem Jahre Maximilian auf Betrieb seines Vaters gekrönt wurde (vgl. 169 10). Viel vor 1494 kann das Stück wohl deshalb nicht gut fallen, weil Philipp 1478 geboren, in diesem Jahre erst sechzehnjährig war. In Nürnberg ist er übrigens meines Wissens nie gewesen. Wegen der Reimbrechung wird das Stück jünger sein als Stück 1. Keller und Lier nehmen an, dass das Stück 1491 bei Anwesenheit Maximilians I. in Nürnberg gespielt wurde; aber sicher nicht in Gegenwart Philipps, der im Stück auftritt.

Die Folzische Schule.

Auch Folz hat Schule gemacht. Stück 5 ergab sich bereits als Nachahmung in Folzens Manier. Namentlich der leichtere Versbau, die kürzeren Reden, die regelmässige Anlage der Stücke findet Nachahmung. Wenn Stiefel (Herrigs

Archiv 90, Anm. 3) ein Verzeichnis derjenigen Stücke gibt,
die er für Folzische hält, so hat er damit im allgemeinen
richtig die Stücke herausgehoben, die die jüngere Rosenplüts
Einfluss entrückte Manier zeigen. Nur die beiden Arztspiele
6 und 82, über die oben S. 54 ff. gehandelt ist, sind fern zu
halten. Stiefels Beobachtung, dass (6) 64 15-24 aus dem Renner
12190 ff. herstammen, hilft meine Ansicht von dem älteren
Ursprunge dieses Stückes bestätigen. Auch die Betrachtung
der Handschriften kommt jetzt einer Scheidung der Rosenplütischen und Folzischen Schule zu Hülfe. M hat neben
einigen älteren Stücken solche Rosenplüts und seiner Schule,
D, K, F, ᛉ haben nur solche, die aus dem Rosenplütschen
Kreise stammen. ᛉ und ᛉ aber hatten jüngere Quellen und
sammelten auch schon Stücke von Folz und seiner Schule.

Folz von seinen Nachahmern zu scheiden, was Stiefel
versäumt hat, wird nicht allzuschwer sein. Mir scheint nicht,
dass in den noch übrigen Nürnberger Stücken irgendwo mit
Sicherheit seine Hand nachweisbar ist.

Von Einem Verfasser wenigstens scheinen Stück 26 und
30 herzurühren.

Stück 26 (Narren am Seil[1]) bietet in Reim und Versbau nichts von der späten Nürnbergischen Art Abweichendes.
Der Schlussreim *freiden* : *ſcheiden* findet sich auch in Stück
29 und in 60 (Folz). Das Stück das bei Zarncke in der
Einleitung des Narrenschiffs S. CXXIII übersehen ist, hat
nächst Stück 116 die frappanteste Verwandtschaft mit Brant.
Die Narrenkönigin, die hier auf einem Esel reitet, zieht
die Narren am Seil nach sich wie Frau Venus im bekannten
13. Kapitel Brants, worüber man das oben zu Stück 44
Bemerkte vergleiche. Der Anklang von 229 25:

        Du pift der minſt nit vnter den narren
an Brant c. 13, 2
        Bin nit die minſt im narrenfars
kann allerdings zufällig sein. Aber es sind doch nicht bloss

---
[1] *narrensail* ausser in den Folzischen Stücken auch im Morischgentanz (14) 121$_{26}$, *frau Fenus* auch (33) 268$_{13}$. Dass schon Wittenweiler die Narrenprozession (*narrenvart* vgl. *heteravt*) als Hochzeitsvergnügen kennt, ist oben S. 104 berührt.

Venusnarren hier, verliebte Narren, wie das Zarncke als charakteristisch für die Narren im Fastnachtspiel hervorhebt (mit Ausnahme von St. 116), sondern mehr Thoren, namentlich der Erste, der selbstgefällige Spötter vgl. Brant c. 42 (*Von Spottvogeln*). Die Schematik ist ganz streng wie in Gengenbachs Gäuchmatt, Hans Sachsens Hofgesinde Veneris, Wickrams Treuem Eckart und Narrengiessen. Die Königin spürt die Narren aus: den Spottvogel (I: 228$_{14}$—229$_{8}$), den Eitlen (II: 229$_{9\text{-}31}$), den Hahnrei (III: 229$_{32}$—230$_{20}$), den Schwätzer (in Liebessachen) (IV: 230$_{21}$—231$_{9}$), den verleumdungssüchtigen Tadler (V: 231$_{10}$—232$_{1}$), den Liebhaber käuflicher Minne (VI: 232$_{2\text{-}23}$), den verliebten Gecken (VII: 232$_{24}$—233$_{13}$). Die Narren erwidern stets: aber ich bin ja ganz normal. Die Königin erklärt: nein, du gehörst auch ans Narrenseil. Darauf die Entgegnung: So findet man der Narren noch mehr auf Erden.

229$_{7}$ findet sich auch wörtlich in (38) 284$_{2}$ f. Auch 229$_{4}$ f. berührt sich mit (38) 287$_{7}$ f.

Stück 30 zeigt denselben regelmässigen Schematismus:

a) Einleitung: Einschreier, Meier, Knecht, Menknecht: jeder 8 Verse $= 4 \times 8 = 12$.

b) Kern. Siebenmal wiederholt die Frage des Maiers an die einzelnen Dirnen, warum sie übrig geblieben sind, in 2 Versen und die Antwort in $8 = 7 \times (2 + 8) = 70$,

c) Ausschreier: 14 Verse.

Inhaltlich mögen die Stücke, die das Einsalzen der Sitzengebliebenen behandelten, Vorbild gewesen sein (76, 77, 91), 248$_{29}$ f. ~ (86) 704$_{80}$ f. V. 29 ist natürlich *gant* zu bessern.

Die Metrik spräche nicht gegen, sondern für Folz; denn der Eingang ist leicht zu bessern:

Got gruß den wirt vnd *die* wirtin.

IV.

Handschrift E.

Ganz abseits von den Kreisen Rosenplüts und Folzens steht der Verfasser der Stücke in der Handschrift E. Sie

sind sämtlich datiert: 1461 Von drei Bauern (E I), 1463 Von Troja (E II), 1466 Von König Salomo und den zwei Frauen (E III), 1468 Von den drei nackten Göttinnen von Troja (E IV). Schnorr von Carolsfeld hat sie Archiv f. Litteraturgeschichte 3, 1 ff. sorgfältig herausgegeben. Dort ist auch die Handschrift beschrieben, die deutlich nach Nürnberg weist. In ihr ist regelmässig *fchwen* geschrieben; spirantisches *b* ist durch *w* ausgedrückt.
Schon in der Verstechnik sind die Stücke gänzlich von den übrigen Nürnberger Stücken getrennt. Es ist die bare Reimprosa; so viel man auch der Überlieferung zuschieben mag, E II und E IV zeigen oft so wörtlichen Anschluss an die Vorlage, die deutsche Übersetzung Guido de Kolumnas — oder vielmehr, das höchst wunderliche Konglomerat aus Guido und einer deutschen Prosaversion nach Konrad, das zuerst ohne Ort und Jahr, dann bei Schönsperger in Augsburg gedruckt wurde (Goedeke² 1, § 97, 6), — dass man erkennt, wie der Dichter keineswegs korrekte Verse machte.

Er ist nicht ganz ohne Lebhaftigkeit. Vgl.:
>wie thut ir? wie lebt ir fo?
>was zwietracht hebt fich vnder euch do? Troja 38 f.
>wannen her, wannen here?
>was fagftu vns newer mere? Troja 203 f.

Stück I enthält übrigens ein Werben um eine Schöne mit einem stereotypen Verspaar (30 f.).

16*

ANHANG.

Die Ordnung der Verse in dem Spiel „Rumpolt und Mareth (zu S. 71.)

Q VIII	Q 115	Q I	Z
[1—129]			
—		[1—12]	—
130 f.	987 $_{13}$ f.		246 $_6$ f.
—	—		246 $_8$
132	987 $_{15}$	13	246 $_{10}$
133	—	14	246 $_{11}$
134 f.	987 $_{16}$ f.	15 f.	246 $_{12}$ f.
136—141	987 $_{21-26}$	21—26	246 $_{23}$—247 $_3$
142—145	988 $_{2-8}$	17—20	246 $_{15-21}$
146—151	988 $_{10-17}$	27—32	247 $_{5-12}$
—	—	33—38	247 $_{13-20}$
152 f.	988 $_{19}$ f.	39 f.	247 $_{21}$ f.
154—157	988 $_{21-25}$	41—44	—
· —	—	45 f. = 131 f.	250 $_{15}$
158 f.	988 $_{26}$ f.	47 f.	247 $_{24}$ f.
160 f.	989 $_{29}$ f. 989 $_1$	49 f. vgl. 134. 133	—
—	—	51—54	247 $_{26-29}$
162—173	989 $_{3-13}$	55—66 (vgl. 93 f.)	247 $_{31}$. 248 $_2$
174 f.	989 $_{16}$ f.	67 f. 83 f.	248 $_{13}$—249 $_{10}$
176 f.	989 $_{17. 21}$	—	—
178 f.	989 $_{23}$ f.	127 f.	250 $_{10}$ f.
180 f.	989 $_{26}$ f.	(129 f.)	(250 $_{13}$ f.)
182—185	989 $_{29}$—990 $_3$	135—138	250 $_{18-21}$
186 f.	990 $_{57}$	—	—
188—197	990 $_{8-17}$	287—296	255 $_{31}$—256 $_{10}$
—	—	297 f.	256 $_{11}$ f.
198—227	990 $_{20}$—991 $_{21}$	—	—
—	—	69 f.	248 $_{16}$ f.
228 f.	991 $_{22}$ f.	71 f.	248 $_{18}$ f.

Q VIII	Q 115	Q I	Z
230 - 232	991 $_{24-28}$	—	—
234 f.	991 $_{29}$ f.	75 f.	248 $_{22}$ f.
236—239	991 $_{32}$ — 992 $_3$	97—100	249 $_{16-19}$
240 f.	992 $_5$ f.	349 f.	258 $_2$ f.
242—247	992 $_{7-12}$	169—174	251 $_{27-32}$
248—251	992 $_{13-17}$	175—178	—
252 f.	992 $_{18}$ f.	179 f. —340 f.	259 $_{31}$ f.
254—263	992 $_{21-30}$	181—190	—
264—273	992 $_{32}$ 993 $_9$	(111 f.)	—
274—279	993 $_{10-16}$	113—118	249 $_{30}$ —250 $_3$
280		123	—
281	993 $_{17}$	124	
[282	993 $_{18}$]		
283	993 $_{19}$	119	250 $_4$
—	993 $_{20}$	120	250 $_5$
284 f.	993 $_{21}$ f.	121 f.	251 $_6$ f.
		[125]	
286	993 $_{23}$	126	251 $_8$
287—294	993 $_{25-33}$	—	—
295 f.	994 $_2$ f.	73 f.	248 $_{21}$ f.
297—312	994 $_{4-20}$	77—92	248 $_{25}$ —249 $_9$
313—324	994 $_{21-32}$	—	—
325 f.	994 $_{34}$ 995 $_1$	95 f.	249 $_{15}$ f.
327 f.	995 $_3$ f.	(vgl. 97)	(vgl. 249 $_{17}$)
329 f.	995 $_5$ f.	∼ 191 f.	∼ 252 $_2$ f.
330—360	995 $_8$ — 996 $_6$	139 168	250 $_{23}$ - 251 $_{26}$
—	—	351 - 374 [1]	258 $_{4-29}$ [1]
361—368	996 $_{10-18}$	233—240	253 $_{25}$ —254 $_5$
369	996 $_{20}$ f.	—	—
371 f.	996 $_{23}$ f.	—	254 $_5$ f.
373—375	996 $_{26-29}$	241—243	254 $_{10-21}$
376—379	996 $_{31}$—997 $_3$		
380—385	997 $_{5-11}$	193—198	252 $_{4-10}$
386 f.	997 $_{12}$ f.		
388—421	997 $_{14}$—998 $_{24}$	199—232	252 $_{11}$ —253 $_{22}$
422—427	998 $_{26}$--999 $_3$	—	—
428 f.	999 $_{4-6}$	261 f.	255 $_1$ f.

[1] Die Verse sind hier einzuordnen. Rumpolt spricht. Lies Q I 351=258 $_4$ etwa *Wann ich kant deiner tochter nit* u. s. f. in erster Person. Nur so giebt die ganze Stelle einen Sinn. *Du pist vor woll von fiben weiben gangen* wirft die Mutter dem Rumpolt vor. *Mich zimpt wol pey meinen sinnen, Du werfst von der auch entrinnen*, nämlich von der Mareth. Welch ein Unsinn, wenn der Vater angeredet ist.

Q VIII	Q 115	Q I	Z
430–451	998 $_{8-29}$	—	—
452–456	999 $_{31}$–1000 $_2$	329–333	257 $_{18-23}$
—	—	—	257 $_{24}$
457–461	1000 $_{4-8}$	334–338	257 $_{25-29}$
		[339]	[257 $_{30}$]
		[342]	
462 467	1000 $_{9-14}$	343–348	—
468 f.	1000 $_{16}$ f.	303 f.	256 $_{22}$ f.
470 f.	1000 $_{18}$ f.	—	—
472–481	1000 $_{20-29}$	307–316	256 $_{26}$–257 $_3$
482 f.	1000 $_{30}$ f.	305 f.	256 $_{24}$ f.
484–491	1000 $_{33}$–1001 $_7$	317–324	257 $_{5-8, 10, 9, 11, 12}$
492 f.	1001 $_8$ f.	—	—
494–497	1001 $_{10-13}$	325–328	257 $_{13-17}$
498–501	1001 $_{15-18}$	—	(vgl. 246 $_8$ f.)
502–505	1001 $_{23-26}$	299–302	256 $_{17-21}$
—	—	375 f.	258 $_{30}$ f.
506 f.	1001 $_{28-30}$	—	—
507–523	1001 $_{32}$–1002 $_{13}$	377–(392)	258 $_{23}$–259 $_{(16)}$
524–529	1002 $_{16-21}$	393 f.	(vgl. 259 $_{17}$ f.)
530–533	1002 $_{23-26}$	395–398	259 $_{20-23}$
534–539	1002 $_{29}$–1003 $_2$	—	—
540–543	1003 $_{4-7}$	414 417	260 $_{5-8}$
544 f	1003 $_8$ f.	—	—
548–565	1003 $_{13-30}$	—	—
566–569	1003 $_{32-35}$	399–402	259 $_{25-28}$
—	—	403 f.	259 $_{30}$ f.
570–573	1004 $_{3-5}$	277–280=405–408	255 $_{21}$ f. 259 $_{32}$ f.
		[409]	
574 f.	1064 $_6$ f.	(281 f.=247. 246)	(255 $_{24, 23}$=259 $_{32f.}$)
		[283–286]	[255 $_{25-29}$]
576–581	1004 $_{8-13}$	—	—
—	—	410–413	—
582 f.	1004 $_{14}$ f.	248 f.	254 $_{19}$ f.
584 f.	1004 $_{16}$ f.	(250 f.)	(254 $_{21}$ f.)
586–589	1004 $_{19-22}$	252–255	254 $_{24-28}$
590–593	1004 $_{23-27}$	263–266	254 $_{4-7}$
594–597	1004 $_{28-31}$	—	—.
598–601	1004 $_{32}$–1005 $_3$	267–270	255 $_{9-12}$
—	1005 $_{5-8}$	—	—
602 613[1]	1005 $_{10-21}$[1]	—	—
614–617	1005 $_{22-26}$	256–259	254 $_{29, 32}$

[1] Die Stelle ist ganz verständlich, wenn sie auch Keller offenbar missverstanden hat. 'hab ich nun apoliert' ist Kondizionalsatz.

Q VIII	Q 115	Q I [260]	Z [254$_{33}$]
618 f.	10005 $_{37}$ f.	—	—
—	—	271—276	—
620,—625	1005 $_{30}$—1006 $_4$	420—425	260 $_{12-17}$
[626—637]			
—	—	438—453	—
638—(643)	1006 $_{6-(15)}$	426—431	260 $_{19-24}$
—	—	434—437	260 $_{27-30}$
644 f.	—	454 f.	(260 $_{32}$ f.)
646—651	—	456—461	260 $_{34}$—261 $_5$
		|462]	
652 f.	—	463 f.	261 $_7$ f.
654—673	—	466—485	261 $_{10-31}$
—	—	486—491	262 $_{2-8}$
674 f.	—	493. 492 (vgl.	262 $_{10.\,9.}$
		244 f.)	
676—679	—	494—497	262 $_{11\,f.\,17\,f.}$
—	—	498—501	262 $_{13-16}$
680—695	—	502—517	262 $_{20}$—363 $_3$
696 f.	—	432 f.	260 $_{25}$ f.
(vgl. 697 ff.)	—	518—531	263 $_{4-18}$
704—709	1006 $_{17-22}$	539—544	263 $_{26-32}$
710—715	1006 $_{24-29}$	532—537	263 $_{20-25}$
		[538]	
716—719	1007 $_{2-5}$	545—548	264 $_{2-5}$
[720—799]			
800	1007 $_7$	549	
—	—	550—552	264 $_{8-10}$
801—803	1007 $_{8\,\,10}$	553—556	—
—	...	557—579	—

QUELLEN UND FORSCHUNGEN
ZUR
SPRACH- UND CULTURGESCHICHTE
DER GERMANISCHEN VÖLKER.
HERAUSGEGEBEN VON
A. BRANDL, E. MARTIN, E. SCHMIDT.

78. HEFT.

PLACE NAMES

IN THE

ENGLISH BEDE

AND THE

LOCALISATION OF THE MSS.

BY

THOMAS MILLER.

STRASSBURG.
KARL J. TRÜBNER.
1896.

Verlag von KARL J. TRÜBNER in Strassburg.

QUELLEN UND FORSCHUNGEN
ZUR
SPRACH- UND CULTURGESCHICHTE
DER GERMANISCHEN VÖLKER.
HERAUSGEGEBEN
VON
A. BRANDL, ERNST MARTIN, E. SCHMIDT.

1.–74. Heft. 1874–1894. Mk. 273.

I. Geistliche Poeten der deutschen Kaiserzeit. Studien von Wilhelm Scherer. I. Zu Genesis und Exodus. M. 2. —
II. Ungedruckte Briefe von und an Johann Georg Jacobi, mit einem Abrisse seines Lebens und seiner Dichtung hrsg. v. Ernst Martin. M. 2. 40
III. Ueber die Sanctgallischen Sprachdenkmäler bis zum Tode Karls des Grossen. Von Henning. M. 4. —
IV. Reinmar von Zwetter und Heinrich von Rugge. Eine literarhistorische Untersuchung von Erich Schmidt. M. 3. 60
V. Vorreden Friedrichs des Grossen zur Histoire de mon temps. Von Wilhelm Wiegand. M. 2. —
VI. Strassburgs Blüte und die volkswirthschaftliche Revolution im XIII. Jahrhundert von Gustav Schmoller. M. 1. —
VII. Geistliche Poeten der deutschen Kaiserzeit. Studien von W. Scherer. II. Heft. Drei Sammlungen geistlicher Gedichte. M. 2. 40
VIII. Ecbasis captivi, das älteste Thierepos des Mittelalters. Herausgegeben von Ernst Voigt. M. 4. —
IX. Ueber Ulrich von Lichtenstein. Historische und litterarische Untersuchungen von Karl Knorr. M. 2. 40
X. Ueber den Stil der altgerman. Poesie von Rich. Heinzel. M. 1. 60
XI. Strassburg zur Zeit der Zunftkämpfe und die Reform seiner Verfassung und Verwaltung im XV. Jahrhundert von Gustav Schmoller. Mit einem Anhang: enthaltend die Reformation der Stadtordnung von 1405 und die Ordnung der Fünfzehner von 1433. M. 3. —
XII. Geschichte der deutschen Dichtung im XI. und XII. Jahrhundert. Von Wilhelm Scherer. M. 3. 50
XIII. Die Nominalsuffixe a und â in den germanischen Sprachen. Von Heinrich Zimmer. M. 7. —
XIV. Der Marner. Herausg. von Philipp Strauch. M. 4. —
XV. Ueber den Mönch von Heilsbronn. Von Albrecht Wagner. M. 2. —
XVI. King Horn. Untersuchungen zur mittelenglischen Sprach- u. Litteraturgeschichte von Theod. Wissmann. M. 3. —
XVII. Karl Ruckstuhl. Ein Beitrag zur Goethe-Litteratur v. L. Hirzel. M. 1. —
XVIII. Flandrijs. Fragmente eines mittelniederländischen Rittergedichtes. Zum ersten Male herausgegeben von Johannes Franck. M. 4. —
XIX. Eilhart von Oberge. Zum ersten Male hrsg. v. F. Lichtenstein. M. 14. —
XX. Englische Alexius-Legenden aus dem XIV. und XV. Jahrh. Herausg. von J. Schipper. 1: Version I. M. 2. 50
XXI. Die Anfänge des Prosaromans in Deutschland und Jörg Wickram von Colmar. Eine Kritik von Wilh. Scherer. M. 2. 50
XXII. Ludwig Philipp Hahn. Ein Beitrag zur Charakteristik der Sturm- und Drangzeit von Rich. Maria Werner. M. 3. —
XXIII. Leibniz und Schottelius. Die Unvorgreiflichen Gedanken. Untersucht und hrsg. von August Schmarsow. M. 2. —
XXIV. Die Handschriften u. Quellen Willirams. v. Josef Seemüller. M. 2. 50
XXV. Kleinere lateinische Denkmäler der Thiersage aus dem XII. bis XIV. Jahrhundert. Herausgegeben von E. Voigt. M. 4. 50
XXVI. Die Offenbarungen der Adelheid Langmann hrsg. v. Ph. Strauch. M. 4. —
XXVII. Ueber einige Fälle des Conjunctivs im Mittelhochdeutschen. Ein Beitrag zur Syntax des zusammengesetzten Satzes. V. Ludw. Bock. M. 1. 30
XXVIII. Willirams deutsche Paraphrase des hohen Liedes. Mit Einleitung und Glossar herausgegeben von Joseph Seemüller. M. 3. —
XXIX. Die Quellen von Notkers Psalmen. Zusammengest. v. E. Henrici. M. 8. —
XXX. Joachim Wilhelm von Brawe. Der Schüler Lessings. Von A. Sauer. M. 3. —
XXXI. Nibelungenstudien von R. Henning. M. 6. —
XXXII. Beiträge zur Geschichte d. German. Conjugation. Von Fr. Kluge. M. 4. —
XXXIII. Wolframs von Eschenbach Bilder und Wörter für Freude und Leid. Von Ludwig Bock. M. 1. —
XXXIV. Aus Goethes Frühzeit. Bruchstücke eines Commentars zum jungen

QUELLEN UND FORSCHUNGEN

ZUR

SPRACH- UND CULTURGESCHICHTE

DER

GERMANISCHEN VÖLKER.

HERAUSGEGEBEN

VON

ALOIS BRANDL, ERNST MARTIN, ERICH SCHMIDT.

LXXVIII.

PLACE NAMES IN THE ENGLISH BEDE AND THE LOCALISATION OF THE MSS.

STRASSBURG.
KARL J. TRÜBNER.
1896.

PLACE NAMES

IN THE

ENGLISH BEDE

AND THE

LOCALISATION OF THE MSS.

BY

THOMAS MILLER.

STRASSBURG.
KARL J. TRÜBNER.
1896.

G Otto's Hof-Buchdruckerei in Darmstadt.

INTRODUCTION.

This examination of English Place Names in Bede's Church History was undertaken with a definite purpose, which has prescribed very narrow limits. It is an attempt to ascertain from the spelling in the Mss the range of local knowledge possessed by the scribes. It was accordingly necessary to settle from contemporary records the form of the word locally in use and, where needful, the date of the use. For the object in view the necessary documents were, besides the Latin and Anglo-Saxon Versions of Bede, only the A.S. Chronicle, the charters, and the few names scattered in Orosius and Ælfric. The modern names have been added, some freshly identified, but most according to the view generally accepted. It would have led too far afield to have included more of the literature bearing on the subject. As it is, the bulk has outgrown the compass of an introduction to the second volume of the edition of the Old English Bede, for which the paper was originally planned. It is now published separately, as it may be of interest to have presented at once the materials offered in the documents mentioned above. Every scholar has felt the difficulty of assigning date and place to Anglo-Saxon Mss. Where possible, the effort should be made to localise Mss. on other than mere dialectical grounds, as an Ms. once localised becomes the starting point for fresh dialectical investigation.

It is assumed that a scribe will be likely to give correctly the names of familiar localities, and to trip over those less well-known, or to assimilate their forms to those in his own neighbourhood. It is also taken for granted, and is abundantly demonstrated, that the ancient names will be seen shrinking with age and tending to their present shape.

False etymologies have perverted the shape, and literary ingenuity has exhausted itself in variations, as in the case of Ely and Malmesbury. Some of Bede's derivations are clearly wrong, or their immediate application dubious, as in the case of Streoneshalh, Heofonfeld, Selsey. Where it is necessary for purposes of localisation, an attempt has been made to map out the distribution of certain forms, like *stede* in connection with Medeshamstede, and *ea, eg, ig*, the names for 'isle' or 'eyot', which latter is treated at some length under Ceortes eig, and has been been separated from the now lost *ge* (perhaps surviving in *yeoman*) in course of the discussion on Læstinge, Lindissi, 'Surrey' etc.

The existing Mss of the Old English Bede are five in number, two only being complete B. and Ca., two others T. and O. being defective at the beginning and end, and T. having also lost some intermediate leaves. The fifth survives only in fragments, and is known as C. since the time of Wheelocke and Smith, who consulted it before the disastrous fire of 1731. All are fully described in the Introduction to the first volume of the edition published by the Early English Text Society in 1890.

For the purpose of comparison the Latin names, as written in the oldest Mss of Bede, have been given in each case first. These Mss are noticed in the Introduction just mentioned, but are fully described by Sweet, The Oldest English Texts 1885, from which work the various forms have been copied. M. was written about 737, I and II later in the same century; but M. is Northumbrian, the others come from localities further south. Another Ms. N., of the same century, is rarely cited., as it was written on the Continent and is not an authority at first hand. M. is always cited first, and without addition; the variations in other Mss are marked by their letter.

The Mss. of the A. S. Chronicle aid in settling questions

of time and place. Ms. A. would be invaluable in determining the currency of forms, if a competent palaeographer would undertake the task of settling the succession and dates of the hands. He would be aided by the copy made in the 11th c. Ms. G., which editors have not fully utilised, and in a less degree by Ms B. I have assumed that the hands in A. are contemporary from Alfred onwards, and that the Mss. have their localities correctly assigned, as in the list at the end of this introduction. Ms G. is however not a Canterbury copy made by a Kent scribe. Later on it is shown that the variations of *a* and *o* before nasals determine locality roughly. Now *a* is Kentish, and for *o* of Ms. A. the Canterbury B. writes *a*. There are only rare exceptions as 661, 897, 910, 918, 919, 975 and a few others. But G. while freely altering the Old West-Saxon spelling, especially as regards *ie*, gives *o* the preponderance up to 891 (A's first hand), and in the 10th century occasionally writes *o* where A. has *a*. This Ms. was in the same volume as Ms. C. of Bede. But O. E. B. C. throughout gives *o* a great preponderance. The difference may be in part due to C's original, as undoubtedly G. varies with A., but the tendency in both is pro tanto a proof of their scribes not having come from South of the Thames line. But A. S. C. B. may fairly be assigned to Canterbury, at least on this score. The other Mss. of the A. S. C. are, with the exception of F., sometimes in agreement with A. as against B., but *a* prevails.

In the Charters I have felt obliged to accept the dicta of the editors. A thorough examination of the dialect in the Chartularies, and a precise indication as to the appearance and disappearance of forms will in the end enable us to sift out the later copies. At present "late West Saxon" is a vague elastic term. Later on I shall speak of one or two criteria of date.

In the Introduction to O. E. Bede vol. I, it was shown that Mss. T. and B. must have sprung from one original, and the other three C. O. Ca. from a second. But the relationship between T. and B. is far more remote, than is the case in the second group, where C. and O. are independent, but closely akin, while Ca. is a transcription of O., as Ms. G. is of Ms. A.

But the grouping by spelling gives very different results. T. and B. stand at the different ends of a series, in which T. and C. come first. Date is of some influence here, but much more locality.

In the following summary, details are omitted, as they are fully given later under the place names.

In the spelling of 'Britain', B. is steadily Southern, the others Midland; but as to 'Briton', while T. is steadily archaic and presumably Midland, B. O. Ca. are later and Southern, C. in this latter case is defective.

The word 'Angle' is by T. C. spelt on-, by B. an-; O. has $o : a = 1 : 4$; but Ca. $1 : 9$. Here date may partly influence Ca.

The word 'Northumbrian' in the A. S. C. appears early with Nordan-, later with Nord-, as first member. Nord- is Alfredian and Southern. T. C. O. Ca. maintain Nordan-, B. has Nord-.

'Mercian'. In A. S. C. A. the first hand (old West Saxon) has Mierce; then in the time of the 'lady of Mercia' (died 918), we find Merce, but from 922 on Myrce, which is the Southern form in all Mss. G. however occasionally writes Merce for Mierce of A. — a proof of Midland affinities. In O. E. B., T. has always e, B. y, C. has $e : y = 11 : 1$; O. $23 : 19$ (e often erased), but Ca. has the proportion reduced to $6 : 54$.

The conclusion is that T. is consistently Midland, B. not less steadily Southern. C. has more affinity for the Midlands than the South, O. is rather more Southern, Ca. still more. But then Ca. is the latest of the Mss.

'London'. — Under this word it is shown that the translator did not use the combination current in Alfred's day, as exhibited in the A. S. C. and in charters. The Archetype is followed by all Mss. Besides this B. makes a strange blunder, converting London into an 'island city': see under 'Thames'. Nor was the neighbourhood better known, see under Tilaburh, in Bercingum and Pente.

'Kent'. — This district was not familiar to any scribe. First the name of the people, Cantware, is spelt locally with a, but in Mss. as follows: a : o = $\frac{6}{33}$ T.; $\frac{10}{3}$ C.; $\frac{26}{3}$ O.; $\frac{39}{2}$ Ca.; $\frac{30}{2}$ B. Consequently T. is most remote, then C.; O. Ca. B. more Southern. 'Rochester' yields similar results, and assigns to B. an 11th c. date. Further curious blunders under Cent and Tenet exclude B. O. Ca. from this part of the country. Of course T. is absolutely foreign.

But when we pass into the adjoining Wessex we find that B. is on familiar ground. B. alone is consistently local as to the spelling of Winchester, adopting a form almost modern, while O. is curiously ambiguous, Ca. remote, C. not local, and T. seemingly has a literary form. Further under 'Selsey' and Meanware B.'s knowledge is conclusively shown, and instances of his partiality for Wessex added; see further his spelling of 'Wessex', under Westseaxe. A curious slip by' which he substitutes the local river 'Itchen', on which Winchester stands, for the northern Tyne, is noticed under Tine.

It is evident that the other Mss. must be excluded from this district. Further B.'s range westward hardly included Glastonbury, as is shown under Laestinge, and C. also fails in the same point.

But 'Malmesbury' — Maldulfesburh — was known locally to Ca. alone, not to C., O., B. (T. is defective). Now Ca. has many affinities in Worcestershire and the neighbourhood, as shown by assimilations, and the same is true of O.

Moreover while B. blunders as to Hwiccas, a district in Gloucester, Worcester, and Warwick, i. e. Western and Midland, the others vary only allowably. But further on in Oxon at Dorcetceaster, we find C. B. Ca. local, O. corrected, T. archaic. Still further on B. blunders instructively as to 'Chertsey' — Ceortes eig.

A reference to the list of place names will show that we have traversed the South and returned along the line of the Thames towards London. Knowledge and ignorance alike fix B. not far from Abingdon and Winchester. He was apparently a Hampshire man. For Ca. a local centre has been ascertained at Malmesbury. Both Ca. and O. are excluded from S. E. England. As Ca. transcribed O., this Ms. was probably in the West also, and all indications will suit with Worcester. Ca. was written by one scribe; O. by several, sometimes *a* is preferred by them before nasals, sometimes *o*; see Introduction to Bede vol. II, and statistics below.

If we now pass to the extreme North, it seems probable that 'Cumberland' was unknown to the Archetype or to any scribe; cp. Deorwentan, Docore, Lugubalia. So was 'Northumberland' to the scribes, see Tuide, Lindisfarne, Farne, Glene, Gefrin, Maelmin, Alne, Tine, Hagostaldes ea. But the Archetype knew Bebbanburh, and the whole county by name at least.

In Durham the Archetype was well informed; scribes fail in æt Rægeheafde, Pægiualeah.

In Yorkshire the Archetype was well informed, the scribes stumble at — R. Derwent B., Læstinge B. C., Dera Wuda O. Ca., Cetreht O. Ca. B., Wilfaresdun B., Hrypum O. B., Nidd Ca. B., Loidis O. Ca. B. It will be observed that T. is here remarkably correct. That Deira was a name unknown to all is clear. It had long ceased to be locally applied, except in æt Dera Wuda, where O. Ca. substitute a Southern form, and T., as in Heaconos, Weatadun, accords with the Archetype, or gives a Midland dialectic form. The failure as to Calcaccaster is traceable already in the Latin Mss. Did Bede himself confound Calcaria and 'Tadcaster'?

On the N. E. border of Wales 'Chester' is strangely varied by Ca. B., and the Flintshire 'Bangor' has in T. alone an apparently Midland spelling, noticeable already in the Latin: see, under West Midland, Legaceaster and Bonera burh. (The orthography of Sæfern raises a question as to B's date: Hwiccas has been noticed already.)

In Stafford the Archetype and T. are correct as to 'Lichfield'; O. Ca. B. agree with Southern spelling, but C. blunders badly.

In Northampton 'Oundle' as spelt in O. Ca. B. does not

appear for their date to be correctly given. Medeshamstede assumes in Ca. a form suggestive of Worcester. But T. alters the text in such a way that we are forced to assume a local knowledge, which is confirmed by the external history of the Ms, and fits in with T's undoubted familiarity with North Mercia. We have once more found a local centre; T's knowledge indeed was not equally diffused all round, but we have a proof that the Old English Version was valued and studied in this part of England, from the fact that an addition was made to the text in East Anglia, and by a rude hand, for 'the general reader' as we may suppose. But T's failure along the Thames and south of it is as marked, as his correctness in North Mercia (see under Cneoferesburh).

In Lincolnshire the degradation of the local Lindis ge into Lindissi is already complete in the Latin, and the confusion with ea, ig begun. T. retains the archaic Lindisse, which from its reappearance in the Peterborough Chronicle (A. S. C. E.), has a claim to local authority. The variations in O. Ca. B., as compared with A. S. C. seem of Southern origin. 'Bardney' seems correctly rendered by all. At 'Partney' all diverge from the Latin; T. may be correct; O. Ca. have Southern assimilation (Worcester; cp. 'Portbury' Somerset); B. blunders. The connection of Lindocolinum and colonia can hardly be affirmed, but the scribes use the orthography of their day, T. being rather archaic (A solution is proposed as to the identification of 'Torksey' under Teolfinga ceaster).

In Cambridge 'Ely' was unfamiliar ground to all scribes, and it would appear to the Archetype also. At 'Grantchester' B. blunders curiously, but exhibits a hearsay knowledge, or the traces of correction, confused again, from an East Anglian scribe.

So we have completed the round of England, and when it is added that the spelling of Pente. the Essex river, is so corrected in B. Ca., that it suggests an 11th century date, we are brought again into the neighbourhood of London.

For all Mss the principle of exclusion by mistakes has given results, which are confirmed by the test of correctness, and in the case of B., Ca., T., rendered almost certain by positive evidence as to locality. Some further conclusions are fairly probable, and an earlier opinion is confirmed.

In vol. I. Introd. it was argued at length that the Archetype was Mercian. A review of place names shows failure as to London. This probably excludes Kent, and Alfred's own words (C. P. Preface), absolutely forbid the idea of collaboration by Kentish scholars. It is shown under Selesea and Meanware, that the Archetype took over non-local forms from Latin and Mercian. It was therefore not by a native of Wessex. The Archetype was not well informed as to East Anglia and was careless, or more than careless of its fame; see 'Ely' and Cneoferesburh, and cp. Intr. vol. I p. XXIV. But the North was well known, and Mercian history; see Bebbanburh, Yorkshire passim, Beardan ea etc. etc. We should recall also the close connection between Worcester and York; cp. Introd. vol. I p. LXVII for further particulars.

Ms O. cannot belong to North Mercia. Like the rest it is excluded from London, and undoubtedly from Kent. It is not local in Hants; but many hands were at work, and one must have had some knowledge as to 'Winchester', see under the name. Probably East Oxfordshire was unknown ('Dorchester'). Worcester or its neighbourhood suits well with all notes of place, and with dialectical indications.

Ms. C. gives only a few fragmentary indications. The error as to 'Lichfield' excludes it from North Mercia. It is not local at Glastonbury or Malmesbury, that is in the S. W. corner of Mercia, and the adjoining Wessex; (see also Læstinge for Yorks). London, Kent, Winchester were remote. It is correct as to Hwiccas, and 'Dorchester' i. e. as to central Mercia, and its Southern border.

It may fairly be concluded that a Mercian Archetype lies before us in five Mss., respectively, from North, Central, West, and South West Mercia, and from Wessex. The Wessex copy diverges most widely from the Archetype; cp. 'Selsey' and Pref. vol. 1.

The variation of a and o before nasals has been shown to be a test of locality.

The history of this nasal *a* is one of shift and change.

The Northumbrian documents show advance. *a* at first preponderating, or having an equal share in the words, then *o* almost monopolising them — This is seeu(i)in the Latin Mss. of Bede, Cædmon's Hymn, Bede's death hymn; (ii) in the Genealogies where earlier Northumbrian kings have *a*, later *o*; (iii) in the Liber Vitae, — cp. *Anna* the king with *Onna* the later monk; (iv) in the Lindisfarne Gospels, where *a* is hardly found, except in verbs like *ongann* etc., and in the Durham Ritual. — But finally the late 10th c. entries in the Liber Vitae show a return to *a*, C. S. 1254—6.

In East Anglia the early king is Anna, (in the A. S. C. A. spelt Onna); but there is a lack of other early evidence; (Dommoc cannot be classed here: see under Place Names); late evidence of Charters 10th c. onwards, yield only *a*. The Blickling Homilies have no clear pedigree; but in them *a* preponderates. It may be said that East Anglia favours *a*.

In the earliest Kentish and Saxon Charters we have *a* in the Mercian *o*, (Onnan in 759; cp. Anna). In the 9th century Kentish at first prefer *o*, later *a*, this *a* being especially marked in rough local documents, W. Saxon also prefer *o*; Saxon Kentish at first *o*, then in great preponderance *a*. But Mercian and Mercian-Kentish always *o*.

The Vespasian Psalter (850) has always *o*.

Alfred's Cura Pastoralis (early 10th c.) has a : o = 3 : 4 Orosius, 1 : 3; the first hand in A. S. C. Ms. A., 3 : 4 (more exactly $\frac{67}{100}$, $\frac{36}{100}$, $\frac{61}{100}$). This excludes pronouns, adverbs, and preposition *on* not in composition. *Mon* and its kindred enter in largely. Indeed in all documents everywhere *mon* enters in early, and is among the latest to retire.

The further history of this *a* and *o* is as follows.

The 2nd hand in A. S. C. A. (892) shows *o* declining, but it is not a regular decline, the hand ending with 921 showing more examples of *o* than the 2nd. But after this and onwards *o* is in a small minority up to the end of the 10th c. It may be noted that Westsaxon *ie* disappears after 924, and from Charters also soon after 930. This seems a suitable epoch for dating the commencement of „Late West Saxon", see C. S. 678, and cp. 753, 1233.

The examination of „original" and „contemporary" documents in the C. S. from 901 to 975, when this collection closes, shows the rapid disappearance of *o*. A few are added from Sweet's Second Anglo-Saxon Reader in order to carry on the results later. Again adverbs, conjunctions and pronouns are excluded; *on* has been excluded, *from*, *fram* included. Names of persons are only rarely included as supplementary evidence.

In Kent *a* before nasals is the absolute rule. The only exception is in No. 702 (A. D. 934), where Kent bounds are dealt with in a Winchester Witenagemot. There are besides 10 Charters. It may be added that broken *ea* is also the rule except in an occasional personal name; in 1010 gebæhte occurs once.

Worcester and its neighbourhood offer a standing contrast. Here at the beginning of the 10th c. *o* is the absolute rule, (*all* is found unbroken) C. S. 609. In the great Pershore charter *a* is more than double of *o*; (break of *a* mostly before *r*, not so often before *l*); see C. S. 1282, A. D. 972. In Sweet No. 40, A. D. 1042 a : o = 5 : 2. The sole Hereford document C. S. 1040 A. D. 958 has o : a = 9 : 1 (*in*, *on* as prepositions each 8 times; cp. Bede Introduction vol. I, p. xxxvii sq.). Oxon C. S. 945, A. D. 956 has a : o = 11 : 10, the locality is less than 10 miles N. of Dorchester; but 965, 1176 about the same date have *a* only. In Wilts *o* absolute in C. S. 951 (before A. D. 924), and in a minority in 677 A. D. 931, disappears thenceforth (a solitary *from* in 748 A D. 940). Cornwall, Somerset, and Devon give no ex., Dorset one (ondlang but also andlang twice C. S. 1165), Hants a solitary caldormonnes in 620 A. D. 909, and sponford, place name C. S. 1066. Similarly uniform are Surrey, Sussex, Middlesex, Bucks, Berks, Beds, Herts, Hunts, Cambs, Suffolk (*lichoma* once, abundant *a*), Warwick, Northampton, Stafford (one ex. C. S. 1312). Of course the influence of the royal chancellery produces these results, which are in striking contrast to the Rushworth

Matthew from North Mercia which exhibits *a* to *o* in a proportion of nearly 1 to 7; but if we exclude *gang* and its derivatives the proportion becomes 1 to 13 (see Brown. Die Sprache d. Rushworth Mathäus 1891; *an* p. 20, line 4 is an error).

The documents in Earle L. C. 229—33, relating to or connected with York, show *a* only. Compare what was noted above as to the Durham Liber Vitae in the 10th c.

Some light on the survival of *o* in the Midlands is derived from the Life of Chad (Anglia X), an apparently Anglian (Lichfield?) homily copied early in the 12th century from an older document. Here a : o = 3 : 4 (omitting *on*, adverbs, conjunctions, pronouns). It has *fram* only; *land* only; but *ealond*; *man* oftener than *mon* etc. etc., *gong*, *gongan* only, *nama*, (*ge*)*nam* only.

In order to compare the Mss. of O. E. B. with one another it is necessary to confine the comparison to portions extant in C., and for reasons given in Introduction vol. 1 to take the work of the first scribe only in T. The results of an examination of C., folios 1, 4—10, 15 = printed text 168—170; 236—306; 344—346 with the other Mss. gives these results. T. has *manna* once, *land* 3, Auna (the King) 2, ongan 1, only 7 exx. in all, mon 20 exx., lond 14 exx., ongon once etc.; *on* as prep. and in composition always, adverbs and conjunctions *þon*, *þonne* etc. always but not included in the proportion, which on the whole is, a : o = 1 : 17; (gong, gongan, always).

Next in purity comes C., but with over 25 exx. of *a*; gangan once, -nam (sb) 6 exx., man 3, land 3, ongan twice, adranc twice etc. etc. On the whole a : o = 1 : 5. A speciality is *ond* in full 120 times (not included in the proportion).

But O. Ca. give *a* the majority in the proportion of a : o = 9 : 5 nearly for both, but with curious occasional preferences, e. g. O. preferring lichaman (9) to lichoman (1), Ca writing *o* only. I have pointed out in Introduction vol. II, that the round hand in O. shows a preference for *a*, the upright for *o*.

Finally B. has about half a dozen examples of *o*, *Meon-*

ware and *Iarumon*, (both instructive), *fromsum*, *somod* once, *moniy* once (*manig* often), *ond* twice (*and* once, otherwise 7), *won þe* once.

It will be seen that T. is superior in purity of *o* to the Rushworth Matthew, but the amount of collective examples in the latter is much larger.

For other scribes in T. see Introd. p. LIV.

If these statistics as to Mss. O. E. B. are compared with the historical and local survey given above, the results will be found to correspond with great exactness to the results obtained from the independent examination of Place Names. The Mss. may be taken with some confidence as the basis of further dialectical investigation. Rich materials exist for this purpose ready to hand in the Chartularies so often already cited, Heming's Worcester Chartulary. the Codex Wintoniensis for Winchester, the Textus Roffensis for Rochester, the Liber de Hyda etc. When the results from these, and from the stores of the Cartularium Saxonicum, and Codex Diplomaticus are collated, we shall have really scientific data for the classification of the existing manuscripts of the Anglo Saxon period.

Note on nasal *a, o* in Poetical Mss.

The percentage of nasal *o* in the chief Mss. is as follows: 1. Exoniensis 94; 2. Alfred's Metra 57; 3. Satan 52; 4. Beowulf 43 (a 36, b 58); 5. Genesis 37; 6. Vercelli 18; 7. Exodus and Daniel 12; 8. Psalms 4. Nos 3, 5, 7 are in one Ms., but 3 is by a different scribe. The frequency of the preposition *in* gives the following order: 1. Satan; 2. Exoniensis; 3. Exodus and Daniel; 4. Vercelli; 5. Beowulf; 6. Genesis; 7. Metres. (Byrhtnoth would come last in both lists). Further, *gie* (palatal) is almost confined to Exoniensis, Genesis, and Metres, *gief* „if" does not occur: *hie* (pronoun) is found chiefly in Cædmon, Vercelli and Beowulf. Clearly Exoniensis has more Midland affinities than Vercelli. But the significance of these and other points I hope to show elsewhere.

INDEX OF PLACE NAMES.

	Page
Bretone	17
Angel, Ongel — Ongle	19
Englisc	21
Nordanhymbre	22
Beornice	22
Dere	22
Merce	23
Seaxe (E. S. W.)	23
Hibernia	25
Scotland etc.	26
Peohtas	27
Monige	28
Orcades	28
Ilii	28
Æbbercurnig	28
Coludes burh	29
in Cununingum	29
Degsastan	29
Dalreadingas	29
æt Hwitan ærne	29
Mailros	30

CUMBERLAND

	Page
Lugubalia	30
Docore d.	30
Deorwentan g.	30

LANCASHIRE?

	Page
Maserfeld	30

NORTHUMBERLAND

	Page
Tuide	31
Lindisfarena ea	31
Farne	32
Bebbanburh	33
Gleno	33
Gefrin	33
Maelmen	33
Alne	34
æt Twifyrde	34
Tine	34
æt Walle	35
Hagustaldes ea	35
Denises burna	35
Heofonfeld	36
in Gyrwum	36

DURHAM

	Page
æt Rægeheafde	36
Wire muda	36

	Page
Pæginaleah	37
Heorotea	37

YORKSHIRE

	Page
Streoneshalh	38
Deorwentan d.	39
Læstinge	40
Heacanos	41
Stanford	41
Wetadun	41
Godmundingaham	42
in Dera Wuda	42
Swalwan d.	42
in Getlingum	43
Cetreht	43
Wilfaresdun	43
Eoforwic	43
in Hrypum	44
Nidd	45
Calencenster	45
Winwed	45
Loidis	45
in Dona felda	46
Hædfeld	46

WEST MIDLAND

	Page
Legaceaster	46
Bonera burh	47
Sæfern	47
Breodun	48
Hwiccas	48

STAFFORD

	Page
Liccedfeld	48

NORTHAMPTON

	Page
in Undalum	49
Gyrwas	50
Medeshamstede	50

NOTTS

	Page
Treutau g.	52
Tunnanceaster	52

LINCOLN

	Page
Lindissi	53
Lindisfare	54
Lindeylene g.	54
æt Bearwe	55
Beardanea	55
Beardsæte	55
Peortanea	55
Teolfinga ceaster	56

NORFOLK

	Page
Cnoferesburg	56

SUFFOLK

	Page
Dommoc	57
Rendlesham	57

ESSEX

	Page
Pente	58
Ydpanceaster	58
Tilaburh	58
in Bereingum	58

	Page		Page
CAMBRIDGE		Wantsumo	71
Elig	59	Reaculfe	71
Grantaceaster	60		
		SURREY	
HERTS		Suðrigena g. p.	72
Heorotford	61	Ceortes eig	72
Wærlinga ceaster	62		
Werlama ceaster	62	SUSSEX	
Hædfeld	62	Selesea	75
		Bosanham	76
MIDDLESEX			
Lundenceaster	62	HANTS	
Temes	63	Wintanceaster	76
OXON		æt Stane	77
		Hreodford	77
Dorcetceaster	64	Soluente	77
		Wiht	78
KENT		Wihtsæte	78
Cent	65	Meanware	78
Cantwara burh	66		
Hrofesceaster	69	WILTS	
Clofeshoh	69	Maldulfes burh	79

Works referred to.

A. S. C. = Anglo-Saxon Chronicle. Ed. Thorpe, 1861.
   A. = first hand to 891. Winchester to 1001; then Canterbury to 1070. Latin 1070—1089. [A] = late interpolations.
   B. = ends 977, all in one hand; 10th cent.
   C. = first hand to 1046, ends 1066, Abingdon.
   D. = first hand to 1016, ends 1079, Worcester.
   E. = first hand to 1122, ends 1154, Peterborough.
   F. = one hand to 1056, 12th cent. Canterbury.

G. = ends 1001, copy of A with spelling changed, published by Wheelocke. Now burnt except a few fragments: was in same volume with Ms. C. of Old English Bede.

Charters, (I) Sweet, Old English Texts (O. E. T.).
(II) C(odex) D(iplomaticus), ed. Kemble.
(III) C(artularium) S(axonicum), ed. Gray de Birch.
(IV) Earle, Land charters etc. 1888. Those marked by Kemble with a star are 'forgeries'.

Texts locally authoritative are (i) Heming (H.) for Worcester, late 11th cent. (ii) T(extus) R(offensis) for Kent, 12th cent. (iii) C(odex) W(intonienis) for Winchester, 12th cent.

Ælfric's Homilies are cited from Thorpe; the Lives of Saints from Skeat E. E. T. S.; both works are from 11th cent. Mss.

Baeda Historia Ecclesiastica = L(atin) B(ede). Names are cited from Sweet O. E. T. pp. 132—147. When the Mss. are specified M = Northumbrian Ms. early 8th c.; I, II Mss. from South or Mid England of 8th c. but later; N. also 8th c. is a Continental copy. Citations only refer to portions translated into Anglo Saxon. The first citation is always from the Moore Ms. The Mss. I, II are cited when they differ from M.; but N. is only occasionally noticed.

Orosius and Cura Pastoralis ed. Sweet E. E. T. S.

The Old English Bede E. E. T. S. 1890, the Anglo Saxon version of B. H. E. (O. E. B.) The Mss. are T., (the scribes when particularised are $T.^1$ ..... $T.^5$ — the greater part by $T.^1$); O. Ca. B. C. Complete are Ca. (an 11th c. copy of O.), and B.; T. O. are defective at beginning and end. Of C. only fragments remain.

The Latin names from L. B. are given first; then the English from O. E. B. Mss. Then come the forms in full from A. S. C., Charters, Ælfric and Orosius. Arch. is the supposed original form of a name used by the Translator. A few detached lines of the Anglo Saxon Bede found in an old Ms. are cited as Z.; see Introduction to O. E. B. Vol. I.

O. E. B. is cited by page and line, L. B. sometimes by reference to O. E. B., sometimes by book and chapter. B. T. = Bosworth-Toller A. S. Dictionary.

BRITAIN, ENGLAND.

Brittania, Britania, Brittaniae pl., gens Anglorum once.

n. s. Breotone Ca. Breoton Ca. Bryten Ca. B. Bryton Ca. Brytene C. B.

a. s. Breotone T. C. O. Ca. Breoton Ca. Breotene T. T.[4] C. O. Ca. Brytene O. Ca. B. Brytone O. Brotene Ca.

g. d. s. Breotoue T. Z. C. O. Ca. Breotene T. T.[4] T.[5] C. O. Ca. Brotene Ca. Brytene C. O. Ca. B. Brytone O. Ca. B. Bretene C. Britene B. Brytton Ca.

g. p. Breotona O. Ca. Breotono T. Breoton cynn O. Ca. Breoton rice Ca. Brytene rice B. Bryten rice B.
Arch. Breoton.

VARIATIONS.

	eo, o	eo, e	y, o	y, e	e, e	o, o	o, e	i, e	Total
T[1]	55	3	--	—	—	--	—	—	58
T[4]	--	3	—		.	---	--	—	3
T[5]	.	3	-	--		—	—	—	3
O	39	5	5	7		—	..	---	56
Ca	92	19	3	3	—	1	1	—	119
C	11	1	--	2	1	--	—	—	15
B	—	—	1	117	—	---	—	1	119
	197	34	9	129	1	1	1	1	—

A. S. C. Breten, Breten(e) lond, in A. always up to 601, C. once in poetry 937.
Bryten, Brytenland, 10th cent and onwards all Mss., (A. 937, 975).
Brytten, Britten F. E. once each.
Briten C. 1. F. 1.

Briton F. 1.
Brytland F. 1.
Orosius, Brittannia, Brettannia, Bretauie, Brettanie.
The name is not found in A. S. C. from 601 to 937 except in E., 3. F., 1. Its use therefore is not Alfredian. For „England" Alfred uses Angelcynn (C. P.), which is also common in A. S. C. The use of Euglaland begins in A. S. C. with 11th c. (785 D. E. F. and onwards). It establishes itself in Cnut's time. In the Laws it is found A. D. 991 (Fd. Schmidt p. 204, 225, 250). Ælfric has it, Hom. 2, 120; Saints 1, 414 (bis), 454. 2, 124. O. E. B. has Engla londe 358, 21 = terras Anglorum, regio A., i. e. „Angles". For the whole country O. E. B. has (i) þeode Ongolcynues (ii) rice Ongolcynnes (iii) mægðe Ongolcynues (iv) folc O. c. (v) in pl folc o. c. = populi Anglorum. But Breoton is most usual, = L. B., except once as above.

BRITONS

Bretton- s. and p., Brettonicus, Brittani, Brittania. Brettas, Bryt, Bryttas, Brittas. Arch. Brettas.

Forms in O. E. B

	e	y	i
T.	26	0	0
C.	1	1	0
O.	3	24	0
Ca.	2	54	1
B.	0	58	0

Forms in A. S C.

	e	y	i
A.	10	0	0
B.	0	10	0
C.	0	11	0
D.	1	9	0
E.	0	11	3
F.	0	5	4
G.	3	7	0

Orosius, Brettas.
Ælfric, Bryttas.
Clearly Brettas is the old form. The word is not found in A. S. C. A. after 890: G. mostly alters *e* to *y*.
T. in O. E B. is consistently archaic and we may say northern.

ANGEL, ONGEL.

I. Angli.
1 Angle *g. s.* B. 164, 25; other Mss. g. p.
2 in 456, 10, O. Ca. have Engle d. s. C. ongle
. cynne B. angeldeode.
Arch. Ongel.

Elsewhere this name in sing. seems only used of the original district in Denmark, called Angel in A. S. C., and Angulus in O. E. B. 52, 8. The usage is confined mostly to compounds. There is no example in Bosworth-Toller. But the evidence of B. C. O. Ca. shows that it is not an isolated scribal error. For Angulus Orosius has Ongle.

II. Angli, Anglorum gens, genus, natio, imperium, ecclesia, provincia 274, 19.
1 ongol- 2 ongel- 3 angol- 4 angel- 5 angell-, all with cirice, cyn, cyning, cynrice, folc, þeod.

VARIATIONS (II. III.).

	o, o	o, o	a, o	a. e
T.[1]	71	4	—	—
T.[3]	1	—	—	—
T.[4]	—	2	—	—
T.[5]	1	—	—	—
C.	2	15	—	—
O.	1	17	—	64
Ca.	2	10	10	90
B.	—	1	—	110

Arch. Ongol, Ongel.

A. S. C. 1 Angelcyn, 2 Ongolcyn, 3 Ongolcyn, 4 Engelcynn, 5 Ængelcyn.

Ælfric, Angelcynn.
In A. S. C. 1 is general, the others sporadic; 2, 3, occur only in A. G., 816, 885, 901; 4 and 5 only in D. 787 (e), 836 (æ), 886 (œ); æ = e is a characteristic of D's first hand. All examples of all A. S. C Mss. amount to 100, always with cyn, except F 873, angelscole. Collective examples of Mss. in O. E B. = 401 under heads II, III.

ANGLE, ONGLE, ENGLE.

III. Angli.
Ongle T.¹ 6; T.⁴ 1; O. 2; C. 2. Angle O. 2; Ca. 4; B. 5. Engle O. 6; Ca. 6; B. 4.
Arch. Ongle.
A. S. C. Engle, Angle.
Laws, Engle, Angle.
Ælfric, Angle = "Angles" (H. 2, 120; S. 2, 132); but Engla þeode = "English nation" H. 2, 132.
In O. E. B. T. uses Engle only as tribal name = 'Angles' O. Ca. B. use the forms indiscriminately.
A. S. C. uses Engle = 'English' except 596 B. C., 975 C. where Angle = 'English'; but in 975 D. E. Angle = 'Angles'.

The tribes in A. S. C. are (Norðhymbre), Middilengle, Eastengle. The Laws (Schmidt Index; best Mss 1000—1050) give anglum once in text, with v. l. englum — 'English'; see p. 194.

THE TRIBES.

I. Orientales Angli, natio Anglorum, Angli, Estrangli (Eastr — Ms 1).
Eastengle T. C. O. Ca. B = Arch.
A. S. C. Eastengle (D. often — œngle); see below.
Ælfric, Eastengle.
C. S. 53 œstrangli (Cod. Win.).
O. E. B. use the name generally for Lat. O. A.; but also for Angli 124, 30; 142, 23, which shows care in the translator. A. S. C. has Est — twice. 885 G. 897 D.,

very rarely Eastangle E. 1038. The weak g. p. -englenn stands in B. once; — englan is very rare, 1017 C. D. E. F. cp. 449. But englene (sic) 1065, D., englan A. B. 473 = "English".

II. Mediterranei Angli (passim), — engli II. N.; also Middilangli (-uengli -engli I.), twice.
Middelengle T. O. Ca. B. = Arch.
A. S. C. Middelengle 653 B. C. E.
Middelangle 449 [A]. E.

ENGLISC.

(I) Anglus; (II) Anglorum (lingua); Saxonica (lingua) 408, 14.
(I) with cyn, men, or absolute, Englisc T. O. Ca. B. Engliscan B. Ca. -iscean O. -escan T.
(II) of language, Englisc, n. a. s. T. O. Ca. B. 158, 20; 466, 2.
in Englisc, T. O. Ca. C. on E. T. O. Ca. B.
in E. gereorde, T. O. Ca. on Englisce reorde, B.
A. S. C. Englisc = (I) and (II).
Ælfric, Englisc.
In O. E. B., A. S. C., and Ælfric always = "English", never "Angle".

O. E. B. applies it to speech of various parts of England, North 156, 8, 158, 20, 342, 8; Midland (York) 332, 28; East 210, 24, 320, 8; Kent 110, 12 (Anglorum sermo), 408, 14 (Saxonica lingua). But in 168, 35 Seaxna gereorde (Saxonum lingua) of a Wessex king (B. has Westseaxna). This last exceptional instance contradicts Alfred's usage, who calls his own language Englisc in C. P. Preface. 'Saxonici sermones' continued long as Latin term e. g. C. D. 674, A. D. 990 (Worcester). But C. S. 1003, A. D. 957, Anglica appellatione (Hunts). Latin Bede (IV, 17), has Saxonico vocabulo of Haethfelth = Hatfield, Herts (not in O. E. B.) while of Hefenfelth (Northumberland), he has lingua Anglorum = on Englisc. These examples point to a distinct and partially surviving difference.

OTHER TRIBES.

Norðanhymbri.
(I) Norðanhymbre T.¹ T.³ C. O. Ca. passim
(II) Norðanhimbre O. 1. (III) Norðanhumbre Ca. 1.
(IV) Norðhymbre B. passim. T. 1. Ca. 1.
(V) Norðhimbre B. 10. O. 1.
(VI) Norðhembre Ca. 1. (VII) Norðhymbre B. 1.
(VIII) Norhymbre B. 1.

Arch. Norðanhymbre.

A. S. C. Norðanhymbre before 867, except 601, 625; from 867 Norðhymbre (not in 876). Other forms are Norðanhimbre D. 795. Norðhimbre E. 656. Norðanhumbre G. 876, Norðhumbre G. 867, F. often. Norðumbre F. once. Norhymbre F. 705. Nordhymbre F. 793. On the whole Norðan- in proportion to Norð- is found in Mss. thus:

$\frac{12}{15}$ A., $\frac{10}{15}$ B., $\frac{9}{21}$ C., $\frac{5}{42}$ D., $\frac{12}{34}$ E., $\frac{0}{8}$ F.

Ælfric, Norðhymbre, Norðhymera Hom 2. 356.

Norðanhymbre in A. S. C. is pre Alfredian, but is reproduced in the later Mss. The striking contrast between the Mss. T. C. O. Ca. of O. E. B. on one side and Ms. B. on the other, taken along with A. S. C. usage points out Norð- as probably Southern.

Bernicii.
Beornice T. C. O. Ca. B. = Arch. Variations, g. p. Beornicea T. O. Ca. d. p. Beornicium O. g. p. Beorneca C. A. S. C. Beornicum 678 E. Bærnicum 634 E.

Deri, Deiri.
(I) Dere T. O. Ca. B. (II) Daera B. (III) Ðære T. B. C. O. Ca.
(IV) Ðara T. (V) Deara C. (VI) Dedera B.
(VII) Deora B. T.⁴ (VIII) Deera O.

Arch. Dere, Deere?
A. S. C. (I) Dere, 678 E. (II) Dearnerice, 634, 643 E.
Ælfric, Dere.

This pre Saxon word became soon obsolete, as A. S. C. shows by its silence. E. follows Lat. Bede III, 1, 14; IV, 12.

The spelling Deera in O. is found only in D. wuda; see under name. But if we assume a variation in the archetype Dee-, miswritten late Dæe-, Dæ- we can readily account for scribal errors. In 236, 28 O. E. B. B. has Deora byrig mægđe, i. e. Derby, which however was locally Deoraby, A. S. C. 917 B. C. D. etc., a twofold error showing ignorance of history shared by the other scribes, and want of familiarity with the Midlands.

Mercii, Merci, Aquilonales M., Australes M.
Merce, Myrce, Norđ M. Suđ M.
T. has e always, all scribes; T.^{1} T.^{4} æ once each.
B. has always y, except once i.
C. has e : y = 12 : 1.
O. has e : y = 23 : 19, e often erased.
Ca. has e : y = 6 : 54.
Myrna is an error in O. B. twice.

A. S. C. Mierce A. Merce A. 4; G. 9; C. D. F. 1. E. 2.
Myrce B. C. D. E. F. passim, A. 4; G. 23.
Mirce 704 E. Merna 825 G.

Ælfric, Myrce.

In A. S. C. Mierce is the exclusive form in A., except Merce 853, up to the end of the 9th cent. Then for a few years, Merce ("the lady of Mercia" died 922 A. S. C. A.); after 923 (ie) only Myrce. G. writes for ie, sometimes e, mostly y. (I note here that ie is very rare in A. S. C. A. after 921 in all words). Clearly Merce remains as local, Myrce becomes exclusive Southern form. T. then is Midland and archetypal. B. southern. C. O. waver. Ca. takes the later S. form, though transcribing O.

1. Saxones; 2. Orientales S.; 3. Meridiani S.; 4. Occidentales. Occidui S.

1. Seax- T. C. O. Ca. B. Sex- B. 2. † westseaxna B. 168, 3; † Wesseaxena B. 248, 17.

Arch. Seax-. A. S. C. Seax-.

2. Eastseax- T. Z. C. O. Ca. B. -sex- C. 1. B. 2. Arch. Eastseax-.

A. S. C. A has ea : e = 7 : 1; B = 0 : 6; C = 0 : 6; D = 11 : 1; E = 9 : 0; F = 1 : 3; G = 7 : 1.

C S. 81, orig., A. D. 692—3, Eastsexanorum, local.
C. D. 1288, contemp.?, before 988, Eastseaxan, Kent.
C. D. 788, contemp.?, 1049, Eastsexan.

I add here A. S. C. Middelseax- A. 653; D. E. 1011. -sex- C. F. 1011. Charters. C. S. 111. orig. of 704, Middelseaxan, Essex. C. S. 201, orig. of 767, Midilsaexum, Mercian. C. D. 1288, cont., before 988 (Earle p. 211), Middelseaxan, Kent.

3. Sudseax- T.[1] T.[3] C. O. Ca. B.; Sudsex- B. 1.

A. S. C. -Seax- A. G. B. has ea : e = 6 : 3; C = 6 : 11; D = 12 : 3; E = 13 : 3: F = 1 : 5.

Charters C. D. 1288. sudseaxna.

4. Westseax- T. C. O. Ca. B.; -sex- O. 4; Ca. 1; B. 9; (N. B. -Seax- 39 times in Ca.) -sexs- O. 2. Wess- T.[4] 2; B. 11; Wesex- B. 1; Wæss- B. 1; Wæst B. 1.

A. S. C. A. has ea : e = 38 : 1 (921); B. = 16 : 19; C. = 12 : 41; D. = 40 : 5; E. = 49 : 11; F. = 10 : 14; G. = 38 : 0; -ss- A. 23; C. 31; F. 1; G. 1?; wæst- often in D. E. weast often in E.

Sweet O. E. T. 179, Genealogies, Westseaxna, Orientalium Seaxonum. Orientalum Seoxonum.

C. S. 115 uestsexanorum, orig. of Middlesex in 705.

C. D. 1288 westseaxan.

Ælfric, Westsexena, S. 2, 132, with v. l. -seax-: but both Mss. ib. also -ea-.

The spelling of A. S. C. shows, for Wessex, (I) ea early, e once 10th c. (II) e, 11th c.; for Sussex, (I) -seax- early and prevailing down to 11th c. (II) -sex- later but Southern: E. keeps -seax-.

For Middlesex, (I) -seax- early; (II) -sex- 11th c.;

For Essex, (I) -Seax-, retained by A. D. E. G. (II) early intrusion of e (904 A.). its diffusion into Kent (B.), and up the Thames valley (C.).

The spelling of the Charters etc. shows -sex- early in and about London (O. E. T. 1, 2, 11). But -seax- in all names was also early diffused, and is early W. S. If we turn to O. E B., we find in all names -sex- frequent in B. not so frequent in C. O. Ca., a difference partly due to time partly to locality, B. ranging with A. S. C. Mss. B. C., while the others are nearer Ms. D. (C. is of Abingdon; D. of Worcester). T. is very consistent. The frequency of Wessin B. is also a note of locality.

IRELAND (SCOTLAND).

Hibernia, Hibernia insula, Scotti 24, 7.
Hibernia, uninflected T. C. O. Ca. B.; Hiibernia T. 2; Ibernia, T.[1] T.[4] O. B.; Hybernia Ca.; Hiberniam, a. s. T. O. Ca. B. 242, 12; † Hibis B. 16, 16.

Arch. Hibernia.

A. S. C. Hibernia 891 A. C. D. G.; Ybernian, Pref. D. E. F.; Hybernia Lat. A. 1074; Hiebernia, 891 B; Irland, 918 A., 941 D.; 1051, 1052 bis, 1055, 1067 C.; Hirland, 1055 D.; Yrland 918 B. C. D. G., 891 F., 1048, 1050, 1070 C., 1087 E.; Yrisc, adj 1055 C.

Orosius, Ibernia, Igbernia. Ælfric, Irland, Yrrland, Yras.

The A. S. C. employs Irland from beg. of 10th c. onwards. The Preface is a literary compilation from Bede. O. E. C. commonly adds Scotta ealond, inserting it eleven times independently of the Latin, and only omitting it, (I) when it has already occured in the context, or the application is clear, (II) in the Capitula, (III) towards the end, where Hibernia stands alone 412, 18: 472, 2; or Ilibernia þæt ealond 414, 16; 434, 11; or Hibernia þæt lond T.[4], where O. Ca. B. have ealond. (There is a curious variation in 110, 1 to be noticed presently). The juxtaposition of

Scottas and Hibernia accords with early A. S. C. 891 þrie Scottas comon to Ælfrede cyninge .... of Hibernia.

This usage incidentally confirms the date of the Archetype.

(II) Scotlond T., Scotland O. Ca. B., Scottland B.

This in 22, 28; 28, 9 = Hibernia in Latin. But in 110, 2 T. O. Ca. have (betweoh Ibernia) Scotlond (see vv. ll.), B. has b. H. Scotta igland, where Lat. has only, Iiberniam. For igland cp. 434, 11; 460, 14, in B. Clearly B. preserves the original reading, and the rare coincidence of T. O. Ca. is accidental. In A. S. C. Scotland always = modern 'Scotland', and occurs first in 933, all Mss. The Lat. Bede has Scottia, which is always translated Scottas. The archetype then and O. E. B. Mss., on the whole, keep to the usage of the 9th c.; T. O. correct in accordance with later usage and fuller geographical accuracy. Ælfric S. 2, 126, 128. uses Scotland in the modern sense, and H. 2, 346 has Yrrland 7 Scotland.

Scottus, Scotticus.
Scottas T. C. O. Ca. B. passim; Sccottas T. 2, O. 3, Ca. 6. (B. in 8, 2, correction); Scotas B. 2.
Arch. Scottas.
A. S. C. Scottas passim; Sccottas twice A. G. 937.
Orosius and Ælfric, Scottas.

O. E. B. uses the name indifferently for dwellers in Ireland and settlers in Scotland from Ireland.

In A. S. C. up to the end of the 9th c. it means dwellers in Ireland, after that in Scotland. e. g. 565, 891 A. G. = "Irish", 903, 924, 926 sqq. = "Scotch"; cp. also 716, 729, where Hii is mentioned, with corresponding passage in Bede V, 23.

In Orosius, Peohtas 7 Scottas 270, 12 has no support in the original Latin or Bede (E. or Lat.). Ælfric joins Yrum 7 Scottum, H. 2, 346; cp. S. 2, 132. Other passages seem doubtful, H. 2, 148, S. 1, 168.

THE IRISH (people and language).

(I) Scottus.
>Scyttisc adj. T. O. Ca. B. = Arch.
>Scyttysces, O. Ca. B.

(II) sermo Scotticus, lingua Scottorum.
>Scyttisc subst., T. O. Ca. B.
>Scyttysc, O. Ca.
>A. S. C. Scittisc, 937 A. G. = Scyttisc, B. C. D.
>Scottysc, D. pref. = Scyttisc, E. F.; as adj.
>Ælfric, Scyttisc = "Irish", II. 2, 332; = "Irish language" S. 2, 130.

THE PICTS.

Picti.
Peohtas, T. C. O. Ca. B. = Arch... Pehtas T^5 C. O. Ca. Pyhtas, O. 2, Ca. 1; Peuhte adj. Ca. 28, 7. Frequency of eo: e in $T.^1 = 11 : 0$, in $T^5 = 1 : 1$, in $C. = 2 : 6$, in $O = 5 : 10$, in $Ca. = 19 : 12$, in $B = 33 : 0$.

A. S. C. Peohtas, Pehtas, Pihtas, Pyhtas, Piohtas. Orosius Peohtas = Ælfric and Widsith.

The form Peohtas continues from the first down to 875, in which year the name last occurs, in Mss A. B. C. G. of A. S. C. Piohtas only once in [A] 449, where E. has Peohtas (sole ex.); Pehtas three times in D. Intr. 710, 875; also once in E. 875; Pihtas D. Intr., 699. Elsewhere in E, Pyhtas, which is the form in F. Clearly Peohtas is the earliest and most general form. The others can only be regarded as literary variations. By the 10th c. the name had passed out of practical life.

In O. E. B. Mss T. B. are consistent. Ca. is arbitrary, putting eo for O.'s y in 358, 3, e in 358, 18, but for e of O. in 152, 14. 244, 19, 460, 15 writing oo. The same uncertainty appears in the text of O. 152, 14, where a letter has been erased before h, and the stroke of e prolonged across the erasure.

MAN.

Meuaniae pl.
Monige T. O. Ca. = Arch. Manige B.
A. S. C. 1000 Monige C. D. Mænige E.

L. Bede describes these islands, (a) as lying "inter Hiberniam et Brittaniam", 11, 5. (b) with the larger lying to the south more fertile, i. e. Anglesey, 11, 9. O. E. B. omits the latter passage. For a discussion of 110, 2 see above under Scotland.

ORKNEYS etc.

Orcades insulae.
Orcades þa ealand Ca. B. = Arch.
A. S. C. 47 Orcadus þa ealond A., orch- G.; Orcadius B. C.; þæt egeland of Orcanie F. Orosius, Orcadus þæt igland. The spelling of O. E. B. is therefore independent of A. S. and of Orosius, and non-Alfredian.

LOCALITIES IN SCOTLAND.

Hii, Hiienses.
Hii T. C. O. Ca. B. = Arch. Hi T. 1, O. 1, B. 2.
Iona.
A. S. C. Hii A. B. C.; I i [A]. D. E. F.; I e D. E. F.; G. omits, 565; or blunders, 716.

Hiienses.
Hiisetena Ca. 472, 26 hi syð þan B i. e. Hiisetan.

The name, very generally written Hii (A. S. C. and O. E. B.) is a stumbling block to scribes in B of Bede, where it is written wrongly 472, 26, is omitted 224, 1; 470, 27, and replaced by Hibernia 204, 11.

Aebbercurnig.
Æbbercurnig, O. Ca. = Arch. Æbbercurni T.
Ebbercurnig B.
Abercorn.

Coludi urbs, Coludana urbs.
Coludes(burg), T. 1, O 2, Ca. 3, B. 1 = Arch. Coludis
T. 1.   Colundes B. 2.
Coldingham.
A. S. C.   Coludes burh, 679 E. F.

in Cuneningum.
in Cununingum T. O. Ca. (but in O first two vowels on erasure); Cunigum B.
Cunningham.

Degsastan, id est Degsa lapis.
Degsastan O.Ca. B. = Arch.
Dawston (or *Dalston* near Carlisle).
A. S. C. Dægstan [A]; Dægsanstan E.; Egesanstane B. C. G.

Dalreudini.
Dalreadingas Ca. = Arch. Delreadingas B.
A. S. C. Dælreodi E. F.   Dalreodi D. Dælreoda [A], Deolreda E.
A. S. C. 603 [A.], E. combines Dægstan and Dælreda. The form in B. C. G. (and originally in A.), are assimilations to Egsanford Egsaford (Oxon), Egsanmor (Worc.), and Egesawydu (Suss.): see C. D. Index. The notice in 603 [A.], E. is not from Bede 1, 34. O. E. B. Del — (Ms B) may be = Dæl — (A. S. C.). Dalrieda was a district in Antrim, Ireland.

Candida Casa.
æt Hwitan ærne C. B. = Arch. -earne Ca.
Whiterne.
A. S. C. Hwiterne [A]. D. E. F.
       Hwituerne D.   Witerne E.
Ca.'s reading Earne is assimilation to Earn(e) leah, Warwick, Hants etc. (C. D.); cp. Earnes beame in C. D. 657 = Earle L. C. p. 209, Kent.

Mailros.
Mailros T³ 1, T⁵ 2, C. 1, O. 4, Ca. 2, B 3;
Mailras C. 1, Ca. 1; Mægilros T³ 1; Maillor B. 1.
Melrose.
Ælfric, Magilros H. 2, 348.

CUMBERLAND.

Lugubalia, Lat. and Eng., once.
Carlisle.
A. S. C. Cardeol, 1092. E.
C. S. 66, Lugubalia.
Baeda, vita Cuthb. c. 8; Lugubaliam . . . . quae a populis Anglorum corrupte Luel vocatur.
 Cumberland was of course foreign ground to the O. E. B. translator; see A. S. C. 945, 1000.

Dacore.
Docore T. C. O. Ca. B. once = Arch. *R. Dacre.*
 Vowels assimilated.

Deruuentio, Dor- I.
Deorwentan g. s. T. Ca. Deorwenan O. with t interlined.
 B. omits.
R. Derwent.
 B. errs again in Yorks., where O is correct.

LANCASHIRE?

Maserfelth.
Maserfeld T. O. Ca. = Arch. Mrercsfeld B "*Merserfeld* near Ribchester Lane".
A. S. C. 641 E. on Maserfeld.
Ælfric, Maserfelda S. 2, 134.
 The uncertainty as to the locality is well known. Many prefer the localisation near Oswestry. The ordnance map gives near Oswestry: (1) Oswald's well, W. of town; (2) S. E. of town Maes -y- clawdd [Maes = spacious; clawdd = dike

Pugh, Welsh Dict.]; (3) N. of town, Maerdy; (4) St. Martin's moor S. W. of St. Martin's. Baines Hist. of Lancashire III p. 616 sqq. gives the local name as Muckerfield, or Macerfield. In Winwick church there is an old inscription, speaking of Oswald's death at Marcelde: see other variations in Baines l. c. Dr. Ingram identifies the name with Mirfield (W. Riding). A. S. C. E. favours a southern position: Penda sudhymbrum on Maserfeld. Ms. B. of Bede assimilates to Meresbyrig C. D. 1102, 1145, N. W. Hants, and Merescrundel C. D. 1172, Berks. See further Dugdale Monast. Anglic. 1, 38, ed. 1655; and Camden Brit. who favour Oswestry (Oswioes treow).

NORTHUMBERLAND.

Tuidi g. s.
    in 360, 29. T^3 has Tuidon; B. Tide; O. Tides with w interlined; Ca. Tweode; C Twides; in 424, 11 T^5 Tuede; B. Twyde; O. T..de with i erased and wi interlined; Ca. Tweode.
Arch. Tuide.
R. *Tweed.*

No scribe was familiar with the locality.

Lindisfarnensis, also with insula, ecclesia;
Lindisfarnensium g. p., also with insula.
Lindisfaronensis ecclesia.
Probable archetype in O. E. B. Lindisfarena, and Lindisfarona, both with ea.
Holy Isle.

VARIATIONS.

		$T.^1$....	O. Ca.	B.	C.
1	Lindesfarena	$4 + T.^3 4$	12 16	1	—
2	Lindesfarona	$1 + T.^3 2$	— 1	13	2
3	Lindisfarena	2	1 1	—	
4	Lindisfarona	1	— —	2	—
5	Lindesfearena	1	— 1	—	1

		T.¹...	O.	Ca.	B.	C.	
6	Lindesfearona	T.⁴ 1	3	1	—	4	
7	Lindespharona	—	—	—	1	—	
8	Lindisfearona	T.² 1	—	—	—	—	
9	Lindessarona	—	—	—	1	—	
10	Lindesfarono	—	1	—	—	—	
11	Lindesfarene	—	—	—	2	—	4, 31; 188, 24
12	Lindesfarone	—	—	—	1	—	
13	.... ss farona	—	—	—	—	1	
14	Lindesfarenensis	—	1	1	—	—	204, 5
15	Lindesfear...	—	—	—	—	1	

[I include here 4 exx. belonging to Lindsey which never have ea, see s. v.]

ea always follows except (I) œ T³ 360, 21, 31, B. 272, 21; (II) eae T¹ 188, 24; 384, 14; (III) ealonde 14, 5 Ca. B (la); 204, 5, O. Ca. (la); (IV) L. alone 4, 31 Ca. B.

A. S. C. Lindisfarna 803 D. E. (alone); Lindisfarna ee D. E. Lindisfarena ee E. F. Lindisfarana ee F.

Ælfric, Lindisfarnea g. p.
    Lindisfarneiscere g. s.
    Lindisfarnensiscere g. s.

L. Bede uses Lindisfarorum g. p. for the people of Lindissi in Lincolnsh., and reserves Lindisfarnensis for Lindisfarne. But the note to the Lindisfarne Gospels Cott. Nero D IV 10th c. has Lindisfearnensis æcclesiae, and also Lindisfearneo londinga. C. S. 631 = ed. Skeat. p. 188.

O. E. B. almost invariably adds ea for the island. The sole ex. of Lindisfarenensis (O. Ca.) occurs in the duplicate version p. 204. There is a confusion of localities in B. C. Nos. 9, 13. There was no familiarity with the place in the case of any scribe.

    Farne 8 times.
    Farne T., C., O. 2, Ca. 1, B. 5 = Arch.
    Fareue O. 6, Ca. 6. B. 3.
    Fagene Ca. 1.

(Not in A. S. C.) *Farne.*
Ælfric, Farne.

Ca's Fagene recalls Faganflor C. S. 607 (Heming); Faganstan C. D. 627 (II); 1366 (Worc.).

Urbs... a regina... Bebba cognominatur (III, 6; III, 16).
Bebbanburg etc. T. C. O. Ca. B = Arch.
Bamborough.
A. S. C. Bebbanburh etc. C. D. E. F.
Ælfric, Bebbanbyrig.

The name is only indicated, as above, in L. Bede. The translator knew the place and gave the full name. The town was built in 547, and enclosed, ærost mid hegge 7 þær æfter mid wealle. The wall made the place into a "burh"; see A. S. C. 547 E.

Gleni.
Glene B. = Arch. Gien T. Clæne O. Ca.
R. Glen.

The error of T. is due to his reading a short l as i. O. Ca. assimilate to a wellknown word. Clænan, clenan- are found in C. D. 535, 597. Hants; cp. 1168, 1199 Herts; 1244 Somerset; clænan ford is in association with a stream 535, 597.

ad Gefrin; Gebrin I; Gefrin II with b interlined.
æt Gefrin T. Ca. = Arch. æt Gefrium B. æt Greuin O. on erasure.
Yeverin.

The word in O has been subject to erasure and much disfigured, probably since Ca.'s time, due to a wish for assimilation to grefa, grafa, a word used in Charters, cp C. S. 1319; græfe = spelunca Mt. 21, 13 (L). B. tries to give a. d. p. ending.

Maclmin.
Maelmen C. O. = Arch. Mælmen T. Melmen B.

Elmen Ca.
Milfield Hill (or *Melfield*)?

In O. the final en has been by rough erasure changed to in; the writer perhaps looked at the Latin. Ca.'s Elmen approximates Elmesetene C. D. 1366, Worc. cp. Elmanstede 1027 Kent. The identification with Milfield (Camden) is doubtful.

Alne.
Alne B. = Arch. † Alnes T., Ealne C., Eallne O. Ca. R. *Alne*.

C. S. 55 reproducing L. Bede: circa fluvium Alne in loco qui dicitur æt tuiford. The Warwick R. Alue near Evesham had also Twyforde C. D. 1368. Alnes T. is due to the following streame. The break in Ealne must have been in the common original of C. O. Ca.

Tuifyrdi.
æt Twyfyrde T. O. Ca. B.; æt Twifyrde. C. = Arch. *Twyford*.

The name occurs repeatedly in Charters C. S. 125. C. D. 314 Hants etc.

Tino abl. 388, 5; Tini g. 398, 17; Tinam acc. 468, 15. Tine C. O. Ca. B.; Tiine T.[2], Tune T.[4].
Tyne O. Ca. Tinan d. s. Ca. 468, 15 = † Icenan B. (In all 3 exx).
Arch. Tine, Tina.
A. S. C. Tinan d. s. A. B. D. E.; Tinam C.; to Tine 1079 E.

Tine in O. E. B. is g. s. 398, 17; n. s. 388, 5, where B. omits the word. The variations indicate want of familiarity. B.'s error Icenan is significant This is the R. Itchen flowing by Winchester, where stood the famous monastery of SS. Peter and Paul, mentioned in C. D. 1033, 1055. The context speaks of a monastery of P. and P. on the Tyne. Hence the substitution of the familiar association. This error brings B. into connection with Hants, a connection exemplified later under Meon and Selsey.

ad Murum.
æt Wallo T. O. Ca. æt Wealle B.
B. gives the Southern broken form. Along the line of the Roman wall, there are several names involving 'wall'. This place lay 12 Roman miles from the 'eastern sea', therefore a little beyond Newcastle. C. D. 603, 608, 626 (Hants) have weal- as first part of compounds.

Hagustaldensis ecclesia (always) Lat.
Eng. always with ea (æ T.³, T.⁴), 10 exx.
Hagostaldes Ca. 334, 28. Agostaldes T.¹ 1.
Heagostaldes T.⁴ 1; O. 2; Ca. 1; Eagostaldes T.¹ 1;
Heagostealdes T.¹ 2; C. 5; O. 7; Ca. 9; T.² 2;
Hœgestealdes B. 6; Hegestealdes B. 1;
Hœgstealdes T.³ 1; B. 1; Hœgesteald B. 1.

Arch. Hagostaldes ea.
Hexham, cp. A. S. C. 685.
A. S. C. 17 exx. in 6 years 13 with ea, ee; 1 with ham; 3 without addition. (I) Hagustaldes ea, ee. D. E. F.; (II) Hagustaldes ham E. 685; (III) Hagustald ee E.; (IV) Agustald d. s. E.; (V) Hagusteald g. s. E.; (VI) Hagestald' ee F.; (VII) Hagestaldes g. s. D.; (VIII) Hagstaldes ee D; (IX) Hagstald' ce F.

Here are 3 stems hagu-, hœge-, hœg-, cf. O. H. G. haga-, hegi, hag; Icel. haga-, hagi, hag-. In O. E. T. we find hagu, haegu, hegu, hea[go], hag, haga (Index p. 471). In Northumbrian we have further he(g)hstald = 'bachelor'. The form heago- confined to T. is Mercian (Corpus). The variations partly correspond to those of hagostald etc. "bachelor", which does not seem to be current in the South.

Denises burna.
Denises burna T. = Arch. Denisses b. O. Ca.

Denisces b. B.
Dilston near Hexham?
The place was near Hexham (III, 1, 2). B.'s error is an assimilation to Denisc, "Danish".

Hefenfelth, Hefenfeld I.
Heofonfeld T. O. Ca. = Arch. Heofonfl. d. B. with
  o erased and e interlined above f.
(near *Hexham*).
Ælfric, Heofonfeld.
B. originally wrote heofonflod, a word found 236, 17. Hebinga is a local name in O. H. G. Graff IV. 828. Heveningham is a Suffolk village.

in Gyruum.
on Gyrwum O. C. Ca. B.
Arch. in Gyrwum.
Jarrow.
See further on 'Gyrwas' in Northampton.

DURHAM.

ad Caprae Caput.
æt Rægeheafde T. B.; æt Hregeheafde Ca.
eregeheafde O. with t interlined above r.
Gateshead.
The identification with Gateshead is strengthened by such Glosses as, ra vel gæt, capra (Bouterwek); compare also gate hlinces heafod C. S. 1030 with rahlinc C. S. 246 (1030 Wilts, 246 Worc); cp. also heregeres heafod C. D. 685 near Bildeston Suffolk.

(I) Uiuri (II) (ad) ostium Uiuri fluminis.
(I) Wiire T. Wire O. Ca. B.
(II) æt Wira mudan T. O. Ca. B.
    æt Wira mudon C. æt Wire mudan C. Ca.
    æt Wire mudum B.
R. *Wear, Wearmouth.*

Sweet O. E. T. p. 147, 148 Uiuracmuda, Uiurœmoda.
These show the name in use in Bede's lifetime.

Pœgnalaech, Pçgnalech I.
Pæginalæh T. = Arch. Peginalcah O.
Weginalcah Ca. Pægmalcah B.
Finchale, Durham? *Whalley*, Yorksh.?
A. S. C. Wagelo 664 E. Pincanhealh 788 E. F. Wincanhealh D.

B.'s reading is due to confusion of gin and gm. Such forms as Pægingaburne C. D. 257 support Pægin-, which however is a regular variation. But Ca.'s variation is curiously in accord with A. S. C. 664. Smith identifies the place with Pincanheale A. S. C. 788, and Finchale two miles from Durham. Vegnalech is cited by Leland Bed. Collect. II, 143, od. 1774, who conjectures that it is Whalley on the borders of Yorks. Lanc. and Chesh. (Earle A. S. C. p. 286). In Sim. Duuelen. Whalley is written Walalcage (Bredae H. E. ed. Mayor p. 281). The confusion of P. and W. is intelligible in Saxon Mss., and repeats itself in A. S. C. 788 D. Wincanhealh, (The reverse error is in D. 731. Pœntan for Wœntan). I am disposed to think that *Finchale* is approximately correct. Pæginalæh would yield a modern Painley. There is now a Painshaw on the Wear 5 miles N. E. of Finchale Abbey. There is perhaps a confusion, or conflation due to close neighbourhood, and the further aggravation of an interchange of similarly formed letters. T. preserves the Anglian læh. Wacgelas is a name in Somersetshire C. D. 774. (Kemble Saxons in England. App. vol I).

Heruteu. Herutei II. Heruteig II. altered by a later
hand to Heortesig.
Heorotea T. C. O. B. = Arch. Heortea O. Ca.
Hartlepool.

(I) In O. E. T. Index ;we find herut, heorut, heorot, heorat, heoret; (II) The forms Heorot and Heort are found, the first in A. S. C. 673 A., 913 A. G.; in Charters (contemp.) C. S. 741, A. D. 934, Kent; 792, A. D. 944, N. Hampton;

the second in A. S. C. 673 G. and always in B. C. D. E. F.; in Charters (contemp.) C. S. 965 A. D. 956, Oxon; C. D. 736, A. D. 1021, N. Hampton (bounds as in C. S. 792). The abbreviation Heort begins to be current in the latter half of 10th c., and is general in 11th c. Judging from the C. D. Index we should say it was Heming's spelling; see 90, 118, 120, 262, 498, 509, 554, 627. The spelling in Beowulf is n. a. Heorot, Heort, (once). gen. -otes, dat. -ote, -ute (once), Hiorte (once 2nd scribe). In C. D. 1069 = C. S. 565, from Cod. Win. stands biorotlege. The charter is a forgery (K.) relating to the 9th c. and using an archaic form. T. C. B. have therefore an older form than O. Ca. The town of Hartlepool lies on a small peninsula north of the estuary of the Tees, with a safe harbour. The ending ca, in every way appropriate, seems due to the land formation.

YORKSHIRE.

    Streanæs, Streanes, Strenæs, halch, hale M.
    Streanes, Strenes, halh, halch I.
    Streones, Streonaes, Streunaes halch II.
    in Streanæs hale M., in Streanes hale I.
    Streones halh O. Ca = Arch.
    Streones healh T. C. O. Ca. C.
    Strines halg T.
    d. s æt Streones heale T. O. Ca. B.
    Whitby.
A. S. C. on Streones heale A. E. F. G.

    Bede explains the name as meaning sinus fari. Is this a guess? First as to streones, strines,

(I) Streones halh, Streon halh occur in the description of bounds in the Severn basin (C. D. below).
(II) 'Strine' is now in Salop a local word for a 'watercourse' (Halliwell).
(III) There is now a R. Strine in the Severn basin, just by Newport, Salop.
(IV) Strensall is now a Yorksh. local name on the Fosse Navigation about 6 miles N. of York.

(V) Strensham is now a place on the Avon about 5 miles N. of Tewkesbury.

The name then is always in association with a stream. If fari be from farus, pharus "a lighthouse", it will not give a suitable sense.

Secondly, what is halch, halc, halh. etc.? The word occurs repeatedly in charters. Kemble C. D III p. xxix explains it as "hall, probably originally a stone building", and so Leo (Anglo Saxon names of Places Engl. Trans. p. 52). Three words seem here confounded (I) ealh, Gothic alhs, Lat. arx; (2) heall "hall"; (3) halh, halg, halc our word, meaning "recess", "nook", "corner", "hollow" — It has a large kindred — healh, healh(stan), heal(stan), hal(stan), healoc, hylc, hilc, holh, holg, hole etc. holh C. P. 219, 3 = holg Leechdoms = fossa, fovea; cp. B. Toller. Hylc = anfractus, which recalls Latin phrase anfractus sinuosi. In Chaucer halke = corner, hiding place, nook (ed. Skeat 1895, Glossary).

The usage in Charters, C. D.

I. In descriptions of bounds it is commonly near water 56, 461, 515, 550, 559, 570 (passim), 764 (halsbroc), 1218.

II. rise healh = "rushbottom" 308, 570; hreod halh "osier bottom" 1071; fearnhealan "fernhollow" head halan "heath bottom". With hwitan heal 452, compare hwitan cumb 570. For cyninges healh "the king's paddock", 204 (see context), compare battenhale 559 = batanhagan; a "recess" is suitable for an enclosure.

III. (a) C. D. 515 on streonhalh, be streonhalae (vol. III p. 464), Worc.

(b) 1358 in streoneshalh of þam hale, Worc.

Clearly streoneshalh = 'river hollow'.

The R. Esk forms a pool within the present town of Whitby.

Deruuentio, Doruuentio.
Deorwentau d. s. T. O. Ca. B. Deorwetan B.
C. S. 1052. Deorwentan (oblique), Yorks.

B. is again in difficulties with the word: see under Cumberland: probably he takes wetan = wætan 'water'.

(I) d. s. in Læstinga e, in Laesting e I, Lestinga he N. 260, 27 = in Læstinge T. O. Ca. in Glœstinga ea B. (g partly erased).
(II) n. s. Læstinga eu, Lestinga eu I, Laestinga eu, (once with ig over eu, once with g over u II).
(III) d. s. in Læstinga æi, in Laestinga ei I, 458, 11.
(II) and (III) = n. s. Læstinga ea T. O. Ca. Læsdinga eow B. 4, 18; Glæstinga ea B, g partly erased, 232, 14; d. s. to Læstinga ea T. O. Ca. Gl., B. with g partly erased 264, 5; on Læstinga ea O. Ca. Glastinga ea C. Glæstinga igge B., g roughly erased 458, 11. The Latin in III, 28 is not translated, = 246, 11.

Lastingham.

The variations in termination of this word point to a lost word for 'district', further noticed under Lindisse and Surrey, Gothic gawi, O. H. G. gawi, gewi, gouwi, A. S. ge in Elge and other words. It was gradually confounded, through palatalisation and vocalisation of g, with ea, eg, and other forms. In modern spelling *ey* etc. appear indifferently for all. In Bede's time the word was already lost as is shown by his derivation of Ely IV, 19 from insula ... anguilarum. Further, (I) L. B. has Beardan eu, where Ms II has ig over eu; Heruteu id est insula cervi, Ms II eig, ei; Peartaneu, -ei out of eu II, ea N.; Selæseu insula vituli marini, -ei I. The substitutions for *u* in other Mss are not invariable. For 'Chertsey', id est coroti insula M writes cerotaes ei I ceortes ei. (II) ea in L. B. means 'river', Homelea = R. Hamble IV 16; but in Charters we have not only Liminea fluminis O. E. T. Ct. 5, 4 = -aea 7, 2 = ea 19, 2; but Limingae loco 5, 1 = iace 7, 4; cf. 6, 1 juxta Liminaee; 7, 3 in liminiaeae; 4, 1 terram in tenid quae appellatur westanae; (III) ge, Elge B. H. IV, 19; in C. S. 42 in loco qui dicitur Sturgeh (just before, in Sudaneie); C. S. 289 aet Liminge; C. S. 254 in regione Eastrgena (see under Surrey); 318 to Eastorege; 332 in regione Easterego, Eosterego, on Eosterge (his), on Easterege, on Eostorege (an Eastreie 12ᵗʰ c. endorsement), 380 terra quae pertinet ad Eastræge; all = "Eastry" in Kent.

B's. error is of another character. He and C. confound the place with Glastonbury, and thus show ignorance of both localities. For Glastonbury A. S. C. writes Glæstinga with byrig etc., never ea, the name is written Glœst-, later Glest-; Glast- 12ᵗʰ c. except in Latin A. Glastingensis 1078. There are many Glastonbury charters, several forgeries, the genuine seem 12ᵗʰ c. copies. The forms are (I) Latin Glastingensis (II) English genuine Glœst-, Glest-, Glast- (III) English forgeries (14ᵗʰ c. copies?); C. S. 109 Glastinga ea, Glastingay, Glastingai; C. S. 142 Glasteie, Glastingeie, Glastingensis, Glastoniensis; C. S. 169 Glastingei, Glastingi. There is then no early authority for ea; but we must allow that though forged, the addition was probably copied from some previous document. Those given by Kemble as genuine in the C. D. which I classify under II, all add burg 577, 590, 593 (= C. S. 1294, 1315, 1174); C. D. 685 (= Earle L. C. p. 364); C. D. 957; B's. Læsđinga eow recalls the early sđ for st, as dusđe V. P., wæsđm etc. C. P. Hatton

Hacanos.
Heacauos T. Ca. B. = Arch. H. acanos O. erasure.
Hackness.

O.'s erasure, later apparently than Ca, may be due to a wish to expel the mutation of a, or to inspection of the Latin. In Charters, C. S. 1080 has Hacanpundfold, Hants.

Stanford.
Stanford O. Ca. C. = Arch.
Stamford Bridge on the Derwent.

The name is common in Charters, in Hants, Berks, Worc etc.

Uetadun.
Weta dun O. Ca. = Arch. Wŵta dun B.
Weata dun T.[4].

Watton, Yorks.
Weata T. is Anglian mutation; cp. Heacanos.

Godmundingaham, -ndi- I, II.
Godmunddingaham T. O. Ca. B. = Arch.
Goodmanham.
Godmundinges (Godmundes) leah often in Charters; as place of meeting of the concilium C. S. 230; cp. C. D. 1360.

In Silva Derorum.
in Dera wuda T.² Ca. B. = Arch. Deora T.⁴, Deera O. Dyra Wyda O. Dyra Wuda Ca.
A. S. C. on Dera Wuda 685 E.; Beoforlic 721 D. E. (-fer-), cp. B. H. E. V, 6.

The Charters do not enable as to trace the name Beverley earlier than the reign of Athelstan (925—940); cp. C. S. 644, 645, 646. Consequently O. E. B. naturally reproduces L. B. But the later scribes clearly did not know the disused name; see under Deri above. A. S. C. Ms. D. had of course Northern sources of information at Worcester, and gives the later name. Here E. copies D., but when E. translates Baeda H. E. V, 6 for himself (685), the old name is reproduced.

Sualua, Swalwa I.
d. s. Swalwan T. = Arch. Swealwan O.
Swalewan Ca. Swealewan B.
R. Swale.

The name is found in several Charters; (I) Suuealuue C. S. 341, orig. of 812, Kent; (II) Sualue 353, or. of 815, Kent; (III) Swalwan, 392 of 812, Cod. Win., Hants; (IV) Swealwan 742 of 939, C. W. Hants. (V) Swealewan 756 of 940, 13th c. copy, Wilts; (VI) Swalewan 874 of 950, early 13th c., Wilts; (VII) Swealewan C. D. 737 of 1023, C. W., Hauts.

Glosses in O. E T. and the V. P. have as common noun sualuw, swalwa; for the same Ælfric Gr. 37, 7; 307, 7; has swalowe, swaluwe, swalewe = hirundo. T. has the early

and Midland form; O. early Southern; Ca. late W. S. B. has a local variation (Wilts, Hants.)
in Getlingum.
in Getlingum T. C. = Arch.; inn G. B.; on G. O. Ca. in Gætlingum T.

Gilling.
Bede places it near Catterick; Gilling is about 7 m. N. W.
Cataractam vicum acc. s. twice; Cataractone vico ab. s. 194, 18.
d. s. cetreht tune T. O. 140, 19; cetereht t. Ca. Cetrih t. B.
d. s. cetrcht weorþige T. 194, 18; Cetriht O. Ca. B.
d. s. cetrehtan (no addition) O. Ca. B. 150, 28. T def. Arch. Cetrcht, Cetrehta.

Catterick.
The name in L. B. ends ta, ton; in O. E. B. t, tan. The Arch. departs from Latin. We may assume local knowledge for the translator and T., hardly for O. Ca.; B. fails in Cetrih.

Uilfarẹsdun, Uilfaresdun I, Uilfæraesdun II.
Wilfaresdun T. = Arch. Willfarenes ẹa dun B (dots under ea) Willfæresdun O. Ca.
B. may have thought of Lindisfarena ea. The variants far, fær are natural. The place. being 10 miles N. W. of Catterick, is probably on the moor above Richmond.

Eburacum, Eboracum, civitas Eburaci, 300, 7; c. Eboraca 460, 10; Eburaconsis (-bor-); civitas Eburacensis 192. 27; (I) in Eoforwic T.[1] B. = Eburaci 300, 7; Eoforwiccenstre C. O. Ca.; (II) Eoforwicceastre g. d. T[1]. T.[4] C. O. Ca. B.; (III) Eoferwicceastre d. T.[1] T.[3] O. Ca.
Proportions of or : er = $\frac{10}{2}$ T. $\frac{0}{1}$ T.[3] = $\frac{2}{0}$ T.[4] = $\frac{14}{3}$ O. = $\frac{16}{4}$ Ca. = $\frac{21}{0}$ B. = $\frac{1}{0}$ C.
Arch. Eoforwicceaster.

A. S. C. (I) Eoforwiceaster early and late; (II) Eoferwicceaster frequent from end of 10th c.; (III) Eoforwic, Eoferwic without ceaster already in B. C. D. E. (IV) Eferwic A. 1070; (V) Heoforwic D. once; (VI) Euorwic, Euerwic F.

Orosius, Eforwicceaster; Ælfric, Eferwic S. 2. 132.

A. S. C. D. shows a marked predilection for Eofor-, which is the only form in 1st hand to 1016, as in A. But G. once admits Eofer- against A; B. is divided; C prefers Eofer- which in E is almost exclusive. Clearly it is a matter of date with some local preference (D. Worc.). Other variants are in F, Euerwic 3, Eferwic 1, Euorwic 1, D once Heoforwic 948.

The occurrence of Eoforwic in T. B. shows that it must have been in their common original. The Latin here is Eboraci alone : a little above in civitate Eburaci. It may also be noted that the letters ea follow immediately. There are no early exx. of the name in charters.

    in Hrypum, in Rypum H.
    in (on) Hrypum T. T.² C. O. 1. Ca. 1. = Arch. but O. has y on eras of i.; Hripum O. 4. Ca. 4. (æt H. Ca. 384, 8), Hreopum B. 5.

Hrypensis.
    g. p. Hrypsetna T. Hrypsættna O. Ca. Hrypsætna C. Hreopsætna B. (all once only).
    Ripon and its people.

A. S. C. to Ripum 709 D. E. F. in Hripum 788 D. æt Rypon 948 D.

C. S. 646 Ripon (13th c.), 647 Rippon, late in a riming charter.

    O. has Hrípum 384, 8. But the vowel is short (Rippon).

A. S. C. shows that the name was no longer tribal; hence Ca. æt R. Further A. S. C. has Hreopandum, and Hreopedun = Repton. = C. S. 454 (Mercian of 848) æt Hrypadune. Hence perhaps the variations of B. and Ca.

Nidd.
d. s. Nide Ca. Mide B. = R. *Nidd.*
Mydeling is a Berks locality C. S. 1032, 1058. Ca. follows nid "need".

civitas Calcaria quae a gente Anglorum Kælcacaestir appellatur; Helcacęstir I Faelcaestir N.
Kalcaccster O.   Kalcaceaster Ca.   Cealcacenster B.
Kaelceaster C.   Kwelcaceaster T.
Arch. Kaelcaceaster.

The variations in Latin show that even in the 8th century there was a difficulty as to this lost town, which some identify with Healaugh near Tadcaster. The reading of I gives a lead perhaps. Further there is a difficulty about the intial K, which is unusual, though initially found in words in the Rushworth Ms. Probably Tadcaster early absorbed the Roman town; (cp. Taddenes scylf A. S. C. 947. D), and even Bede may not have been correct. The Arch. probably had Kaelc- as in C.; whence by mistaking open a for u T. wrote Kwelc-. With the form in O. Ca. compare Calcstaues mor C. D. 764; Calcbrac 291; both about 10 miles from Worcester. But in Sussex, Berks, Oxford etc., Cealc. prevails as in B.

Uinuaed. Uinued I. II.
d. s. Winwede T. B.   Winwæde O. Ca.   Wunwæde C.
A. S. C. Winwidfelda 654 E. F. cf. Winburne.
R. *Aire*, near Leeds. cp. II, 14; III, 24. The localities near are Elmete, now Elmet, Yorks., Loidis, now Leeds, in Campodouo, now implied in Doncaster. The context of II, 14 fixes the localities in Deira.
Loidis.
Loidis T. 2 C. 1. In 140, 25 Loides hatte B. Loid is haten O. loid, is haten Ca. (comma, to divide). In 238, 8 leod is hatte B. (sic). Loidis hatte O. (te on eras). Loidis hatte Ca. C. is defective in 140, 25.
Leeds.

A. S. C. Loṍene 1091 E.? Here Thorpe renders 'district of Leeds' because Flor. has in provincia Loidis; Earle A. S. C. p. 355 translates 'Lothian'. I note that E. 1124 has Leþecœstrescire, (Leicester) = Lœgreceasterscire 1088; Widrecensterscir 1088 = Wigraceaster- (Worc.).
Clearly B. did not know the place, nor did O. Ca.

In Campo Dono.
in Dona felda T. O. Ca. B. = Arch.

The place is near Leeds (II, 14), and Hædfeld (II, 20), which latter is identified with Hatfield near Doncaster. L. B. Dono is g. p., and correctly rendered by Dona felda. For o = a in g. p. see Introduction Pt. I. The O. E. B. translator then knew the place.

Haethfelth, Haethfeld I.
d. s. Hædfelda T. O. Ca. B. = Arch.
Hatfield near Doncaster.

The name occurs in several parts of England Herts, Wilts etc. C. D. Index.

WEST MERCIA.

(The Northern boundary runs from the Ribble to the Humber).
Legacaestir, (-ter I. II).
d. s. Legaceastre T. O. Ca. = Arch. Lige- Ca. 40, 313. Leige- B. 102, 29; Leg- B. 40, 31.
A. S. C. Legaceaster A. G. Legceaster B. C. E. D. (Læg) Ligeceaster D. Ligceaster B. Liegeceaster C. Leicenstre D. ≔ Lægeceastre E. = Legerceastre F. 972.
Chester.

(I) For 'Leicester' A. S. C. has always Legra- Leger- etc. with r, except once Leð- 1124 E. noticed above. So C. S. 312, or. of 803, Legorensis. All other charters are late copies and omit r.

(II) 'Chester' also appears in A. S. C. as Ceaster simply (E). Latin A also has Cestrensis 1077. (But the name Ceaster is also applied to York E. 685).

(III) The names became confused, see A. S. C. F. 972 above. By the 12th c. 'Chester' had become an established appellation. Leige- (O. E. B. B.) is suspiciously like Liege- (A. S. C. C.), but is a more legitimate development.

Bancora burg M. first hand, Bancorna- M. 2nd hand, Boncorna II., with a over first o.
a. s. Bonera byrig T. Baancorona. O. Ca. Bancorona B. Arch. Bancorona b. = *Bangor* Flint.

When we compare T.'s variation with the Latin, it becomes clear that he has a Midland, and probably local form. The place is on the Dee about 12 m. S. of Chester, and therefore on the Mercian frontier.

Sabrina.
be westan Sæferne C. Ca. = Arch. Sæuern B.
R. Severn.
A. S. C. Sæfern A. B. C. D. E. G. Sæfyrn B. Sefern D.

The name occurs often in A. S. C., declined and undeclined, up to 1052, e. g. 893 æt Sæferne etc., be westan Sæfern. It is found in 24 charters. Of these the earliest copies seem Heming's (13 chh). Heming introduces u first in C. S. 1087 (u : f = $\frac{3}{0}$), 1088 (u : f = $\frac{1}{2}$), 1139 (u : f. = $\frac{1}{1}$), of dates 962, 962, 961—70; but in 1242 of 969 only f once. In all earlier Charters II. has f. As II. belongs to the end of the 11th cent. we cannot say positively that Sæuern is older. I find Sæu- (besides H.) only in C. D. 461 vol. III p 450, and C. D. 654 (14th c. copy). The question is of course a much wider one, and will come up again under Rochester. B. has more than a dozen examples of u for f in proper and common nouns, see 2, 13; 8, 33 etc. For an occasional example in O. see the late correction of Gefrin. The charters have sporadic examples in P. N. e. g. C. S.

748 peuesige; several instances of auene = Avon. Very instructive are the originals and endorsements in C. S 335, 341, 348, 353. (grafon, grauen etc.) Examples increase towards the beginning of the 11th century, but the prevalence of u is a mark of still later origin. Cp. exx. of spelling under Eoforwic etc.

L. Briudun.
Breodun C. Ca. B. = Arch.
Bredon.
A. S. C. Breodun 731 D. = C. S. 234 etc. (234 endorsed Breo-, Brea-).

Huiccii.
g. p. Hwicna T. O. Ca. (B. Myrcna).
Hwicca T. B. Ca. 336, 4. Hwiccia O., but h is interlinear.
Huicna C.
d. p. Hwiccum T. Hwicceum C. Hwyccum O. Ca.
Hwylcum B.
Arch. Hwicc-, Hwicci-.
A. S. C. 800, Hwiccium A. Hwiccum B. C. D. E. G.
C. S. 202, 203, orig. of A. D. 767, 770 Hwiccii (Lat.) etc.

The name is frequent in early Latin Charters, becoming often in later copies Wiccii, e. g. C. S. 116, 134 (uuiccium emptorium). It seems preserved in Huiccewudu C. S. 432 of A. D. 841 (Heming), perhaps too in Wychwood Forest 7 m. W. of Woodstock, Oxon. In later Charters the name seems disused. B. is evidently at fault, and cannot have known the district which stretches obliquely from Gloucester into the Midlands N. E. But T. O. Ca. C. know it, and vary allowably, as evidence shows. The correction in O. 336, 4 may be set down to a local hand. The form -ci- is the older; Ca. with O. before him writes ca for cia. For other exx. in chh. see C. S. 130, 1135 (13th c.).

STAFFORD.

Lyccidfelth, Liccidfeld I, Licidfelth II.
Lyccitfeldensis M., Liccit- I, in V, 23.

Liccedfeld T. = Arch. Liccetfeld Ca.; Licetfeld O. B. Licitfeld Ca. † Wiccetfeld C. 478, 7.

Lichfield.

A. S. C., Licetfeld A. C. D. E. F. G.; Liccedfeld B. once. Licedfeld C. D. 1053; Licifeldensis A. 1073. Charters, C. S. 310, orig. of 803, Liccidfeldensis (text) Liccedfeldensis (text); 312 orig. of 803 Licced- (sign. word not in text). Liccet- (11th c. copy). C. D. 1303, about 1050, æt Licitfelda (12th c. copy).

The two charters 310, 312 were drawn up in the same council. Licced- in the bishop's signature may be taken as locally preferred, and it appears once in 310. The forms Licet-, Licit- appear as Southern, early and late (A. S. C. and Chh.). But A. S. C. B. had Mercian documents in his hands, and differs from the other Mss. Licif- in Text. Roff. C. S. 354, 441. Licisf- endorsed on 310 is in a 12th c. hand. T. then represents most faithfully the local spelling of the 10th century. The error of C. is perhaps partly alliterative due to Aldwine, perhaps to Wintanceastre above, or confusion with Huicna. In any case it betrays want of local familiarity.

NORTHAMPTON.

in Undalum, in provincia Undalum.

in Undalum O. Ca. B., on Undalana mægde Ca. B., but in Ca. na is interlinear.

Arch. Undalum, Undalana.

Oundle.

A. S. C. in Undalum D. E. F., on Undelan D. 957. Undela acc. E.

C. S. 22 villam de Undale; 1128 Undelum (nom.); 1129 to Undelan; 1130 æt Undelum; 1258, 1280 villam Undale.

L. B. has Undalum in apposition. But O. E. B. gives English form and order. The charters 22, 1258, 1280 are late forgeries, but 1128—30 are three genuine documents (in later copies) of the end of the 10th c. As they agree with A. S. C. D. (first hand) in the form Undelan, this must be taken as locally correct in the end of the 10th c. This fact excludes the scribes of O. E. B. from the district. (C. T. are defective here.)

Gyruii, Australes Guruii (Gyruii I, II).
g. p. Gyrwa T. O. B. = Arch., Gyrwan Ca. Sudgyrwa T. O. Ca. B.
C. S. 297 Nordgyrwa, Sudgyrwa (10th — 11th c.), a name preserved in Yarwell near Peterborough. L. B. writes in provincia G. III 20; IV, 6; and retains in Gyruum for Jarrow. O. E. B. follows this rule. But L. B. has Australes G. to avoid ambiguity, and O. E. B. follows again. Now III, 20 is only found in the version of T. B. and was not in the Archetype; in III, 20 the translation has of Gyıwa mægđe (220, 4), while IV, 6 = 280, 26 has in Gyrwa londe. Still III, 20 speaks of a man, IV, 6 of a place; see further under Cnoferesburg and Introduction to vol. 1 p. XXIV sq.

Medeshamstedi, -stede I.
n. s. Medeshamstede O. B. = Arch., -styde Ca. æt Medeshamstede T.
A. S. C. Medeshamstede E.; Burh. C. D. E.
C. S. Medeshamstede passim: but 196 Mody[s] hæmstede T. R.
The charters are mostly late copies. Highly important is C. S. 1128, especially when compared with A. S. C. E. 963 E. First as to the form -styde. This is an early and Anglian form, recurring later; see Cook's and Bouterwek's Glossaries and B. T., also list of compounds in Grein s. v. — The charters give over 150 exx. of localities with -stede suffixed, some, however, may be common nouns, as hamstede. Only 6 charters yield instances of styde (1) contemporary C. D. 287, 317 (= C. S. 506, 558) of 9th cent. given in O. E. T. C. D. 657 = Earle L. C. p. 209 A. D. 987. All three refer to same district on the borders of Surrey and Kent in and around Oxted (Acustyde), about 20 miles from London Bridge. In these three y : e = $\frac{4}{0}, \frac{3}{1}, \frac{3}{1}$. Elsewhere in Kent only stede C. S. 199; 335; 330; 741. Another C. D. 685, 12th c. copy, y : e $\frac{2}{3}$ Essex. C. D. 853, also 12th c. copy,

has in Latin Ringstede, in English Ringstyde, and two exx.
of styde as common noun. Lastly a sixth C. D. 202 = C. S.
349 (Heming), dated 814, is headed de Dunhamstyde, and the
text repeats the form. For the same locality Heming has
C. D. 680 (after A. D. 972), dúnhǽmstédes. The place is
5 m. N. E. of Worcester. The form then is local in Worcester,
but not at Peterborough. T.'s variation æt M. is very
significant. O. Ca. B. have þætte (þe Ca.) gecweden is
Medeshamstede. But in T. æt M. is eweden. The Latin
runs: quod dicitur M. T.'s order is very usual, when a name
is inserted parenthetically without a relative; cp. 58, 13.
The alteration is therefore intentional. I have however found
no other ex. of æt M. But a parallel is found in the reading
of B. 448, 17 æt Seolesigge, which, it will be shown, is
important and significant of local knowledge. The place was
destroyed by the Danes in 870, and restored about 964
(A. S. C. E. 963). The first abbot after the restoration was
Aldulf, who endowed it richly (Ib. cp. C. S. 1128). He
became bishop of York and Worcester in 992, and was
succeeded by Kenulf in the abbacy (A. S. C. E. 992). Kenulf
changed the name to Burh (A. S. C. E. 963). There was
an estate with villages named Medeshamstede (C. S. 1128).
The term æt M. is then perfectly correct, and implies local
knowledge. But the change would be most appropriate, while
there remained nothing but "old walls and wild woods"
(A. S. C l. c.). The monastery rose rapidly in prosperity.
The name Burh appears in A. S. C. C. D. E. 992, so that it
was at once accepted; the earlier name M. is, in the A. S. C,
only found in Ms. E. (Peterborough). The outer leaves of
Ms. T., as at present bound, contain entries relating to the
Benedictine Abbey of Thorney seven miles E. N. E. of
Peterborough. The whole district abounded in monastic
establishments, in one of which T. may have been written.
Besides this the writer's local knowledge attaches him most
clearly to North Mercia. He is most accurate in his spelling
of Yorkshire names

NOTTINGHAM.

Treonta II, 16; Treanta III, 24; IV, 21.
d. s. Treontan T. C. B. = Arch. Tr.ntan O. with
o erased, twice; Trenton O. with o interlined once.
Trentan Ca. twice, Trenton once. Treotan B. once.
R. Trent.
A. S. C. Treontan A. G. 924, Trentan C. D. E. 1013.

The correctness of Treont- is vouched for by the earlier Treant- (see above remarks on nasal a), and by A. S. C. A. G. Later comes in the spelling Trent-, early 11th c., which continues in E. 679, 1013, 1068. There are many streams with the name. C. D. vol. III p. 395—6 given Trentan in connection with Avon and Evesham, but there is some doubt as to these bounds (C. S. 511 note). Ca's termination -on is a variation repeated by him in Wintonceaster. T. then is locally correct. B. blunders. O. wavers and has been corrected. Ca has a southern, later, and probably a form local in Worcestershire.

Tunna caestir.
n. s. Tunnanceaster T. B. = Arch. Tunnancester O. Tunnanceastre Ca.

The town was probably not far from the R. Trent (IV, 21, 22). But it was certainly not Doncaster, for Don(a)- is found early and late: see under Campo Dono and C. D. 1298, A. D. 1002 æt Donecestre. Tun- is a frequent prefix in charters and modern names. The form -cester in O recurs in Calcacester: and in T. Grantacester. The n. s. -ceastre is found in O. Ca. Grantaceastre. An examination of this termination -ceaster etc. in A. S. C. gives these results. (I) ceaster prevails: cea, ce, give respectively 346, and 51 instances in collective Mss; cæ 12 cie 7, cia 1, cyo 1 in [A]. A has e twice early, Andredescester, Exancester 491, 894 (cp. V. P. in O. E. T.), once in [A]; but e is very rare till the 11th c. Ms B. has no example of e; Ms D. only one, 1016 Gleawcestrescire in the first hand, but then 20 in later hands, D.

also writes -æ- 6 times in 1st hand, never later. For all Mss. it stands thus ca : c = $\frac{54}{3}$ A; $\frac{47}{0}$ B; $\frac{55}{11}$ C; $\frac{50}{21}$ D; $\frac{69}{6}$ E; $\frac{26}{1}$ F; $\frac{45}{9}$ G. These statistics show that ea was favoured at Canterbury (B. F.), and prevailed early in the South. As D's æ = e we may say that c early and late is Mercian or on the borders. (C = Abingdon). The spelling of E. is always strongly influenced by the Ms copied. Ms G. is for its date the greatest innovator, and the introduction of c into a text copied from A. points to Mercian influence. (II) The ending tre as N. S. is avoided in A. S. C., but occurs as Acc. 577 F. bis, 860 A. G. E., 895 G., 1135 E.

LINCOLN.

g. d. abl. Lindissi, g. Lindissae 182, 28; provincia Lindisfarorum 300, 10. g. s. Lindesse T. O. Ca. 182, 28 = Lindesige B. In 300, 10 T. has (in) Lindisse mægðe. O. Ca. on Lindesse m. B. has inn Lindes ege landes (cp. 300, 8). d. s. Lindisse T. 3, i interlined over e 262, 8. Lindesse T. C. O. Ca. (6 exx in T). Lindese O. Ca. Lindesege Ca. 1. B. 4. Lindesige B. 4. Lindesigge B. 1. Lindes iglande B. 242, 14; cp. above.
Arch. Lindisse, -esse.
A. S. C. d. s. only Lindesse A. B. C. G., -disse, -dissi E., -desige C. D. E., -desie C. -desege C.
C. S. 1297 in Lindesige late copy.
Ælfric, Lindesige.

The A. S. C. exhibits (I) Lindesse up to end of 10th c. (II) Lindesige early 11th c., D. first hand. Lindesege late 11th c.

The C. D. index does not give the name. In L. B., O. E. B. and A. S. C. the name is always in an oblique case. There seems no reason for taking the ending i, e, = "isle". Nor is Lindissae for lindes ea. The real ending was the lost ge; see above under Laestinge. On Lyndesse is cited by B. T. We have then Lindis (I) with ge = 'L. district'; (II) with fare, ware = "L. people". The name Lindsey is also in Suffolk, 8 m. from Sudbury, Lindfield in Sussex, Lindridge in Worcester, Lindsell in Essex.

Lindisfarorum gens (1), provincia (3).
Lindes- (I) farona T. 1, B. 3. (II) farena T 1. O. 3, Ca. 3. (III) pharona B. 1. (IV) fearona C. 2. (V) fearena T. 1, Ca. 1. In all 4 exx, 238, 13 biscop; 262, 5, þeode = gens; 272, 14 mægde; 478, 17 bisceop.
A. S. C. d. p. Lindiswarum 678 E.
C. S. 297 Lindes farona (land) 10th 11th c.

The spelling varies as that of Lindisfarne q. v. But as L. B. discriminates by always using for Lindisfarne the adj. -ensis, and for Lindsey g. p., so O. E. B. in the former case adds ea, ealond, (see above), and in the latter never, a fact which tells against the reading of Ms. B. etc., (under Lindisse).

Lindocolinum, Lindocolina civitas.
g. s. Lindcylene T. 1. O. 1, = Arch. Lindcylne B. 1. Lindcolene Ca. 1. d. s. Lindcylene T. 1. Ca. 1. B. 1. Lindcolne B. 1. Lincylne O. 1. Ca. 1.

Lincoln.
A. S. C. 941, Lincylene A. Lindcylne C. G. Lindkylne B. Lincolne D.; 1016 Lincolne C. Lindcolne D. E. Later forms Lincolna, Lincollan, Lincolan, Lincol, E. F.; C. S. 409, 521, 872, 1178; C. D. 809 Lincoln- Lat and Engl. C. D. 956. on Lincolne A. D. 1052.

The Charters except 956 are late forgeries. But C. S. 346 of 814 gives Lindcylne with variant -cylene, both copies "nearly contemporary", in Kent. A still later form of this C. S. 347 gives the form lindceolne. The -col- forms do not appear before the 11th cent. in A. S. C., and this agrees with the Mss evidence in O. E. B. In fact Lindcyl(e)ne is only used during the period when Danish influence was locally paramount and Lincoln one of the Five Boroughs. When they are once more united with Southern England after 941 (A. S. C.), the old Lind(o)col(i.u(um) reappears; the juxta-position in A. S. C. 941 of both forms in Mss is decisive on this point. The variants in Kentish Lindeylene -ccolne point to a different original. But we cannot apply laws of Old English, unless we know we are dealing with English words. Col(n)- is widely diffused in England, and moulded out of multiform materials. (Cungle = Coln C. S. 1091). The A. S. C. has to Colne, on Colone 1054 D. = Cologne, Colonia. For examples of Lind- see under Lindissi, Lindisfarne, Clofes hoch.

ad Baruæ id est ad nemus, (bearuae, baruę I).
æt Bearwe T. O. Ca. B. = Arch.
Barton upon Humber?; *Barrow* near Goxhill?
The name is found in several localities, A. S. C. E. 963 Barwe; C. S. 348, of A. D. 814, æt bearwe. The form Barwe reappears in later copies C. D. 575, C. S. 1270 etc., but also Bearuwe, Beruwe in Lindesige C 1297 "late copy".

Beardan eu (ig over eu II).
  n. and d. Beardan ea T. O. Ca. B. = Arch. Bearda ea T.
  g. p. Beardsætena Ca. Beardsetna B. 464, 6, not in Latin.
Arch. Beardan eą.
Bardney.
A. S. C. Beard(d)anigge A. C. D. G. Beardanege B. Beardanege and Bardanig E.
Ælfric, Bardanige S. 2, 136.
  Late forms in chh. are Bardunig C. S. 48, 135. Bardanig 49 = A. S. C. Berdea C. S. 268 (Iugulph of Croyland). This latter supports T.'s variant Bearda ea; it occurs in a signature, following one with Medeshamsted and therefore implying a local orthography; cp. Beardsetna 464, 6. This last name, added in O. E. B., shows local and Mercian knowledge in the Archetype.

Peartan eu (eu into ei by cras II).
Peortan ea T. O. Ca. B. = Arch. Portan- O. Ca. Peotan B.

Partney.
Not in A. S. C. or C. D. Index. A. S. C. offers Portes muda 501, C. D. has no Peort-, often Port, 560, 1220 Portanbeorg Worc. and elsewhere (O. Ca); 680 has Potwyll, Wilts, cp. B.

Tiouulfingaceastir.
d. s. Teolfinga ceastre T. O. Ca. B. = Arch.
Not in A. S. C. or C. D. Index. The town was on the Trent. Tealfol scet is mentioned in C. S. 1297 along on with Bearuwe (later in same comes Beruwe in Lindesige). Scet is a projection or elbow of land, e. g. Sicily is pryscyte (B. T. s. vv. scent, sceata). The place in Bede is generally identified with Torksey: cp. A. S. C. on Lindesse æt Turcces iege 873. Close to Torksey is Till Bridge Lane, running into Ermine Street. The distance of 10 or 12 miles from Lincoln suits the context cp. II, 18. Tiowulf is Tidwulf. O. Germ. Diotolf. Turec is Tidric, = Germ. Dietrich? We may imagine two brothers settling down side by side, one leaving his name to the people Tiowulfingas, another to an isle, = ig or district = ge, (cp. Lindesige), or two legendary heroes as eponymi.

NORFOLK.

Cnobheresburg, id est urbs Cnobheri.
Cnoferesburg T. = Arch.? Cneoferisburh B.
Burghcastle.
The change of bh to f indicates local knowledge. This is in the portion omitted in O. Ca. C., which embraces III, 19, 20. c. 19 refers to Furseus the founder of this monastery. The translation therefore was probably added by an East-Anglian, a supposition further supported by the fact that c. 20 begins with a reference to East Anglia. The end of this chapter 20 is wofully mistranslated (220, 16), as if the Latin original was: et ipso defuncto, Ithamar. It would appear then as if the original of T, B, was under East

Anglian influence. On the other hand no scribe familiar with Kent could have blundered, as all here have done, in so important a particular as the successors to the archbishopric of Canterbury and to the see of Rochester. This translator was not very capable, for he gives in 212, 9 sqq. for Deus deorum, haligra God, and takes in Sion as meaning in wlite sceawunge, confounding Sion with seon, sion, sien, onsien. On the other hand Ælfric correctly translates, calra goda God, and on Sion, H. 2, p. 332 sqq.

SUFFOLK.

civitas Domnoc (Dommoc I II).
d. s. Dommoc ceastre T. O. Ca. = Arch. Domoc B.
Dunwich.
A. S. C. in Domuce 791 F.
C. S. 312 A. D. 803 Dummucae civitatis, (11th c. copy Dammuce); 528, before 870 but late copy, Dommuciensis. Dommuciae (Dounuuciae T. R. Doñuuc T. R.).

A parallel change is found in Domecces igc = Dountsey, Wilts in C. S. 470; (Dometes C. D. 817). But in this case the cc would approximate tch: cp. feccan: "fetch". In "Dunwich" the T. R. spelling, which is repeated, has a strange look; but seems like an approximation to the modern pronunciation. The analogy of Dountsey would suggest a palatal pronunciation of the c, which seems indicated in the spelling -ci-; out of this would result Dunch-. developed later into Dunwich. The first syllable must have been originally Dun-, cp. the Essex Dunmow.

Rendlesham, id est mansio Rendili, (Raendles-, Raendili I).
Rendlesham T. O. Ca. B. = Arch.
Rendlesham.
The spelling in Phillips County Atlas is Rendleshant, about 5 m. N. E. from Ipswich, (for hamton?).

ESSEX.

Pente, Paente I with first e erased,
g. s. Pente T. C. O. = Arch. Pante Ca. B.
R. *Pant*.

Note the erasure in I, which brings the spelling into
accord with that of Ca. B. Pantan occurs twice in Bryht-
noth's Death 86, 97. Doubtless the Battle of Maldon (991
A. S. C.) made the river famous. But Ca. B. retain the
undeclined form in the gen., instead of the local Pantan
(poem l. c.), and their knowledge seems not to go beyond
common fame.

Ythan caestir, (caestir I).
n. s. Yddan ceaster T. B. = Arch. (O. Ca. defect).
A. S. C. Yttinga forda 906 A. B. C. G. (D. yti-).

Thorpe identifies this with "Ilitchen?". But on the
Chelmer near the junction with the Blackwater (= Pant) is
Ulting, two miles from Langford on the Blackwater. Maldon
is a couple of miles lower down. Utta, Utel, Utol are English
names; see O. E. T Index p. 563. Utlinga is a German
place name, Uoto, Uotila proper names; Graff 1, 53. Y- is
due to i- mutation; the consonant variation is regular also;
cp. set, setl, sedel, seld. Camden identifies it with Maldon,
on ancient authority. Ytingas C. D. 1228 (Kemble S. in E)

Tilaburg, Tillaburg I, II, but one l in both interlined,
Tilaburg Ca., Tilaburgh O., Tfilaburh B. Tulaburh T.
Arch. Tillaburg?
Tilbury.

The spelling of I, II is supported by Tilling(e)ham
C. S. 8, C. D. 957, both favouring a short i. Probably the
Arch had Tilla-. A shortened first l led to the mistakes in
T. B. The double accent over ii is common as in Hii (A.
S. C. and O. E. B.) tiid etc.

in Bercingum (Berc- I), Bericinensis 18, 15; in Bercingum

T. = Arch.; on B. B.; on Beorcengum C ; on Byrcingum O. Ca.; Bercingum Ca. 18. 15.
Barking.
Not in A. S. C. The identification with Berkshire (O. E. T. p. 540) is against B. II. E. IV, 6 and the Charters. Berks in A. S. C. = Bearrucscir, Bearroc, Barruc Beorclea (Ib) is Berkeley. In C. S 81, orig. of 692—3, the name of the monastery is Beddanhaam, with endorsement to bercingon "in a later but early hand" (E. L. C. p. 13). C. S. 87 ("late paper copy"). Berecingas et Beddanham (et = æt), a perverse forgery, cp. C. S. 1288, 1289 (12th c. copy) æt byorcingum, into beorcingum C. S. 1012 (M. E. copy) at Berkinge. C. D. 907 gives similar forms Berc- in Norfolk; Berch- in Suffolk- (Berchcham = Barsham); 1220 Byremære Worc. This last may have suggested O. Ca.'s form. The break in C. has 12th c. support.

CAMBRIDGE.

in regione quae vocatur Elge; ipsa autem regio Elge; est Elge ... regio, 3 exx. 318, 10; 320, 5; 324, 6;

T. 1. lige. 2. elia lond. 3. elia lond
B. 1. ǽl ǽg. 2. eliga land. 3. élig þæt land.
O. 1. hélige. 2. heliga land. 3. helig ealond.
Ca. 1. elige. 2. heliga land. 3. élig þæt land.

Ely.
A. S. C. Elige A. B. C. 673. Helige E. 673. Helig D. Eli F. 673. Ely (sic, Wheelocke) G. 673. Elig, in E. 8, F. 1. In all 9 times in E. twice in C. D. F. once A. B. G) Ælfric, Elig.

Charters, (I) original C. S. 1267 of 970, Elig (capitals), Helig (caps.) Elig; C. D. 759 = E. L. C. 240 of 1038, Elig. (II) later copy of 11th c.? C. D. 722 = E. L. C. 224 of 1015, Helig. (III) date of copy?, East Anglian?, C. S. 1288, 1289 ylig, ælig, (in many words e, æ, y used indifferently) "after 991". (IV) 12th c. C. D. 885 Hely, Ely; 897

Hele. (V) late 12th c. C. D. 725, 904, 907, 932. Ely, Elyensis. C. S. 1265 Ely and Elig. C. D. 711 Elyg.

The name involves ge 'district'; cp. regio in L. B.; but Bede derives it clearly from anguilla + insula (IV, 19). Hence B's. êl æg. In A. S. C. 673 the name is in dat. with æt. Hence Thorpe assumes Elig as nom. But this is not necessary; cp. L. B. with O. E. B. We cannot suppose any scribe to have had local familiarity. It is clear that Elige must have been in the Arch. There was an early variation introduced, which looks like an attempt at a g. p. Finally B. O. Ca. with more or less success adopt the spelling of their day (Elig) and correct the text to suit. The quantity of the first syllable seems certain from the derivation assumed, and from the accentuation both in O. E. B., and A. S. C. 1082. It is however perplexing to find the 2nd syllable also accented in O. E. B. Ms. B., and in A. S. C. E. 1070; this may arise from the assumed etymology, ig, "isle". Has the first syllable anything to do with æl, "eel"? In 8th century and other documents there are to be found old German names alihecauge, ailihecaugia, ailachoga, eilacgawe, elihcavia Graff 1, 235; IV, 275. These all end with gawi = ge 'district'. It is possible that Elige is an old Teutonic, and not a local compound.

 Grantacaestir, Grantacester I, 320, S.
  n. s. Grantacester T. = Arch.? -ceastre O. Ca. to Grantan
   streame B. (who alters and omits considerably, see
  below).
 Grantchester.
A. S. C. Grantebryeg 875 A. G. Grantanbryeg 921 A. G. Grantabricscir 1010 C. D. with other variations in spelling under 875, 1010, 1011.

Ælfric, Grantanceaster, from Bede (Lat.).
Charters, C. S. 1267, "orig." of 970, into Grantanbriege. 1266 Latin version, "doubtful, if authentic" in provincia Grantaceaster. C. D. 907, of Edward the Confessor, many copies, all late, in comitatu Grantecestriae; reference is made to donation in 970. C. S. 872 comitatus Grantebrigiae

(Ingulph). It would seem then as if Grantaceaster was not a name in popular use; in 1266—67 direct reference is made to Bede by name, and 907 is founded on 1266. The stone bridge may date from Roman times, when the town on the left bank was called Camboritum. Coins of Vespasian and later emperors have been discovered there (Encycl. Brit.). "In the 11th century the borough began to expand beyond the narrow Roman limits. A population grew up by degrees on the other side of the river" (Ib.). Grantchester in Bede's time was a decayed, little town (civitatulam quandam desolatam). But the Danes in 875 spent a year at Grantebryeg (A. S. C.), which became a Danish centre (A. S. C. 921), but falling under Edward's power, later made stout opposition to the Danes (921, 1010). B.'s version (O. E. B.) is as follows: comon hi to grantan streame 7 hi sona gemetton be þæs streames weallum þurh. This has an air of local knowledge, but is self-contradictory.

The original account (T. O. Ca. = L. B.) makes the boat start from Ely and arrive at Grantchester, "not very far off" (non procul inde sitam). Ms B. makes the boat start from Ely and arrive at the river Granta. But Ely is on the Granta. B. also has streames weallum, for ceastre w., an awkward substitution to make the context consistent. The confusion arises from the name Grantebryeg, the growing town of the 11th cent., known by report to B., who accordingly omits the notice as to the ruinous condition of place. This half-knowledge is exemplified further in B's. etymological ærl ærg for Elig, noticed above. In fine no Ms of O. E. B. exhibits signs of familiarity with East Anglia, although, as pointed out under cnoferesburg (q. v.), at one period an East Anglian must have revised the original of T. B. For cester, ceastre see under Tunnanceaster.

HERTS.

Herutford, Heorutford I. Herud- II, e over dotted u, i. e. read hered-.

n. Heorotford T. = Arch. Heortford O. Ca. B.

d. Heorotforda C. Heortforda B. Heortfeorda Ca.
Hertford.

A. S. C. Heorotford 673, 913 A. 913 G. Heort- B. C. D.
E. F. (G. 673).

Charters are late copies C. S. 965; C. D. 866. The forms
are discussed under Heoroteu.

 Unetlinga cæstir (cæster I).
 Wæclingaceaster C. Ca. B.
 Saint Albans.

C. D. 696 A. D. 996 æt Ueatlinga c.; C. D. 672 (not genuine)
Wætlinga c.; C. S. 994 on Wætlingan stræte æt Sancte
Albane. Locally Wæt- with t seems preferred; cp. (1) A. S. C.
1013 C. D. E. F. (II) C. S. 986, 1309. But Wæc- C. S.
792 orig. of 944 Northampton, C. S. 1315 (Heming), C. S.
659 Bedford. C. D. 1356 Weac- Northampton; cp. Ueat-
above.

 Uerlamacæstir.
 Werlama ceaster B = Arch. Werlameceaster c. = *Saint
  Albans.*

 Haethfelth, -feld I.
 Hædfeld T. O. Ca. B. — Arch.
 Hatfield.

MIDDLESEX.

(a) Lundonia 3; (b) Lundonia civitas 7; (c) Lundoniensis
 civitas 1; (d) urbs Lundonia 1; (e) Lundoniensis
 (episcopus 1, antistes 1); (f) Lundonienses II, 6; 15
 exx. in all.

(I) Lundenburg C. 1. Ca. 1. B. 2. (II) in Lundenne
 T. O. Ca. B. (-dene), once each. (III) Lundenceaster
 T. 9. C. 3. O. 8. Ca. 10. B. 9 (IV) Lundencester
 Z. 1. (V) Lundenwaran T. C. B. II, 6 (O. Ca. def.).
London.

A. S. C. Lundenburh A. 11; B. 11; C. 15; D. 13; E. 3;
F. 2; G. 12. Lunden A. 3; B. 3; C. 22; D. 28; E. 48;
F. 17; G. 3. Lundenwic E. 1, F. 1 (-da-); with a very few
minor variations. Lunden occurs in A. B. G. 839, 898,
962. But Alfred's age prefers Lundenburh. Lundenware
occurs 616 E., 1016 C. D.
Charters: French C. S. 259 of 790; 494 of 857 have
Lundenwic. Others Lunden, Lundenwic, on Lundenbyrig
etc. The older Ch. are Latin.
(I) C. S. 152 orig. of 734 Lundonia; cp. 265 etc. (II) C. S.
335 of 811 has oppido Lundaniæ vicu; cp. Heming C. S.
189 of 761 Lundenwic, and see 492. (III) on Lundenbyrig
1296, date? once T. R. (also on Lundene). (IV) Lunden tun,
171 of 713 (Heming), once. (V) from 10th c. on, Lunden
is the general English form; C. D. 280, 316, 685, 716,
759, 972 etc. [Lo]nden C. S. 152. "hand of 10th c." should
therefore be [Lu]nden. Lo- is late C. S. 1264; 1277; 1008
(M. E. copy); 34 very late. 1228 do. C. D. 718 forgery;
771 do; 856 very late; 1338 dated 1030—1054. Lo- in
fact is mainly confined to late copies.

The early A. S. C. then prefers Lundenburh, which is
Alfredian. But O. E. B. has Lundenceaster, even where not
influenced by the Latin civitas. York in both O. E B. and
A. S. C. early and late is called ceaster, which would
influence a Northern translator. We may say Alfred or a
Southern would certainly have written Lundenburg, which is
seen stealing into O. E. B.

 Tamensis.
 g. d. Temese T. Z. O. Ca. B. = Arch.
 R. *Thames.*
 Orosius, Temes acc. 238, 22. (Temese Ms C.). C. P.
  Temese d.
A. S. C a. g. d. Temese passim. Temese D. E. Temise
F. 893. But d. Temesan in C. D. E. F. Temese as
nom. E. F. D. (ie). Praef.
Charters, Temese as nom. C. D. *537, as g. d. passim; Temes
. etc., see below.

The form Tamensis in L. B. has no real local support (twice in late forgeries 715, 990). Of the classical forms Tamesis (Caesar), Tamesa (Tac.), the latter is adopted. Tamisa occurs in originals C. S. 81, 111 of 692, 704, both older than L. B. (I) The English Temese is found in full in 25 out of 43 charters, Latin and English; (II) shortened to Temes. C. S. 443 (12th 13th c. copy); C. D. *987; (III) Temis C. D. *26, *29; (IV) variants, Tæmeso C. D 526, 688, *715; (V) Temæse, C. D. *1069, 1156; (VI) Taemise C. D. 179; (VII) with a, Tamese, Tamisia, Tamis, Tamyse, Thamisia, Tamisa, a Tamense (C. S. 48 late forgery), in all 8 examples. The form Thamisia occurs once in C. D. *718 a later forgery, but dated as if early 11th c. This is sole ex. which I have found of Th. Scribe B. of O. E. B. had not much knowledge of London, or the lower Thames as he makes London an "island city" 104, 16. Perhaps he misunderstood the facts given A. S. C. 1016, as to the Danish channel, and the ditch round the city.

OXON.

Civitas quae vocatur Dorcic-; Dorciccaestrae, Dorcicccstre
I. Dorcicæstre N.

d. Dorcotceastre T. 1. = Arch. Dorcet- T. 1. Dorce-, C. 1; Ca. 2; B. 2. Dorce- O. 1 with t erased; O. 1 with two letters erased, the second t.

Dorchester, Oxon.

A. S. C. Dorcesceaster A. G. 636, 639. Dorceceaster A. B. C. D. E. G. Dorke- 635 A. B. C. 636 B. C. 639 C. Dorceeaster G. 635. Dorcaceaster E. Dorkaceaster D. Summary -cec-, -kec-, A. 2. B. 5. C. 5. D. 2. E. 2; -cesc- A. 2. G. 2. both pre-Alfredian.

Ælfric, Dorcanceaster S. 2, 134.

Charters, (I) C. S. 614, contemp. of 904, Dorcecceaster; 912, before 955, æt Dorceastre Myrcunme.

(II) C. D. 691, contemp.? of 995, Dorcocensis; C. D. 698, contemp.? of 997, Dorcensis.

The variations in spelling point back to a form Dorcot-. Doru-, Duro- occur in many names in many places in Celtic Britain, dwr is Celtic = water (Smith. Dict. G. s. v. Durobrivae art. by Latham), Cot- enters into many names in Oxon, Berks and Bucks, Cottsford, Gawcott, Edgcott, Ken-, Kelms-, Rad-, Wood-, Didcot etc. etc. L. B. and C. D. prove that Dorocot without ceaster was the original name. Probably on its being made an episcopal see ceaster was added. In Bk. III. 7, the erection of the see is spoken of (Dorcic); in IV, 23 speaking of the succession, Bede says: in episcopatum Dorciccaestrae. Probably this addition led to the changes in the name. Dorcicæstre (N.) may be an error of the continental scribe. But the assimilation of t to c, the change to s, and final absorption follow the usual course. T. then represents the earliest stage with Dorcot, which probably is due to local knowledge in the translator. But, as A. S. C. and English Charters show, this form early disappeared, and was only retained in the Latin style. T. then in the 10th c. was using a non local form; so was the original scribe of O. B. Ca. show local knowledge. Ælfric's form shows confusion with the Dorset town, Dornaceaster etc. C. S. 410, 451, 716, 718, 719 etc., perhaps also with Wintanceaster.

KENT.

Cantia.
a. and d. Cent. T. C. O. Ca. B. passim Cent T.¹ Cænt T.⁴; Centlond (land) T. 2. C. 1. O. 2. Ca. 2. Z. 1. B. 14. Centrice Ca. Cetrice B. B. once has ceng- with t interlinear.

A. S. C. Cent passim. Cænt D. E. Centland (lond), Kent-, A. B. C. D. E. F.

Orosius, Centlond 238, 19, 20.

Charters, Cent, Kænt.

The forms with land occur 18 times in A. S. C. as against 74 without. -land is found only in four years 457, 676, 994, 1015. In A only in 457, 676. Most charters have Lat. Cantia etc.; I have not found an ex. of Centland. The word is found in Orosius only in one passage. Centland however appears in B. of O. E. B. 14 times, in Ca. twice (see above), while Cent appears in Ca. 22 times, but only 10 times in B. Why this preference? B. has also Tenetland q. v. and Wihtland five times (other Mss. ealond). This use of land seems to have become common about the beginning of the 11th c., and is found in Mss. C. D. of. A. S. C. Englaland in A. S. C. begins after the 10th cent. (not in B), earliest in D. (first hand). But it occurs also in the Laws 10th c. (late). Can the extended use be due to Scandinavian influence? Land is widely used in Icelandic. In any case the usage is not one markedly local to Kent, and B.'s blunders added to this fact exclude him from Kent, (ceng, cetrice; see also above under Cnoferesburg).

PEOPLE OF KENT.

Cantuarii, passim. Doruuernensis 2. Cantia 2.
n. p. Cantware Ca. B. Cantwara O. Ca. B. Contweara T.[5]
g. Cantwara T.[1] T.[3] C. O. Ca. B. Cantwarena C. O. Canwara Ca. Canwarena Ca. Contwara T. O. Ca. Contwarena T. d. Cantwarum O. Ca. B. Contwarum T. C. Canwarum C.
Arch. Contware.

TOWNS etc.

(I) Doruuernis 1; civitas D. 2. (II) Doruuernensis 9; ecclesia D. 1; civitas D. 2. (III) ecclesia Cantuariorum 1.

= *Canterbury*, for which O. E. B. has some case of burh (the nom. does not occur), preceded by (1) contwara, cantwara, (2) -ware, (3) -warena, (4) -weara, (5) canwara.

The decleusion of burg is as follows.

Gen. Burge T. O. Ca B. C. burhge O. Ca. B. Dat. byrig T. O. Ca. B. C. birig B. burhge O. D. or A. burg T. 258, 1.

The usage as to Cont-, Cant-, Can- both with and

without burg is a follows o : a $= \frac{31}{5}$ T.¹, $= \frac{0}{1}$ T.³, $= \frac{1}{0}$ T.⁴, $= \frac{1}{0}$ T.⁵, $= \frac{3}{9}$ C., $= \frac{3}{26}$ O., $= \frac{2}{39}$ Ca., $= \frac{3}{42}$ B.; Can- Ca. 1, C. 2. weara once in O with cant interlined, but Ca. weara only.

In combination with burg is found -wara T. 8, B. 14, O 10, Ca. 10, C. 1; -ware T. 2, B. 1, Ca. 1; -warena T. 2, B. 1, O. 1, Ca. 1, C. 2; -weara O. 1; weara Ca. 1. Canwara Ca. 1, C. 1.

Summary of forms in A. S. C. (N. B. cont- only twice contwara A. 616, contwara burh 851).

I. People (1) -wara n. p. E. twice; (II) -ware n. p. passim, all Mss. D. -waræ 823; (III) centware, centware F. once each; (IV) cantware d. s. = Kent E. 617; (V) cantware, followed by rice, cining, E. 616, F. 616, 673, 694.

II. Town: cantwara b.; cantware b.

ra : re $= \frac{2}{5}$ A., $= \frac{1}{1}$ B., $= \frac{6}{3}$ C., $= \frac{2}{6}$ D., $= \frac{2}{2}$ E., $= \frac{0}{14}$ F., $= \frac{2}{0}$ G.

But F. has cantwar with r final 12 times. [A] has re twice.

Declension of burh, n. a. burh A., burg B. C. D. E. F. G. byrig E., buruh C., byri D. (1050). g. byrig E. byri E., beri F. d. byrig C. D. E. byri A. 1070, berig A. 1070, beri F. Cantuarberiae A. Latin 1079.

The spelling Cantuar- is elsewhere confined to F. Ælfric, Cantwarebyrig. H. 2, 128 bis; S. 1, 436.

Charters. Most use Latin names. Dorobernis etc. out of 67, only 13 have the English name. Of these only three are contemporary, C. S. 330, orig. of 805—810, to Cantuarabyrg. C. D. 722, contemp. of 1015, (E. L. C. p. 224); on cantwarabyrig. C. D. 1327 Cnut, contemp.?, cantrabyrg.

The rest are later copies with these forms, (I) cantware byrig C. D. 685, 742, 929. (II) Cantwarabyrig C. D. 722, 847, 929. (III) Cantorebyrig C. D. 722. (IV) cantwareberig C. D. 742. (V) cantwarbery C. D. 799. (VI) canterber̃ (sic.) C. S. 1012.

I. In O. E. B. Mss. the usage of T. is in strong contrast to the other Mss. (except C.), to the A. S. C. and charters, as regards the nasal a, o.
II. Cantware used to form compounds is not early 10th cent; A. S. C. earliest in B. 754, D. 851. The use in A. S. C. 617 cantware d. s. = Kent is noticeable; as it appears with cining, rice (E. F.), it must be regarded as a true noun. The form -war, so frequent in E., occurs only in the first hand.
III. weara Ca. 260, 11 follows O, the interlineation is probably later than Ca., and the error tends to dissociate both from the locality; contweara is in T. 420. 13; ea is to be regarded as Midland (V. P.) and Northern.
IV. Canw- seems more than a scribal error; see statistics; it is found once in T. also and twice in Ca. with t interlined.

Tanatos.
n. d. Tenet B. Ca. Tenetland B. Tenent O. 56. 28, but Ca. Tenen with t interlined.
Arch. Tenet = *Thanet.*
A. S. C. Tenet A. B. C. D. E. Tenetland 869 C. D. E. F. 980 C. Tænet D.
Charters: Tenid C. S. 45 of 679; Tenet C. S. 780 of 943; Tenyt C. S. 791 of 944, endorsement. Tænet C. S. 880 ("11th c. copy") of 949, also in C. D. 896, time of Edward the Confessor. Tenetland = L. insula Tanatorum in a forged Charter C. D. *715 dated 1006 (many copies).

The usage as to -land has been discussed under Cantia. B finds no support in genuine documents; "insula Tanatorum" has no support in other Charters (14 in all), which mention Thanet. I may add as to land in A. S. C. that it is found in Centland, Tenetland, Wihtland, Portland 983 C., 1052 E., (but Port, 837 A. B. C. D. E.). Englaland; Cumbraland 945, 1000; Cumberland 1000; Nordanhymbra land (Nord-) 876, 895 etc.: see particulars under names in O. E. B. We find land in charters Portland C. D. 891 Edward Conf., 1284 dated 988; Englaland C. D. 896 (Edw. C.). 1341 dated

1061; E. L. C. p. 229 Cnut's manifesto; see also C. D. 853 Edw. Conf.; 1119 (M. E. copy). This shows B. to be 11th c. and non-local. The ignorance of O. Ca. conclusively excludes them from Kent.

Hrofæscaestir, Hrofaescaester 11; civitas Hrofi; Hrofensis; H. civitas, H. ecclesia. In II, 3. = 104, 24 civitas Dorubrevis quam gens Anglorum . . . . Hrofæscæstræ cognominat Here I. has Hrofescaester and II. Hrofaescaestrae.

(I) Hrofes-ceaster T. B. 1, C. 2, O. 8, Ca. 8; (II) Hrofeceaster T.[4] 1, C. 4, O. 2, Ca. 10, B. 13. (III) Hroueceaster B. 3, but only in Table of Contents (Capitula).

A. S. C. has 19 variations: the first part has these forms Hrofes- A. G. 7 (stop 894). B. 5; C. 3; D. 5; E. Hrofe- B. 2; C. 2; D. 6; E. F. Hrof- B. C. 633, 644. (II)roue E. F.; -ceaster etc. in various shapes.

Charters: (I) Hrofes- C. S. 339, A. D. 811; C. S. 558, A. D. 880; and T. R. up to end of 10th c. (II) Hrofe-, 10th c.? T. R. in C. D. 929 (Bp. Godwin ep. A. S. C. 1011). (III) Hroue- C. D. 975 after A. D. 1058 T. R, cp. C. S. 418.

Hence we conclude that Hrofes- is earliest and continuous up to middle of 10th c. and that Hroue- belongs to the middle of 11th c. and thence onwards.

O. has once Hrof- with es, once Hrofe- with s., above. In the first case Ca. has hrofes-, in the second hrofe-.

Clearly T. (Hrofe once only) is most archaic, probably also most remote: O. ranks next. but the scribes waver; C. Ca. prefer the later form. B. has the latest forms almost exclusively, perhaps is nearest in locality. His spelling points decidedly to the 11th century; see above Sæfern.

Clofes hoch, hooh I. II. IV, 5 = 278, 26 n. Clofes hoh T. B. Clofes hooh O. Ca. = Arch. [*Cliff at Hoo.* Thorpe in A. S. C.].

A. S. C. 822 æt Clofes hoo, A. B. D. G., æt Cleofes hóó C.; 742 æt Cloues hou F.

Charters: orig. or contemp. (742—825 A. D.). C. S. 162, 274, 310, 312, 378, Clofeshos, Clobeshoas, Clofeshoas, æt Clofes houm.

The contemporary charters have always the plural. The name is often changed in later copies to Clofeshoh, Clofesho, Clofeshes, and in dative Clobe[s]ham, Clobeshom. Also in 11th—12th c. copies, Cloveshoh, Clovesho. B. T. cites þa hean hos = promuntoria. Kemble, C. D, III, p. XXXI, cites several Pr. Names which are singular. He identifies it with "the word hock, well known in our sporting vocabulary", and considers it, "originally a point of land formed like a heel, or boot, and stretching into the plain, perhaps even into the sea" (Ib). The word hoe is still found in many words, and also itself as P. N.; e. g. the Hoe a high plateau of land running between the inlets of Plymouth Sound along the shore. In C. S. (I) 89, Hogh n. s., in Hoge d. s.; 159 in regione quae vocatur Hohg, gift to Rochester, N. of which lie Hoo, Hoo St. Mary, and Cliffe at Hoo, the place commonly identified with Clofeshooh; (II) 235 æt Criddesho, Worc. near Evesham; (III) 267 æt Caegesho, Herts = Cashiobury; (IV) 1282 in strenges ho, on lindho. of lindho, lands of Pershore, close to a moor; (V) C. D. 663 to Ælfride ho, þanon andlang mores to Tilmundes, þanan andlang mores etc. Sussex, by Chichester. But the word is not confined to the South: "Haugh. flat ground by a river side. Also a hillock. North". Halliwell. (There is some confusion at times with A. S. haga, = "haw"). The identification with Cliff at Hoo is doubtful. Clofes is g. s., as in most other combinations quoted above, nor is it readily reducible to Cliff; again Hogh in Kent is in the singular and name of a district (regio). We should expect to find the sibilant preserved, as in Keysoe (Beds) and Cashio- (Herts), perhaps a form like Closehoe; cp. Rochester = Hrofe-. Cleofeshoo A. S. C. C stands alone.

There is in C. D. 769 æt Clife near Dover: cp. the present St. Margaret at Cliffe. So also in C. S. 227 clifwara gemære (orig. of 778) seemingly in Kent by Rochester; C. S. 402 (late copy), date 832 apud clive, also seemingly in Kent; also cp. C. D. 429. It seems difficult in face of this evidence to admit the identification by Thorpe. The place was likely in Mercia. The local business recorded in the charters is mostly Mercian, or concerns the archbishop (exceptions C. S. 387, 848). At one synod C. S. 379 universi Mercentium principes were present. The extant charters date from 742 (C. S. 162) to 825 (C. S. 387), and thus fall within the Mercian supremacy 685—823, on the other hand the place was selected at the Hertford synod of 670 (B. H. E. IV, 5) for the place of annual meeting. The next recorded synod in 680 was held at Haethfelth, generally identified as Hatfield, Herts. Why not locate Clofeshoh in Herts? Cashio-bury (caegesho) is 12 miles from Hatfield, and exhibits a local -hoh.

Uuantsumu, in II with c interlined over um.
a. Wantsumo O. Ca. = Arch. Wantsama B.
R. Stour.
C. S. 791, contemp.? of 944, on þa ea Wantsume 7 lang Wantsume.
The slight evidence is against B.

Racuulfe.
n. Reaculfe T. C. O. Reaculf Ca. with final c interlined and struck through. Reculf B.
Reculrer.
A. S. C. Reculf A. 669. Racalf B. C. D. E. G. on Raculfe E. F.
Charters: 1. Recuulf 7th c., Kent, C. S. 45, orig.
2. Riculfi n. 8th c., Kent, C. S. 199, orig.
3. Reacolvense adj., 9th c., Kent, C S. 332, orig.
4. æt Ræculfo. 9th c., Mercian, C. S. 384.
5. Raculfinga mearc, 10th c., C. S. 791, ter.
6. Raculfense, 9th c., (endorsed Raculfes 11th c. de Raculf 12th c.), C. S. 949, an 11th c. copy.

All other charters have Rac-, but are late copies. The Latinised Regulbium was early Anglicised, and mutated. The final e, early i, is found in a 13th c. copy, apud Racalfe, see

C. D. 1004, C. S. 173, and E. L. C., p. 408. The form in 10th -11th c. seems Rac.- (A. S. C., and C. D.). Probably Reac- in Arch.

SURREY.

Sudergeona g. p., Sudrioena 1 o above na half erased, one ex.

Sudrigna T. gn interlined; Sudrigena O. Ca. B. *Surrey.*

A. S. C. sud- acc. rige A. B. C. D.; rie G. rig, rege, erege E.; rigan C.; rei F. d. rigum A. B. C. D. E. G.; rigium A. C. G. rigan C. E. rigean D. E. reian, rei F. g. rigea A. B. C.

Charters: original, Sweet O. E. T. 21, 23, in regione sudregie cp. C. S. 421, 838 A. D. C. S. 558 in Sudregum. The other Charters are mostly late copies, as C. S. 275. Mercian, about A. D. 796, which has in regione Suthregeona. C. D. temp. Edw. Conf. Sudrege dat. We may assume an original Suder, Suther, + ge = South district i. e. South of London. The form of g. p. reappears in Eastrgena C. S. 254 orig. cp. Gothic n. p. gaujans = τὸ πλῆοος τῆς περιχώρου, g. p. *gaujono; O. H. G. Sundargouue Graff VI, 258; sudertun C. D. 233 etc. The form in T. is an after thought. The early variation in spelling is seen in L. B. With A. S. C. G. may be compared d. p. sudrian C. D. 715, A. D. 1006; 896, 11th c.; C. S. 627 A. D. 909; also sudrion C. D. 716, about 996; but these four are copies. For ge 'district' see above Lindesse, Elge etc. Thus we have sudgeweore = Southwark, the South fort, and Surrey = the South district adjoining.

Cerotaes ei, id est ceroti insula. Ceortes ei 1.

n. s. Ceortes eig. T. ceortes eg B. ceortes ige O. Ca. A. S. C. d. ceortes ige. A. G. 964. d. ceortes ege E. 1084. d. certes ige D. 964.

C. S. d. ccortesege 558, about 880. The other charters are 12th c. copies or later, but favour eg as local form. C. D. 850, temp. E. C., has eige. This word, or affix, 'isle' varies troublesomely with time and place.

I give the forms in contemporary documents: L. B., A. S. C., charters. In L. B. Mss M. I. II mingle North and South forms — nom. eu, ei, ig, eg. acc. eu. dat. eu, ei, ei. Details under Beardaneu; Cerotes ei; Heruteu; Laestinga eu; Peartaneu; Selses eu. In A. S. C. (all Mss) A. nom. ig; acc. ige; dat. ige, igge, iege, cigge. B. nom. eg; acc. ege; dat. ege, igge. C. nom. ig; acc. ige, igge; dat. ige, igge; D. nom. igge; acc. ige, igge; dat. igge, ige, ege. E. nom. ig; acc. ige, ege; dat. ige, ege, eie. F. dat. ige, ege. G. nom. ig; acc. ige; dat. ige. A. C. G. exclude ege; proportion of ig: eg = $\frac{3}{4}$ B.; $\frac{9}{7}$ D.; $\frac{5}{6}$ E.; $\frac{3}{1}$ F.; dat. eie E. twice; iege only A. 873. eg in D first hand only twice; Olanege only ex. in C. Rumenca E. F. Pefenes -æ, Pefenes ea in E. Peuenesca C. F. E. Pefnesea D. Pefenasæ C.

Contemporary Charters up to the end of the 10th c.

I. N. eah, ae, ea. D. aea, æa. C. S. 45, 335, 341, 348, 353, all Kentish; ae in Limingae = ge O. E. T. ch. 5, see above under Laestinge. Bollan ea C. S. 144, Sussex, may be = 'water'; but Bolney is a modern Sussex name 7 m. S. E. of Horsham. (For ea = 'water', see below. In L. B. Homelea is R. Hamble.) At present the R. Adur parts off the East and West Sussex dialects, the latter approximating that of Hants. Bolney and Pevensey are east of the line. Cp. Latham Engl. Lang. § 321. We may fairly group these then with Kentish names.

II. N. eg, ei. A. eige. G. egi. D. ege, eige. C. S. 50, 82. 312, 558, 1040, 1267, 1282, 1334, Surrey, Sussex, Worcester, Hereford, Bedford.

III. N. ig C. S. 1347 Æthelig? cp. 999 æt Helig. D. ige. C. S. 748; Wilts.

1. ea in later charters = 'isle'; C. S. 268 (Ingulph) Berdea; see above Beardaneu; C. S. 1052 fulan ea, may mean 'stagnant water' (borders of Lincoln and Yorks.); but 1230 (Oxon) we have fulan yge. The meaning 'water' is certain in C. S. 22 per unam pulcram aquam Bradanea: cp. above Bollan ea. The form -eia frequent in later charters is a Latinised, eg, ig. e. g. Rameseia or Ramesige, C. D. 1331, 581 and in many charters. C. S. 268, C. D. III p. 48 both refer to Lincoln.

2. eg in later copies of charters is found in Worc., Glouc., Northamp., Hunts, Cam., Middlesex, Essex, Oxon, Berks?, Hants, Surrey, Kent.

3. ig later, passim in C. D.; but Kentish ea retains its place e. g. Gravenea.

For "island" V. P. has ealond (eo-); so also North. But igland etc. (ieg- -eg-) is Saxon. When then O. E. B. shows for L. B. eu the form ea, it follows that the scribe employs a forms distinctly not West Saxon. Cp. Cosijn A. W. S. Gr. 1, p. 110. The general use therefore of ea, ealond in all O. E. B. Mss is a proof that the archetype of the translation was not West Saxon. The occasional introduction of igland in B is a proof of Southern admixture. The earliest Kent charters are A. D. 679, 811, 812, 814. We may say then that in the 8th century we have contemporary forms, (1) eu in the North, (2) ea Midland and Kentish, (3) ei, ig, eg in the South. The only Southern form in the Moore Ms is Cerotaes ei, which, as M. is Northern, proves the rule. The O. E. B. Mss follow the Moore Ms in so far that, except in Chertsey, they replace eu by ea. The Southern forms are noticeable in the erroneous Lindesiglaude of B, etc. (see under Lindesse), and the blunder Glæstinga igge; see Læstinga ea. B.'s ceortes eg seems locally correct, but he misinterprets the text by assuming that L. B. describes two monasteries on the spot. The monastery had indeed a double dedication, sub nomine sanctae Trinitatis et beati Petri C. D. 318. Hence B's. error, who can only have known the place from hearsay. T's eig may be archetypal. The form ige in O. Ca. keeps to A. S. C. spelling, as in A., G., D. (Worc.).

SUSSEX.

Selæs eu. Sæles eu M. Seles eu I. Selaes ei II.
Seles ea C. O. Ca. Syles ea O. Ca. Seolesig B. æt Seolesigge B. Arch. Seles ea = *Selsey.*
A. S. C. æt Seoles igge 980 C.
Charters: (I) C. S. 1334, orig. of 780, Sioles aci; (II) C. S. 312, orig. of 803, Selesegi; (III) 11th c. copy of 312, Scolesegiæ; (IV) later copy Seolosegie.

(1) Other late copies of Charters give Seolesige C. S. 64, 134; Selesegh C. S. 302, 387; Selescie, Selesie C. S. 997; Selesey C. S. 237, 262. (2) Also in the Codex Wintoniensis, local for Hants, of 12th c., we find Sioluc ham, C. D. 673. Scolescumb Seolesburnan, sceolles uuille, C. S. 741, 408 etc. (3) Sceolles ealdeotan C. D. 792 in Berks. (4) Selesdun, C. S. 558 (Duke Alfred's will) is in Surrey. (5) Sylweg by Witleah 8 miles N. W. of Worcester C. S. 219; C. D. 1369; close are modern Shelsey Walsh, Shelsey Beauchamp. These widespread approximations, particularly the local repetitions in Hants, throw a doubt on Bede's derivation = insula vituli marini. Of course sc- = modern sh- regularly. Sioles is the oldest local form, 8th c. grant by dux Suth Saxonum. Seles occurs in a Mercian document. Seoles prevails is later copies of 11th—12th c., and being local in Hants, may be accepted as the true local spelling. Hence B alone is local of O. E. B. Mss. But the form ea, as I have shown, is not West Saxon nor attested by any Charter. We must exclude therefore the Archetype and C. O. Ca. from the locality. Sylweg points to an assimilation by O. Ca. to Worc. forms. Very notable is B's. variation æt Scolesigge, a departure from the L. B. and from the Arch. in 448, 17, but an approximation to A. S. C. Ms C. (Abingdon). Both texts refer to the Sussex bishopric. Now in another passage, also relating to the bishopric, B. alters the text, by reading *sohton*, to suit the circumstances of the day. The first mention of a 'Sussex'

bishop, as such, is in the passage of the A. S. C. 1038 just cited. Further examples of B's. local knowledge are given above under Tine, and below under Meanware, and Winchester.

Bosanhamm, Bosanham I. II.
Bosanham T. C. O. Ca., Bosanhamm B = Arch?
Bosham.

A. S. C. Bosanham C. D., Bosenham E. F. Bosan- is local: cp. Bosanhangran Hants C. S. 763. The double consonant mm is common in -ham, as in A. S. C. 879 Fullanhamme; and locally in C. S. 763 ydeles hammas.

HANTS.

Civitas Uenta, quae a gente Saxonum Uintan cæstir appellatur. Uintacæstir I.
Civitas Ventana. Ventanus adj. = *Winchester.*
O. E. B. has 6 exx. g. d. Wintanceastre = Arch. C. 4, O. 3, Ca. 4; Wintonceastre Ca. 1; Wintaceastre T. 2, O. 1, Ca. 1; Wintceastre B. 6. But O has winc- twice with tan above, winte- once with a above.

A. S. C. forms: wintan- A. 10, B. 10, C. 8, D. 8; E. 8; F. 3; G. 10; winta- A. 1; D. 1; winte- A. 3, C. 3; G. 2; wint- B. 1; win- C. 2, D. 2, E. 2, F. 5 -ccster C. 1, F. 1, G. 2; -caster D. 1; ceaster passim; false forms Pæntan (i. e. wentan) D. 731; Wiltun D. 897.

Charters: Ninety or more have some form of the name; most are copies, Cod. Wint. 12th c. But 13 or 14 Latin are contemporary and give Wintana, -ia, -iensis usually, weutana, wentonia, wintoniensis very rarely. English contemporary charters (C. S. 478, 630, 678, 702?), give winta- A. D. 854; wintan- 909; winte- 931, 934. English copies as a rule give wintan- to the end of 10th c., passim; winta- rarely; winte- 10th c.; win- middle of 11th c. Of win- Cod. Wint. has 20 exx. of 11th c. The same Cod. W. exhibits also winti- wintæ-, wynch-.

Ælfric has Wintanceaster S. 2. 134; Winceaster S. 1, 442. 454, 464, 466 bis, Wynceaster S. 1, 448, 452.

If we combine A. S. C., Charters and Ælfric, we arrive at these results. Wintan- is earliest and survives into 12th c. as a literary form. Winta- is rare. Winte- begins in A. S. C. in 897, and is found during the 10th c. in A. S. C. and Charters, surviving in Ms. C. in 11th c. Wint- is a form in A. S. C. B. Win- comes in with 11th c.; twice in D. first hand; also in Ælfric; finally prevailing in F. Therefore in O. E. B. Ms. T. with Winta- is non local. So are C. Ca. O shows a half knowledge, obliterated by the corrector. B. is consistent throughout and shows an approximation to the Abingdon Ms. C. of A. S. C. His knowledge is local.

ad Lapidem.
æt Stane T. O. Ca. B. = Arch. = *Stoneham.*

The place adjoined the landing point from the Isle of Wight. This corresponds to C. D. Stanham 712, 713, 714. The elaborate explanations in O. E. B. seo is geceged .... in sume stowe seo is nemned, 308, 11 are hardly in the tone of one familiar with the spot.

Hreutford M., Hreoutford I, Hreut- H. with od interlined and dots under ut.
Hreodford T. O. Ca. B. = Arch. = *Redbridge.*

The identification seems clear from in C. S. 926 orig., reproduced in later form in C. D. 781, to mylebroce ærest of hreodbriege on tærstan stream .... on þæs cynges stæd ... on hamtune. The place is on R. Test five miles from Stoneham, and 3 miles from Southampton.

Soluente, u dotted in H.
Soluente T. = Arch., Solwente B., Soluente O. with u erased, Solente Ca. C.
Solent.
Charters only C. W. copies in C. D. 626, 1163 (12th c.) Solentan d.

Clearly the Archetype had Solu-. The erasure in O. probably preceded the transcription by Ca. We can therefore draw no conclusions, as to their knowledge. C. had knowledge

The Solent in Charters includes Southampton Water, C. S. 685. Now sal- = 'dark', 'foul'; hence selian, sylian 'befoul'; sol, sola, = 'mire', 'puddle', 'pond'. The u is generally dropt in compounds, but C. S. 455 gives Heortsolwe. Solwy = 'dirty' (B. T.).

    Vecta insula (9); insula Vecta (2) = 306, 19; 308, 19.
    n. Wiht O. Ca. B. Wihte T. C. once.
    a. Wiht T. O. Ca. B. Wyht O. once, C. once. Wihte Ca. once. g. Wihte C. Ca. B. once. n. a. Wihtland B. 5. Wihtsæte 308, 29 B.

Arch. Wiht = *Wight*.
A. S. C. Wiht, acc. Wihte, Wicht, A. 534, 686.

    In 19 years wiht generally; wihte ealand 530, 534; wiht þæt ealand F. 530, 534 (E has land). But Wihtland in a group of years 988—1022 C. D F. In O. E. B. if we omit Ms. B., we find W. þæt ealond 7 times. þ. e. W. 20, 6; 30, 26; W. e. 6, 10; 302, 6. It follows that W. þ. e. is the form preferred by the translator, as in Farne þæt ealond, which is always used, even against the Latin. The usage of B. has been noticed under Cent. Ælfric has also Wihtland, a fact supporting the argument as to 11th c. usage.

    Victuarii, once.
    n. p. Wihtsætan Ca. B. once = Arch. But B. has in 308, 29 Wiht sæte 7 (i. e. sæte ond) for Wiht þæt ealond.

A. S. C. Wihtware.

    -ware seems local, and Jutish; cp. Meanware, Cantware, Clifwara, Kent, C. S. 277; also Tenetware, Kent, C. S. 1212; Mersware, Kent, C. S. 214; cp. burhwara twice in 1212, which word is also Northern (Bouterwek). Sætas is Saxon but also Northern.

    Meanuarorum provincia 302, 6.
    Meanware mægðe T. C. O. (-ra Ca) = Arch. Meonware m. B.
    Meon.

Charters, Meonware. The name Meon is the local form in all charters, except once Mene in the forged Latin C. D. 1067 taken from C. D. 314 = C. S. 553 (K. Alfred's will, copy about 1028—32). There are about a dozen charters nearly all from Cod. Win, of which earliest is C. S. 258 of 790 (copy). C. S. 258 is from Cott. Claud. VI, also 12th c. Ms. B. is therefore alone local. But B. also has an emphatic variation of the text: M. mægđe þæt is on westscaxena mægđe 7 þeode (T. O. Ca. C. agree with L. B. in omitting þæt is, and mægđe 7). Now the Meon district is on the borders of Sussex, and in the same passage (300, 30), there is a significant omission of the words seo ... Westscaxna, which place Sussex outside Wessex. But Sussex had become a shire of Wessex, (Green Conquest of England p. 234). B. has made other alterations, exhibiting the same tendency to exalt Wessex, e. g. in 166, 26, instead of calling Wessex 'remote' (Lat intimis = 'fyrrestan), he calls it 'first' (fyrstan). He rightly enough alters into Wes(t)seaxna in 168, 35, but blunderingly in 248, 17. The local identification of this scribe is complete see under Seles ea etc.

WILTS.

Maildulfi urbs, once.
Maldulfes burgh O. C. = Arch., Maldmes burh Ca.
Aldelmes burh B.
Malmesbury.
A. S. C. Ealdelmesbyrig 1015 C. D. — Mealdelmes byri(g) E. F.

Kemble in C. D. gives 24 charters relating to this place, of which he marks 16 as forgeries. C. S. has others also; see especially Nos. 105, grant by Pope Sergius, Latin from William of Malmesbury, and 106 = Anglosaxon version of 105, 'from Ms. Cott. Otho C. I Gospels, tenth century'. (But is the version 10th c.?). The place is associated (I) with Maildulf, a 'Scot', as founder; (II) with Meldum as founder, C. S.

105; but the A. Saxon 106 has æt Meldum; (III) with Aldelm as abbot, about 700 A. D. Hence a profusion and confusion of names, due in part to the literary forger. Those that have ancient authority are the following: (1) Maildulfi urbs L. Bede. Hence Maldubiensis, Macldubesburg, Maldubesberg, Malduberi, Maelduburi in a 14th c. chartulary. But C, S. 569 from W. of M. has the earlier forms Maildubiensis, Mailduberi; (2) Meldumesburg C. S. 105, Maldumes buruh, Mealdumes byrig C. S. 106. Hence Maeldumesburg, Mealdumesburg, Maldumesburg, Meldunesburg, Meldunensburg, Maeldunesburg, Meldunensis, Meldunesburgensis, Maldunensis, all in the 14th century chartulary; (3) Ealdelmesburh A. S. C. Mss. C. D. Hence in Ms. F. I. Corpus Coll. Cam. (Wanley), a book of the monastery is called Aldhelm's book, and the theft of it is a theft from Aldhelm; (4) Then by 'contamination', in A. S. C. E. F. Mealdelmes byrig, and in Cod. Wint. C. D. 593 Mealdælmes byrig.

The form in O. C. of O. E. B. reproduces the Latin Bede. T. is here defective. Ms. B. has an ecclesiastical or literary name, really only applicable to the monastery, but as in so many other instances agreeing with A. S. C. Mss. C. D. Of all Ca. alone has the true local name Maldmes burh, which in the 14th c. is further cut down to Malmesburg C. D. 271 = C. S. 470. Consequently Ca. gives us the earliest record of the abiding local name, if we except C. S. 106. The Charters except C. S. 106, and C. D. 54, 593 all come from a chartulary of Rich. II's reign. (C. D. VI, p. XX); or else from William of M. 11th – 12th c.

We may confidently therefore exclude all O. E. B. Mss., except Ca. from the neighbourhood, while on the other hand Ca.'s affinities, from the Oxford Dorchester through the Hwiccas country and up into Worcester, point to Malmesbury as his local centre.

QUELLEN UND FORSCHUNGEN
ZUR
SPRACH- UND CULTURGESCHICHTE
DER GERMANISCHEN VÖLKER.

HERAUSGEGEBEN VON
A. BRANDL, E. MARTIN, E. SCHMIDT.
79. HEFT.

DIE
FRÜHZEIT DES DEUTSCHEN MINNESANGS.

VON

EUGEN JOSEPH.

I.

DIE LIEDER DES KÜRENBERGERS.

STRASSBURG.
KARL J. TRÜBNER.
1896.

Verlag von KARL J. TRÜBNER in Strassburg.

QUELLEN UND FORSCHUNGEN
zur
SPRACH- UND CULTURGESCHICHTE
DER GERMANISCHEN VÖLKER.
HERAUSGEGEBEN VON
A. BRANDL, ERNST MARTIN, E. SCHMIDT.

1.–79. Heft. 1874–1896. Mk. 295.40.

I. Geistliche Poeten der deutschen Kaiserzeit. Studien von Wilhelm Scherer. I. Zu Genesis und Exodus. ℳ 2. —
II. Ungedruckte Briefe von und an Johann Georg Jacobi, mit einem Abrisse seines Lebens und seiner Dichtung hrsg. v. Ernst Martin. ℳ 2. 40
III. Ueber die Sanctgallischen Sprachdenkmäler bis zum Tode Karls des Grossen. Von R. Henning. ℳ 4. —
IV. Reinmar von Hagenau und Heinrich von Rugge. Eine literarhistorische Untersuchung von Erich Schmidt. ℳ 3. 60
V. Die Vorreden Friedrichs des Grossen zur Histoire de mon temps. Von Wilhelm Wiegand. ℳ 2. —
VI. Strassburgs Blüte und die volkswirthschaftliche Revolution im XIII. Jahrhundert von Gustav Schmoller. ℳ 1. —
VII. Geistliche Poeten der deutschen Kaiserzeit. Studien von W. Scherer. II. Heft. Drei Sammlungen geistlicher Gedichte. ℳ 2. 40
VIII. Ecbasis captivi, das älteste Thierepos des Mittelalters. Herausgegeben von Ernst Voigt. ℳ 4. —
IX. Ueber Ulrich von Lichtenstein. Historische und litterarische Untersuchungen von Karl Knorr. ℳ 2. 40
X. Ueber den Stil der altgerman. Poesie von Rich. Heinzel. ℳ 1. 60
XI. Strassburg zur Zeit der Zunftkämpfe und die Reform seiner Verfassung und Verwaltung im XV. Jahrhundert von Gustav Schmoller. Mit einem Anhang: enthaltend die Reformation der Stadtordnung von 1405 und die Ordnung der Fünfzehner von 1433. ℳ 3. —
XII. Geschichte der deutschen Dichtung im XI. und XII. Jahrhundert. Von Wilhelm Scherer. ℳ 8. 50
XIII. Die Nominalsuffixe a und â in den germanischen Sprachen. Von Heinrich Zimmer. ℳ 7. —
XIV. Der Marner. Herausg. von Philipp Strauch. ℳ 4. —
XV. Ueber den Mönch von Heilsbronn. Von Albrecht Wagner. ℳ 2. —
XVI. King Horn. Untersuchungen zur mittelenglischen Sprach- u. Litteraturgeschichte von Theod. Wissmann. ℳ 3. —
XVII. Karl Ruckstuhl. Ein Beitrag zur Goethe-Litteratur v. L. Hirzel. ℳ 1. —
XVIII. Flandrijs. Fragmente eines mittelniederländischen Rittergedichtes. Zum ersten Male herausgegeben von Johannes Franck. ℳ 4. —
XIX. Eilhart von Oberge. Zum ersten Male hrsg. v. F. Lichtenstein. ℳ 14. —
XX. Englische Alexius-Legenden aus dem XIV. und XV. Jahrh. Herausg. von J. Schipper. 1: Version I. ℳ 2. 50
XXI. Die Anfänge des Prosaromans in Deutschland und Jörg Wickram von Colmar. Eine Kritik von Wilh. Scherer. ℳ 2. 50
XXII. Ludwig Philipp Hahn. Ein Beitrag zur Charakteristik der Sturm- und Drangzeit von Rich. Maria Werner. ℳ 3. —
XXIII. Leibniz und Schottelius. Die Unvorgreiflichen Gedanken. Untersucht und hrsg. von August Schmarsow. ℳ 2. —
XXIV. Die Handschriften u. Quellen Willirams. v. Josef Seemüller. ℳ 2. 50
XXV. Kleinere lateinische Denkmäler der Thiersage aus dem XII. bis XIV. Jahrhundert. Herausgegeben von E. Voigt. ℳ 4. 50
XXVI. Die Offenbarungen der Adelheid Langmann hrsg. v. Ph. Strauch. ℳ 4. —
XXVII. Ueber einige Fälle des Conjunctivs im Mittelhochdeutschen. Ein Beitrag zur Syntax des zusammengesetzten Satzes. V. Ludw. Bock. ℳ 1, 50
XXVIII. Willirams deutsche Paraphrase des hohen Liedes. Mit Einleitung und Glossar herausgegeben von Joseph Seemüller. ℳ 3. —
XXIX. Die Quellen von Notkers Psalmen. Zusammengest. v. E. Henrici. ℳ 8. —

QUELLEN UND FORSCHUNGEN

ZUR

SPRACH- UND CULTURGESCHICHTE

DER

GERMANISCHEN VÖLKER.

HERAUSGEGEBEN

VON

ALOIS BRANDL, ERNST MARTIN, ERICH SCHMIDT.

LXXIX.

DIE FRÜHZEIT DES DEUTSCHEN MINNESANGS. I. DIE LIEDER DES KÜRENBERGERS

STRASSBURG.
KARL J. TRÜBNER.
1896.

Die
Frühzeit des deutschen Minnesangs.

von

Eugen Joseph.

I.
Die Lieder des Kürenbergers.

STRASSBURG.
KARL J. TRÜBNER.
1896.

VORWORT.

Durch ein Kolleg, das ich im Wintersemester 1894/95 über die Anfänge des deutschen Minnesangs las, wurde ich veranlasst, den Kürenbergfragen selbständig näher zu treten und dabei zu Ergebnissen geführt, die ich in diesem Heft vorlege. Ein zweites umfangreicheres soll dem ersten auf dem Fuss folgen. In ihm erstreckt sich die Untersuchung von den neu gewonnenen Ausgangspunkten aus auf die ganze Frühzeit unsres Minnesangs, d. h. auf die Poesie, die in den Nummern I—IX der Sammlung von Lachmann-Haupt 'Des Minnesangs Frühling' enthalten ist: ich bemühe mich, die vielumstrittenen Fragen der vorlitterarischen Lyrik wie der Liederromane zu klären und tiefer, als es bisher gelungen, in die älteste Geschichte des Wechselgesangs und die Technik des mehrstrophigen Lieds einzudringen, und schliesse mit einem kurzen Gesamtbild der Periode ab.

Strassburg i. E., im April 1896.

Eugen Joseph.

INHALT.

	Seite
VORWORT	V
EINLEITUNG	1
ERSTES KAPITEL. DIE ERKLÄRUNG DER KÜRENBERGLIEDER	4
1. Die inneren Beziehungen zwischen den Frauen- und Mannesstrophen	4
2. Die äussere Bestätigung dieses Verhältnisses	24
ZWEITES KAPITEL. DIE FRAGE DER AUTORSCHAFT	30
1. Text der erschlossenen Handschrift	30
2. Die Einheit der einzelnen Gesänge	33
3. Die Einheit der ganzen ursprünglichen Sammlung	38
4. Die Herkunft ihrer unechten Bestandteile	45
5. Die Benennung Kürenberges wise	52
DRITTES KAPITEL. ZUR RÄUMLICHEN UND ZEITLICHEN UMGRENZUNG DES DICHTERS	59
1. Zur räumlichen	59
2. Zur zeitlichen	65
SCHLUSS	76
ANHANG	77
I. Fortleben der alten Reimtechnik in der Kürenbergweise der neueren Volkslieder	77
II. Kritik der Hypothese, dass Heinrich VII. der Verfasser der unter Kaiser Heinrich überlieferten Lieder sei	79
III. Die neueste Deutung des Falkenlieds	84

EINLEITUNG.

Paul glaubte schon in seinen kritischen Beiträgen zu den Minnesingern[1] sich entschuldigen zu müssen, dass er noch einmal das Wort zum Kürenberger nehme. Seitdem sind zwanzig Jahre verflossen, die Diskussion um den Kürenberger ist aber bis heute lebendig geblieben. Freilich für die Hypothese, dass dieser Mann der Dichter unsres Nibelungenepos sei, erhebt sich selbst in ihrem Heimatlande Österreich nur noch zuweilen eine Stimme der Wissenschaft[2].

---

[1] Paul und Braune, Beiträge zur Geschichte der deutschen Sprache und Literatur 2, Seite 406—418.

[2] So schrieb Max Ortner das seinen Oberösterreichern gewidmete Erstlingswerk Reimar der Alte. Die Nibelungen (Wien 1887), um 'den Kürnberger als den Schöpfer des Nibelungenliedes seinem teueren Heimatlande und seiner Nation endgiltig zurückzuerobern'. Ausserhalb der Wissenschaft findet die von Pfeiffer ins Leben gerufene Hypothese in ihrem Heimatlande noch weit verbreiteten Glauben. 'Dem grossen gebildeten Publikum zumal in Österreich gilt er [der Kürenberger] aber als der Sänger des Nibelungenliedes, der um das Jahr 1140 auf dem Kirnberge bei Linz im dichten Forste gehaust haben soll' sagt Strnadt, Der Kirnberg bei Linz und der Kürenberg-Mythus (Linz 1889), Seite 5. Strnadt selber ist andrer Meinung und der stud. phil. J. Hurch redet ihm daher in seiner Schrift Zur Kritik des Kürenbergers (Linz 1889) mit folgendem Schlusswort landsmännisch ins Gewissen: 'Man wird sich also schon bequemen müssen zu dem „Österreichertum" des Kürenbergers und eventuellen Dichters des Nibelungenliedes zurückzukehren; wir aber werden es stets bedauern, dass Strnadt seinem dreiunddreissigjährigen Wirken eine solche Krone aufgesetzt hat. Einen derartigen Mangel an Objectivität und Aufrichtigkeit hätten wir von Strnadt nie erwartet.' Im innern Deutschland findet der Kürenberger als Nibelungendichter seinen neuesten germanistischen Gönner in Friedrich Pfaff, vergleiche seine Bemerkungen in der Zeitschrift der Gesell-

Heute handelt es sich fast ausschliesslich um die Autorfrage der fünfzehn Strophen, die sich in der grossen Heidelberger Liederhandschrift unter dem Namen des *von Kürenberc* überliefert finden. Sie wurde zuerst von Lachmann aufgeworfen [1]. Er scheint für sicher angesehen zu haben, was Haupt [2] vorsichtiger nur als möglich hinstellte, nämlich dass der überlieferte Dichtername allein aus der Strophe 8,3, in der der Ausdruck *in Kürenberges wîse* vorkommt, gefolgert sei. Er stellte aber auch zugleich eine positive Meinung über die Herkunft jener Strophen auf, indem er sie als Volkslieder bezeichnete. In diesem hingeworfenen Worte Lachmanns sind eigentlich alle die Probleme im Kern enthalten, die uns heute noch an den Kürenbergliedern beschäftigen.

Scherer war der erste, der die angeregten Fragen aufgriff, um sie zum Gegenstand eingehender und umfassender wissenschaftlicher Erörterung zu machen [3]. Er suchte die äussere Beglaubigung des überlieferten Dichternamens zu erschüttern und zugleich aus dem innern Charakter der Lieder zu erweisen, dass sie keines einheitlichen Ursprungs sein könnten. Er kam zu dem Resultat: die *Kürenberges wîse* sei eine nach ihrem Erfinder benannte Melodie, die kurz vor 1175 zu lyrischem Gebrauch entstanden sei, im Adel Österreichs bald allgemeine Verwendung gefunden, ja eine Zeitlang den Herren und Damen dieser Kreise die übliche Form geboten habe, ihren Augenblicksstimmungen dichterischen Ausdruck zu leihen. Unsere Lieder aber seien

schaft für Beförderung der Geschichts-, Altertums- und Volkskunde von Freiburg, dem Breisgau und den angrenzenden Landschaften 8, Seite 119 und 9, Seite 106.

[1] Zu den Nibelungen, Seite 5.
[2] Des Minnesangs Frühling³, Seite 230.
[3] Speziell in seinem Aufsatz Der Kürenberger, Zeitschrift für deutsches Alterthum 17, Seite 561—581. Sonstige Äusserungen Scherers über den Kürenberger finden sich: Preussische Jahrbücher 16, Seite 267 f. (= Vorträge und Aufsätze Seite 117 ff.); Deutsche Studien 1, Seite 51 ff.; Preussische Jahrbücher 31, Seite 489 (= Kleine Schriften 2, Seite 10 f.); Deutsche Studien 2, Seite 16 ff.; 78 ff.; Zeitschrift für deutsches Alterthum 18, Seite 150 f.; Quellen und Forschungen 12, Seite 70 ff. Geschichte der deutschen Litteratur, Seite 202 f.

als die letzten Ausläufer dieser weit verbreiteten Poesie anzusehen und gehörten in dieselbe Zeit, in der der epische Volksgesang sich die beliebte Strophe anzueignen begann. Dass sich in dieser an den österreichischen Höfen plötzlich ein so reicher Trieb der Augenblickslyrik entfaltete, erklärte er daraus, dass die Fähigkeit zu improvisieren von Alters her in den höheren wie niederen Schichten des Volkes heimisch gewesen sei. Hierin traf er mit einer Anschauung überein, der Müllenhoff in der Erörterung der Begriffe winnasang und winnileod [1] und noch bestimmter in der zweiten Auflage der Denkmäler [2], wo er auch auf unsre Lieder hinwies, Ausdruck gegeben hatte.

Die Kürenberg-Literatur der Folgezeit knüpft durchweg an Scherer an, sei es um ihn zu bekämpfen oder seine Ergebnisse zu bekräftigen. Einen neuen Anstoss erhielt die Diskussion durch Wilmanns. Er bestritt, dass es vor dem höfischen Minnesang eine nennenswerte Liebeslyrik einheimischen Ursprungs gegeben habe und lehnte von dieser Basis aus Scherers Resultate ab [3]. Seitdem blieb die Frage der Kürenberg-Lieder mit der prinzipiellen Erörterung über die Entstehung unserer Liebeslyrik eng verbunden [4].

[1] Zeitschrift für deutsches Alterthum 9, Seite 128 f.
[2] Müllenhoff und Scherer, Denkmäler deutscher Poesie und Prosa aus dem VIII–XII. Jahrhundert, Seite 363 f. (in der dritten von Steinmeyer besorgten Auflage 2, Seite 154 f.)
[3] Zuerst im Anzeiger für deutsches Alterthum 7, Seite 261 ff.; dann in seinem Leben Walthers von der Vogelweide, Seite 16 ff., 26 ff.; vergleiche ferner seine Beiträge zur Geschichte der älteren deutschen Literatur 4, Seite 88 ff.
[4] Vergleiche insbesondere: Becker, Der altheimische Minnesang (1882); Burdach, Das volkstümliche deutsche Liebeslied, Zeitschrift für deutsches Alterthum 27; Meyer, Alte deutsche Volksliedchen, Zeitschrift für deutsches Alterthum 29; Berger, Die volkstümlichen Grundlagen des Minnesangs, Zeitschrift für deutsche Philologie 19; Brachmann, Zu den Minnesängern Germania 31; Walter, Über den Ursprung des höfischen Minnesanges und sein Verhältnis zur Volksdichtung, Germania 34; Jeanroy, Les origines de la poésie lyrique en France au moyen-âge (1889); Pralle, Die Frauenstrophen im ältesten deutschen Minnesang (1892); Kögel, Geschichte der deutschen Litteratur bis zum Ausgange des Mittelalters 1,1 (1894), Seite 63.

ERSTES KAPITEL.
DIE ERKLÄRUNG DER LIEDER.

1.

Es fehlt der bisherigen Betrachtung, die den Kürenbergliedern gilt, die gesicherte philologische Grundlage. Denn die Fragen, die die eigentümliche Ordnung ihrer Überlieferung stellt, können noch nicht als gelöst betrachtet werden. Es sind in der Sammlung, die auf uns gekommen ist, zwei Töne vertreten, die eigentliche Kürenbergweise mit dreizehn Strophen, eine Variation derselben mit zwei Strophen. Die Sammlung ist nun zunächst nach diesen Tönen so geordnet, dass die beiden Strophen der Variation den Anfang machen und die Strophen der eigentlichen Kürenbergweise als zweiter Ton folgen. Innerhalb des zweiten Tons aber sind dann wieder zwei Gruppen gebildet, indem sich einerseits die Frauen-, andrerseits die Mannesstrophen zusammengestellt finden. Nur dass die Frauengruppe an der dritten Stelle durch eine dialogische Strophe unterbrochen ist. Das Gesamtbild ist also folgendes:

I. die beiden Strophen des ersten Tons 7,1. 7,10[1].

II. die dreizehn Strophen des zweiten Tons 7,19—10,17; enthaltend

---

[1] Ich zitiere, wenn nichts anderes bemerkt ist, stets nach Lachmann und Haupt, Des Minnesangs Frühling.

a) eine Gruppe von Frauenstrophen 7,19. 8,1. 8,17. 8,25. 8,33. 9,5. 9,13 mit der unterbrechenden dialogischen Strophe 8,9.
b) eine Gruppe von Mannesstrophen 9,21. 9,29. 10,1. 10,9. 10,17.

Schon der erste kritische Herausgeber, Wilhelm Wackernagel [1], betrachtete diese Anordnung als unursprünglich. Er unternahm eine eingreifende Umordnung, bei der ihn vermeintliche innere Zusammenhänge leiteten. Seinem Versuch nahe steht die Herstellung Simrocks, die Vollmöller im Anhang seiner Schrift [2] mitteilte. Dagegen wollte Zupitza [3] Zusammenhänge entdecken, die ihn zu wesentlich anderen Resultaten führten. Alle drei Kritiker aber legten so subjektive Massstäbe an, dass ihnen ihre Versuche kaum mehr als ihren eigenen Beifall einbringen konnten.

Auch Scherer ging der Frage der Überlieferung nicht aus dem Wege. Aber ihr auf Grund innerer Zusammenhänge beizukommen, lag für ihn — sehr im Gegensatz zu seiner sonst geübten Methode — hier von vornherein ausgeschlossen. Es verbot seine Theorie, nach der die Sammlung ja aus zufällig aufgerafften Stücken der verschiedensten anonymen Autoren und Autorinnen entstanden war. Er nahm seinerseits nur an der dialogischen Strophe Anstoss [4], weil sie nicht bloss die Frauengruppe unterbrach, sondern zugleich auffällig mit ihren Anfangsversen an die der voraufgehenden Strophe anklang. Nach ihrer Beseitigung erschien ihm die Sammlung in verbleibendem Bestand wie Ordnung als echt gewährleistet. In ihrem Bestand deswegen, weil sich dieser nun auf ein Blatt aufgezeichnet denken liess, das genau der in ihrem Strophenbestand ebenfalls durch 7 teilbaren Lachmannschen Nibelungenlieder-

---

[1] Kiurenbergii et Alrammi Gerstensis poetarum theotiscorum carmina carminumque fragmenta. Berol. 1827; abgedruckt in H. Hoffmanns Fundgruben für Geschichte deutscher Sprache und Litteratur I, Seite 263–267.

[2] Kürenberg und die Nibelungen (1874), Seite 45—48.

[3] Über Franz Pfeiffers Versuch den Kürenberger als den Dichter der Nibelungen zu erweisen, Seite 25—31 der Augustino Stinnero gewidmeten Festschrift (Oppeln 1867).

[4] Zeitschrift für deutsches Alterthum 17, Seite 576.

bücher entsprochen haben würde[1]. In ihrer Ordnung deswegen, weil sich in der so durchgeführten reinlichen Scheidung nach Geschlechtern der Autoren ein Ordnungsprinzip erkennen liess, auf das jemand verfallen konnte, der für die mannigfaltigen Autoren seiner Sammlung nach Kategorien der Sichtung suchte[2]. Wenn aber auch Scherer davon absah, einen durchgehenden Faden inneren Zusammenhangs unter den Kürenbergstrophen aufzuweisen, so verschloss er sich doch so wenig wie die anderen Forscher der Erkenntnis, dass zwischen zweien der genannten Strophen inhaltliche Beziehungen bestünden, ja so enge, dass sie in die Klasse der Wechselgesänge gehörten[3]. Es sind dies die beiden folgenden (8,1 und 9,29):

> 'Ich stuont mir nehtint spâte
> an einer zinnen:
> dô hôrt ich einen ritter
> vil wol singen
> in Kürenberges wîse
> al ûz der menigin.
> er muoz mir diu lant rûmen,
> ald ich geniete mich sîn.'

---

[1] Zeitschrift für deutsches Alterthum 17, Seite 581.

[2] Dies wollte doch wohl Scherer mit seiner freilich nicht sehr deutlichen und daher vielfach angegriffenen Bemerkung sagen: 'Indessen scheint es doch geraten, alle Frauenstrophen einer einheitlichen Auffassung zu unterwerfen und das Prinzip des Ordners als eine beabsichtigte Scheidung der Autorschaft anzusehen'. Zeitschrift für deutsches Alterthum 17, Seite 577.

[3] Zeitschrift für deutsches Alterthum 17, Seite 575. Nur Neubourg leugnet dieses enge Verhältnis. Freilich in Verfolg einer Hypothese, für deren Charakteristik es genüge, die Worte Steinmeyers (Anzeiger für deutsches Alterthum 14, Seite 123 f.) anzuführen: „Der Versuch, die sämtlichen unter des Kürenbergers Namen überlieferten Strophen in der handschriftlichen Ordnung als Etappen eines Liebesverhältnisses zu begreifen, insbesondere Strophe 8,9 in engste Beziehung zu 8,1 zu setzen, dieser Versuch, welchen ein Herr Herrmann Neubourg in der Germania 30, Seite 81—83 sich geleistet hat, geht über mein Fassungsvermögen. Auch über dasjenige anderer, wie aus Germania 31, Seite 445 Anmerkung erhellt."

> 'Nu brinc mir her vil balde
> min ros, min ísengwant:
> wan ich muoz einer frouwen
> rûmen diu lant,
> diu wil mich des betwingen
> daz ich ir holt sî.
> si muoz der mîner minne
> iemer darbende sin.'

Das Zusammengehören dieser beiden Strophen gilt als eine so feste Tatsache, dass man sie in den Ausgaben gewöhnlich gleich zu einem Lied verbunden findet[1]. Will man also in das Dunkel der Überlieferung dringen, so scheint hier ein Ausgangspunkt gegeben.

Merkwürdiger Weise aber ist das Verhältnis der besprochenen Strophen von niemanden nach dieser Seite hin ins Auge gefasst worden. Es wäre sofort eine weitere Tatsache ans Licht getreten: nämlich dass die Frauenstrophe des angeführten Wechsels denselben Platz innerhalb der Frauenreihe einnimmt wie die Mannesstrophe innerhalb der Mannesreihe, beide den zweiten. Und nun hätte doch sicherlich der Gedanke nahe gelegen, die beiden Gruppen einmal daraufhin zu prüfen, ob nicht auch die durch ihren Platz sich entsprechenden Strophen der übrigen Stellen inhaltliche Beziehungen zu einander aufweisen. Für zwei Lieder der Sammlung bleibt dies freilich ihrer Natur nach von vornherein ausgeschlossen, nämlich für die dialogische Strophe 8,9 und für das Frauenlied 8,33; für letzteres, weil die Mannesreihe keine Parallele für ein zweistrophiges Lied besitzt.

Scheidet man demnach wirklich diese beiden Lieder aus, so tritt alsbald eine dritte Erscheinung ins Auge: nämlich dass nach dieser Operation die vorher ungleichstrophigen Frauen- und Mannesreihen jetzt genau die gleiche Anzahl Strophen erhalten, jede fünf.

Wir nehmen dies als eine günstige Prognose und beschreiten nunmehr den angegebenen Weg: wir betrachten die Strophen des entsprechenden Platzes in der gebotenen

---

[1] So bei Wackernagel; Simrock; Bartsch, Deutsche Liederdichter etc.

Folge der beiden Reihen unter dem Gesichtspunkt ihrer inhaltlichen Zusammengehörigkeit. Als erstes Paar beschäftigt uns demnach das folgende (7,19 und 9,21):

> 'Leit machet sorge,
> vil liebe wünne:
> eines hübschen ritters
> gewan ich künde.
> daz mir den benomen hânt [1]
> die merker und ir nît,
> des mohte mir mîn herze
> nie frô werden sît.'

> 'Wîp vile schœne,
> nu var du sam mir!
> lieb unde leide
> teile ich sament dir.
> die wîle unz ich daz leben hân
> sô bist du mir vil liep:
> wan minnest einen bœsen,
> des engan ich dir niet.'

Zunächst einige Worte zum Text. Lachmann und Bartsch schreiben *Leit machet sorye vil liebe wünne*. Dies könnte nur heissen „Sorge macht liebe Wonne zu Leid": Welche geschraubte, der einfachen und durchsichtigen Redeweise unsrer Lieder widersprechende Wortstellung! Schon Burdach[2] und Hildebrand[3] fassen daher die Verse mit Komma nach *sorye* und im Sinne eines antithetischen Parallelismus; doch Hildebrand, indem er zugleich *vil* als gedankenlose Zutat des Schreibers streicht, weil es nur zum Adjektiv passe. Indessen *vil* ist hier offenbar regierender Kasus, von dem *liebe* als substantivischer Genitiv abhängt. Es bildet die beliebte Form der gesteigerten Congruenz[4] und kennzeichnet in sehr erwünschter Weise das Wort *liep* und damit auch das Parallelwort *leit* als prädikative Begriffe: Sorge (d. i. Liebeskummer) schafft Leid, Wonne (d. i. Liebesglück) schafft

---

[1] *hânt*] so Sievers, Paul und Braunes Beiträge 12, Seite 493; Lachmann *hân*.
[2] Reinmar der Alte und Walther von der Vogelweide (1880) Seite 85.
[3] Zeitschrift für deutschen Unterricht 6, Seite 107.
[4] Vergleiche Quellen und Forschungen 54, Seite 44 ff.

viel Liebes. — Die Auffassung, die Wackernagel, Simrock und neuerdings auch Heusler[1] vertreten, verbietet sich aus Gründen des Zusammenhangs. Sie schreiben im buchstäblichen Anschluss an die Handschrift in der zweiten Zeile *vil liep wünne* und setzen ebenfalls nach *sorge* Komma. Das würde heissen „Sorge macht verhasst, Wonne angenehm" und wäre ein allgemeiner Satz, zu dem der folgende Teil der Strophe in gar keiner Beziehung stünde. Denn in diesem beklagt die Frau, dass ihr Frohsinn durch den Verlust ihres Ritters in Trübsinn verwandelt ist, und dies stimmt doch nur als Ausführung zu dem allgemeinen Satz, der unsrer Auffassung entspricht.

Also in der ersten Strophe beschäftigt eine Frau der Verlust ihres Geliebten. In der zweiten Strophe zeigt sich, dass der Verlassenen sofort sich ein neuer Bewerber darbietet: *wip vile schœne, nu var du sam mir!* Die Frau beklagt nach Liebem Leides erfahren zu haben: der neue Ritter will Liebes und Leides mit ihr teilen. Die Frau beklagt, dass ihr die Merker ihren Mann abspenstig gemacht haben: der neue Ritter will sich von niemanden abspenstig machen lassen, er versichert Treue bis ans Lebensende (*die wîle unz ich daz leben hân, sô bist du mir vil liep*).

Die beiden Schlusszeilen, die nun in der Rede des Bewerbers folgen, bedürfen einer Erklärung. Was ist unter *einen bœsen* zu verstehen?

Scherer bezog einen *bœsen* auf den Sprechenden selber und erklärte[2]: „Er wünscht ihr keinen schlechteren Mann." Es leuchtet aber nicht recht ein, wie man auf Grund des Wortlauts zu diesem Sinn gelangen soll. Wilmanns[3] und Neubourg[4] nehmen an, dass die Worte auf einen Nebenbuhler anspielen, also den Hinweis auf einen bestimmten andern Mann enthalten, der die Eifersucht unsres Ritters

---

[1] Zur Geschichte der altdeutschen Verskunst (1891), Seite 94 und 99.

[2] Zeitschrift für deutsches Alterthum 17, Seite 576.

[3] Leben und Dichten Walthers von der Vogelweide, Seite 169 f., 335 f.

[4] Germania 30, Seite 83 f.

errege: „Jenem Schlechten darfst du deine Liebe nicht schenken."

Aber es bleibt noch eine dritte Deutung übrig, die sich einfacher und ungezwungener darbietet: nämlich *einen bœsen* ganz allgemein ohne Beziehung auf eine bestimmte Person zu begreifen „aber dass du irgend einen *bœsen* liebst, gestatte ich dir nicht". Hier fragt es sich nur: soll *bœse* auf den Charakter oder auf Stand und Geburt gehen? Erinnern wir uns der voraufgegangenen Worte der Frau *eines hübschen ritters gewan ich künde* — es sind die einzigen, die noch keine Entsprechung fanden —, so werden wir nicht schwanken, welche Bedeutung am Platz ist. Hatte die Frau an ihrem alten Geliebten seine höfische Ritterstellung, den Adel seiner Geburt hervorgehoben, so entgegnet nun der neue Bewerber, dass auch er nicht zulassen wolle, dass sie sich an einen Niedrig-Geborenen weggebe. Oder mit andern Worten: er weist darauf hin, dass sich ihr auch in ihm ein adliger Mann biete.

Damit erhellt aber sofort ein weiteres: die Frau, der diese Worte gelten, für die also auch ein nichtadliges Verhältnis in Betracht käme, kann selber keine Adlige sein. Unser Ritter spricht hier zu einer Unebenbürtigen, zu einem Mädchen aus dem Volke. Und so erkärt sich nun zum Schluss auch die verblüffende Verwegenheit seines Antrags. Es äussert sich darin junkerhafte Anmassung, die es für selbstverständlich nimmt, dass solch armes Geschöpf zu einem zweiten Ritter so gern zugreifen wird wie zum ersten.

Was werden wir demnach von den Liebes- und Treuversicherungen des Ritters zu halten haben? Schroff stehen sich hier Scherers und der übrigen Interpreten Deutungen gegenüber. Scherer[1] bemerkte in Hinsicht auf unsre Strophe: „Der Mann bringt es nicht höher als zu der trockenen Versicherung, dass sie ihm lieb sei, auch wo er wirbt, streicht er nur den eigenen Wert heraus." Den übrigen Interpreten aber dient unsre Strophe gerade, um die zarte Seite des männlichen Gemüts zu illustrieren. „Spricht sich

---

[1] Zeitschrift für deutsches Alterthum 17, Seite 576.

nicht echte Männertreue in dieser Strophe in rührender
Schlichtheit aus?" fragt Brachmann [1]. „Und doch liegt gerade in ihnen (nämlich den Worten unsres Ritters) eine
Fülle von Sehnsucht und echter Männertreue, die in der
Vereinigung mit der Geliebten vor keinem Leid zurückbebt,
die aber auch keine Freude ohne die Geliebte geniessen
mag" schwärmt Pralle [2].

Diese grundsätzliche Verschiedenheit der Auffassungen
ist sehr bezeichnend. Warum trifft sie nur die zweite
Strophe, während doch über den Charakter der ersten
nirgends Zweifel besteht? Weil eben die zweite erst in der
Verbindung mit der ersten ihre Fixierung, ihre wahre Bedeutung erhält. Scherer mit seinem feinen Verständnis für
die Nüancen dichterischer Ausdrucksweise ahnte den Sinn
der Strophe selbst in ihrem losgelösten Zustand instinktiv
heraus. Die Worte des Ritters sind konventionelle Phrasen
aus der Sphäre höfischen Liebeslebens, die er mit der Laune
jovialer Selbstgefälligkeit dem armen Mädchen spendet, um
sie scheinbar wie eine Dame zu behandeln, in Wirklichkeit
sich aber über sie und ihr Empfindungswesen um so
lustiger zu machen. Seine Werbung hat ironisch satirischen
Sinn.

Wir kommen jetzt zu dem folgenden Strophenpaar
(8,17 und 10,1):

'Swenne ich stân aleine
in mînem hemede,
und ich an dich gedenke,[3]
ritter edele:
so erblüejet sich mîn varwe
als rôse an dorne tuot,
und gwinnet mir daz herze
vil manegen trûrigen muot.'

---

[1] Germania 31, Seite 444.
[2] Die Frauenstrophen im ältesten deutschen Minnesang, Seite 26;
vergleiche auch Becker, Der altheimische Minnesang, Seite 60; Walter,
Germania 34, Seite 5.
[3] So schon Wackernagel zur Vermeidung des Hiatus; Haupt
und ich gedenke ane dich.

'Der tunkelsterne[1]
sich, der birget sich,
als tuo du, frouwe schœne,
sô du sehest mich:
sô lâ du dîniu ougen gên
an einen andern man,
son weiz doch lützel iemen[2]
wiez undr uns zwein ist getân.'

Ein Mädchen gedenkt in einsamer Nachtstunde ihres Ritters. Es ist junge und erste Liebe, die ihr Herz erfüllt: errötend gedenkt sie des Geliebten. Und wenn ihr gar so traurig zu Mute ist, so ahnen wir den Grund: ihrer Sehnsucht ist keine Befriedigung gewährt, sie muss den Geliebten meiden. Die Scheu vor der Gesellschaft, die Angst verraten zu werden, mag ihr diese Notwendigkeit auferlegen.

Und hören wir nun den Mann! Er gibt dem Mädchen Anweisung, wie sie den Verdacht der Gesellschaft ablenken soll; er zeigt ihr eine Möglichkeit, wie sie sich mit ihm sehen, und wie ihr beider Einverständnis doch geheim bleiben kann.

Scheint dies nicht auf eine Lage gemünzt wie die unsres Mädchens? Und ist es nicht unser Mädchen in seiner jungfräulichen Unschuld, das uns in der Angeredeten vor Augen tritt? Eine erfahrene Schöne jener Zeit konnte füglich die Ratschläge, die unser Ritter für nötig erachtet, entbehren. Aber mehr noch: wir stellen uns das Mädchen der Frauenstrophe vor, wie sie im Begriff zu Bett zu gehen, den Geliebten im Gedanken, noch einmal sehnsuchtsvoll die Augen zum Nachthimmel hinausschweifen lässt. Und ist es nun nicht eben ein solcher Nachthimmel, auf den die Liebende hinweisend unser Ritter seine Rede beginnt? „Sieh jenen Abendstern, wie er sich hinter Wolken birgt, ihn lass dir Beispiel sein!"

Auch an formalen Entsprechungen fehlt es nicht. Der

---

[1] Vergleiche Pfeiffer, Germania 12, Seite 224 f.; Haupt *dirre tunkel sterne. der* steht betont und demonstrativ wie *diu* 8,7. 9,32.

[2] So ebenfalls schon Wackernagel zur Verminderung des dreifachen Gleichklangs der Versschlüsse *man : ieman : getân*. Haupt *ieman*.

Ritter, sahen wir eben, spricht in einem durchgeführten Vergleich: es ist die einzige der Mannesstrophen, in der solches geschieht. Auch die Frau führt einen Vergleich durch: und es ist die einzige Frauenstrophe, in der dies geschieht. Das Mädchen redet den Geliebten an *ritter edele*, der Mann redet sie an *frouwe schœne*; das Mädchen sagt ihm was sie **empfinde** *swenne ich gedenke ane dich*, er sagt ihr was sie **tun** soll *sô du sehest mich*.

Und auch hier wieder trifft die zweite Strophe ein charakteristisches Widersprechen unsrer Interpreten. Scherer führt sie zum Beleg seiner Ansicht an, dass eine Kluft zwischen weiblicher und männlicher Empfindungsweise bestehe[1]. Seine Gegner leiten aus ihr einen augenscheinlichen Beweis des Gegenteils ab. Sie berufen sich auf den poetischen Sinn des Ritters, der aus dem Naturvergleich spreche; auf die Gefühlsinnigkeit, die sich in der Wendung *wiez undr uns zwein ist getân* ausdrücke. Ja der schon wiederholt zitierte Pralle steht nicht an, die Strophe als „eines der am zartesten empfundenen Stücke unserer ganzen Sammlung" zu erklären und dem Benehmen des Ritters folgende Deutung

---

[1] Man gibt Scherers Meinung unrichtig wieder. Wo nennt er das Benehmen des Ritters „hart", wie ihm Paul, Beiträge 2, Seite 414 vorhält, oder „hart und herzlos", wie ihm Neubourg, Germania 30, Seite 84 unterlegt, oder gar „roh, wild begehrlich" und ausserdem noch „nüchtern" wie ihn in dritter Steigerung Pralle, Seite 28 sagen lässt? Scherer registriert (Seite 576) die beiden Gruppen, die Frauen- und Mannesstrophen, inhaltlich, um seinen Satz zu begründen „der Mann erscheint hier wie in aller deutscher Poesie bis ins zwölfte Jahrhundert stolz und hart, roh, begehrlich. Nur die Frau kennt die Sehnsucht". Unsere Strophe gibt er höchst zutreffend mit den Worten wieder: „Er weist sie an, wie sie sich benehmen müsse, um ihre Liebe nicht zu verraten." Glaubt man also für den Ritter dieser Strophe eines der obigen Mannesprädikate speziell in Anspruch nehmen zu sollen, so wird man selbstverständlich auf das dritte verfallen. Scherers Gedanke kann kein anderer gewesen sein, als in der Anweisung des Mannes einen Mangel an Zartfühligkeit, eine Rohheit seiner Gemütsart aufzudecken. Dies aber ist eine Auffassung, zu der bei isolierter Betrachtung der Strophe jeder objektive Leser notwendig geführt wird. — Ich wollte an diesem Beispiel illustrieren, wie oberflächlich Scherer manchmal verstanden wird, und wie leicht es dann in blöder Überbietung des einen durch den andern die Angreifer haben, sich an ihm die litterarischen Rittersporen zu verdienen.

zu geben: „Was anders als selbstlose Besorgnis um die Geliebte ist es, wenn der Ritter lieber ertragen will, dass der Blick der Geliebten nicht ihm gilt, als dass sie etwa ihre Liebe sich zum Schaden verrate?"
Wir wissen, dass in dem Bild und der sonstigen Redeweise des Ritters nur der Ton wiederhallt, der von den Lippen der Frau vorher erklungen war. Die nähere Vergleichung aber zwischen beiden Persönlichkeiten lehrt, dass dieser Wiederhall bloss äusserer Schall ist. Denn das eigentliche Wesen des Ritters betätigt sich im schärfsten Kontrast zur Frau. In ihr äussert sich die jungfräulich schüchterne Schamhaftigkeit erster Liebe, gefühlvoller Betrachtung hingegeben. In ihm aber erkennen wir den gewiegten Liebeshelden, der mit kecker Raffiniertheit schnellen Blicks zum Zweck zu gelangen sucht. Sein Vorschlag enthält für dieses Mädchen, das sich seine keuschen Gedanken nur in unschuldigem Erröten vor sich selber zu gestehen wagt, eine Zumutung, die auf uns geradeso frappierend wirkt wie der Antrag, mit dem der frühere Ritter jener armen Verlassenen begegnete.

In solchem Licht betrachtet, wird nun auch das äussere Behaben unsres Ritters in seiner wahren Bedeutung klar gestellt. Der Widerspruch, der zwischen seinem äusseren und inneren Wesen besteht, ist ein beabsichtigter. Auch dieser Ritter geht scheinbar auf den Ton der Frau — diesmal eines Edelfräuleins — ein, und indem er sie dann in ganz entgegengesetztem Sinn behandelt, ist die Wirkung ebenfalls nicht nur eine überraschende, sondern zugleich eine belustigende. Sein Benehmen erhält einen Zug scherzhafter Satire: die sich da gar so jungfräulich unschuldig spröde zeigt, die redet er an wie eine, die nur in den Schlichen erfahrener Schönen unterwiesen zu werden braucht, um auf denselben Weg wie diese geleitet zu werden.

Das nunmehr folgende Strophenpaar unsrer Betrachtung (8,25 und 10,9) lautet:

DIE ERKLÄRUNG DER LIEDER.   15

'Ez hât mir an dem herzen
  vil dicke wê getân:[1]
daz mich des geluste
  des ich niht mohte hân
noch niemer mac gewinnen,
  daz ist schedelich.
jon mein ich golt noch silber:
  ez ist den liuten gelich.'

'Aller wîbe wünne
  diu gêt noch megetin:
als ich an si gesende
  den lieben boten mîn,
jô wurbe ichz gerne selbe,
  wær ez ir schade niet.
in weiz wiez ir gevalle:
  mir wart nie wîp alsô liep.'

In der ersten Strophe spricht ein Mädchen, die es nach einem Schatz verlangt, aber nach keinem von Gold und Silber, sondern nach einem lebendigen *(ez ist den liuten gelich)*. Sie denkt an einen ganz bestimmten, um den sie schon längere Zeit Liebespein erleidet *(ez hât mir an dem herzen vil dicke wê getân)*. Aber sie scheint noch kein Zeichen der Gegenliebe erfahren zu haben: denn sie hält ihr Trachten nach dem Manne für vergeblich, für geradeso vergeblich wie jemals zu Reichtümern zu gelangen. Es ist also wiederum ein armes Mädchen, ein Mädchen aus niederen Verhältnissen, das hier ihr Geschick bejammert. Sie mag ihr Ziel zu hoch, ihre Augen auf einen Ritter gerichtet haben.

In der Mannesstrophe scheint ein Ritter unschlüssig, ob er an ein Mädchen seinen Boten schicken, oder gleich selber seine Sache bei ihr ausrichten solle. Er würde gern das letztere tun, nur befürchtet er, sie damit in schiefe Lage zu bringen. Wäre ihm ihr Gefallen genauer kund, so wüsste er, was er zu tun hätte. Soviel darf er versichern: an Liebe fehlt es ihm nicht.

Diese Worte, auf unser Mädchen bezogen, würden besagen, dass ihre Aussicht keineswegs so verzweifelt stehe, wie sie es anzunehmen schien. Die Erwägungen aber, die der

---

[1] Wegen der Interpunktion vergleiche Seite 23 f.

Ritter anstellt, und seine pointierte Liebesversicherung am Schluss seiner Rede erscheinen sehr geeignet im Munde eines Mannes, der soeben die Ungläubigkeit seines Mädchens erfahren hat und bemüht ist, etwaigen neuen Anwandlungen dieser Richtung vorzubeugen. Ja wir entdecken in seiner Rede eine ganz ausdrückliche Bezugnahme auf die Worte der Frau. Diese hatte ihren Zustand des Liebe-Entbehrens als *daz ist schedelich* geschildert, und er erklärt seinem Mädchen unverhüllte Liebe bezeigen zu wollen *wær ez ir schade niet*. Die sich wörtlich entsprechenden Verse entsprechen sich noch dazu durch ihre Stelle innerhalb ihrer Strophen: beide bilden den sechsten Vers. Jetzt wird uns auch nicht bedeutungslos erscheinen, dass die Frau in der Mannesstrophe nur das Prädikat *wip* geniesst. Denn wir erinnern uns, dass dies auch in der früheren Strophe der Fall war, in der es sich ebenfalls um ein geringes Mädchen handelte, und wir sehen, dass es in keiner der übrigen geschieht.

Die Strophen gehören also in der Tat zusammen. Und die Erkenntnis dieses Verhältnisses rettet uns zugleich den überlieferten Wortlaut ihres Textes. Man schreibt nämlich die siebente Zeile ganz allgemein nach Wackernagels Vorgang *ine weiz wiech ir gevalle*, und selbst Heusler[1], der sich gegen alle sonstigen Änderungen handschriftlicher Lesung grundsätzlich ablehnend verhält, versagt der eben erwähnten seine Zustimmung nicht: „Des Inhalts wegen bedarf nur e i n e Stelle einer ganz unbedeutenden Korrektur: *in weiz wiech ir gevalle* für .. *wies* .. der Handschrift C." Ich muss bekennen, dass mir dieser Text nie recht verständlich geworden ist. Sollte man darin etwa einen Gedanken ausgedrückt finden wollen, wie ihn Walther von der Vogelweide 50, 19 ausspricht *bin ich dir unmære daz enweiz ich niht: ich minne dich*, so wäre doch *ob ich* und nicht *wiech* zu erwarten. Die Worte des überlieferten Textes fügen sich bei unsrer Auffassung nicht nur in die Folge des unmittelbaren Zusammenhangs, sondern es lassen auch sie eine

---

[1] Altdeutsche Verskunst, Seite 93 f.

direkte Anspielung auf die Frauenrede erkennen. Offenbar nehmen sie Bezug auf die Klage des Mädchens: *daz mich des geluste des ich niht mohte hân noch niemer mac gewinnen.* *Gevallen* klingt uns als ein synonymer Ausdruck für *gelusten* an: der Ritter erkundigt sich bestimmter nach dem Begehren des Mädchens, das dieses in nur unbestimmter Form zu verstehen gab.

Sehen wir aber nunmehr, wie weit wir von unserm Standpunkt aus feste Stellung finden, um das Wesen der männlichen Rede zu beurteilen, das auch in diesem Falle wieder den widersprechendsten Deutungen unterliegt.

Scherer fasste die Worte des Ritters dahin auf, dass er die Geliebte nicht länger als Mädchen sehen möchte[1], oder noch deutlicher sagt er bei späterer Gelegenheit[2]: „Hier handelt es sich um ein Mädchen, das also (wie es scheint) verführt werden soll." Wilmanns[3] erklärt, diesen Sinn abschwächend: „Vertrauensvolle Zuversicht ein schönes Mädchen zu gewinnen." Ihm neigt sich Neubourg[4] zu, der meint, Scherer urteile „wohl etwas geringschätzig". Ähnlich stellt sich Brachmann[5]; Ortner[6] schwingt sich zum direkten Anwalt des Ritters auf: sein Benehmen steche durch Zartgefühl und Zurückhaltung sinnlicher Empfindungen vorteilhaft von der mehrfach bekundeten Art der Frau ab. Den Gipfelpunkt erreicht wieder Pralle[7]. Nach ihm spielt der Ritter mit dem Wort *megetin* nur auf die grosse Jugendlichkeit seiner Geliebten an und bietet im übrigen abermals ein Beispiel rührender Selbstlosigkeit dar: „Auch hier will der Liebende eher ein Opfer auf sich nehmen, als der Geliebten einen Schaden zufügen."

---

[1] Zeitschrift für deutsches Alterthum 17, Seite 576.
[2] Quellen und Forschungen 12, Seite 71.
[3] Leben Walthers von der Vogelweide, Seite 26. Doch in seinen Beiträgen zur Geschichte der älteren deutschen Litteratur 4, Seite 90 drückt er sich aus: „*Aller wîbe wünne diu gît noch magedîn*, das reizt sein Verlangen."
[4] Germania 30, Seite 84.
[5] Germania 31, Seite 445.
[6] Reimar der Alte. Die Nibelungen, Seite 172.
[7] Die Frauenstrophen, Seite 28.

Wir erinnern uns der Mannesnatur, wie sie sich dem unglücklichen armen Mädchen, wie sie sich dem schamhaften Edelfräulein gegenüber offenbarte. Wie wird sie sich also hier bekunden, wo es sich um dieses *megetin* handelt, das sich dem Höhergestellten geradezu provozierend anträgt! Wer will es leugnen, der Ritter stellt seine Erwägungen im Sinne zartester höfischer Formen: er denkt daran, der Liebenden durch geheime Botschaft zu antworten; er zeigt sich besorgt, sie nicht zu kompromittieren; er zeigt sich bemüht, ihre Wünsche zu erkunden. Aber je geflissentlicher er diese Formen sucht, um so markanter springt der Hohn ihrer Anwendung hervor, um so pikanter enthüllt sich der Sinn ihrer Zweideutigkeit. Entkleiden wir die Mannesrede des umgelegten Gewandes, so lautet sie: „Diese entzückendste Unschuld! Statt zu ihr Botschaft zu schicken, käm ich weit lieber gleich in Person. Nur könnte dann die Sache gefährlich für sie ablaufen. Wüsste ich doch nur, wie es nach ihrem Gefallen ist! Verlangt es sie vielleicht selber, ihr Magdtum los zu sein, meint sie etwa das mit ihrem Gelüste, so will ich mich nicht länger besinnen, diesen Dienst einem so allerliebsten Weibchen zu erweisen."

Es ergiebt sich also die so vielfach bekämpfte Auffassung Scherers als die allein zutreffende. Der Ritter lässt die Absicht der Verführung durchblicken. *Diu gêt noch megetin* ist in dem Sinn zu verstehen „die noch ihr Magdtum besitzt", und es ist eine seltsame Forderung Pralles, es sei erst noch zu beweisen, dass das Deminutivum *megetin* schlechtweg gleich *maget* im sexuellen Sinne genommen werden darf. Als ob dafür nicht schon allein die Verbindung mit *noch gên* spräche! Es sei auch hier die Stelle angezogen Rother 2231 f. *ich wil ouch immer magit gân, mer newerde der helit lossam.* Mit den Worten *diu gêt noch megetin* aber sind dann die Zeilen *war ez ir schade niet* und *ine weiz wiez ir gevalle* in engstem gedanklichen Zusammenhang zu nehmen.

Wir kommen zu dem fünften und letzten Strophenpaar des zweiten Tons:

'Ez gât mir vonme herzen
    daz ich geweine:
ich und min geselle
    müezen uns scheiden.
daz machent lügenære,
    got der gebe in leit!
der uns zwei versuonde,
    vil wol!¹ des wær ich gemeit.'

'Wip unde vederspil
    die werdent lîhte zam:
swer si zo rehte lucket,
    sô suochent si den man.
als warb ein schœne ritter
    umb eine frouwen guot.
als ich dar an gedenke,
    sô stêt wol hôhe min muot!'

Die Dame ist tränenvoll, weil ihr der Geliebte den Rücken wenden will. Lügner haben ihn aufgestiftet. Sie flucht diesen. Und der wankelmütige Mann? Er erhält kein Wort des Vorwurfs. Vielmehr streckt ihm die Frau die Hand noch entgegen: *der uns zwei versuonde, vil wol! des wær ich gemeit.*

Welch rührend edelmütiges Benehmen, geeignet den Mann zu beschämen! Aber auch den Mann, wie wir ihn kennen, der sich überall bemüht zeigt, den Triumph seiner Unwiderstehlichkeit zu suchen? Wird er nicht jenes Entgegenkommen des Weibes vom Standpunkt seiner Selbstgefälligkeit ansehen? Kann es in ihm etwas anders hervorrufen als diesen prahlerischen Ausbruch des Frohlockens? Und auch diesmal versagt er sich nicht die Genugtuung, die Worte der Frau direkt zu persiflieren. Sie drückt zum Schluss ihre Sehnsucht nach Aussöhnung mit den Worten aus: *vil wol! des wær ich gemeit.* Er sein Hochgefühl über seinen Erfolg: *sô stêt wol hôhe min muot!*

Es hat sich also ergeben, dass wir nach Ausscheidung der dialogischen Strophe und des Falkenlieds zwei gleichteilige Reihen des zweiten Tons erhalten, die sich Strophe für Strophe zu Wechselgesängen zusammenschliessen.

---

¹ Wegen der Interpunktion vergleiche Seite 24.

Wie steht es aber nun mit den noch übrigen zwei
Strophen des ersten Tons? Sie seien zunächst in der Gestalt,
in der sie in des Minnesangs Frühling stehen, angeführt:

1.

'Vil lieber friunde wâren
daz ist schedelich:
swer sînen friunt behaltet,
daz ist lobelîch.
die site wil ich minnen.
bite in daz er mir holt sî,
als er hie vor was:
und man in waz wir redeten,
dô ich in ze jungest sach.'

2.

'Wes manest du mich leides,
mîn vil liebez liep?
unser zweier scheiden
muez ich geleben niet.
verliuse ich dîne minne,
sô lâz ich die liute
harte wol entstân
daz mîn frôid dez minnist
ist umb alle ander man.'

Die Strophen werden ganz allgemein beide einer Frau
in den Mund gelegt. Nur Neubourg[1] will in der zweiten
die Antwort des Ritters erkennen. Aber wer wird ihm
zustimmen, wenn er speziell die letzten Verse als Zeugnis
für den ritterlichen Sprecher heranzieht, indem er sie er-
erklärt: „Soll ich deine Minne wirklich verlieren, dann lasse
ich wahrlich die Welt gar gründlich erkennen, dass es mit
meiner Freude an allen Männern hier aus ist, **dass ich
keinen Frieden mehr mit den Spielverderbern
haben mag.**" Ganz gewiss gestattet der Wortlaut der
Verse nur eine Erklärung, wie sie Brachmann[2] entgegen-
stellt: „Dass ich, wenn ich dich verliere, überhaupt mit den
Männern nichts zu tun haben will; dich liebe ich allein, die
andern sind mir alle gleichgiltig," oder wie sie ähnlich

---

[1] Germania 30, Seite 80.
[2] Germania 31, Seite 445 Anmerkung.

schon früher Bartsch[1] gegeben hatte: „Dass meine Freude
in Bezug auf andere Männer dass kleinste ist; d. h. dass
ich keine Freude an anderen Männern habe." Hiernach
müsste es also bei der Frau als Sprecherin bleiben.
Aber welche kuriose Idee einer Frau, ihrem scheidenden Geliebten zu verkünden, dass sein Verlust ihr die
Freude an allen andern Männern verderben würde, oder
nein — noch nicht genug: dass sie die Leute dies merken,
gründlich merken lassen wolle! Und welche feine Abwä-
gung poetischer Steigerung, diese Erklärung als Schlusseffekt
dem verzweiflungsvollen Satze *unser zweier scheiden müez
ich geleben niet* folgen zu lassen! Wir fragen, woher plötzlich dieses krasse Stümpertum unter Gedichten so wohl-
berechneter Kunst? Ein Blick in die Varianten klärt uns
auf: in der Handschrift steht nicht *umb alle ander man*,
sondern *und alle andere man*; *umb* für *und* ist eine Konjektur
Wackernagels[2], die alle nachfolgenden Kritiker auf Treu
und Glauben angenommen haben! Das echte Wort ist aber
ganz offenbar *wider*. Dies entfernt sich zwar lautlich von
dem überlieferten, steht letzterem aber graphisch um so
näher, besonders wenn wir Ausfall des *i* annehmen[3]. Wie
leicht konnte dann *nud'* in *unde* verlesen werden! Durch
wider wird auch zugleich die überlieferte Wortfolge *duz
min fröid ist dez minnist*, die Haupt zu ändern für nötig
hielt, erhärtet. Denn die Betonung *mîn fröid* entpricht der
antithetischen Stellung, in die nun *mîn* zu *al andere* tritt.
Es wird also gesagt: „Verliere ich deine Liebe, so lass ich's
die Leute wohl merken, dass meine Freude am geringsten
ist im Vergleich zu allen andern Männern," d. h. die Leute
sollen's mir dann vom Gesicht lesen, dass ich der freud-
loseste Mann auf Erden bin. Gegen diesen Gedanken ist
nicht das geringste einzuwenden, und ganz ähnlich singt
Dietmar 35, 9 *die ich ze liebe mir erkôs, sol ich der sô ver-*

---

[1] Liederdichter³, Seite 311.
[2] Hoffmanns Fundgruben 1, Seite 267.
[3] Über die Häufigkeit dieses Fehlers in den alten Handschriften
vergleiche meine Anmerkung zum Vers 3072 der zweiten Ausgabe von
Haupts Engelhard (1890).

teilet sîn, seht, des lebe ich fröidelôs, und wirt an mînen
ougen schîn; auch an Ulrich von Gutenburg sei erinnert:
79, 12 *als ich gedenke daz mich niht vervât al mîn dienest,
sô lide ich den kumber den ie dehein man gewan oder hât.*
Die Strophe gehört also einem Mann und zwar demselben, den die Frau in der ersten Strophe im Auge hat.
Wir haben auch hier einen Wechsel. Die Frau lässt dem
Ritter die Mahnung zukommen, dass er ihr treu bleiben
solle, und der Ritter der Frau die Versicherung, dass in
ihrer Liebe sein einziges Glück bestehe.

Wenn der Ritter seine Rede mit den Worten beginnt:
wes manest du mich leides, so nimmt er, was natürlich auch Neubourg[1] nicht entgangen ist, direkten Bezug auf die Worte,
mit denen die Frau ihre Rede beschliesst: *und man in waz wir
redeten dô ich in ze jungest sach.* Der weitere Parallelismus
der Strophen tritt aber erst zu Tage, nachdem die Textesfrage erledigt ist, die der erste Vers der Frauenstrophe
stellt. Dieser ist nämlich in folgendem Wortlaut überliefert:
vil lieber vriunt, eine Lesung, die allein Simrock aufrecht
erhält. Wackernagel nimmt nach *vriunt* den Ausfall eines
Wortes an; Haupt ergänzt und ändert *vil lieber vriunde
wâren*; Bartsch *vil lieber vriunde vremeden*; Sievers[2] *vil
lieben vriunt verlieren*, einen Text, für den er dann noch
einmal das Wort ergreift[3], um ihn gegen Edward Schröder
zu verteidigen, der seinerseits den Vorschlag *vil lieben vriunt
verkiesen* eingehend begründet hatte[4].

Keiner dieser Besserungsversuche erfüllt alle die Bedingungen, die wir von unserm Standpunkt aus fordern.
Indem wir die Wechselbeziehung der beiden Strophen des
ersten Tons beachten, werden wir vielmehr ohne Besinnen
zu folgendem Text geführt: *vil lieber vriunde scheiden.*

Wir begreifen nun wohl, wie das Schlusswort der
ersten Zeile leicht verloren gehen konnte, es wurde so zu
sagen von dem der zweiten Zeile verschlungen, *scheiden* von

---

[1] Germania 30, Seite 80.
[2] Paul und Braunes Beiträge 12, Seite 492 f.
[3] Zeitschrift für deutsches Alterthum 32, Seite 389—394.
[4] Zeitschrift für deutsches Alterthum 32, Seite 137—141.

schedelich. Die Verknüpfung *scheiden — schedelich* aber charakterisiert sich als eine beabsichtigte Wortspielerei volkstümlicher Art; man vergleiche: *sô scheidet schade die mâge* Spervogel 21, 36 und *schade scheidet liebe mâge* Marner[1] XIV, 106.

Wir haben nunmehr einen trefflichen Gegensatz zwischen den beiden Sentenzen der ersten Strophe: dass Geliebte sich trennen, davor ist zu warnen; den Geliebten festzuhalten, das ist zu empfehlen. Der Parallelismus aber, der sich gleichzeitig für diese Sentenzen in der zweiten Strophe ergibt, ist der, dass jedesmal dem allgemeinen Satz der entsprechende bestimmte Fall gegenübertritt: *vil lieber friunde scheiden, daz ist schedelich — unser zweier scheiden müez ich geleben niet. swer sînen friunt behaltet, daz ist lobelich — verliuse ich dîne minne, sô* etc.

Nachdem hiermit die Wechselbeziehungen sämtlicher Strophen im einzelnen erörtert sind, sei noch zusammenfassend darauf hingewiesen, wie sich dieses Verhältnis auch in der gleichmässigen syntaktischen Gliederung der Strophen bekundet.

Die Reimzeilen bilden grundsätzlich mit der ihnen jedesmal vorgeschobenen Waise ein engeres syntaktisches Verhältnis als mit der ihnen folgenden. Daher findet sich in den Gesängen des zweiten Tons stets nach den geraden Zeilen ein gewisser Sinnesabschnitt, während dieser in den Strophen des ersten Tons nach der zweiten, vierten und siebenten Zeile liegt. In unsern Ausgaben macht freilich eine Strophe eine Ausnahme, indem man 8,25 allgemein interpungiert:

Ez hât mir an dem herzen vil dicke wê getân
daz mich des gelüste des ich niht mohte hân
noch niemer mac gewinnen. daz ist schedelich.

Aber die einfache Logik erfordert die von uns (Seite 15) durchgeführte Interpunktion: nach *getân* Kolon (oder auch Punkt), nach *gewinnen* bloss Komma. Denn sonst wäre doch wohl einzig folgende Ausdrucksweise die angemessene gewesen: *ez hât mir an dem herzen vil dicke wê*

---

[1] Herausgegeben von Strauch, Quellen und Forschungen 14.

*getân daz ich niht mohte hân noch niemer mac gewinnen des
mich geluste.* Indem unsere Strophe aber mit dem in sich geschlossenen Satz *ez hât mir an dem herzen vil dicke wê getân*
beginnt, wird genau so verfahren wie 9,13, wo die Frau mit
den Worten anhebt *ez gât mir vonme herzen daz ich geweine.*
Beidemal wird sozusagen erst mit einem vollen Akkord
präludiert, ehe zum Thema im speziellen übergegangen wird.
Auch innerhalb der einzelnen Langzeilen findet kein
zu schroffes Enjambement statt. Die einzige Ausnahme in
den Ausgaben ist wiederum durch einfache Änderung der
Interpunktion beseitigt: denn man wird ohne weiteres zugeben, dass man *vil wol*, wie ich es getan habe (Seite 19),
besser als Ausruf zum Nachsatz zieht als zu *versuonde.*
Auch Wackernagel empfand schon das Enjambement als
störend. Aber er griff ganz unnötiger Weise zu einer Umstellung der überlieferten Wortfolge: *der uns zwei versuonde,
des wære ich vil, wol gemeit.*
Endlich sind auch die Hauptsinnesabschnitte der Strophen streng geregelt. Jede besitzt einen solchen entweder
vor der zweiten Hälfte, also nach der vierten Zeile, oder
nach der sechsten Zeile. Aber durchgehendes Kunstprinzip
ist, dass die Gegenstrophe den Hauptsinnesabschnitt an die
gleiche Stelle legt wie die Vorderstrophe. So zeigen die auf
den Seiten 8. 11 f. 19. 20 angeführten Wechsel den Hauptsinnesabschnitt in beiden Strophen an vierter Stelle, dagegen
die der Seiten 6 f. 15 in beiden Strophen an sechster Stelle.

2.

Die Strophen des zuletzt besprochenen Wechselgesangs
gehören schon in der Folge der Überlieferung zusammen.
Dies freilich würde sich hinreichend aus dem von uns gleich
Eingangs angenommenen Prinzip erklären, dass die Strophen
zunächst nach Tönen geordnet wurden. Aber doch drängt
sich die Frage auf: standen nicht in einer ursprünglicheren
Aufzeichnung die als Wechselteile zusammengehörigen Strophen jedesmal vereinigt?
Soviel erhellt von vornherein: nicht nur der Dialog,
den schon Scherer aus freilich unzureichenden Gründen

ausschied, sondern auch das berühmte Falkenlied sind unursprüngliche Bestandteile unserer Sammlung. Denn unmöglich kann es Zufall sein, dass nach Entfernung der beiden genannten Lieder im zweiten Ton jene beiden fünfstrophigen Reihen in einer Ordnung verbleiben, dass sich immer je eine und eine Strophe derselben zu Wechselgesängen zusammenschliessen.

Wie aber gerieten die eingeschobenen Lieder in die Sammlung? Zunächst die dialogische Strophe:

> Jô stuont ich nehtint spâte
> vor dînem bette:
> do getorst ich dich, frouwe,
> niwet wecken.
> 'des gehazze iemer [1]
> got den dînen lip!
> jô enwas ich niht ein bêr
> wilde.' sô sprach daz wîp.

Wilmanns[2] charakterisiert dies Gedicht treffend, wenn er es eine Parodie nennt. Aber er irrt darin, dass er die Parodie nur auf die in der Handschrift voraufgehende Strophe *Ich stuont mir nehtint spâte* bezieht. Sie umfasst auch die Mannesstrophe, die mit der erwähnten Frauenstrophe einen Wechselgesang bildet. Dies ergibt sich schon aus der in unserer Parodie wiederkehrenden Form des Dialogs zwischen Mann und Frau. Ferner erstrecken sich die wörtlichen Anklänge an die Frauenstrophe nur auf den ersten Teil des Dialogs:

Ich stuont mir nehtint spâte	Jô stuont ich nehtint spâte
an einer zinnen	vor dînem bette
dô hôrt ich .. vil wol singen	dô getorst ich .. niwet wecken
einen ritter	dich, frouwe,[3]

Auch das Thema der dialogischen Strophe geht deutlich auf den ganzen Wechsel zurück: in beiden Gedichten

---
[1] *iemer*] von mir ergänzt; Haupt setzt die Lücke zu Anfang des Verses an.
[2] Leben Walthers, Seite 26.
[3] Eine ähnliche Gegenüberstellung der beiden Strophen macht Neubourg Germania 30, Seite 81, freilich um zu einem ganz anderen Schluss zu gelangen.

ist die Frau von Verlangen nach dem Mann erfasst und erfüllt dieser das Verlangen nicht. Die einzelnen Abweichungen aber erklären sich alle aus der parodistischen Tendenz, die Drastik der Komik zu erhöhen. Die Situation ist von der Burgzinne an das Bett der schlafenden Dame verlegt. Die Dame kommt nicht um das Ziel ihrer Wünsche, indem der Mann sie schroff brüskiert, sondern indem er ihr im Gegenteil zu zarte Rücksicht erweist. Die Dame bekundet ihre Natur nicht von vornherein, sondern diese bricht unversehens und dann um so nackter hervor.

Ist denn hiermit erwiesen, dass die eingeschobene dialogische Strophe den ganzen Wechsel parodiert, so muss dieser auch als Ganzes dem Autor der Parodie bekannt geworden sein. Freilich brauchte dies nicht auf schriftlichem Wege, sondern es konnte im lebendigen Vortrag geschehen sein. Aber unsre Strophe steht in einem Punkt in auffälligstem Gegensatz zu den übrigen Gedichten der Sammlung. In allen diesen treten die Personen ohne weiteres redend auf, in unserer Strophe wird verdeutlichend hinzugefügt: *sô sprach daz wîp*. Diese Einführung der Redenden wäre unserm Nachahmer wohl nicht beigekommen, wenn ihm aus dem lebendigen Vortrag jener Wechselgesänge entgegengetreten wäre, wie es für die Unterscheidung der Personen keines epischen Mittels bedürfe. Wir werden demnach mit der Annahme nicht fehlgehen, dass er im Angesicht einer schriftlichen Vorlage auf den Gedanken seiner Parodie verfiel.

Dass aber die Interpolation bei Auseinanderziehung der Wechselgesänge ihren Platz hinter der Frauenstrophe und nicht hinter der Mannesstrophe erhielt, kann nicht Wunder nehmen. Denn sie war für ihren jetzigen Platz einerseits durch die anklingende Anfangszeile prädestiniert, wie auch andrerseits die schliessenden Worte *sô sprach daz wîp* dazu verleiten konnten, sie wirklich als reine Frauenstrophe anzusehen.

Auch das Falkenlied war ursprünglich in eine Handschrift eingetragen, in der die Wechselstrophen noch vereinigt vorlagen. Wenigstens wird unter dieser Voraus-

setzung Anlass und Platz der Interpolation sofort klar.
Das Lied steht vor der letzten Frauenstrophe, mit
der die Mannesstrophe *Wîp unde vederspil* einen Wechsel
bildet. Wie leicht konnte einem Leser dieser Strophe das
Falkenlied ins Gedächtnis kommen: handelte es doch in
derselben Strophenform ebenfalls von einem gezähmten
vederspil (*ich zôch mir einen valken mêre danne ein jâr. dô
ich in gezamete als ich in wolte hân*). Schrieb er nun
dieses Lied seiner Erinnerung an den Rand der Handschrift,
so dass es neben unserm letzten Wechsel zu stehen kam,
so boten sich dem späteren Schreiber, der die Frauen- und
Mannesstrophen schied, nur zwei Stellen, das Randlied einzureihen: entweder die Stelle vor der letzten Frauenstrophe
(*Ez gât mir vonme herzen*) oder die Stelle nach dieser
Strophe. Er wählte das erstere: und auf diese Weise kam
das Falkenlied an seinen jetzigen Platz, wo es so weit von
der Strophe getrennt steht, die doch den eigentlichen Anlass zu seiner Einschiebung gegeben hatte.

Somit dürfte bewiesen sein, dass sich in einer ursprünglicheren Aufzeichnung die Strophen der jedesmaligen
Wechsel vereinigt befanden. Mit diesem Ergebnis trifft
nun noch eine merkwürdige Beobachtung äusserer Art zusammen.

Stellen wir nämlich die eben erschlossene ursprüng-
lichere Gestalt unserer Sammlung[1] wieder her, so erhalten
wir folgende Reihe von Anfangszeilen:

1. We s manest du mich l e i d e s
2. L e i t machet sorge
3. Ich s t u o n t mir nehtint spâte
4. Swenne ich s t â n aleine
5. Ez hât mir an dem h e r z e n
6. Ez gât mir vonme herzen

Diese Reihe gibt die Anfänge der sämtlichen Wechselgesänge wieder, nur vom ersten nicht den Anfang des Gedichts, sondern der Gegenstrophe. Aus den gesperrt gedruckten Worten aber leuchtet ein augenscheinliches An-
ordnungsprinzip hervor: die Lieder zeigen sich nach Stich-

---

[1] Vergleiche Seite 30—33.

worten ihrer Anfangszeilen aneinander gereiht, wobei ausgegangen wird von der Gegenstrophe des ersten Wechsels, d. h. der einzige Wechsel des ersten Tons ist mit der Gruppe der übrigen Gesänge in eigener Weise verbunden. In den drei ersten Gesängen tritt ausserdem noch ein Nebenprinzip hervor, indem ein jeder derselben den Begriff *minne* enthält, und zwar der erste in der Mannes- wie in der Frauenstrophe, die beiden andern bloss in der Frauenstrophe. Dieser Begriff kehrt in den drei übrigen Gesängen nicht wieder. Einen Zufall nun werden wir in der so verketteten Folge der Lieder um so weniger erblicken, als ein ähnliches Verfahren mechanischer Schreibermanier uns schon aus andern Fällen bekannt ist [1] und aus weiteren noch bekannt werden wird [2]. Zerrten wir aber nun die Reihen wieder auseinander, so würde das erste Ordnungsprinzip willkürlich erscheinen, da es nur die sieben ersten Strophen, nicht aber die fünf letzten träfe; das zweite würde ganz fallen.

Es bleibt jetzt nur noch die Frage übrig: wie kam der spätere Schreiber zu jener Sonderung in Frauen- und Mannesreihen? Hier läge nahe an einen Zufall zu denken. Stellen wir uns vor, dass die Wechsel des zweiten Tons ursprünglich zwei Kolumnen einer Seite in der Art einnahmen, dass die zu einem Wechsel gehörigen Strophen immer neben einander geschrieben waren. Schrieb dann ein späterer Kopist, der dieses Verhältnis nicht ahnte, die Strophen Kolumne nach Kolumne ab, so ergab sich die Trennung der Frauen- und Mannesreihe von selber. Aber bei diesem Verfahren bliebe es völlig unerklärt, wie das Falkenlied an seinen jetzigen Platz geriet. Wir werden daher zu der Annahme geführt, dass unser Schreiber wirklich vorsätzlich nach Frauen- und Mannesstrophen ordnete. Natürlich wäre er auf diesen Gedanken wohl kaum verfallen, wenn ihm der Zusammenhang der Wechselstrophen bekannt gewesen wäre.

Wir stehen am Schluss unsers Kapitels. Als Resultat hat sich ergeben: die Vorlage unsrer Handschrift, sei es

---

[1] Vergleiche Paul in seinen und Braunes Beiträgen 2, Seite 414.
[2] In dem bevorstehenden zweiten Teil dieser Arbeit.

nun die unmittelbare oder nur mittelbare, bestand aus einer blossen Sammlung von sechs Wechselgesängen, die rekonstruiert wird, wenn wir die dialogische Strophe und das Falkenlied ausscheiden und zu den verbleibenden Frauenstrophen die Mannesstrophen der entsprechenden Folge rücken. In dieser Vorlage waren auch schon die Interpolationen enthalten. Sie erhielten aber erst in der überlieferten Handschrift ihren jetzigen Platz.

Auch das Bild, das die grosse Heidelberger Sammlung vor unsre Strophen setzt, dürfte bereits der Vorlage entstammen. Es stellt nämlich einen Ritter und eine fürstliche Dame dar, die durch Schriftbänder verbunden sind [1]. Schon von der Hagen [2] deutete diese als Symbol einer Wechselrede zwischen den beiden Personen. Pfaff [3] meint: „Das Bild hat wenig Bedeutsames." Wenn wir hinzufügen: als Titelbild der überlieferten Handschrift, so hat er Recht. Aber wie bezeichnend erschiene es als Titelbild einer Handschrift, die die Strophen wirklich zu Wechselreden vereinigt brachte!

---

[1] Vergleiche Kraus, Die Miniaturen der Manesseschen Liederhandschrift (1887), Blatt 26; die Beschreibung des Bildes bei von Öchelhäuser, Die Miniaturen der Universitäts-Bibliothek zu Heidelberg (1895) 2, Seite 154 f.
[2] Minnesinger 4, Seite 109.
[3] In der auf Seite 1 f. angeführten Zeitschrift 8, Seite 116.

ZWEITES KAPITEL.
DIE FRAGE DER AUTORSCHAFT.

Erst jetzt, nachdem die Geschichte der Überlieferung so weit geklärt ist, dass Bestand und Ordnung der Sammlung feststeht, die unsrer Handschrift zu Grunde lag, haben wir den Boden gewonnen, um an die Frage der Autorschaft heranzutreten.

I.

Zur Erleichterung dieser Aufgabe lassen wir hier die Wechselgesänge in der Ordnung der erschlossenen Handschrift folgen.

I.

'Vil lieber friunde scheiden
   daz ist schedelich:
swer sinen friunt behaltet,
   daz ist lobelich.
die site wil ich minnen:
   bite in daz er mir holt si,
   als er hie vor was,
und man in waz wir redeten
   do ich in ze jungeste[1] sach.'

'Wes manest du mich leides,
   min vil liebez liep?
unser zweier scheiden
   müez ich geleben niet.

---

[1] Vergleiche Bartsch, Untersuchungen über das Nibelungenlied, Seite 358.

verliuse ich dîne minne,
sô lâz ich die liute
vile[1] wol entstân
daz mîn frôid ist dez minnist
wider al andere[2] man.'

II.

'Leit machet sorge,
    vil liebe wünne:
eines hübschen ritters
    gewan ich künde.
daz mir den benomen hânt
    die merker und ir nit,
des mohte mir mîn herze
    nie frô werden sît.'

'Wîp vile schœne,
    nu var du sam mir!
lieb unde leide
    teile ich sament dir.
die wîle unz ich daz leben hân
    sô bist du mir vil liep:
wen minnest einen bœsen,
    des engan ich dir niet.'

III.

'Ich stuont mir nehtint spâte
    an einer zinnen:
dô hôrt ich einen ritter
    vil wol singen
in Kürenberges wîse
    al ûz der menigîn.
er muoz mir diu lant rûmen,
    ald ich geniete mich sîn.'

'Nu brinc mir her vil balde
    mîn ros, mîn îsengwant:
wan ich muoz einer frouwen
    rûmen diu lant,

---

[1] *vile*] fehlt in der Handschrift; Haupt und andere ergänzen *harte*, doch meine Ergänzung empfiehlt sich graphisch besser, denn *vil* fällt in den alten Handschriften gern vor *wol* aus; vergleiche meine Anmerkung zum Vers 2498 der zweiten Ausgabe von Haupts Engelhard. Auch im dritten Gesang steht *vil wol*.

[2] Vergleiche Bartsch an dem zur ersten Strophe angeführten Ort.

  diu wil mich des betwingen
   daz ich ir holt sî.
 si muoz der mîner minne
  iemer darbende sîn'

IV.

'Swenne ich stân aleine
 in mînem hemede,
und ich an dich gedenke,
 ritter edele:
so erblûejet sich mîn varwe
 als rôse an dorne tuot,
und gwinnet mir daz herze
 vil manegen trûrigen muot.'

'Der tunkelsterne,
 sich, der birget sich,
als tuo du, frouwe schœne,
 sô du sehest mich:
sô lâ du dîniu ougen gên
 an einen andern man,
son weiz doch lützel iemen
 wiez undr uns zwein ist getân.'

V.

'Ez hât mir an dem herzen
 vil dicke wê getân:
daz mich des geluste
 des ich niht mohte hân
noch niemer mac gewinnen,
 daz ist schedelîch.
jon mein ich golt noch silber:
 ez ist den liuten gelîch.'

'Aller wîbe wünne
 diu gêt noch megetîn:
als ich an si gesende
 den lieben boten mîn,
jô wurbe ichz gerne selbe,
 wær ez ir schade niet.
in weiz wiez ir gevalle:
 mir wart nie wîp alsô liep.'

VI.

'Ez gât mir vonme herzen
daz ich geweine:
ich und mîn geselle
müezen uns scheiden.
daz machent lügenære,
got der gebe in leit!
der uns zwei versuonde,
vil wol! des wær ich gemeit.'

'Wîp unde vederspil
die werdent lîhte zam:
swer si ze rehte lucket,
sô suochent si den man.
als warb ein schœne ritter
umb eine frouwen guot.
als ich dar an gedenke,
sô stêt wol hôhe mîn muot!'

2.

Die Frage der Autorschaft präzisiert sich für uns zunächst zu der Frage: sind die einzelnen Wechselgesänge Fiktionen, sind sie die Kunstprodukte eines Autors oder sind sie Erzeugnisse der Wirklichkeit, spontane Äusserungen des lebendigen Verkehrs zwischen den Geschlechtern? Haben demnach ihre Frauenstrophen Frauen, ihre Mannesstrophen hinwiederum Männer zu Verfassern?

Scherer[1] meinte, zwischen den Strophen der beiden Geschlechter komme ein so schroffer Gegensatz der Empfindungsart zum Ausdruck, dass zwischen ihnen eine unausfüllbare Kluft gähne. Für ihn stand daher die Autorenscheidung nach den Geschlechtern in dem Masse fest, dass er sie zum Ausgangspunkt seiner Theorie der verschiedenen Verfasser machte.

Sehen wir von den Strophen des ersten Tons ab, die für Scherer nicht in Betracht kommen konnten, weil sie auch ihm beide als Frauenstrophen galten, so bestätigt sich uns seine Beobachtung, dass ein Gegensatz zwischen den männlichen Strophen einerseits und den weiblichen andrer-

---

[1] Zeitschrift für deutsches Alterthum 17, Seite 576 f.

seits walte. Nur stellt sich uns dieser Gegensatz wesentlich anders dar, als er ihn sah. Wir finden mit ihm, dass nur die Frau die Sehnsucht kennt. Aber es ist Scherer mit Recht entgegengehalten worden, dass diese Sehnsucht keineswegs immer der zartesten Art sei: dokumentiert sie sich doch zweimal unter den fünf vorliegenden Fällen als sinnliches Begehren, nämlich in III, und, wenn auch weniger offenkundig, in V. Was die Männer aber betrifft, so erkennen wir in ihrem Benehmen weder die negative Eigenschaft noch die positive, die Scherer ihnen beimisst. Wir sehen sie nicht unfähig, sich in die Seele der Frau zu versenken. Denn wie hätten sie dann das weibliche Wesen so gut persifliert, dass einige unsrer Interpreten ihre Worte für den Ausfluss höchster wirklicher Zartheit nahmen? Wir sehen sie ebenso wenig andrerseits „wild begehrlich", vielmehr zeigt sich uns der Mann überlegen blasiert. Er steht da als der jovial Herablassende (II), der stolz Abwehrende (III), der weltmännisch Ratbeschlagene (IV), der gnädig Bereite (V), der gleichmütig Abwartende (VI).

Sollten wir also demnach den Gegensatz zwischen den Geschlechtern formulieren, so würden wir sagen: die Frau ist die Schmachtende, der Mann ist der Begehrte. Dies nun ist eine Rollenverteilung, die, wie man gern zugeben wird, sich der Sphäre männlicher Dichterphantasie zu keiner Zeit entrückt haben dürfte. Für den gegenwärtigen Fall wird diese Möglichkeit uns noch näher treten, wenn wir uns noch einmal in schnellem Überblick vor Augen führen, wie die Rollen der Geschlechter bei den einzelnen Gelegenheiten ihres Gegenübertretens zum Austrag kommen: das Mädchen, das sich untröstlich um den verlorenen Ritter gebärdet, wird behandelt, als warte sie nur darauf, dass sich ein zweiter biete (II); die Herrin, die den unwillfährigen Ritter mit Landesverweisung bedroht, erfährt, dass ihm diese eine geringere Strafe ist als ihre Liebe (III); die errötende Unschuld wird in die Schule raffinierter Koketterie genommen (IV); die über ihren Stand hinaustrachtende Schönheit erreicht ein Angebot für ihr Mädchentum (V); die nachgiebig Versöhnung Suchende erntet triumphierenden Hohn (VI). Kurz die Frau wird überall ins Lächerliche gezogen, abgeführt; und um den Witz voll zu machen, dient ihr der Mann schlagfertig mit ihren eigenen Worten. So greift er im zweiten Gesang *liep* und *leit*, im dritten *rûmen diu lant*, im vierten *gedenken*, im fünften *schedelich*, im sechsten *gemeit* auf; und wollte man auf Grund der doppelt gewendeten Phrasen die Gesänge benennen „Mädchens Trauer und Trost" (II), „Fort von hier!" (III), „Im Gedenken und beim Sehen" (IV), „Fatal!" (V), „Hochgestimmt!" (VI), so würde man die Gesänge ganz gut in ihren Pointen treffen.

Überkommt uns nun aber nach alledem nicht die Empfindung, als ob die Worte des Mannes gar nicht auf die Frau selber, sondern auf einen Dritten berechnet seien? Auf ein Publikum, das unterhalten werden soll, dessen Spannung zu erregen, dessen Lachmuskeln in Bewegung zu setzen, dessen Beifallsgeklatsche zu erringen es gilt?

Es sprechen ganz direkte Anzeichen für diese Auffassung.

Die Gesänge III, V und VI verlaufen so, dass Mann und Frau sich nicht persönlich gegenübertreten: die Frau richtet ihre Rede an den fernen Geliebten und dieser antwortet auch seinerseits aus der Ferne. Die Frauenstrophen sind hier also als Botschaften anzusehen, die dem Geliebten überbracht werden. Sind aber auch die Mannesstrophen als Botschaften gedacht?

Beantworten wir diese Frage zunächst für Gesang VI. Nach der im vorigen Kapitel gegebenen Deutung dürfen wir als feststehend erachten, dass der *schœne ritter* der Mannesstrophe und der Sänger selber identisch sind. Aber wie ist es nun zu erklären, dass dieser zunächst aus der Vergangenheit und in dritter Person von sich spricht, sich also ganz episch wie einen fremden Mann einführt: *als warb ein schœne ritter*, dann aber zum Schluss plötzlich in die erste Person verfällt: *swenne ich dar an gedenke, sô stêt wol hôhe mîn muot?* Hätten wir anzunehmen, dass er sich an einen Boten richtet, so sähen wir für sein Verfahren keinen rechten Sinn. Nehmen wir aber an, dass er eine fremde Zuhörerschaft im Auge hat, so leuchtet die künstlerische Absicht hervor: die Objektivierung der Person gestattet unserm Renommisten dick aufzutragen, und wenn er dann am Ende doch unversehens sein Ich durchblicken lässt, so erzielt er den schalkhaftesten Effekt.

Auch die Mannesstrophe des Gesangs V ist nicht als Botenauftrag gedacht. Schon die Art, wie von dem Boten gesprochen wird (*als ich an si gesende den lieben boten mîn*) gibt die Vorstellung, dass über diesen hinweg gesprochen wird. Ich nannte daher die Rede des Mannes im vorigen Kapitel Erwägungen. Diese Erwägungen aber erhalten erst ihren pikanten Reiz und damit ihren Platz, wenn wir sie uns wiederum in ein Parterre hineingesprochen denken.

So werden wir nun auch in dem Befehl, den der Ritter seinem Knappen in Gesang III erteilt, nur eine lustige Form erkennen, mit der unser Sänger seinem Publikum vor Augen führen will, was ihm die eben empfangene Botschaft der Frau gelte.

Nach dieser Darlegung werden wir in den bekannten Frauenworten des dritten Gesangs *Ich stuont mir nehtint spâte an einer zinnen, dô hôrt ich einen ritter vil wol singen in Kürenberges wîse al ûz der menigin* eine Scenerie von allgemeiner Gültigkeit erblicken. Eine solche lauschende Menge, die sich auf dem Burgplatz zu abendlicher Stunde um den Sänger schaart, denken wir uns als Publikum aller drei Lieder.

Also zum Zweck des Vortrags, zur geselligen Unterhaltung dienten die eben besprochenen Wechselgesänge.

Ein Analogieschluss erlaubt uns, auch den Gesängen II und IV diese Bestimmung zuzusprechen, obwohl sie keinen ausdrücklichen Anhalt für dieselbe bieten. Denn in ihnen gilt die Antwort des Mannes wirklich und ausschliesslich der Frau, die er demgemäss auch direkt anredet. Aber freilich trägt die Situation solche Komik in sich, dass es des drastischen Mittels, das Publikum hereinzuziehen, hier gar nicht bedurfte. Die Situation ist nämlich beidemal die, dass der antwortende Mann ganz unvermutet auf der Bildfläche erscheint, indem er die monologischen Herzensergiessungen der Frau als Lauscher aufgefangen hat. Dies springt für den zweiten Wechsel ganz deutlich in die Augen. Wie käme denn sonst der fremde Mann dazu, unmittelbar auf ihre Worte mit seinem Antrag hervorzutreten *nu var du sun mir?* Auch für den andern Gesang steht es ausser Zweifel. Wir können unmöglich annehmen, dass die schamhafte Jungfrau ihre heiligsten Herzensgeheimnisse zum Fenster hinaus redet, um nächtliche Zwiesprache mit dem Geliebten zu halten. Der Mann also, dessen spöttischer Antwort sie ausgesetzt ist, muss ebenfalls ein Unberufener sein.

Ist aber nun schon mit dem Nachweis, dass die Gesänge zur Belustigung einer Zuhörerschaft vorgetragen wurden, auch der Beweis geführt, dass sie Kunstprodukte sind? Keineswegs! Konnten doch die Sänger mit Gesang II und IV wirkliche Erlebnisse wörtlich zum Besten geben, und ebenso mit den Frauenstrophen, die sie in Gesang III, V und VI glossierten, tatsächliche Botschaften, die sie selbst empfangen oder erhascht hatten!

Aber gegen diese an sich durchaus erlaubte Annahme spricht aufs entschiedenste die Redeweise, die in den Frauenstrophen zu Tage tritt. Mit Recht bemerkt F. Vogt[1]: „Gerade das als besonders weiblich zart gelobte Liedchen *Swenne ich stân aleine in mînem hemede* gibt ein Bild von der Geliebten, wie es sich nur die Phantasie des Liebenden ausmalt: dass ihre 'Farbe erblüht wie die Rose am Dornstrauch' bezeichnet das Erröten so wie es ein anderer anschaut, nicht so wie man es selbst empfindet; sie könnte nur etwa sagen: ich fühle, wie mir das Blut in die Wangen steigt; sonst würde sie die Äusserung ihrer Gemütsbewegung gewissermassen im Spiegel beobachten." Man darf diesen Worten hinzufügen, dass auch die stehende Form, in der dem sentimentalen Wesen der Frau Ausdruck gegeben wird, mehr für die Vorstellungsart des Mannes charakteristisch sein als der lebendigen Redeweise der Frau entsprechen dürfte; vergleiche *des mohte mir mîn herze nie frô werden sît* (II), *und gwinnet mir daz herze vil manegen trûrigen*

---

[1] Zeitschrift für deutsche Philologie 25, Seite 409 f.

muot (IV), *ez hât mir an dem herzen vil dicke wê getân* (V), *ez gât mir vonme herzen daz ich geweine* (VI).

Dass schliesslich in Gesang III das ganze Benehmen der Frau den Charakter der Fiktion an der Stirn trägt, darauf ist schon wiederholt aufmerksam gemacht worden. Wir haben noch von dem Einzelgesang des ersten Tons zu handeln. Von diesem sagen wir jetzt nur soviel: er steht in einem zwiefachen Gegensatz zu sämtlichen Gesängen des zweiten Tons: erstens indem der Mann die Frau ernsthaft nimmt und sie an Zärtlichkeit des Empfindens und Gemütsweichheit noch übertrifft; zweitens indem der Mann, seiner ernsthaften Tendenz entsprechend, sich nicht mit seiner Antwort ans Publikum wendet, sondern an die Frau selber, und zwar auf demselben Weg auf dem sie sich ihm mitteilt. Daher denn beide Strophen Botschaften sind. Es ist demnach sehr wohl möglich, dass dieser Wechsel die Grundlage eines realen Liebesverhältnisses besitzt. Aber wir werden in dem folgenden Abschnitt sehen, dass er in Bezug auf seine Bestimmung und seine Autorschaft nicht anders zu beurteilen ist, als die übrigen Stücke.

3.

Denn ich schreite jetzt zu der Aufgabe vor, die Einheit der gesamten Wechselgesänge zu erweisen. Indem wir die Reimbehandlung, die Darstellungsformen, die Phraseologie und endlich die inhaltlichen Probleme unserer Lieder ins Auge nehmen, werden wir eine originale Reihe gewinnen, die die nach allen Seiten übereinstimmende organische Entwickelung einer geschlossenen dichterischen Individualität erkennen lässt.

DIE REIME.

Dass der mehrsilbige Reim sowohl in den Kürenbergliedern wie im Nibelungengedicht allein in den ersten Hälften der Strophen auftritt, beobachtete Lachmann bereits[1]. In

---

[1] Zu den Nibelungen 1362, 2. 1916, 1.

den Kürenbergliedern aber, zeigt sich jetzt, steht er nicht willkürlich. Nur in Frauenstrophen, also nur in den ersten Strophen der Gesänge, und zwar im zweiten, dritten, vierten und sechsten kommt er vor:

II wünne : künde, nit : sit
III zinnen : singen, menigin : sin
IV hemede : edele, tuot : muot
VI geweine : scheiden, leit : gemeit.

Nur eine der Frauenstrophen zweiten Tons entbehrt dieser Reimart:

V getân : hân, schedelich : gelich

und ebenfalls mangelt sie der Frauenstrophe des ersten Tons:

I schedelich : lobelich, was : sach.

Aus obiger Tabelle ist zugleich ersichtlich, was schon Scherer[1] bemerkte: dass die mehrsilbigen Reime stets Unreinheit trifft, dass aber das einsilbige Reimpaar, das ihnen gegenübersteht, stets rein ist. Auch diese Beobachtung nun lässt sich jetzt erweitern: Der Gegensatz zwischen reinem und unreinem Reim bleibt nicht auf die Frauenstrophen mit mehrsilbigem Reim beschränkt, sondern er erstreckt sich auch auf die zu ihnen gehörigen Mannesstrophen, obwohl diese ausschliesslich einsilbig reimen. Ich zähle hierbei auch den Reim des Charakters a : â oder â : a mit. Wir unterscheiden zwei Klassen.

Das erste Paar ist unrein, das zweite rein:

VI zam : man, guot : muot.

Das erste Paar ist rein, das zweite unrein:

II mir : dir, liep : niet
III isengwant : lant, si : sin
IV sich : mich, man : getân.

Benennen wir die reinen Reimpaare mit R, die einsilbig unreinen mit U, die mehrsilbig unreinen mit U', so wird die Reimverschiedenheit jeder Klasse durch folgendes Schema veranschaulicht:

VI U' — R. U — R
II, III, IV U' — R. R — U

---

[1] Zeitschrift für deutsches Alterthum 17, Seite 580.

d. h. im ersten Fall wiederholt sich der Gegensatz unrein
— rein in gleicher oder gerader Folge, im zweiten Fall in
umgekehrter Folge.

Welches Verhältnis zeigt sich nun aber in den Gesängen
V und I, in denen beide Strophen ausschliesslich einsilbig
reimen? Sie enthalten folgende Reime:
V getân : hân, schedelich : gelich
megetin : min, niet : liep
I schedelich : lobelich, was : sach
liep : niet, entstân : man.

In diesen beiden Gesängen ist der Gegensatz der Reimpaare also jedesmal auf eine der Strophen beschränkt: in
V auf die zweite, während die erste lauter reine Reime
aufweist; in I auf die erste, während die zweite lauter unreine Reime aufweist. Es ergeben sich also folgende Schemata:
V R — R, R — U
I R — U, U — U

Somit scheiden sich auf Grund der Reime die Gedichte
der erschlossenen Handschrift in drei Gruppen, die eine
fortschreitende Reihe metrischer Entwickelung darstellen.
Zur ersten Gruppe gehören die Gesänge I und V, zur
zweiten der Gesang VI, zur dritten die Gesänge II, III und
IV. Die erste Gruppe entbehrt des mehrsilbigen Reims und
zeigt den Gegensatz nach Reimreinheit nur in je einer
Strophe der Gedichte, die zweite Gruppe besitzt mehrsilbigen Reim und zeigt den Gegensatz nach Reimreinheit in
beiden Strophen, aber letzteren in der einfacheren Form
der geraden Folge, während ihn die dritte Gruppe zur künstlericheren der umgekehrten Folge ausbildet.

DIE DARSTELLUNGSFORMEN.

Wir haben im vorigen Abschnitt die verschiedenen
Formen des Gesprächs, die unsre Wechsel aufweisen, erörtert. Es soll jetzt gezeigt werden, dass auch nach dieser
Richtung hin sich eine fortlaufende Reihe der Entwickelung
aufstellen lässt.

Der erste Wechsel bot das Bild beiderseitiger Korrespondenz durch Boten. Von dieser Form nun geht der

Dichter — man gestatte mir, diesen Ausdruck bereits jetzt zu gebrauchen — in seinen Gesängen des zweiten Tons aus. Denn sie liegt offenbar V und VI zu Grunde, nur dass der Dichter sie seiner neuen scherzhaften Tendenz gemäss modifiziert, indem er die Botschaft der zweiten Strophe in eine Anrede ans Publikum wandelt. In VI aber tritt diese Form insofern vollendeter auf als in V, als der Dichter die Anrede ans Publikum zu einem sehr glücklichen Effekt auszunutzen versteht.

In II und IV dann verlässt er die Botschaftsform völlig und zugleich bedarf er auch nicht mehr des groben äusseren Mittels der Komik, das in der Anrede des Publikums liegt. Die Paare treten sich, wie wir uns erinnern, direkt gegenüber, und er wirkt durch die innere Komik der Situation. In IV aber erscheint diese Form reiner Improvisation noch ausgeprägter als in II, weil nicht nur die Frau, sondern auch der Mann direkt angeredet wird.

In III kehrt er zu der ersten Form zurück, insofern als die Frauenstrophe eine Botschaft bedeutet. Er bildet aber diese alte Form im Sinne der neuen um, insofern als die Mannesstrophe nicht mehr das Publikum direkt berücksichtigt, sondern sich an eine dritte, durch die Situation gegebene Person wendet. Wir haben also hier eine Mischform, die eine Vereinigung der beiden früheren Formen darstellt. Wir werden noch sehen, zu wie kunstgemässem Zweck sie verwendet ist.

Die Betrachtung der Darstellungsformen ergibt somit nach den Stufen der Entwickelung geordnet folgende Reihe:

I; V, VI; II, IV; III.

Wir sehen also, dass die neue Reihe mit der metrischen vollkommen übereinstimmt, nur dass die noch unbestimmt gebliebenen Glieder der ersten und dritten Reimgruppe in der jetzigen Reihe einen festen Platz erhalten.

Noch auf einen zweiten Punkt sei hier hingewiesen. Dass wir eine Botschaftsstrophe haben, wird durch die Form der Rede nur in Gesang I bemerkbar gemacht: *bite in daz er mir holt sî*. Vielleicht indem der Dichter hier, wo es sich ja wohl um eine reale Grundlage handelte, wirkliche

Worte der Frau paraphrasierte. In den drei Botschaftsstrophen der neuen Tendenz wurde die Redeform wohl deswegen verlassen, weil der Sänger sie mimisch ersetzte, etwa indem er seinem Knappen ein Blatt aus der Hand nahm. Dass der ritterliche Mann einen Knappen mit sich führte, geht ja aus III hervor [1]. Aber den Personenwechsel durch die Redeform zu markieren, liess sich unser Sänger um so angelegentlicher sein. Doch scheint er auch in dieser Hinsicht zu grösserer Freiheit der Form vorzudringen. Denn in den drei ersten Gesängen neuer Tendenz (V, VI und II) finden wir das Wort *wîp* gleichsam als Stichwort sofort in der ersten Zeile der Gegenstrophe. In den beiden letzten Gesängen aber (IV und III) verwendet er das Wort *frouwe* und beidemal erst in der dritten Zeile der Strophe.

DIE PHRASEOLOGIE.

Sie stellt sich aufs überraschendste dem eben gewonnenen Resultate zur Seite. Durch gemeinsame Phrasen oder sich entsprechende Begriffe tritt Nummer der detaillierten Reihe zu Nummer:

I zu V: *daz ist schedelich* I, 2 — *daz ist schedelich* V, 6.

V zu VI: *ez hât mir an dem herzen vil dicke wê getân* V, 1 f. — *ez gât mir vonne herzen daz ich geweine* VI, 1 f. und *jô wurbe ichz gerne selbe* V, 13 — *als warb ein schœne ritter* VI, 13.

VI zu II: *das machent lügenære, got der gebe in leit! der uns zwei versuonde, vil wol! des wær ich gemeit* VI, 5 ff. — *daz mir den benomen hânt die merker und ir nit, des mohte mir mîn herze nie frô werden sît* II, 5 ff.

II zu IV: *des mohte mir mîn herze nie frô werden sît* II, 7 f. — *und gwinnet mir daz herze vil manegen trûrigen muot* IV, 7 f.

---

[1] Auch die Situation der Belauschten liess sich leicht mimisch andeuten und ausbeuten. Man denke z. B., dass der abendliche Sänger die Strophe *Sœnne ich stûn aleine in mînem hemede* gegen ein einsam erleuchtetes Burgfenster vordringend beantwortete!

IV zu III: *sirenne ich stân aleine in minem hemede* IV, 1 f. — *ich stuont mir nehtint spâte an einer zinnen* III, 1 f.

Nur in dem ersten der aufgeführten Fälle haben wir wörtliche Übereinstimmung. In den übrigen aber zeigt sich dafür etwas anderes: die Entsprechungen treffen jedesmal die gleichen Stellen der Gesänge. Bei V und VI die beiden ersten Verse und den dreizehnten Vers; bei VI und II den fünften bis achten; bei II und IV den siebenten und achten; bei IV und III die beiden ersten Verse.

Hier tritt also offenbar ein bewusstes Verfahren hervor, das uns sehr wichtig ist, weil auf diese Weise die durch Beobachtung der künstlerischen Technik gewonnene Reihe so zu sagen mit der Namensunterschrift des Dichters versehen wird. Welche Absichten diesen aber bei seinem Verfahren leiten, wird alsbald klar werden. Es wird sich nämlich zeigen, dass mit den äusseren Entsprechungen innere Zusammenhänge Hand in Hand gehen.

DIE INHALTLICHEN PROBLEME.

Führen wir uns die Probleme, die den Dichter zur Darstellung gereizt haben, in der Ordnung der erschlossenen Reihe vor Augen, so ergibt sich folgende Tabelle:

I. Eine Dame, die ihren Geliebten behalten will.
V. Ein armes Mädchen, das einen Ritter gewinnen will.
VI. Eine Dame, die ihren Geliebten wiedergewinnen will.
II. Ein armes Mädchen, das seinen Ritter verloren hat.
IV. Eine schamhafte Dame, die den Geliebten nur heimlich besitzen kann.
III. Eine lüsterne Dame, die des Geliebten entbehren muss.

Die Gesänge also, die durch gemeinsame Phrasen äusserlich zusammengehalten wurden, treten inhaltlich jedesmal in Gegensatz zu einander, und zwar in zwiefacher Hinsicht. Erstens durch die Personen: es wechseln immer Edel- und Unedelgeborene, nur im letzten Fall beruht der Gegensatz nicht auf der Geburt, sondern auf dem Charakter der Personen. Zweitens: durch das Geschehnis. Es treten sich gegenüber: behalten und gewinnen; gewinnen und wiedergewinnen; wiedergewinnen und verlieren; verlieren und besitzen; besitzen und entbehren.

Was dürfen wir nun aus dem gleichzeitigen Auftreten dieses äusseren und inneren Parallelismus schliessen? Dass wir in der aufgestellten Reihe nicht bloss eine chronologische Folge besitzen, sondern zugleich die lebendige Folge, in der unser Sänger seine Lieder dem Publikum vorführte. Es ist uns in jener Reihe ein Liedercyklus erhalten.

Ein Cyklus, der nicht nur paarig gegliedert ist, sondern auch eine höhere Gliederung enthält. Er zerfällt zugleich in zwei Gruppen kontrastierenden Charakters. Die eine wird gebildet durch die drei Gesänge I, V und VI, die andere durch die drei Gesänge II, IV und III. Man könnte die erste Gruppe inhaltlich als Lieder des Hoffens, die zweite als Lieder des Entsagens zusammenfassen. Die erste Gruppe beginnt mit einem Einleitungsstück, das man überschreiben könnte „Auf Wiedersehen!", die zweite schliesst mit einem Schlussstück, das man überschreiben könnte „Auf Nimmerwiedersehen!" Dem Einleitungsstück der ersten Gruppe folgt ein Wechselpaar, in dem zuerst die Botschaft einer Armen, dann einer Edlen indirekt abgefertigt wird; dem Schlussstück der zweiten geht ein Wechselpaar voraus, in dem zuerst der belauschte Monolog einer Armen, dann einer Edlen direkte Abfertigung erfährt.

Unser Sänger mag also je nach den Umständen vor seinem Publikum mit dem ganzen Cyklus oder auch nur mit grösseren oder kleineren Teilen desselben debütiert haben. Trug er den ganzen Cyklus vor, so liess er sicherlich zwischen die beiden Gruppen eine längere Pause fallen.

Es bleibt nur noch ein letzter Punkt der Erklärung: wie entstand aus diesem originalen Liederbuch die Handschrift, die wir im vorigen Kapitel erschlossen haben? Die folgende Tabelle sagt es in aller Kürze:

Kolumne 1	Kolumne 2	Kolumne 3
A	I	leit minnen-minne
B	V	herzen
C	VI	herzen
D	II	leit minne
E	IV	stuont
F	III	stuont minne

Kolumne 1 verzeichnet die Gesangsfolge des originalen Liederbuchs; Kolumne 2 gibt an, welchen Platz die einzelnen Gesänge des originalen Liederbuchs in der erschlossenen Handschrift einnehmen; Kolumne 3 führt die Stichworte auf, nach denen in der erschlossenen Handschrift geordnet wurde. Die Zahlen I, V und VI in Kolumne 2 sind fett gedruckt, weil aus ihnen noch die originale Folge hervorleuchtet. Aus den Stichworten der Kolumne 3 ersieht man nun, warum D hinter A, F hinter D, E hinter F zu stehen kam und BC dann, als Rest verbleibend, den Beschluss machte.

4.

Nun aber erhebt sich die Frage nach der Autorschaft der ausserhalb des Cyklus stehenden Lieder. Für die dialogische Strophe darf diese Frage durch unsere früheren Ausführungen als schon beantwortet gelten. Wie aber steht es mit dem Falkenlied? Dieses lautet:

> Ich zôch mir einen valken
>   mêre danne ein jâr.
> dô ich in gezamete
>   als ich in wolte hân
> und ich im sîn gevidere
>   mit golde wol bewant,
> er huop sich ûf vil hôhe
>   und floug in anderiu lant.

Sit sach ich den valken
schöne fliegen:
er fuorte an sinem fuoze
sidine riemen,
und was in sin gevidere
alröt guldin.
got sende si zesamene
die geliep geren sîn.

Die geliep geren sîn: diese Lesung bedarf vorerst einer
Rechtfertigung. Überliefert ist *die gelieb wellen gerne sin.*
Haupt schreibt *die gerne geliebe wellen sîn;* Wackernagel-
Bartsch *die (di* Wackernagel) *geliebe wellen gerne sîn;* Simrock *die geliep weln gerne sîn.* Nur Heusler[1] hält wieder
den Buchstaben der Überlieferung fest, diesmal in dem
Glauber, eine wichtige Stütze seiner metrischen Theorie
gewonnen zu haben: „Wenn wir nun von den zweiten Halbversen ebenfalls dipodischen Bau erwarten dürfen, so werde
ich durch den einen Vers *die gelieb wellen gerne sin* insbesondere in der Annahme des volkstümlichen Masses bestärkt.
Warum wählte der Dichter diese Wortstellung und nicht die
gewöhnlichere die in des Minnesangs Frühling bevorzugt ist
die gerne geliebe wellen sîn? Ich glaube, weil er *gelieb* und
gerne in die beiden guten Taktteile des Verses bringen
wollte, in die erste und dritte Hebung." Ich glaube, dass
in diesem Schlussverse ursprünglich derselbe Rhythmus vorhanden war, den Bartsch[2] in allen übrigen Schlussversen
unserer Lieder ohne Zwang nachweisen konnte. Durch
meine Änderung aber wird nicht bloss dieser geforderte
Rhythmus hergestellt, sondern zugleich die Kraft und Charakteristik des Ausdrucks gehoben: „Gott sende sie zusammen, die es verlangt Geliebte zu sein!" Wie viel
matter zeichnet sich doch — auch nach mittelhochdeutschem
Sprachgebrauch — die Sehnsucht der Harrenden in jenem
gerne wellen! Und die Entstehung der Verderbnis liegt ja
auf der Hand. Las der Schreiber für *geren* das Adverb
gerne, was ihm graphisch frei gestanden haben dürfte, so

---

[1] Altdeutsche Verskunst, Seite 98 f.
[2] Untersuchungen über das Nibelungenlied, Seite 358.

ergab sich die Einfügung des Verbums *wellen* von selbst.
Zum Überfluss bietet gerade das Nibelungengedicht eine
Parallele *die er ze trûte gerte hân* 294,4; ja noch mehr, zugleich eine Analogie. Denn die Handschriften ausser A
schreiben hier *wolde* für *gerde*. Dies muss man freilich für
eine absichtliche Änderung ansehen, sie beweist aber, dass
gern mit Infinitiv den Schreibern ungewöhnlich war (vergleiche auch die Lesarten zu 1630,3) und dieser Umstand
musste doch in unserm Fall die Lesung *gerne* für *geren*
geradezu aufzwingen.

Betrachten wir nun zunächst das metrische Verhältnis des Falkenliedes zu den Liedern des Cyklus. Die Reime
sind:
              jâr : hân.   bewant : lant
           fliegen : riemen.   guldin : sin,
das ist im Schema ausgedrückt:
              U — R. U′ — R.

Das Falkenlied stellt sich also auf die Stufe des sechsten Wechsels, insofern es wie dieser den Gegensatz unrein—
rein in gerader Folge wiederholt. Es steht aber allein unter
allen Liedern des Cyklus, insofern es den Gegensatz der
Mehr- und Einsilbigkeit nicht in der ersten, sondern in der
zweiten Strophe aufweist. Nun liesse sich denken, dass
unserm Sänger dieser letztere Gegensatz erst dann für die
erste Strophe zum Gesetz wurde, nachdem er ihn zunächst
in der zweiten Strophe versucht hatte. Das Falkenlied
würde also so in der metrischen Entwicklung den Platz
vor dem sechsten Wechselgesang einnehmen.

Indessen sind mit seiner Reimsingularität zugleich
gewichtige Unterschiede des poetischen Charakters verbunden.

Doch bevor ich auf diesen Punkt eingehe, ist noch
eine Frage zu erledigen, die den Zusammenhang betrifft.
Burdach, der in seinem Aufsatz „Das volkstümliche deutsche
Liebeslied" über das Falkenlied eingehend handelt[1], meint,
dass die *sidine riemen* und ebenso das rote Gold im Gefieder,
von denen die zweite Strophe spricht, Gaben des redenden

---

[1] Zeitschrift für deutsches Alterthum 27, Seite 363—365.

Mädchens seien, nicht aber der fremden Herrin, von der der Falke zurückkehre, wie es Scherers Übertragung[1] voraussetze. „Andernfalls, deduciert Burdach, müsste das Gold von Vers 10 [d. i. Vers 14 des Gedichtes] ein anderes sein als das von Vers 2 [6], oder es müssten zwar die seidenen Riemen Zeichen der neuen Herrschaft einer zweiten, der goldene Gefiederschmuck hingegen noch der alte sein. Das wäre wohl deutlicher ausgedrückt worden. Man darf auch fragen wie das Mädchen überhaupt im hohen Fluge des Falken dessen Schmuck so genau sollte unterscheiden können, dass es ihn als einen fremden, von dem ihrigen verschiedenen bezeichnen durfte."

Mir erscheint die Alternative Burdachs nicht zwingend. Der Goldschmuck des Gefieders, den die zweite Strophe erwähnt, braucht weder einen durchaus alten Besitz, noch brauchen die seidenen Riemen einen durchaus neuen zu bedeuten: jedes könnte vielmehr beides zugleich sein, alt und neu, d. h. der Falke könnte in beiden Fällen mit einem Zuwachs, mit verschöntem Gezier heimkehren. Diese Annahme wird uns, was den Goldschmuck betrifft, nahe genug gelegt. Denn wenn es in der zweiten Strophe heisst *und was im sîn gevidere alrôt guldin*, so scheint in dieser Ausdrucksweise doch eine Steigerung der früheren Worte *ich im sîn gevidere mit golde wol bewant* enthalten. Was dann die Fussriemen betrifft, so sind damit offenbar die Kurzriemen, die jacti oder Würfel gemeint.[2] Diese Kurzfessel trug jeder Jagdfalke, sie war das ganz selbstverständliche Zeichen des abgerichteten Tieres. Aber nicht selbstverständlich war die seidene Eigenschaft der Riemen, diese war ebenso wenig selbstverständlich wie das Gold des Gefieders. Wenn die Riemen also in der ersten Strophe unerwähnt bleiben, so dürfen wir schliessen, dass sie nur aus dem gewöhnlichen weichen Leder bestanden. Erst in der Fremde wurden sie durch seidene ersetzt oder mit Seide umsponnen: *sîdine riemen* soll also gewiss wie *alrôt*

---

[1] Vorträge und Aufsätze, Seite 119.
[2] Vergleiche Schulz, Höfisches Leben 1, Seite 370 f.

guldîn die erhöhte Ausstattung des wiedergekehrten Flüchtlings bezeichnen. Für diese Auffassung spricht auch die markierte Stellung, die die beiden Worte *alrôt* und *sîdine* im Rhythmus des Verses einnehmen. Es spricht endlich auch der Zusammenhang des Ganzen dafür. Die erste Strophe, ausserbildlich gefasst, sagt: „Warum musstest du mir denn gerade in dem Moment den Rücken kehren, als ich mich schon befriedigt fühlte durch die Proben deiner Ergebenheit, als ich dich nicht länger mehr nach dem Lohn deines Dienstes schmachten lassen wollte, ja dir bereits ein Zeichen meiner Liebe verehrt hatte." Wir aber entnehmen aus diesen Versicherungen der Dame, dass dem Mann die Erfolge seines Dienstes eben nicht genügt hatten, dass es ihm mit dem Fortschritt seines Verhältnisses zu langsam ging. Von diesem Gesichtspunkt aus also würde es geradezu widersinnig erscheinen, dass der Falke mit dem vollen Schmuck seiner Frau abziehen sollte. Wie letztere aber den fremden Schmuck schon im hohen Flug des Heimkehrenden erkenne, diese Frage Burdachs zu beantworten fällt, denk ich, nicht schwer. Der Späherblick weiblicher Eifersucht sieht scharf!

Nunmehr kommen wir unserer Aufgabe nach, das Lied in seiner dichterischen Eigenart zu betrachten.

Die Situation ist die: die Dame hat den wiedererschienenen Geliebten, der fern in fremde Lande gezogen war, erblickt und dies gibt ihr den Anlass zu einem innigen Wunsch der Vereinigung mit ihm.

Die Frau äussert sich mit einer auffälligen Zurückhaltung.

Sie spricht den Geliebten nicht direkt an, sondern nur unter einem Bilde. Weder die Erinnerung seines Entweichens noch das Ereignis seines Wiedererscheinens presst ihr einen Laut des Empfindens ab.[1] Und selbst dem Wunsch, der sich schliesslich ihrem Herzen entringt, ist äusserlich

---

[1] Es will mir daher nicht sehr stilgemäss erscheinen, wenn Scherer (Vorträge und Aufsätze, Seite 119) übersetzt: „Ich sah seitdem den Falken oft in stolzem Flug. Doch ach! an seinen Füssen er seidne Fesseln trug."

aller persönlicher Charakter genommen: denn in ihrem Gedenken andrer lässt sie das eigene Sehnen nur ahnen.

Nicht also strömen hier Gefühle im ungehemmten Erguss monologischer Selbstbefreiung aus. Es drängt sich vielmehr der Gedanke auf, dass die Worte, die wir vernehmen, für den Geliebten selber bestimmt seien. Ich fasse unser Lied als eine Botschaft, mit der die Dame dem zurückgekehrten Freunde ihre Neigung zu erkennen geben will. Dieser delikaten Aufgabe erledigt sie sich in einer Weise, in der sich ebenso charakteristisch die Keuschheit wie die Zartheit weiblichen Wesens bekundet.

Aber was uns fesselt, ist nicht nur der Inhalt der Darstellung, sondern ebenso ihre eigentümliche Form.

Das Lied zerfällt in drei Teile: im ersten erzählt die Frau von der Flucht ihres gezähmten und geschmückten Falken (Vers 1—8); im zweiten von seinem Wiedererscheinen in reicherer Zier (Vers 9—14); im dritten betet sie zu Gott für alle, die in Liebe vereint zu werden begehren (Vers 15—16).

Diese drei Teile stehen scheinbar ganz unvermittelt und wie abgerissen nebeneinander. Kein Wort über die Ereignisse, die zwischen Flucht und Wiedererscheinen des Falken liegen; kein Wort über die Beziehung, die zwischen seinem Wiedererscheinen und ihrem Gebet für alle *die geliep geren sin* besteht.

Aber nur für den Aussenstehenden fehlt der Zusammenhang. Für den Geliebten selber ist die Sprache der Frau deutlich. Sie gibt sich ihm mit dem ersten Teil zu erkennen; aus dem zweiten ersieht er, dass er wiedererkannt ist; in dem dritten offenbart sich ihm alles Wünschen, alles Hoffen, das sein Wiedererscheinen in dem Herzen der Geliebten wachruft, und damit zugleich auch, was zwischen seinem Weggang und seiner Heimkehr liegt: das Sehnen, die Treue der Verlassenen — vielleicht auch ihre Reue über das, was ihn einst hinweggetrieben.

Nur soviel sagt die Frau, als ihr der Moment, die Situation, ihr eigentümlicher Zweck in den Mund legen. Daher bescheidet sie sich auch, die einfache Tatsache der seidenen Riemen zu erwähnen. Deutet sie doch dem Geliebten damit zur Genüge an, dass ihren Augen das fremde Angedenken nicht entgangen ist. Er aber mag es absichtlich zur Schau getragen haben, indem er sich von der erregten Eifersucht der Dame vielleicht noch mehr versprechen zu dürfen vermeint als von dem schmerzlichen Sehnen, das er ihr zu kosten gegeben.

Wie die Situation in sich selbst beschlossen ist, so äussert sich auch das Wesen der Frau nur aus den spontanen Regungen ihres individuellen Gemüts heraus. Ihr mitfühlendes Verständnis für das Sehnen anderer enthüllt die Tiefe ihres eigenen Seelenleidens; das Bild, unter dem sie den Zurückgekehrten erschaut, die stolz-freudige Bewegung ihres liebeerfüllten Herzens. Wie ihre Keuschheit, ihre Zartheit, ihre Eifersucht in Erscheinung traten, das sahen wir schon: nirgends ein Wort direkter Schilderung, überall nur eine so zu sagen rein symptomatische Darstellung.

Wie charakteristisch unterscheidet sich hier doch das italienische Sonett[1], das Burdach schon zu treffenden Vergleichen herbeizog, sofort mit seinen ersten Zeilen: *Tapina me che amava uno sparriero! amava'l tanto ch'io me ne moria!* „Ach ich Elende, die ich einen Sperber liebte. Liebte ich ihn doch so, dass ich mich fast zu Tode nach ihm sehnte!" Gleich Empfindungsausdruck, gleich Selbstbetrachtung, gleich der Begriff Liebe, mit dem der zarte Schleier des Bildes von vornherein abgestreift ist!

Und nun denken wir an unsern Sänger. Besitzt das Falkenlied nicht im hervorragenden Masse gerade alle jene Eigenschaften, deren Mangel in seinen Liedern uns veranlasste, diesen den Naturcharakter abzusprechen? Daher kommen wir zu dem Resultat, dass ihm das Falkenlied grundsätzlich nicht gehören kann, dass es überhaupt keinem Kunstdichter gehört. Wir dürfen in ihm vielmehr wirklich ein echtes Frauenlied vermuten, ein Lied, in dem redende und dichtende Person eins sind.

---

[1] Abgedruckt in des Minnesangs Frühling³, Seite 232.

4*

Wer daran noch zweifelt, wer den Unterschied zwischen Sprache der Kunst und Sprache der Natur auch nach den obigen ausführlichen Darlegungen nicht erkennen will, den belehrt über diesen Punkt vielleicht das folgende Lied, das einem unsrer ältesten und einfachsten Kunstdichter, Meinloh von Sevelingen, entstammt und eine ganz ähnliche Situation behandelt, wie unser eben besprochenes Lied [1]:

> 'Ich hân vernomen ein mære,
> mîn muot sol aber hôhe stân:
> wan er ist komen ze lande,
> von dem mîn trûren sol zergân.
> mînes herzen leide
> si ein urlop gegeben.
> mich heizent sîne tugende
> daz ich vil stæter minne pflege.
> ich lege mir in wol nâhe,
> den selben kindeschen man.
> sô wol mich sînes komenes!
> wie wol er frowen dienen kan!'

Ich meine, der Wesensunterschied ist Punkt für Punkt mit Händen zu greifen.

5.

Hiermit ist denn zugleich erwiesen, dass die Strophe, deren sich unser Autor mit seinem zweiten Ton bedient, bei einer anderen Person der Zeit Gebrauch zu unmittelbarer lyrischer Aussprache fand. So erhebt sich für uns jetzt die Frage: was soll der Ausdruck *Kürenberges wîse* bedeuten, den der Sänger in seinem dritten Wechsel anwendet?

Keine Frage ist in der Litteratur unsres Gegenstandes so vielfach erörtert worden wie diese, keine hat so verschiedenartige Beantwortung gefunden. Ein Teil unserer Forscher lässt dahingestellt oder leugnet geradezu, dass mit dem angeführten Ausdruck die Strophe bezeichnet sei, die in dem Lied selber zur Anwendung gelange[2]. Dem andern

---

[1] Des Minnesangs Frühling 14, 26—37.
[2] Zupitza, Über Franz Pfeiffers Versuch, Seite 29 f.; Vollmöller, Kürenberg und die Nibelungen, Seite 39 f.; Heinzel in Scherers Deutschen

dagegen gilt es als sicher, dass *Kürenberges wise* die Strophe des Liedes selber bezeichne, und man streitet sich nur über die Person, auf die der Name Kürenberg gehe. Die einen wollen in ihm den Erfinder der Strophe, sowie zugleich den Autor des Liedes genannt sehen [1]; andere den Erfinder der Strophe, aber nicht den Autor des Liedes [2]; wieder andere den Autor des Liedes, aber nicht den Erfinder der Strophe [3].

Die Annahme, dass die *Kürenberges wise* eine andre sei als die Strophe des Liedes selber, also unsres dritten Wechsels, ist für uns schnell beseitigt. Denn wir wissen: 1. dass der Wechsel eine Fiktion unsers Autors bedeutet, 2. dass unser Autor selber der antwortende Teil ist, 3. dass also auch der Ritter, dessen Gesang die Frau erwähnt, unser Autor ist, 4. dass der Gesang oder die Gesänge, auf die sie sich bezieht, nur die in der Ordnung seines Cyklus voraufgegangenen sein können. Diese sind aber in der Strophe unsres dritten Wechsels verfasst: also ist die Strophe des dritten Wechsels die *Kürenberges wise*.

Bezeichnet nun der Name Kürenberg den Erfinder unsrer Strophe, wie zugleich unsern Autor?

Diese Frage beantworten wir mit Hilfe des früher besprochenen Falkenliedes. Denn es zeigt sich ein Merkwürdiges: das Naturlied bildet nicht bloss eine metrische Vorstufe zum sechsten Wechselgesang, sondern es bildet zu eben diesem Gesang auch die inhaltliche Voraussetzung. Kurz der sechste Wechselgesang ist als eine direkte Bearbeitung des Falkenliedes anzusehen.

Der Wechsel enthält die genau entsprechende Situation: Trennung der Geliebten und Ersehnen der Wiedervereinigung

---

Studien 2, Seite 17; Steinmeyer, Anzeiger für deutsches Alterthum, 14, Seite 123.

[1] Pfeiffer, Freie Forschung, Seite 17 f.; Bartsch, Untersuchungen über das Nibelungenlied, Seite 353 ff., derselbe Germania 13, Seite 242 f. und andre; vergleiche auch schon Wackernagel, Altfranzösische Lieder (1846), Seite 214.

[2] Scherer, Zeitschrift für deutsches Alterthum 17, Seite 571 ff.

[3] Paul in Paul und Braunes Beiträgen 2, Seite 411 f.

von Seiten der Frau. Diese ruft zum Schluss ihrer Rede ebenfalls die Mithilfe Gottes an.

Die Veränderungen aber, die die einzelnen Züge des Naturlieds im Wechsel erfahren, zeigen sich aufs engste mit der unserm Sänger eigentümlichen Tendenz verknüpft. Die sprunghafte Darstellung des Originals liess es ungesagt, warum sich die Geliebte abwendet, unser Sänger ergänzt diese Lücke: *daz machent lügenære*. Er führt also ein ganz konventionelles, ein speziell ihm so geläufiges Motiv ein, dass wir es in seinem zeitlich folgenden Gesang II gleich wiederfinden, nur dass da die *lügenære* in der Gestalt der *merkære* auftreten. Das innige Gebet für die Mitleidenden, das sich der zarten Weiblichkeit des Vorbilds entrang, kehrt in der Bearbeitung als derber Fluch gegen die Widersacher wieder, und statt die Bewegungen des Herzens nur ahnen zu lassen, äussert sich hier das Verlangen der Frau geraden Wegs. Natürlich birgt sich auf diesem geraden Wege auch der Geliebte nicht mehr in der Hülle eines Bildes, sondern der *valke*, der da *schône* daherfliegt, schreitet jetzt als der *schœne ritter* einher. Und freilich hat unser braver Sänger wohl noch seinen besonderen guten Grund, das Bild in der Verwendung, in der es sein Original ihm bot, abzulehnen. Denn der Mann ein gezähmtes Tier — nein, das ist kein Vergleich, der Selbstherrlichkeit des Wechseldichters zu schmeicheln! Aber hätte er umsonst die Kunst geübt, seinem Widerpart mit dessen eigenen Worten heimzugeben? Der Falke liefert ihm also — wie könnte unser Sänger köstlicher seine Art bewähren! — das Grundmotiv seiner Gegenstrophe: *wip unde vederspil, die werdent lihte zam!*

Der parodistische Charakter unsrer Wechselgesänge liess a priori voraussetzen, dass ihnen bestimmte Originale zu Grunde lägen. Das Falkenlied gibt uns den wichtigen Fingerzeig, dass diese Originale Naturprodukte waren. Denn wir werden nun diese Eigenschaft um so mehr auch auf die Originale der übrigen Lieder übertragen, als in einigen die Situation — ich denke an Gesang II und IV; wo es sich um belauschte Liebesseufzer handelt — geradezu dazu auffordert.

Das Falkenlied belehrt uns aber ferner, dass diese Naturlieder oder, um den üblichen Ausdruck zu gebrauchen, Volkslieder in der Strophe unserer Gesänge umherliefen. Unser Dichter hat somit seine Strophe nicht erfunden: er hat sie von seinen Vorbildern übernommen.

Mit dieser Tatsache ist nun zugleich eine höchst auffällige Erscheinung in seiner Kunstentwicklung erklärt. Betrachten wir nämlich die früher aufgestellte metrische Reihe, die seine Lieder ergaben, nach dem Massstab der Modernität, so zeigt sich, dass jene Reihe einen rückläufigen Charakter enthält: sie nimmt schrittweise vom Modernen zum Altertümlicheren den Gang. Denn wir sehen unsern Sänger von der Variation, die er in seinem ältesten ernsthaften Liede anwendet, mit seinen Gedichten der neuen Tendenz zur einfachen Strophe übergehen und für diese sich dann schliesslich auch den mehrsilbigen Reim aneignen. Wir können nun sagen: er verlässt die kompliziertere Form, weil seine Vorbilder ihm die einfache boten und gelangt des weiteren noch zur Verwendung des mehrsilbigen Reims, indem er sich dem volkstümlichen Muster geradeso metrisch immer mehr nähert, wie er in seiner Darstellungsform immer entschiedener die reine Improvisation zu erreichen suchte.

Das Verdienst unseres Autors an der *Kürenberges weise* dürfte sich demnach darauf beschränken, dass er sie in die Kunstlyrik einführte. Er mag auch selbständig den mehrsilbigen Reim von der zweiten Strophe in die erste verlegt haben[1]; es mag ferner sein eigener Gedanke gewesen sein, in der zweiten Strophe den Reimkontrast in umgekehrter statt in gerader Folge zu wiederholen. Aber das sind Formen einer Weiterbildung, auf die auch andre Dichter sehr leicht verfallen konnten und gewiss auch verfielen. Ein lehrreiches Abbild dieses freien Gestaltungstriebes gewährt noch das neuere Volkslied, das in unsrer Strophe gedichtet ist. Es bewahrt die Reimtechnik des alten mehrstrophigen Liedes, die in der Kunstpoesie bald verloren

---

[1] Ich führe im Anhang I einige Belege für das Gesagte vor.

ging, treu durch die Jahrhunderte hindurch und gibt uns auf diese Weise gelegentlich ein Kriterium in die Hand, die älteren Bestandteile von jüngeren abzusondern.

Es ist also erwiesen: unser Autor ist nicht als der Erfinder der Strophe zu betrachten. Mithin kann auch der Name Kürenberg nicht den Erfinder der Strophe und unsern Autor zugleich bezeichnen, sondern nur eines von beiden.

Bezeichnete der Name Kürenberg bloss den Erfinder der Strophe?

Scherer bejahte dies, indem er *Kürenberges wise* für einen technischen Ausdruck ansah, der unserm Autor überliefert war, für eine feststehende Bezeichnung der Melodie nach dem Namen ihres Urhebers, und er berief sich für diese Annahme auf das gleiche Verfahren, das die Meistersänger bei Benennung ihrer Melodien übten. Demgegenüber hat aber Paul[1] mit Recht geltend gemacht, dass die Benennungen der späten Meistersänger Verhältnisse und Bedingungen voraussetzten, die für die frühe Zeit unsrer Lieder in keiner Weise zuträfen, dass mithin für die Annahme Scherers jedes historische Mittelglied fehle.

Soll nun aber doch richtig sein, dass unser Autor mit dem Namen Kürenberg den Erfinder der Strophe, und nicht sich selbst bezeichnen wollte, so bliebe nur die Annahme übrig, dass er den Ausdruck *Kürenberges wise* ad hoc geprägt habe, um auf den fremden Erfinder der Melodie hinzuweisen.

Hiermit würde er aber in den seltsamsten Widerspruch mit der am Tag liegenden Tendenz seines Gedichts treten. Eine höchste Herrin, durch die Kunst eines Sängers so hingerissen, dass er ihrem Liebesantrag entfliehen muss — das ist doch nur eine lustige Aufschneiderei, bestimmt für diesen Sänger Reklame zu machen! Da aber dieser Sänger, wie wir wissen, unser Autor selber ist, so fragen wir: wie in aller Welt könnte seinem Zweck damit gedient sein, vor seinem Publikum einen fremden Künstlernamen zu Ehren

---

[1] Paul und Braunes Beiträge 2, Seite 411 f.

zu bringen? Es steht ausser allem Zweifel: Kürenberg bedeutet keinen andern Namen als den unsers Autors.

So hat sich uns denn die letzte der eingangs angeführten Meinungen als richtig ergeben, deren Vertreter Paul ist: Der Kürenberger ist unser Autor, aber nicht der Erfinder der Strophe, die er anwendet. Und wenn er diese trotzdem mit seinem Namen benennt, so kann er, wie auch schon Paul geschlossen hatte [1], dies nur deswegen tun, weil sie die von ihm speziell gebrauchte Strophe ist.

Nun hat Steinmeyer [2], einen Einwand Zupitzas wieder aufnehmend, entgegengehalten, dass die Dame sich dann überaus ungeschickt ausdrücke, indem sie sage *dô hôrt ich einen ritter vil wol singen in Kürenberges wîse* statt *dô hôrt ich den Kürenberger vil wol singen in sîner wîse*. Aber sie drückt sich gar nicht ungeschickt, sondern nur unbestimmt aus und dies in sehr weislicher Absicht des Dichters. So bleibt nämlich für das Publikum zunächst der Gedanke offen, dass die Dame nicht den Kürenberger selber, sondern irgend einen andern Sänger in seiner Weise gehört habe. Damit erreicht unser Dichter aber zweierlei. Einmal ein Selbstkompliment, wie es ganz im Stile seiner Lieder liegt. Denn welchen Ruhm musste er in dieser Strophe erlangt haben, wenn man sie schlankweg seine Weise heisst, auch wo ein andrer sie gebraucht! Zweitens erzielt er ein Moment der Spannung.

Man stelle sich die Situation vor: Es ist Nachtzeit. Unser Sänger hat schon manches Lied zum Besten gegeben. Nun steht er am Ende seines Repertoires, aber der Beifallsrausch seiner Zuhörer will nicht aufhören. Da schickt die Herrin selber, die von der Zinne der Burg seinem Gesang

---

[1] „Wir dürfen eine so unwahrscheinliche Annahme [wie die obengenannte Scherers] nicht auf eine Stelle hin aufstellen, wenn sich dafür noch eine andere Erklärung geben lässt. Und eine solche ist allerdings möglich. *Kürenberges wîse* ist nicht gemeinverbreiteter Name der Strophe, sondern eine Bezeichnung, die ihr die Dame im Augenblicke beilegt, die weiter nichts besagt, als 'die Weise, welche der Kürenberger zu gebrauchen pflegt'." Paul und Braune, Beiträge 2, Seite 412.

[2] Anzeiger für deutsches Alterthum 14, Seite 122.

gelauscht, zu ihm, dass er mit noch einem Stück aufspiele. Nun diese Geschichte, die da an einem ähnlichen Platz einem Sänger derselben Melodie passiert ist. Ganz harmlos aus der Vergangenheit berichtend beginnt sie — *ich stuont mir nehtint spâte* — und jedem Hörer legt sich die Frage auf die Zunge, wer mag der Teufelskerl von Sänger gewesen sein, der dergleichen mit seiner Kunst zu Wege gebracht. Wie drastisch musste es da wirken, wenn sich in der Gegenstrophe unser Sänger selber als jener Ritter entpuppte, indem er plötzlich als der direkt Antwortende auftritt! Und dazu male man sich weiter aus, wie bei seinen Worten *nu brinc mir her vil balde mîn ros, mîn isengwant* sein Knappe wirklich die genannten Dinge herbeibringt, und er sich dann, mit der Schlusswendung *si muoz der mîner minne iemer darbende sîn* direkt zur Herrin gerichtet, in der Tat zur Heimreise anschickt! Wahrlich ein Abgangsstück par excellence, wie es sich nur der verwöhnte Liebling der Höfe, kecken Übermutes voll, erlauben durfte.

Wie „überaus ungeschickt" dürfen wir jetzt sagen, wäre unser Dichter verfahren, wenn er die Dame sich hätte ausdrücken lassen *dô hôrt ich den Kürenberger vil wol singen in sîner wîse* statt *dô hôrt ich einen ritter ril wol singen in Kürenberges wîse!* Alle Spannung, aller Witz, der ganze Effekt seines Abgangs wäre dahin gewesen.

DRITTES KAPITEL.

ZUR RÄUMLICHEN UND ZEITLICHEN UMGRENZUNG DES DICHTERS.

1.

Es ist bekannt, dass die Kürenberglieder in ihrem Sprachschatz auffällig viele und zum Teil charakteristische Übereinstimmungen mit dem Nibelungengedicht aufweisen [1]: ein Umstand, den Pfeiffer für seine Hypothese nutzbar zu machen suchte, dass der Kürenberger und der Verfasser unsres grossen Nationalepos identisch seien. Vollmöller [2] konnte dartun, dass eine grosse Anzahl der gemeinsamen Wendungen auch in andern Gedichten der mittelhochdeutschen Litteratur zu finden sei. Ich begreife nicht, wie man dem selbstverständlichen Ergebnisse seines Sammelfleisses jemals Wert beimessen konnte, die Frage zu entscheiden, die von Pfeiffer angeregt war. Hat Vollmöller ein zweites mittelhochdeutsches Gedicht namhaft gemacht, zu dem sich die Kürenberglieder in ein auch nur annähernd entsprechendes Verhältnis stellten wie zu den Nibelungen? Dieses Verhältnis bleibt daher nach wie vor als eine Tatsache be-

---

[1] Dieselben wurden zuerst verzeichnet von Pfeiffer, Freie Forschung, Seite 25 ff., wozu Ergänzungen lieferten Thausing, Nibelungenstudien, Seite 5 f.; Bartsch, Untersuchungen, Seite 362 f.; derselbe, Germania 19, Seite 354 f.; Neubourg, Germania 30, Seite 78.

[2] Kürenberg und die Nibelungen, Seite 16—34.

stehen, die der Erklärung bedarf. Ich glaube sie geben zu können.

Wir wenden uns noch einmal zum Falkenlied. Keines der unter dem Namen des Kürenbergers überlieferten Lieder erinnert in dem Masse an das Nibelungengedicht wie gerade dieses, das ihm gar nicht angehört. Um das Verhältnis mit aller Deutlichkeit zu veranschaulichen, setze ich unser Lied und die Stelle des Nibelungengedichts, die hier speziell in Betracht kommt, nebeneinander, wie das auch schon Ortner[1] getan hat:

'Ich zôch mir einen valken mêre danne ein jâr.
dô ich in gezamete als ich in wolte hân
und ich im sîn gevidere mit golde wol bewant,
er huop sich ûf vil hôhe und floug in anderiu lant.
Sît sach ich den valken schône fliegen:
er fuorte an sînem fuoze sîdîne riemen,
und was im sîn gevidere alrôt guldîn.
got sende si zesamene die geliep geren sîn.'

Und Nibelungen, Strophe 13 f.:

Ez troumde Kriemhilte in tugenden der si pflac,
wie si einen valken wilden züge manegen tac,
den ir zwên arn erkrummen, daz si daz muoste sehen:
ir enkunde in dirre werlde nimmer leider sîn geschehen.
Den troum si dô sagete ir muoter Uoten.
sin kunde in niht bescheiden baz der guoten:
'der valke den du ziuhest, daz ist ein edel man:
in welle got behüeten, du muost in schiere vloren hân'.

Beidemal gibt also ein entflohener Falke, unter dem der edle Geliebte zu verstehen ist, das dichterische Motiv. Beidemal liegt der Vorgang in der Vergangenheit und ist die betroffene Frau die berichtende. Beide Darstellungen haben den Umfang zweier Strophen und berühren sich gerade im Anfang und gerade zum Schluss durch wörtliche Anklänge. Wenn meine Lesung *die geliep geren sin* richtig ist, so trifft unser Lied auch noch mit der schon erwähnten Stelle Nibelungen 294,4 zusammen: *die er ze trûte gerte hân.*

---

[1] Reimar der Alte. Die Nibelungen, Seite 158 f.

Das Volkslied scheint also gleichsam aus dem Nationalepos herausgeschnitten zu sein. Was folgt nun aus der nahen Verwandtschaft? Gleiche Autorschaft oder direkte Entlehnung? Keines von beiden. Darüber belehren uns die charakteristischen Unterschiede, die doch andrerseits in den verglichenen Gebilden hervortreten. Zunächst in stofflicher Hinsicht. Das eine Mal wird der Falke als Traumbild gesehen, das andere Mal wirklich; das eine Mal ist unter dem Falken der Mann der verheirateten Frau zu verstehen, der von seinen Feinden umgarnt wird, das andre Mal der Geliebte des Mädchens, der sich freiwillig in die Bande einer andern Frau begibt. Dann in Hinsicht auf die Darstellung. Im Lied haben wir Einzelrede, im Epos Dialog, und zwar sind in diesem die Rollen so verteilt, dass der Bericht des tatsächlichen Moments der betroffenen Frau verbleibt, dass aber das, was dem lyrischen Moment im Lied, was dem Wunsch entspricht, der sich dem Herzen des Mädchens entringt, hier an die aussenstehende Mutter Uote übergeht. Ferner macht sich im Epos die unbeteiligte Person des Dichters geltend: Krimhilde spricht nicht in erster Person wie das Mädchen des Liedes, sondern wird in dritter Person eingeführt, der Dichter erläutert uns ihre Gefühle (*ir enkunde in dirre werlde nimmer leider sîn geschehen*), er gibt uns sein Urteil kund (*sin kunde in niht bescheiden baz der guoten*). Endlich erhält auch im Epos die Beziehung zwischen Falken und Ritter direkten Ausdruck, indem der Mutter die Worte in den Mund gelegt werden: *der valke den du ziuhest, daz ist ein edel man*.

Wir lernen also hier in interessantester Weise den Unterschied zwischen Volkslyrik und Volksepik kennen. Die verschiedenartige Tendenz kommt aber in den beiden Produkten in so einheitlicher, unmittelbarer und ursprünglicher Weise zum Austrag, dass hier wie dort die Selbständigkeit und Geschlossenheit freier Konzeption am Tage liegt. Die Gemeinsamkeiten beider Dichtungen können demnach nur darauf beruhen, dass sie aus einem gemeinsamen Schatz poetischer Anschauungen, poetischer Ausdrucksmittel schöpfen.

Nun aber ist klar: Wo Volkspoesie leben soll, da muss naturnotwendig Gleichheit der Erfahrungen, der Interessen, des Empfindungslebens bestehen. Wenn aber dies die Momente sind, die die poetische Sprache bilden, so wird sich die Sprache der Volkspoesie nur nach Zeiten und Gegenden, nicht aber nach Individuen, ja an sich auch nicht nach poetischen Gattungen unterscheiden. Aus der innigen Berührung des Falkenlieds mit den Nibelungen dürfen wir also schliessen, dass beide derselben Zeit, demselben Boden entstammen.

Das weitere ergibt sich von selber. Da sich nicht nur die Bearbeitung des Falkenlieds mit dem Sprachschatz des Nibelungengedichts berührt, sondern ähnlich auch alle andern Lieder Kürenbergs, so beweist dies, dass auch alle andern Originale, die den Liedern Kürenbergs zu Grunde liegen, dem Boden der Nibelungengesänge erwachsen sind. Dass die Spracheigentümlichkeit unsrer Lieder sich aber wirklich aus ihren Originalen herschreibt, dafür ist auch der Umstand bezeichnend, dass die nachgewiesenen Übereinstimmungen mit dem Nibelungengedicht fast durchweg nur die Frauenstrophen betreffen[1]. Wo sie in Mannesstrophen auftreten, leuchtet gewöhnlich ihr persiflierender Charakter sogleich hervor: so im *vederspil* der sechsten Mannesstrophe, dessen Ursprung wir ja kennen, und ebenso im letzten Vers dieser Strophe, mit dem ja nur der letzte der Frauenrede wieder aufgenommen wird.

Wissen wir denn hiermit, auf welchem Boden die Originale Kürenbergs zu suchen sind, so wissen wir auch, wo wir seine eigene Erscheinung zu suchen haben: sie findet nur da ihren Platz, wo die Gesänge der Nibelungen lebendig sind. Ja wir dürfen vermuten, dass ihm diese nationale Epik selber so nahe trat, wie die nationale Lyrik.

Um dies zu erweisen, muss ich, scheinbar weit ausholend, eine Stelle des altenglischen Nationalepos erörtern,

---

[1] In dem Bestreben Kürenbergs, gerade die Frauenstrophen mit volkstümlichen Eigenheiten auszustatten, ist vielleicht auch der Anlass zu suchen, dass er den zweisilbigen Reim von der zweiten Strophe in die erste versetzte, wie wir Seite 47 beobachteten; vergleiche auch Seite 55.

nämlich jene Episode des Beowulf, in der des Helden Sieg über Grendel abwechselnd durch Wettlauf und Gesang gefeiert wird. Ich glaube in meinem Aufsatz Zwei Versversetzungen im Beowulf[1] erwiesen zu haben, dass in dem eben angeführten Teil des Gedichts eine grobe Störung der Überlieferung waltet: nur wenn wir die Partie Vers 901—915 von ihrem jetzigen Platz entfernen und zwischen die Verse 861 und 862 rücken, ergibt sich eine geordnete Erzählung.

Der Verlauf der Feier zerfällt dann in zwei Sangesvorträge, denen jedesmal ein Wettlauf folgt; und zwar besteht der erste Vortrag aus drei Teilen, nämlich aus einem Preislied Beowulfs, einem Scheltlied Heremods und einem Preislied Hrodgars; der zweite Vortrag aus zwei Teilen, nämlich einem abermaligen Preislied Beowulfs und einem Preislied Sigmunds. Diese einzelnen Teile aber der Vorträge zeigen sich nach allen Richtungen in einem Verhältnis des Gegensatzes zu einander befindlich. Im ersten Vortrag treten sich einerseits Beowulf und Heremod gegenüber: Beowulf, der fremde Held, der herbeieilt, um den Dänen in ihrer Bedrängnis zu helfen — Heremod, der ein-

---

[1] Zeitschrift für deutsche Philologie 22, Seite 385 ff. — Auch Sievers (Berichte über die Verhandlungen der königlich sächsischen Gesellschaft der Wissenschaften zu Leipzig 1895, Seite 179 f.) gesteht zu, dass sich die Heremodepisode „ganz abrupt" an die Erwähnung Sigmunds schliesse. Aber es ist nicht dies allein: auch *word ōþer fand* Vers 870 steht ohne Beziehung da, und ferner — was ich jetzt noch hinzufüge — die Worte mit denen Vers 862 f. auf Hrōðgār übergegangen wird — *ne hīe hūru winedrihten wiht ne lōgon, glædne Hrōðgār, ac þæt wæs gōd cyning* ihren lieben Herrn Hrodgar aber wahrlich schalten sie nicht, sondern das war ein guter König — scheinen doch geradezu darauf hinzudeuten, dass vorher wirklich ein schlechter König gescholten wurde. Dies ist aber erst in der von mir angenommenen Ordnung der Fall. — Durch den Hinweis, dass auch im Hyndlalied Heremod und Sigmund zusammen auftreten, wird meine Hypothese nicht im geringsten berührt. Denn indem Beowulf einerseits an Heremod, andrerseits an Sigmund gemessen wird, bleibt ja die Verbindung Heremod-Sigmund bestehen! Sievers gibt dann noch Seite 178 f. eine neue Deutung des Heremod-Abschnitts, auf deren Erörterung ich hier verzichten darf, da sie meine obige Darlegung in den Punkten, um die es sich augenblicklich für mich handelt, unbetroffen lässt.

heimische König, der hinwegzieht und sie in ihrer Bedrängnis zurücklässt; andrerseits Heremod und Hrodgar: Heremod, der schlechte Dänenkönig der Vergangenheit, — Hrodgar, der gute der Gegenwart. Im zweiten Vortrag treten sich Beowulf und Sigmund gegenüber: Beowulf als Grendeltödter — Sigmund als Drachentödter, Beowulf mit der Aussicht unsterblichen Ruhms — Sigmund im Besitz unsterblichen Ruhms. Und ebenso bilden die Vorträge, in ihrer Ganzheit genommen, Kontraste: in dem ersten Vortrag wird Beowulfs Wert ins Licht gerückt, indem er einem besonders berüchtigten Helden — Heremod — entgegengestellt wird, wobei denn eine Loyalitätsbekundung für den regierenden Herrn nebenherläuft; im zweiten, indem er einem besonders berühmten Helden — Sigmund — gleichgestellt wird.

Wir haben also hier eine Art von epischem Gesangscyklus: eine Reihe von fünf epischen Einzelliedern, die durch ein gemeinschaftliches ideales Band — nämlich die Verherrlichung Beowulfs — zusammengehalten werden und die zugleich im speziellen durch ein Prinzip der Kontrastierung geordnet erscheinen. Dieses Prinzip trifft ebenso die einzelnen Gesänge wie die ganzen Vorträge oder Gesangsgruppen.

Wir dürfen annehmen, dass die Vortragstechnik, die uns eben in so ausgebildeter Form entgegentrat, kein vereinzeltes Kunstverfahren darstellt, sondern ein solches, das in den Kreisen der epischen Sänger traditionell gepflegt wurde.[1] So wenigstens erhielte das Gesetz des Gegensatzes seine bedeutsame Basis, das ten Brink[2] im Beowulfepos als einen wichtigen Faktor für die Gruppierung und Gestaltung der Motive erkannte, und das sich auch leicht in der nationalen Epik der mittelhochdeutschen Zeit verfolgen liesse.

Erinnern wir uns nunmehr der Methode, die den

---

[1] Dies würde sich wohl näher darlegen lassen, wenn man die Namen, die in der Heldensage gern verbunden auftreten, zusammenstellen und auf die in ihnen enthaltenen Kontrasttypen untersuchen wollte.

[2] Pauls Grundriss 2¹, Seite 530.

Kürenberger bei der Bildung seines Liederbuchs leitete. Auch sein Sangescyklus, sahen wir, liess sich in kontrastierende Gruppen scheiden, deren einzelne Glieder wieder untereinander nach allen Richtungen kontrastierten. Benennen wir seine Gesänge in der Reihenfolge ihrer originalen Ordnung, wie vorher, mit ABCDEF, so kontrastiert Gesang C einerseits mit B, andrerseits mit D; Gesang D einerseits mit C, andrerseits mit E; Gesang E einerseits mit D, andrerseits mit F; ferner Gruppe ABC mit Gruppe DEF und endlich noch die Gruppenteile: der Einleitungsteil A mit dem Schlussteil F, das Paar BC mit dem Paar DE.

Es zeigt sich also, dass unser Lyriker mit seiner Vortragstechnik in engster Berührung steht mit der traditionellen Vortragstechnik der epischen Sänger.

Also auch von dieser Seite aus werden wir auf den Boden des wiedererstandenen Nationalepos als die Heimat des Kürenbergers gewiesen. Der Versuch Strnadts,[1] den Kürenberger in den Breisgau zu versetzen, wie dies schon vor ihm Mone[2] und von der Hagen[3] getan hatten und neuestens Schulte[4] tut, verbietet sich somit auch aus litterarhistorischen Gründen. Der Kürenberger ist eine Erscheinung, die ausserhalb der österreichischen Lande nicht denkbar ist.

2.

Freilich wäre es ein müssiges Unternehmen, unter den zahlreichen Trägern des Namens Kürenberg, die die Urkunden des zwölften und dreizehnten Jahrhunderts auf-

---

[1] Strnadt, Der Kirnberg bei Linz etc., Seite 54 ff. Die Geschichte des Breisgauer Geschlechts geben Naeher und Maurer in der zweiten Auflage ihrer Schrift Die alt-badischen Burgen und Schlösser des Breisgaues (1896), Seite 106—108. Die Schrift Strnadts ist beleuchtet worden von Pfaff in der Seite 1 f. angeführten Zeitschrift der Gesellschaft etc. 8, Seite 112 ff. und von J. Hurch, Zur Kritik des Kürenbergers (1889), vergleiche auch Pfaff im neunten Band der eben erwähnten Zeitschrift, Seite 103—108.
[2] Badisches Archiv 1, Seite 53.
[3] Minnesinger 4, Seite 109.
[4] Zeitschrift für die Geschichte des Oberrheins 7, Seite 545. 556 f.

weisen,[1] einen bestimmten ausfindig machen zu wollen, dem der Dichterruhm unserer Lieder gebühre. Aber nach einer näheren zeitlichen Grenze für diesen Mann sich umzusehen, dürfte geboten erscheinen.

Nachdem wir seine Tendenz sowie seinen Weg von modernerer zu altertümlicherer Kunst erkannt haben, steht schon eines von vornherein fest: eine so frühe Zeit, wie sie Pfeiffer, Thausing und Bartsch[2] für ihn ansetzten, kann nicht mehr in Frage kommen.

Treten wir, die Lieder des Kürenbergers im Sinn, an die älteste Lyrik heran, die auf uns gekommen ist, so fesselt unsern Blick sofort die unter dem Namen des Kaisers Heinrich überlieferte Poesie,[3] insbesondere haftet die Aufmerksamkeit an den Liedern 4,17—5,15. Denn sie stehen in mehrfacher Hinsicht unsern Kürenbergliedern nah.

Zunächst in ihrer metrischen Form. Scherer[4] stellt zutreffend als Grundlage der Strophe 4,17—31 eine Strophe auf, die sich vom ersten Kürenbergton nur dadurch unterscheide, dass die verdoppelte Waise nicht an der dritten, sondern an der vierten Stelle stehe, die sich so ergebende Grundform

$$\begin{array}{ll} 3\smile w & 3\,a \\ 3\smile w & 3\,a \\ 3\smile w & 3\,b \\ 3\smile w\ 3\smile w & 4\,b \end{array}$$

gilt auch für die Strophen 4,35 und 5,7 die bei unsern Kritikern verschiedener Auffassung unterliegen.

Lachmann[5] nämlich fasste die drei ersten geraden Reimzeilen beider Strophen als dreihebig auf, und dement-

---

[1] Die betreffenden Stellen findet man vollständig in chronologischer Folge bei Strnadt, Seite 29 ff.

[2] Pfeiffer (Freie Forschung, Seite 17) nennt für ihn die Zeitgrenze 1120—1140, Thausing (Nibelungenstudien, Seite 19) 1140—1147, Bartsch (Untersuchungen, Seite 355; Germania 19, Seite 353) 1140—1150; Pfeiffer vermutet in ihm den Magenes von Kürenberg (Strnadt, Seite 30), Thausing den Konrad von Küremberg (Strnadt, Seite 31).

[3] Des Minnesangs Frühling 4,17—6,4.

[4] Deutsche Studien 2, Seite 9.

[5] Zu den Nibelungen, Seite 5.

sprechend gestaltete auch Bartsch[1] seinen Text. In des Minnesangs Frühling aber gelten die erwähnten Zeilen offenbar als vierhebig und Scherer[2] will die Zeilen in der ersten Strophe vierhebig, in der zweiten dreihebig lesen, worin sich ihm Becker[3] anschliesst.

Doch gegen Scherers Annahme spricht entschieden die inhaltliche Zusammengehörigkeit der Strophen. Scherer zwar bestreitet dieselbe und hat gerade in diesem Punkt vielfache Zustimmung gefunden[4]. Aber die Strophen besitzen ein ganz objektives Kriterium ihrer Zusammengehörigkeit. Die erste Strophe schliesst mit den Worten *sprach daz minnecliche wîp*, obwohl durch die Anrede des Mannes und den Inhalt der Strophe die Redende genügend deutlich gemacht ist. Nun gibt es nur noch sieben Fälle in des Minnesangs Frühling, in denen eine solche Einführung des Redenden zum Schluss einer Strophe oder eines Gedankens vorkommt,[5] und jedesmal erhellt ein ganz bestimmter Zweck der angewendeten Formel: entweder soll die Rede einer Person von der einer andern geschieden werden, so 6,27. 8,16. 32,7; oder es soll die Einheit der redenden Person für die weitere Folge hervorgehoben werden, so 32,3. 39,7. 57,12. 203,11. Dass man nun unsre Strophe nicht dialogisch auffassen kann, wie es Wilmanns und Gruyter[6], wollen, ist von Röthe[7] genügend dargetan worden. So haben wir also hier ein zweistrophiges Frauenlied und ich kann nicht mit Scherer finden, dass sich die zweite Strophe der ersten als Nachruf an den Scheidenden unpassend anschliesse. In der

---

[1] Liederdichter², Seite 291.
[2] Deutsche Studien 2, Seite 10.
[3] Altheimischer Minnesang, Seite 72.
[4] So bei Burdach, Reinmar der Alte und Walther von der Vogelweide, Seite 75 f.; Becker, Altheimischer Minnesang, Seite 72; Brachmann, Germania 31, Seite 452; Roethe, Anzeiger für deutsches Alterthum, 16, Seite 90 u. a.
[5] Die Fälle verzeichnet Wilmanns, Leben Walthers von der Vogelweide, Seite 334.
[6] Wilmanns, Leben Walthers von der Vogelweide, Seite 334. Gruyter, Das deutsche Tagelied, Seite 8.
[7] Anzeiger für deutsches Alterthum 16, Seite 90.

ersten Strophe fleht die Frau den Geliebten an, bald zurückzukehren, und in der zweiten versichert sie den Geliebten, wie sie das genossene Glück und seine Person während seiner Abwesenheit in treuem und ehrendem Andenken bewahren wolle. Natürlich liegt in diesen Worten die Mahnung versteckt: „Tu ein Gleiches!"
Es fragt sich also nunmehr nur, ob die drei ersten geraden Reimzeilen in beiden Strophen dreihebig oder in beiden vierhebig zu lesen sind. Der ausgeprägte Rhythmus dieser Zeilen in der zweiten Strophe, speziell der formelhafte Vers *die naht und ouch den tac* lassen keinen Zweifel, dass wir hier die alte Dreihebigkeit der Kürenbergstrophe wiederfinden und wir also mit Bartsch zur ursprünglichen Ansicht Lachmanns zurückzukehren haben. Die zweite Strophenform trennt sich hiernach von dem oben angegebenen Schema nur durch die Reimbindung der Waisen,[1] während die erste Strophenform noch ausserdem dazu fortschreitet, die letzte Zeile auf fünf Hebungen zu erhöhen. Die erste Strophenform besitzt also einen jüngeren Charakter als die zweite.

Zweitens erinnern die beiden eben besprochenen Lieder durch ihre Zweistrophigkeit an den Kürenberger. Ja die Strophen 4,17—34 bieten uns noch dazu einen Wechselgesang, denn mit Recht hält Burdach[2] gegen Scherer an dieser Auffassung der Strophen fest.

Endlich sei noch auf folgende auffällige Erscheinung hingedeutet: unsre sämtlichen drei Lieder weisen gerade zum Schluss Gedanken oder Wendungen auf, die an Schlussgedanken oder Wendungen des Kürenbergers erinnern. Man vergleiche 4,34 *mir geviel in al der welte nie man baz* mit dem Schluss des fünften Kürenbergwechsels *mir wart nie*

---

[1] Die Reimung geht in der zweiten Strophenform von den Doppelwaisen aus, so dass die eine von den beiden Einzelwaisen erhalten bleibt; in der ersten Strophenform geht dagegen die Reimung von den Einzelwaisen aus, so dass die eine der Doppelwaisen erhalten bleibt.

[2] Reinmar der Alte und Walther von der Vogelweide, Seite 80. Anders Brachmann, Germania 31, Seite 446. 476.

wîp alsô liep; 5,13 ff. nu merke ez wiech daz meine, als edele
gesteine, swâ man daz leit in daz golt mit dem Schluss
der fünften Frauenstrophe Kürenbergs jon mein ich yolt noch
silber: ez ist den liuten gelîch; 6,2 ff. verlüre ich si, waz
hette ich danne? dâ töhte ich ze vröuden noch wîbe noch
manne und wære mîn bester trôst heidiu ze âhte und ze banne
mit dem Schluss des ersten Kürenbergwechsels verliuse ich
dîne minne, sô lâz ich die liute vile wol enstân daz mîn fröid
ist dez minnist wider al andere man.

Ja von dem Lied 5,16 könnte man fast sagen, dass es
eine Ausführung des allgemeinen Satzes sei, mit dem der
erste Wechsel Kürenbergs beginnt, des Satzes: vil lieber
friunde scheiden daz ist schedelich: swer sînen friunt behaltet,
daz ist lobelich.

Wann aber sind diese Lieder entstanden, die in so
unmittelbare Nähe des Kürenbergers rücken? Liesse sich
erweisen, dass auch hier der handschriftliche Autorname
Gewähr besitzt, dass die drei Lieder also wirklich Kaiser
Heinrich VI. angehören,[1] so wäre die Antwort schnell genug
entschieden.

Für das dritte Lied, 5,16—6,4 ist die Autorschaft
Heinrichs gesichert, denn man darf Haupts Einwände[2] durch
die Ausführungen Karl Meyers und Scherers[3] als endgiltig
widerlegt erachten. Anders aber steht die Sache mit den
beiden ersten Liedern, also gerade den uns speziell an-
gehenden. Hier ist Karl Meyer ein positiver Beweis der
kaiserlichen Autorschaft nicht gelungen, Scherer aber meint
sie aus Gründen der Technik entschieden leugnen zu müssen.
Ich hoffe, dass uns die erneute Betrachtung der ersten
Strophe 4,17 zum Ziel führen wird. Sie lautet:

>   Wol hœher danne rîcher
>   bin ich al die zît
>   sô sô güetlîche
>   diu guote bî mir lît.

[1] Die neueste Hypothese, die die Lieder Heinrich VII. zuweisen
will, kritisiere ich im Anhang II.
[2] Des Minnesangs Frühling², Seite 227 f.
[3] Meyer, Germania 15, Seite 427 ff. Scherer, Deutsche Studien 2,
Seite 10 ff.

> si hât mich mit ir tugende
> gemachet leides fri.
> ich kom ir nie sô verre
> sit ir kindes jugende¹
> irn wær mîn stætez herzo ie nâhe bî.

Haupt las die ersten Zeilen *wol hœher dannez rîche bin ich al die zît* 'höher als der König bin ich', was freilich ein Gedanke ist, der sich im Munde eines kaiserlichen Sohns sonderbar ausnähme. Haupt kam zu diesem Text bekanntlich in der Meinung, dass *hôch* und *rîche* der synonymen Bedeutung ermangelten, die in Fügungen erfordert würden, wie sie hier B in der Lesart *hœher danne richer*, C in der Lesart *hoher danne riche* bieten. Meyer suchte demnach zu erweisen, dass *hôch* und *rîche* die gewünschte Bedingung erfüllten, und auch Scherer meinte die Möglichkeit ihrer Synonymität nicht bestreiten zu dürfen.

Aber ich glaube, wir dürfen es auf sich beruhen lassen, ob *hôch* und *rîche* synonym gebraucht werden oder nicht: an unsrer Stelle sind sie es keinesfalls. Denn zwischen den Sätzen: „Ich fühle mich mehr als mächtig, wenn die Geliebte bei mir liegt" und „Sie hat es verstanden, mir mein Leid zu benehmen" bestünde doch nur ein recht vager Gedankenzusammenhang. Nun aber gibt Haupt nicht bloss Beispiele der erwähnten Fügung für synonyme Begriffe, sondern auch für antithetische. Neben den Phrasen *baz dan baz*, *dicker denne dicker*, *wizer denne blanc* u. s. w. bringt er solche herbei, wie *verre wirs danne baz*, *vil lieber danne leider*.

Sollte sich nicht aus diesen letzteren Beispielen Nutzanwendung auf unsern Fall ziehen lassen? Die Begriffe *hôch* und *rîche* bekommen antithetische Bedeutung, sobald wir

---

¹ *ich — jugende]* ich kom ir nie sit in iugende B, ich kom sit nie so verre ir iugende C. Statt *sit ir kindes jugende* schreibt J. Grimm (Germania 2, Seite 478) *sit ir klâren jugende;* Lachmann *sit ir .. jugende;* Bartsch *.. sit ir jugende*. Meine Ergänzung wird durch zahlreiche Parallelen gestützt: die betreffenden Stellen aus des Minnesangs Frühling verzeichnet Lohfeld, Paul und Braunes Beiträge 2, Seite 398; vergleiche ferner Neifen 11,17. 18,26. 19,9, Marner 87,30, Parzival 781,10, Konrads Trojaner Krieg 21002 etc.

hôch nicht auf die äussere Machtstellung, sondern auf die innere Gemütsverfassung beziehen. Die Erhöhung, die der innere Mensch durch das Glück erfüllter Liebe erfährt, ist ein Gedanke, der sich wie kaum ein zweiter durch den ganzen Minnesang hindurchzieht: schon in der ältesten Zeit ist er ganz gewöhnlich. *Hôchgemuot, hôhes muotes sîn*; *muot, gemüete, herze stêt hôhe*; *muot, gemüete, herze, sin hôhe tragen*; *hôhen muot, hôchgemüete geben*; *muot, gemüete* oder *einen hæhen*: das sind technische Ausdrücke, über deren Verbreitung und typische Rolle man sich aus den Sammlungen unterrichten kann, die R. M. Meyer in seinem Aufsatz Alte deutsche Volksliedchen [1] angestellt hat; man vergleiche besonders die einschlägigen Nachweise auf den Seiten 134, 138, 142, 146, 150. In dem Botenlied Walthers von der Vogelweide 112,35 treten Ausdrücke dieser Art gar als thematische Stichworte Strophe für Strophe auf

Hiernach wird jedermann zugeben, dass die Antithese *hoher dann richer* im Kreise des Minnesangs ohne weiteres verständlich sein musste. Der Dichter sagt: „In den Armen der Geliebten fühle ich mehr die Seligkeit meines Herzens als die Macht meiner Stellung, denn ihr gelingt es, mich von allem Leid zu erlösen." Die innige Beziehung dieser Sätze leuchtet ein, ja sie enthalten eine Gedankenfolge, die sich den Minnedichtern recht oft einstellt. So beginnt Reinmar 182,14 *Hôhe alsam diu sunne stêt daz herze mîn: daz kumt von einer frouwen, diu kan staete sîn ir genâde, swâ si sî* und fährt dann fort *si machet mich vor allem leide frî*. Speziell im älteren Minnesang nimmt diese Gedankenverbindung typischen Charakter an, wie folgende Beispiele lehren werden: *nu hæhe im sin gemüete gegen dirre sumerzît. frô enwirt er nimmer, ê er an dînem arme sô rehte güetlîche gelît* Meinloh 14,9. *Mir gestuont mîn gemüete nie sô hôhe von ir güete, sît ich hân von rehter schulde alsô wol gedient ir hulde. ich fürhte niht ir aller drô, sît si wil daz ich sî frô. wan diu guote ist fröiden rîch, des wil ich*

---

[1] Zeitschrift für deutsches Alterthum, 29.

iemer fröwen mich Rietenburg 18,9. *Sô wol mich liebes des ich hân umbevangen! hôhe stât min muot . . . sist leides ende und liebes trôst und aller fröide ein wünne* Dietmar 36,23. In einigen Liedern früher Zeit geht die Übereinstimmung mit unsrer Strophe noch weiter. Sie beginnen nicht nur mit der Folge *hôchgemuot — leides frî*, sondern es schliesst sich ihnen auch noch als drittes eine Treuversicherung an. So in dem früher schon zitierten Liede Meinlohs von Sevelingen[1]. So in Dietmars Lied 38,3:

'Ich muoz von rehten schulden hô
 tragen daz herze und al die sinne,
sît mich der aller beste man
 verholn in sîne herzen minne.
er tuot mir grôzer sorgen rât
wie selten mich diu sicherheit gerüwen hât!
ich wil im iemer staete sîn.

Wir sehen also, wie unsre Strophe ganz und gar in traditionelle Bahnen tritt, sobald wir *hôch* im Sinne von *hôchgemuot* fassen. Nur eines hat sie vor allen verglichenen Gedichten voraus, nämlich das antithetische *rîche*, durch das der Begriff *hôch* gesteigert wird. Dies Plus aber nun kennzeichnet den fürstlichen Verfasser, denn kein anderer als solcher konnte zur Geliebten sagen: „Ich fühle in deinen Armen mehr die Seligkeit meines Herzens als die Macht meiner gebietenden Stellung!" So sind wir nunmehr zu der Erkenntnis gelangt, dass gerade das Gedicht, in dem Haupt den Ausgangspunkt für seine Bekämpfung des überlieferten Dichternamens fand, das untrügliche Künstlerzeichen des königlichen Autors trägt.

Ist aber hiermit für dieses Lied die Autorschaft gerettet, so ist sie es auch für das andere, für 4,35. Das bedarf keines weiteren Wortes.

Die drei Lieder 4,17—6,4, die somit als Eigentum Heinrichs erwiesen sind, schliessen sich auch inhaltlich zusammen und zwar in der Folge. in der sie überliefert sind, also in der Ordnung 5,16, 4,17, 4,35.

5,16 enthält einen Gruss aus der Ferne, den unser

[1] Vergleiche Seite 52.

Dichter der Geliebten nach längerer Zeit der Trennung
sendet. Erst ihre Nähe mache ihn zum König, von ihr
geschieden, fühle er alle seine Macht und Herrlichkeit dahin
und sehnenden Kummer als seinen einzigen Besitz. Er
habe solchen Wechsel seines Glücks nun schon wiederholt
erfahren und besorge ihn auch für die Zukunft. Aber seine
Liebe bleibe ohne Wanken, ja er wollte lieber auf die Krone
verzichten denn auf sie, und er hält es für nötig, nach-
drücklich zu versichern, wie ernst es ihm mit letzterer Absicht sei.

Wir blicken hier also in ein schon längere Zeit be-
stehendes Verhältnis. Indem der Dichter aber die Frau an
seine vielfach bewiesene Treue erinnert und ihr zugleich
Sicherheit für die Zukunft gibt, leitet ihn ein recht bestimmter realer Zweck. Darüber können uns die Worte
belehren, mit denen er von dem einen Punkt zum andern
übergeht (5, 30):

Sît daz ich si sô gar herzelîchen minne
und si âne wanc zallen zîten trage
beide in herzen und ouch in sinne,
underwîlent mit vil manger klage,
waz gît mir dar umbe diu liebe ze lône?
dâ biutet si mir ez sô rehte schône.
ô ich mich ir verzige, ich verzige mich ê der krône.

waz gît mir dar umbe diu liebe ze lône? darum handelt
es sich für ihn. Er antwortet zwar gleich selber *dâ biutet
si mir ez sô rehte schône*, aber man braucht in der Sprache
der höfischen Minner nicht sehr bewandert zu sein, um hier
herauszuhören, dass sie es ihm eben noch nicht *sô rehte
schône* geboten hat, wie es in seinem Sinne steht. Seine
Worte bedeuten eine zarte Mahnung für die Geliebte, ihm
bei seiner diesmaligen Rückkehr endlich den nun lange
genug vorenthaltenen Lohn seines stäten, selbst das Opfer
der Krone nicht scheuenden Dienstes zu gewähren.

In dem Lied 4,17 ist das Pärchen wiedervereinigt, und
es zeigt sich, dass unsers Dichters Gruss aus der Ferne kein
unerweichliches Herz getroffen hat. Die Dame gesteht: *ich
hân den lîp gewendet an einen ritter guot; daz ist also ver-
endet, daz ich bin wol gemuot*, und der Dichter, der vorher

geäussert hatte, dass die Nähe der Geliebten ihn zum König mache, hat bereits erfahren, wie ihre Nähe zu noch Höherem zu erheben verstehe. Der Lohn, den er erhalten hat, darf ihn jetzt mit Befriedigung auf die vergangene Zeit zurückblicken lassen, in der er ihr *nie sô verre* kam, um ihr sein Herz zu entziehen.

In 4,35 bewahrheitet sich gleich das Schicksal des Glückwechsels, das unser Dichter im ersten Lied vorausverkündet hat: dem Pärchen schlägt wieder einmal die Stunde der Trennung. Aber der Dichter darf jetzt in der beruhigenden Gewissheit seines Weges ziehen, dass ihm für die Heimkehr der freundlichste Empfang von Seiten der Frau gesichert sei. Ihr Scheidegruss ruft ihm das nach.

Können allem diesem gegenüber die Gründe Gewicht behalten, die Scherer aus der abweichenden Technik des Liedes 5,16 entnahm, um die Einheit der Autorschaft zu bestreiten? Dürfen wir denn überhaupt in Stilwandlungen von Übergangsdichtern etwas Auffälliges sehen? Nun bei unserem Heinrich sind wir in der glücklichen Lage, die ganz bestimmten Gründe anzugeben, die ihn von der geraden Linie abgetrieben haben. Er zeigt nämlich genau wie der Kürenberger eine rückläufige Richtung der Kunst: In 5, 16 Vierstrophigkeit und romanischer Verscharakter, in 4, 17 und 4, 35 Zweistrophigkeit und nationale Weise mit zunehmendem Streben nach volkstümlicher Einfachheit. So haben wir denn also auch diese Stilwandelung des Dichters dem Einfluss des Kürenbergers zuzumessen. Ja sein Vorbild scheint selbst für die Kompositionstechnik des fürstlichen Autors nicht ohne Wirkung geblieben zu sein. Wenigstens ist seine systematische Teilung des Stoffs und die scharfe Abhebung der einzelnen Lieder immerhin in diesem Sinne bemerkenswert: In 5,16 befindet sich das Paar in Trennung, in 4,17 vereinigt, in 4,35 vor der Trennung; in 5,16 haben wir ein Manneslied, in 4,17 ein gemischtes Lied, in 4,35 ein Frauenlied. Das Ganze aber ist dreiteilig wie die beiden Gruppen des Kürenberg-Cyklus.

Die zeitliche Grenze der Lieder Heinrichs ist von vornherein eng gezogen. Sie können nicht vor dem Tode Friedrichs des Rotbarts entstanden sein, weil vorausgesetzt wird, dass ihr Verfasser noch nicht die Kaiserherrschaft angetreten hat, und nicht nach dem Mainzer Hoffest, weil vorausgesetzt wird, dass er Ritter ist (*ich hân den lîp gewendet an einen ritter guot* 4,28 f.). Sie liegen also demnach zwischen den Jahren 1184 bis 1190. Innerhalb dieser Periode nun ist eine Zeit ausfindig zu machen, in der Heinrich sich viel unterwegs befindet, aber immer wieder zu seinem Ausgangsort zurückkehrt. Dieser Bedingung genügt keine Zeit besser als die vom Juli 1184 bis Ende 1185, wo der junge König in erster selbständiger Mission gegen Polen zieht und dann in der Folge als Verwalter des Reichs bald hier, bald da in deutschen Landen zu treffen ist, während der kaiserliche Vater in Italien weilt.[1] Diese Zeit erster Regentenbetätigung bietet auch so recht den psychischen Untergrund für jenen hervorstechendsten Zug seiner Lieder, das Erfülltsein vom Herrschergedanken.

Kurz vor dieser Zeit also muss Heinrich unsern Kürenberg kennen gelernt haben. Ist es eine zu kühne Annahme, dass dies in jenen berühmten Mainzer Maitagen des Jahres 1184 geschah, als Heinrich den Ritterschlag empfing? Da mag der Kürenberger einer von den fünftausend[2] Rittern gewesen sein, die im Gefolge Leopolds von Österreich zum Fest herbeizogen.

Hiernach wäre also die dichterische Tätigkeit Kürenbergs ums Jahr 1180 anzusetzen: eine Zeit, die nach jeder Richtung als passend erscheint.

---

[1] Vergleiche Töche, Kaiser Heinrich VI, Seite 33 f., 39 ff., 49 ff., 637.
[2] Vergleiche Giesebrecht, Geschichte der deutschen Kaiserzeit 6, Seite 64; Töche, Seite 30, spricht nur von fünfhundert.

SCHLUSS.

Sollen wir noch über das Verhältnis des Kürenbergers zum Nibelungengedicht ein Wort äussern? Alle Momente, die für Pfeiffers Hypothese geltend gemacht worden sind, haben im Lauf unsrer Untersuchung auf andre und, ich hoffe, die natürlichste Weise ihre Erklärung gefunden. Ja wir haben eine Tatsache kennen gelernt, die jener Hypothese direkt und entschieden widerspricht. Das ist die persiflierende Tendenz unseres Dichters. Wir dürfen wohl vermuten, dass er mit ihr vielleicht weniger das Empfindungswesen der Frau als solches, als die heimische Lyrik verhöhnen wollte. Wird er zur heimischen Epik anders gestanden haben? Das wenigstens ist unleugbar: Der Mann, der jenes edle Bild des Falken so herabwürdigte, kann nicht auf der andern Seite der begeisterte Verkünder des alten Volksgesangs sein. Müssen wir demnach dem Kürenberger das Nibelungengedicht endgiltig nehmen, so hoffen wir ihm doch die sechs Wechsellieder um so bleibender gesichert zu haben. Es ist ein winziges Gütchen in unsrer Litteratur, aber ein solches, das uns manchen Weg zu besserem Verständnis unsrer Minnedichtung eröffnen wird.

ANHANG.

I.

Die Wiederkehr der alten Reimtechnik in dem neueren Volkslied mögen zwei Beispiele beleuchten. Das eine bietet uns das bekannte Lied Nr. 29 der Sammlung Uhlands. In demselben scheinen verschiedene selbständige Lieder contaminiert. Als zwei solcher treten sofort auch metrisch heraus diejenigen, die einerseits durch die zweite und dritte, andrerseits durch die vierte und fünfte Strophe gebildet werden:

I (= Strophe 2 und 3)

Ich weiss mir ein kleines waldvögelein,
das ist hüpsch unde fein,
es flog wol nechten spate
für liebes fensterlein,
es flog ir uf den geren,
es flog ir in die schoss,
sie schriet im sein gefidere,
ir beider freud und die was gross.

'Nun fleug, nun fleug, gůt vögelein!'
'wie kan ich fliegen?
du hast mir abgeschrotten
al mein gezierde,
du hast mir abgeschrotten
kurz und nit zů lang,
der ein lieben bůlen hat
der tůt gar manchen affengang.'·

II (= Strophe 4 und 5)

'Ferr in des meres grunde
da schwimmt ein hechtelein,
was treit es in seinem munde?
von gold ein fingerlein,

es ist das allerbeste gold
und das ich ie gesach,
küntest du mirs, lieb, gewinnen,
ich wolt dich dester lieber han.'

'Wie künt ich dirs gewinnen,
du herzeliebe?
so kan ich doch nit schwimmen
und wasser trieben,
ich hab doch, lieb, gerûret,
gerûret keinen grund,
wenn ich dir nit gefalle
gib mir urlob, du roter mund!'

Beidemal zeigt das erste Reimpaar der zweiten Strophen — es handelt sich natürlich nur um die geraden Zeilen — Doppelhebigkeit, während alle übrigen Reime einsilbig sind. Es waltet also das Schema unsres Falkenlieds. Dies aber erscheint um so interessanter, als das erste Lied sich auch inhaltlich mit jenem alten Lied berührt. Das zweite Lied andererseits enthält einen Wechsel und erregt dadurch noch unsre Aufmerksamkeit, dass es selbst den Kontrast zwischen reinem und unreinem Reim aufweist, und zwar wiederholt sich dieser Kontrast in der zweiten Strophe in umgekehrter Folge, so dass wir das Schema erhalten:

$$R - U, U' - R,$$

ein Schema mithin, das uns neu ist, in der alten Reihe aber den, wie wir jetzt erst sehen, noch offnen Platz zwischen Falkenlied und sechstem Wechselgesang ausfüllen würde.

Ein andres freilich weniger rein erhaltenes Beispiel finden wir in Nr. 52 der Sammlung Uhlands. Die beiden ersten Strophen lauten:

'Junkfrewlein, soll ich mit euch gan
in ewern rosengarten?
und da die roten röslein stan,
die feinen und die zarten,
und auch ein baum der blůet,
von esten ist er weit,
und auch ein kůler brunne,
der auch darunder leit.'

'In meinen garten kumstu nit
zů disem morgen frů,

> den gartenschlüssel findstu nit,
> er ist verborgen hie,
> er leit so wol verschlossen,
> er leit in gûter hût,
> der knab darf weiser lere
> der mir den garten auf tût.'

Eine Wechselrede und das erste Reimpaar der ersten Strophe klingend, die übrigen stumpf. In diesem Verhältnis werden wir keinen Zufall sehen, ja in dem klingenden Reim dürfte alter zweihebiger versteckt sein, wenigstens liegt es nahe genug, in *rosengarten* ursprünglicheres *garten* zu vermuten. Die Wechselrede erfüllt also das Schema unsrer alten Wechselgesänge. Offenbar bildet auch sie ein ursprünglich selbständiges Lied, an das sich die vier späteren, der alten Reimtechnik entratenden Strophen erst im Lauf der Zeit anrankten. Denn sie sind weiter nichts als entbehrliche, ja zum Teil recht müssige Ausführungen des Wechsels.

II.

Schenks Aufsatz, Der Verfasser der dem Kaiser Heinrich VI. zugeschriebenen Lieder [1], durfte ich im Vorhergehenden unberücksichtigt lassen, und ich würde selbst in diesem Anhang keine Notiz von ihm nehmen, wenn er nicht in einer angesehenen Zeitschrift zwei Bogen Raumes gefunden hätte. Die grosse Entdeckung, die uns hier aufgetischt wird, ist, dass nicht Kaiser Heinrich VI., sondern König Heinrich VII., Friedrichs II. Sohn, der Autor unserer Lieder sei [2], dass diese also nicht um 1185, sondern gegen 1232 gedichtet seien, dass sie nicht der Frühzeit des Minnesangs, sondern seiner Spätzeit angehören. Einem Stauferhof, der traditionell die Höhe der Zeitbildung repräsentierte, sollten diese Gedichte als Nachzügler einer längst

---

[1] Zeitschrift für deutsche Philologie 27, Seite 474—505.
[2] Die heraldischen Gründe die F. Mone im deutschen Herold 24, Seite 55 für die Autorschaft Heinrichs VII. geltend gemacht hat, weist von Öchelhäuser, Die Miniaturen der Universitäts-Bibliothek Heidelberg, Seite 96 zurück.

überholten und den neuen Geschmack verletzenden Kunstübung entstammt sein? Heinrich VII., der einen Gotfried von Neifen, den formgewandtesten Sänger der Zeit, zu seiner täglichen Umgebung zählte, sollte in dieser Richtung Proben seines Talents abgegeben haben? Wer möchte nicht gespannt sein, die Gründe einer so erstaunlichen Hypothese zu vernehmen? Für Heinrich VI. gibt es kein zeitgenössisches Zeugnis, das ihn als Dichter bekundet. Wohl aber für Heinrich VII., wie aus Diez[1] schon längst bekannt war. Zudem aber spielt sich im Leben Heinrichs VII. etwas ab, das wie eine Herzensgeschichte aussieht. In seinem elften Lebensjahr zu Aachen gekrönt, wurde er im vierzehnten mit Margareta, der Tochter Leopolds von Österreich, vermählt. Aber vordem war er mit Agnes, der Tochter Ottokars von Böhmen, verlobt. Und nun — nach fünfjähriger Ehe, nachdem ihm Margareta bereits einen Erben geschenkt hatte, wollte er sich von dieser trennen, um seine erste Braut Agnes heimzuführen. Es bedurfte des entschlossenen Widerstands des kaiserlichen Vaters, um ihn zur Aufgabe seines Vorhabens zu bewegen. Agnes gieng ein Jahr darauf ins Kloster.

Unsre Lieder sollen diese Verhältnisse aufs genauste wiederspiegeln, speziell aber das dritte. Wir müssen den Text dieses Liedes und Schenks Deutung desselben wörtlich folgen lassen:

1. Ich grüeze mit gesange die süezen
die ich vermîden niht wil noch enmac.
deich si rehte von munde mohte grüezen,
ach leides, des ist vil manic tac.
swer nu disiu liet singe vor ir,
der ich sô gar unsenfteclîchen enbir,
ez si wîp oder man, der habe si gegrüezet von mir.

2. Mir sint diu riche und diu lant undertân
swenne ich bî der minneclîchen bin;
unde swenne ich gescheide von dan,
sost mir al min gewalt und mîn rîchtuom dâ hin:
senden kumber den zel ich mir danne ze habe.

---

[1] Leben und Werke der Troubadours², Seite 307.

aus kan ich an vröuden ûf stîgen jooh abe,
und bringe den wehsel, wæn ich, durch ir liebe zo grabe.

3. Sît daz ich si sô gar herzelîchen minne
und si âne wanc zallen zîten trage
beide in herzen und ouch in sinne,
underwîlent mit vil manger klage,
waz gît mir dar umbe diu liebe ze lône?
dâ biutet si mir ez sô rehte schône.
ê ich mich ir verzige, ich verzige mich ê der krône.

4. Er sündet sich swer des niht geloubet,
ich möhte geleben mangen lieben tac,
obe jooh niemer krône kæme ûf mîn houbet;
des ich mich âne si niht vermezzen enmac.
verlüre ich si, waz hete ich danne?
dâ töhte ich ze vröuden noch wîbe noch manne
und wære mîn bester trôst beidiu ze âhte und ze banne.

„Das heisst umschrieben in prosaischer Fassung" sagt Schenk:

„(1) Ich grüsse dich mit Gesange, du süsse (Agnes, Königstochter von Böheim, deren teuren Namen ich nach ritterlicher Sängerspflicht nicht nenne). Nicht kann noch will ich von dir lassen (, wenn auch des Vaters Machtgebot uns trennte). -- Lange ist es her, seit ich dich von Angesicht zu Angesicht schaute; drum bitte ich dich, fahrender Geiger, der du dies mein Lied hörst, ziehe nach Böhmenland, singe ihr, nach der ich so bitterlich schmachte, meine Weise und bringe ihr meinen Gruss!

(2) Nur wenn ich bei ihr bin, fühle ich ganz, dass ich ein König und Herr; wenn ich von ihr scheiden muss, dann ist alle meine Macht und alle meine Herrlichkeit dahin. Fern von ihr ist mir alle meine Gewalt ohne Wert. Kummer und Sehnsucht verzehren mich dann, die der Geliebten Gegenwart allein zu scheuchen vermag.

(3) Seit jenen Tagen, als ich sie zuerst kennen und lieben lernte, trage ich ihr Bild treu im Herzen, und alle meine Gedanken sind nur bei ihr. Nichts kann uns länger trennen; ehe ich auf sie verzichte, verzichte ich eher auf die Krone.

(4) Der versündigt sich, der da glaubt, ich könnte nicht manchen lieben Tag leben, wenn ich die Krone nicht mehr trüge. Doch nur um der Geliebten willen könnte ich sie missen. Alles will ich daran setzen, dass sie mein trautes Ehegemahl wird. Will man sie mir aber dauernd vorenthalten und meinen heissen Herzenswunsch nicht erfüllen, will man uns auf ewig auseinanderreissen — dann wäre all meine Freude dahin; weder Mann noch Weib taugte ich dann ferner als heiterer Geselle. Dann wäre mir die Acht und der Bann (, den man mir in Aquileja in Aussicht gestellt,) ein ersehntes Schicksal; er wird mir die Krone, wohl gar auch das Leben rauben, die beide mir ohne die Geliebte wertlos sind.

Vielleicht dürften die letzten zwei Zeilen des Liedes auch folgenden Gedankengang haben: Weder Mann noch Weib taugte ich dann ferner als heiterer Geselle, die Stunden der Geduld sind dann dahin; dann erwarte ich, dass der mir bei fernerem Widerstreben in Aquileja in Aussicht gestellte Bann ausgesprochen wird; aller Rücksichten ledig, die ich jetzt noch auf meinen kaiserlichen Vater nehme, werde ich dann die Fahne des Aufruhrs entrollen, mir volle Königsgewalt erringen und als oberster Herrscher in deutschen Landen unbevormundet und ohne tyrannisches Hindernis meinem Herzen folgen."

Ad 1. Dass der Dichter „ich will nicht von ihr lassen" mit dem Verb *vermîden* ausgedrückt hätte, ist doch sehr zweifelhaft. *vermîden* mit Accusativ der Person heisst zunächst nur 'jemanden fern bleiben'[1] und dass es hier keinen andern Sinn hat, erhellt klar aus dem Zusammenhang „Obwohl ich der Geliebten nicht persönlich nahe sein kann, will ich ihr doch mit meinem Gesang nicht fern bleiben. Darum schicke ich ihr diesen Liedergruss." Der Klammerzusatz Schenks würde also ganz aus dem Zusammenhang herausfallen.

Ad 2. Den einfachen Gedanken *senden kumber den zel ich mir danne ze habe* bauscht Schenk mit den Sätzen

---

[1] Vergleiche Mittelhochdeutsches Wörterbuch 2¹, Seite 166.

„Fern — vermag" zur vollen Hälfte der Strophe auf. Will er uns damit über die beiden folgenden Zeilen hinwegtäuschen? Sie sind nämlich für ihn nicht vorhanden, obschon sie in dem Gedichte die bevorzugte Stelle des Strophenschlusses einnehmen. In ihnen wird gesagt: „So (nämlich je nachdem ich der Geliebten nah oder fern bin) steigt oder fällt die Wage meines Glücks und ich fürchte, dass dieser Wechsel[1] — d. h. dieses Auf und Ab meines Seelenzustands — sich bis an mein Lebensende fortsetzen wird." Diese Worte aber offenbaren nun gerade, dass hier an kein bedrohtes Verhältnis gedacht werden, von keinem Dritten die Rede sein kann, der sich gewaltsam zwischen die Geliebten stellt, sondern dass es sich vielmehr bloss um erfülltes oder entbehrtes Liebesglück handelt, wie es die Gegenwart oder Abwesenheit des Geliebten mit sich bringt. Und wenn der Dichter voraussieht, dass dieser wechselnde Zustand ewig fortdauern wird, so folgt für seine Person daraus nur soviel, dass er sich viel unterwegs befinden muss. Dies aber ist eine Lage, die für einen Mann königlicher Pflichten gewiss nichts Auffälliges besitzt, also für Heinrich VII. an sich nicht mehr bezeichnend sein könnte als für Heinrich VI.

Ad 3. In der dritten Strophe setzt Schenk sein Verschweigungssystem fort. Kaum glaublich! Er wendet es hier auf jene zwei Zeilen an, die sich allein schon durch die Form der Frage und Antwort als Gipfelpunkt der Strophe herausheben: *waz git mir dar umbe din liebe ze lône? dâ biutet si mir ez sô rehte schône.* Es ist unglücklicher Weise gerade wieder diejenige Stelle, die seine Hypothese in den Boden schlägt. Denn das ist doch wohl klar, dass wir nicht so ohne weiteres ein Verhältnis geschlechtlichen Charakters zwischen dem deutschen König und der fernen fremden Königstochter annehmen dürfen, wie es die eben angeführte Stelle, mit denen der beiden andern Lieder 4, 19 f. und 5, 7 f. zusammengehalten, vorauszusetzen zwänge.

Ad 4. In der vierten Strophe führt der Dichter den vorher geäusserten Gedanken aus, dass er lieber auf die

---

[1] Über den Begriff *wchsel* vergleiche Roethe, Die Gedichte Reinmars von Zweter, Anmerkung zu 24, 3 fgg.

Krone als auf die Geliebte verzichten wolle. Sein Leben ungekrönt zu verbringen, getraue er sich nur unter der Voraussetzung, dass sie es mit ihm teile. Ohne sie aber wäre ihm Acht und Bann das liebste. Was Schenk aus dieser Strophe herausliest, ist zu drei Vierteln seine eigene Erfindung.

Es zeigt sich demnach, dass Schenks Hypothese an dem dritten Gedicht nur durch eine bis zur Fälschung gehende Willkür der Interpretation Halt gewinnen konnte. Dass die beiden andern Gedichte der Vermutung Schenks entsprechen könnten, wird ja schon aus der geschlechtlichen Natur des in ihnen berührten Verhältnisses widerlegt. Auf die Einrenkungsversuche, die er unternimmt, um die Gedichte litteraturgeschichtlich, sprachlich, metrisch seiner Ansicht gerecht zu machen, brauche ich nicht mehr einzugehen.

III.

In dem soeben ausgegebenen Heft der Zeitschrift für deutsches Alterthum unterzieht Anton Wallner das Falkenlied[1] einer Erörterung[2]. Sollten sich seine Ausführungen als zutreffend erweisen, so stünde es um einen gewichtigen Teil meiner Arbeit schlecht.

Im Spielmannsgedicht von Sanct Oswald erhält der Rabe, der am Hofe des Königs Oswald aufgezogen ist, eine kostbare Ausstattung, bevor er als sein Liebesbote zur heidnischen Königstochter über Meer geht. In der einen Fassung des Gedichts[3] wird ihm neben anderem Schmuck sein Gefieder vergoldet. Nachdem ihm Oswald auch noch ein Goldringlein unter die Flügel gebunden, schwingt er sich auf und fliegt in das heidnische Land (Vers 115—198). Für die Heimkehr wird sein Schmuck von der umworbenen edlen Jungfrau reich vermehrt (Vers 585—629), und sie bindet ihm mit grüner Seide ein Ringlein an, mit dem sie die Gabe seines Herrn erwidert (Vers 554 ff.). Ähnlich

---

[1] Vergleiche Seite 45 f.
[2] Seite 290—294 des 40. Bandes.
[3] Der kürzeren, herausgegeben von Pfeiffer in der Zeitschrift für deutsches Alterthum 2, Seite 92—130.

wird der Vorgang auch in der andern Fassung[1] geschildert. Da lässt König Oswald dem Raben das Gefieder *mit guotem rôten golt* beschlagen und ihm eine goldene Krone schmieden (Vers 437 ff.). Er bindet ihm einen Brief und ein Goldfingerlein *mit einer sîdînen snuoren* unter sein Gefieder (Vers 583 ff.), und auch die Königstochter bindet dem Raben zur Heimfahrt Brief und Goldringlein *mit einer sîdînen snuore* unter das Gefieder (Vers 1069 ff.)

Wallner meint nun, das lyrische Gedicht habe die Ausstattung seines Falken dem Spielmannsgedicht entlehnt. Denn, sagt er, „für die bestimmte Angabe *und was im sîn geridere alrôt guldin* wie für den sonderbaren Schmuck der *sîdînen riemen* am Fusse fehlt bisher überhaupt jede Erklärung." Ausserdem fallen ihm auch „befremdende Einzelheiten" des Liedchens auf, und diese würden seiner Ansicht nach dadurch behoben, dass man auch das Motiv des Falken für entlehntes Gut ansehe. Der Falke bedeute nicht das Sinnbild des edlen Geliebten, wie man bisher gewähnt, sondern spiele den Liebesboten wie jener Rabe. Er sei weiter nichts als die ritterliche Metamorphose des originalen Raben.

Unser neuester Interpret versagt sich nicht, seine eigenartige Auffassung uns gleich durch eine Umdichtung des alten Liedchens zu veranschaulichen, nämlich durch die folgende:

>Ich zog mir einen Falken   länger als ein Jahr
>Bis er, wie ichs wollte, geschickt zum Boten war.
>Und als ich sein Gefieder dann mit rotem Gold umwand,
>Da stieg er in die Höhe   und flog ins ferne Land. --
>
>Ich sah ihn wiederkehren   prächtig im Flug:
>An seidnem Band ein Ringlein   in seinem Fang er trug,
>Und sein Gefieder strahlte   von rotem Golde klar --
>Gott sende sie zusammen bald, die gerne wären ein Paar!

Warum nun nicht noch den letzten Schritt getan? Auch „die Situation dürfte ziemlich unverändert übernommen sein; denn es liegt kein Grund vor, das Liedchen unter die

---

[1] Herausgegeben von Ettmüller unter dem Titel Sant Oswalds Leben. Ein Gedicht aus dem zwölften Jahrhundert (1835).

Frauenstrophen einzureihen." Das will besagen, wenn ich Wallner wirklich recht verstehe, das Lied erklinge aus dem Munde eines liebenden Mannes.

Es ist ja leider keine neue Beobachtung, dass der Anblick einer Parallelstelle philologische Gemüter mit hypnotisierender Wirkung zu erfassen vermag. Aber an Anton Wallner aus Innsbruck lernen wir denn doch einen Fall kennen, der in der langen Geschichte besagter Krankheitserscheinung exceptionell dastehen dürfte.

Wer ausser ihm entdeckt in den Worten *und was im sin gevidere alrôt guldin* eine so „bestimmte Angabe", dass er sie nur aus fremdem Zusammenhang begreiflich fände; wer in den *sidinen riemen* einen „sonderbaren" Schmuck: wer irgend eine „befremdende" Einzelheit des Liedchens?

Indessen warum sollte nicht doch die Meinung zu Recht bestehen, dass in userm Lied ein Mann spricht, der in dem Falken seines ausgesandten Liebesboten ansichtig geworden ist? Ich denke, die folgenden Gründe sagen es:

1) Was jedem sofort einfallen wird und darum nicht minder wahr sein dürfte: es widerspricht die der bisherigen Auffassung gemässe Rolle, die der Falke (resp. der entflohene Vogel) übereinstimmend im Nibelungengedicht und in den Volksliedern deutscher und fremder Zunge spielt.

2) Im Spielmannsgedicht liegt der Anlass, den Raben zum Boten zu wählen, in seiner Redebegabtheit.[1] Von diesem Gesichtspunkt aus erschiene sein Ersatz durch den Falken auch für einen Ritter recht merkwürdig.

3) Für Wallner liegt kein Grund vor, das Liedchen unter die Frauenstrophen einzureihen. Also ihm ist der ganze Ton des Liedchens kein Grund dafür; ihm drängt sich auch nicht bei den Worten *und ich im sin gevidere mit golde wol bewant* der Gedanke an eine Frau auf? Nun wir andern, die wir bisher das Lied sämtlich als Frauenäusserung nahmen, haben wenigstens jenen alten Schreiber auf unsrer Seite, der, wie wir sahen, ihm unter den Frauenstrophen seinen Platz gab.

---

[1] Vergleiche bei Pfeiffer Vers 111 f., bei Ettmüller, Vers 353—372. 389—392. 405—426.

4) *und floug in anderiu lant.* Spricht so jemand, in dessen Auftrag der Vogel in ein bestimmtes Land fliegt? *Vnd floch in das lant, das ym der heide wart bekant* sagt das Spielmannsgedicht[1] und in Wallners Umdichtung liest man ganz recht „und flog ins ferne Land"!

5) *er fuorte an sinem fuoze sidine riemen.* Es wäre also anzunehmen, dass der Ring am Fusse des Falken angebunden ist. Warum beliess der ritterliche Dichter Wallners ihn nicht seinem Originale gemäss unter dem Gefieder? Passte dieser verborgene Platz nicht weit besser in den höfischen Begriff der *tougen minne?*

6) Aber der ritterliche Dichter Wallners ist überhaupt ein wundersamer Heiliger. Sonst würde er doch wol mit seinem Original das Seidenband für weniger wichtig geachtet haben als den Ring und also nicht jenes erwähnt, diesen aber unerwähnt gelassen haben. Sein Umdichter ist ihm auch in diesem Punkt über, denn bei ihm heisst es wohlweislich „an seidnem Band ein Ringlein in seinem Fang er trug"!

7) *got sende si zesamene die geliep geren sin.* Wiederum ein wundersames Benehmen im Anblick der glückverheissenden Zeichen des Boten. *Frewet euch, ir herczogen und ir grofen vnbetrogin, ich see meynen rabin czart wedir komen uf der fart!* ruft im Spielmannsgedicht[2] der König aus, sowie sich der Rabe zeigt!

8) *sit sach ich den valken schône fliegen.* Auch der Falke ist wundersam, — wie es scheint, nach dem Satze: Wie der Herr, so der Knecht! Denn wenn man mit einer Liebesbotschaft in die Ferne gesandt wird, so begibt man sich doch, in der Heimat angelangt, schnurstracks zu seinem Auftraggeber. Da hat wieder der Rabe des Originals seine Stellung besser begriffen: man vergleiche die Verse 739— 749 der kürzeren Fassung, die Verse 1227—1264 der erweiterten!

---

[1] Bei Pfeiffer, Vers 197 f.
[2] Bei Pfeiffer, Vers 741 ff.

BERICHTIGUNG.

Auf Seite 3 ist in Zeile 10 '*winnasang* und *winileod*' statt 'winnasang und winnileod' zu lesen und in der drittletzten Zeile vor 'Pralle' einzufügen 'Streicher, Zur Entwickelung der mittelhochdeutschen Lyrik, Zeitschrift für deutsche Philologie 24;'.